Die Rechtsfolgen eines Verstoßes gegen die Europäische Menschenrechtskonvention für die Bundesrepublik Deutschland

Europäische Hochschulschriften

Publications Universitaires Européennes
European University Studies

Reihe II
Rechtswissenschaft

Série II Series II
Droit
Law

Bd./Vol. 4464

PETER LANG
Frankfurt am Main · Berlin · Bern · Bruxelles · New York · Oxford · Wien

Nikolaus Schmalz

Die Rechtsfolgen eines Verstoßes gegen die Europäische Menschenrechtskonvention für die Bundesrepublik Deutschland

PETER LANG
Europäischer Verlag der Wissenschaften

Bibliografische Information der Deutschen Nationalbibliothek
Die Deutsche Nationalbibliothek verzeichnet diese Publikation in der Deutschen Nationalbibliografie; detaillierte bibliografische Daten sind im Internet über <http://www.d-nb.de> abrufbar.

Zugl.: Münster (Westfalen), Univ., Diss., 2006

Erster Berichterstatter: Prof. Dr. D. Ehlers
Zweiter Berichterstatter: Prof. Dr. H.D. Jarass, LL.M.
Dekan: Prof. Dr. Reiner Schulze
Datum der mündlichen Prüfung: 27.06.2006

D 6
ISSN 0531-7312
ISBN 3-631-55945-3

www.peterlang.de

Meinen Eltern.

Vorwort

Die vorliegende Arbeit wurde im Sommersemester 2006 von der Rechtswissenschaftlichen Fakultät der Westfälischen Wilhelms-Universität in Münster als Dissertation angenommen. Rechtsprechung und Literatur konnten bis Ende Dezember 2005 berücksichtigt werden.

Besonderer Dank gilt Professor Dr. Dirk Ehlers, der es mir ermöglicht hat, den Fragen nach den Rechtsfolgen eines Verstoßes gegen die Europäische Menschenrechtskonvention für die Bundesrepublik Deutschland nachzugehen. Seine sachdienlichen Hinweise und Anregungen waren eine große Hilfe. Auch möchte ich ihm für die zügige Begutachtung herzlich danken.

Ebenso möchte ich Professor Dr. Hans D. Jarass, der Zweitgutachter meiner Arbeit war, für die rasche Begutachtung danken.

Nicht unerwähnt bleiben soll auch meine Familie, insbesondere meine Eltern Ursula und Hans-Joachim Schmalz, denen die Arbeit gewidmet ist. Ohne ihre Unterstützung wäre es mir sicher nicht möglich gewesen, mich entsprechend auf die Fertigstellung der Arbeit zu konzentrieren. Danken möchte ich auch meiner Großmutter Erna Arp, die einen nicht unbedeutenden Beitrag zur Finanzierung der Veröffentlichung der Arbeit geleistet hat. Und schließlich möchte ich meinem Bruder Carlo Schmalz dafür danken, dass er für Ablenkung von der Arbeit gesorgt hat, wenn dies erforderlich war.

Münster, im Juli 2006 *Nikolaus Schmalz*

Inhaltsverzeichnis

Abkürzungen

AfP	Archiv für Presserecht
AJIL	The American journal of international law
AK	Alternativkommentar
Alt.	Alternative
AMRK	Amerikanische Menschenrechtskonvention
AöR	Archiv des öffentlichen Rechts
Art.	Artikel
BAG	Bundesarbeitsgericht
BayVBl	Bayerisches Verwaltungsblatt
BayVGH	Bayerischer Verwaltungsgerichtshof
BBG	Bundesbeamtengesetz
Bd.	Band
BDGV	Berichte der deutschen Gesellschaft für Völkerrecht
Beschl. v.	Beschluss vom
BFH	Bundesfinanzhof
BGB	Bürgerliches Gesetzbuch
BGBl.	Bundesgesetzblatt
BGH	Bundesgerichtshof
BK	Bonner Kommentar
BR-Drucks.	Bundesratsdrucksache
BRS	Baurechtssammlung
BSG	Bundessozialgericht
BT-Drucks.	Bundestagsdrucksache
BVerfG	Bundesverfassungsgericht
BVerfGG	Bundesverfassungsgerichtsgesetz
BVerwG	Bundesverwaltungsgericht
BverwGE	Entscheidungen des Bundesverwaltungsgerichts
bzw.	beziehungsweise
DA	Draft Articles
ders.	derselbe
dies.	dieselbe
Diss.	Dissertation
DÖV	Die öffentliche Verwaltung
DR	Dreier
DRiZ	Deutsche Richterzeitung
DVBl.	Deutsches Verwaltungsblatt
E	Entscheidungen
EG	Europäische Gemeinschaft / Vertrag zur Gründung der Europäischen Gemeinschaft
EGMR	Europäischer Gerichtshof für Menschenrechte
EGV	Vertrag zur Gründung der Europäischen Gemeinschaft
Einl.	Einleitung
EJIL	European Journal of International Law

EKMR	Europäische Kommission für Menschenrechte
EMRK	Europäische Menschenrechtskonvention
ESA	Europäische Raumfahrtsagentur
EuGRZ	Europäische Grundrechte-Zeitschrift
EuR	Europarecht
EUV	Vertrag über die Europäische Union
EuZW	Europäische Zeitschrift für Wirtschaftsrecht
EVR	Europäischer Verwaltungsrechtsschutz
f.	folgende [Seite]
ff.	folgende [Seiten]
FamRZ	Familienrechtszeitschrift
FGO	Ordnung der Freiwilligen Gerichtsbarkeit
Fn.	Fußnote
F/P	Frowein / Peukert
FS	Festschrift
GastG	Gaststättengesetz
GATT	General Agreement on Tariffs and Trade
GewA	Gewerbearchiv
GewO	Gewerbeordnung
GG	Grundgesetz
GoA	Geschäftsführung ohne Auftrag
GPR	Zeitschrift für Gemeinschaftsrecht
GVG	Gerichtsverfassungsgesetz
GYIL	German yearbook of international law
Habil.	Habilitationsschrift
HdBStR	Handbuch des Staatsrechts
Hk-BGB	Handkommentar BGB
HRLJ	Human rights law journal
Hs.	Halbsatz
IAGMR	Interamerikanischer Gerichtshof für Menschenrechte
ILC	International Law Commission
IPrax	Praxis des internationalen Privat- und Verfahrensrechts
IStR	Internationales Steuerrecht
i.S.v.	im Sinne von
IZPR	Internationales Zivilprozessrecht
J/P	Jarass / Pieroth
Jura	Juristische Ausbildung
JuS	Juristische Schulung
JZ	Juristenzeitung
LPK-SGB X	Lehr- und Praxiskommentar SGB X
MD	Maunz / Dürig
MKS	Mangoldt / Klein / Starck
MSKB	Maunz / Schmidt-Bleibtreu / Klein / Bethge
MüK	von Münch / Kunig
MüKo	Münchener Kommentar

m.w.N.	mit weiteren Nachweisen
NATO	North Atlantic Treaty Organization
NJ	Neue Justiz
NJW	Neue Juristische Wochenschau
Nr.	Nummer
NVwZ	Neue Zeitschrift für Verwaltungsrecht
NVwZ-RR	Neue Zeitschrift für Verwaltungsrecht – Rechtsprechungsreport
NWVBl.	Nordrhein-Westfälisches Verwaltungsblatt
OLG	Oberlandesgericht
OVG NRW	Oberverwaltungsgericht Nordrhein-Westfalen
pVV	Positive Forderungsverletzung
R	Resolution
RG	Reichsgericht
RGBl.	Reichsgesetzblatt
RiA	Recht im Amt
Rn.	Randnummer
Rz.	Randziffer
S.	Seite
Sch-Sch-P	Schoch / Schmidt-Aßmann / Pietzner
StBS	Stelkens / Bonk / Sachs
StV	Strafverteidiger
ThürOVG	Oberverwaltungsgericht Thüringen
ThürVBl.	Thüringer Verwaltungsblätter
u.a.	und andere
UN	United Nations
UNO	United Nations Organization
UPR	Umwelt- und Planungsrecht
Urt. v.	Urteil vom
VBlBW	Verwaltungsblätter für Baden-Württemberg
VerfGH	Verfassungsgerichtshof
Verw	Die Verwaltung
VerwA	Verwaltungsarchiv
VGH	Verwaltungsgerichtshof
VGH BW	Verwaltungsgerichtshof Baden-Württemberg
vgl.	vergleiche
Vol.	Volume
VwVfG	Verwaltungsverfahrensgesetz
VVDStRL	Veröffentlichungen der Vereinigung der Deutschen Staatsrechtslehrer
VwGO	Verwaltungsgerichtsordnung
WPR	Wettbewerb in Recht und Praxis
WTO	World Trade Organization
WVK	Wiener Vertragsrechtskonvention
ZaöRV	Zeitschrift für ausländisches öffentliches Recht und Völkerrecht
ZAR	Zeitschrift für Ausländerrecht

ZBR	Zeitschrift für Beamtenrecht
ZEuS	Zeitschrift für Europäische Studien
ZPO	Zivilprozessordnung
ZRP	Zeitschrift für Rechtspolitik
ZStV	Zeitschrift für die gesamte Strafrechtswissenschaft
ZZP	Zeitschrift für Zivilprozess

Literatur

Achterberg, Norbert
Die interkörperschaftliche Haftung im Bundesstaat am Beispiel der Bundesrepublik Deutschland
DVBl. 1970, 124 ff.

Alberts, Hans-Werner
Die Änderungsbefugnisse der Legislative im Bereich der Verfassungsgerichtsbarkeit. Zugleich ein Beitrag zur Auslegung des Art. 79 III GG
Diss. Philipps-Universität Marburg 1972
Clausthal-Zellerfeld 1972

Arndt, Gottfried
Die Versagung des Zweitbescheides
DVBl. 1971, 252 ff.

Bamberger, Christian
Die positive Forderungsverletzung als Institut des Staatshaftungsrechts
Jura 2002, 35 ff.

Grundfälle zum Recht der Geschäftsführung ohne Auftrag im Öffentlichen Recht
JuS 1998, 706 ff.

Bartelt, Sandra
Die Europafähigkeit des Grundgesetzes und die Föderalismuskommission
DÖV 2005, 894 ff.

Bauer, Hartmut
Die Bundestreue
Habil. Universität Augsburg 1991
Tübingen 1992

Bauer, Hartmut / Zirbes, Heinz-Peter
Zur interkörperschaftlichen Haftung und Erstattung im Bundesstaat
JuS 1997, 511 ff.

Baumann, Jürgen
Die Bedeutung des Artikels 2 GG für die Freiheitsbeschränkungen im Strafprozess
in:
Bockelmann, Paul / Gallas, Wilhelm
Festschrift für Eberhard Schmidt
Göttingen 1961

Baumeister, Peter
Das Rechtswidrigwerden von Normen
Diss. Universität Mannheim 1994
Berlin 1996

Der Anspruch auf ein Wiederaufgreifen unanfechtbar abgeschlossener Verwaltungsverfahren
VerwA 1992, 374 ff.

Bausback, Winfried
Keine Wiederaufnahme nach EGMR-Urteil
NJW 1999, 2483 ff.

Becker, Florian
Völkerrechtliche Verträge und parlamentarische Gesetzgebungskompetenzen
NVwZ 2005, 289 ff.

Bello, Judith Hippler
The WTO Dispute Settlement Understanding: Less is More
AJIL 1996, 416 ff.

Benda, Ernst / Klein Eckart
Verfassungsprozessrecht
2. Auflage, Heidelberg 2001

Benda, Ernst / Maihofer, Werner / Vogel, Hans-Jochen
Handbuch des Verfassungsrechts
2. Auflage, Berlin 1994

Bender, Achim
Die Immunität der NATO als internationaler Organisation im Zivilprozeß
IPRax 1998, 1 ff.

Bernhardt, Rudolf
Völkerrechtskonforme Auslegung der Verfassung? Verfassungskonforme Auslegung völkerrechtlicher Verträge?
in:
Cremer, Hans-Joachim / Giegerich, Thomas / Richter, Dagmar / Zimmermann, Andreas
Tradition und Weltoffenheit des Rechts – Festschrift für Helmut Steinberger, S. 391 ff.
Berlin 2002

Die Europäische Menschenrechtskonvention und die deutsche Rechtsordnung
EuGRZ 1996, 339 ff.

Probleme eines Beitritts der Europäischen Gemeinschaft zur Europäischen Menschenrechts-Konvention
in:
Due, Ole, u.a.
Festschrift für Ulrich Everling
Baden-Baden 1995

Einwirkungen der Entscheidungen internationaler Menschenrechtsinstitutionen auf das nationale Recht
in:
Hailbronner, Karl / Ress, Georg / Stein, Torsten
Staat und Völkerrechtsordnung – Festschrift für Karl Doehring
Berlin 1989

Rechtsfortbildung durch internationale Richter, insbesondere im Bereich der Menschenrechte, S. 527 ff.
in:
Juristische Fakultät der Universität Heidelberg
Richterliche Rechtsfortbildung – Erscheinungsformen, Auftrag und Grenzen
Heidelberg 1986

Bettermann, Karl August
Über die Wiederaufnahme abgeschlossener Verwaltungsverfahren
in:
Menger, Christian-Friedrich
Fortschritte des Verwaltungsrechts – Festschrift für Hans J. Wolff zum 75. Geburtstag
München 1973

Blas, Elisabeth Eva
Die öffentlich-rechtliche Geschäftsführung ohne Auftrag eines Hoheitsträgers und eines Bürgers für einen Träger öffentlicher Gewalt
BayVBl. 1989, 648 ff.

Die Geschäftsführung ohne Auftrag im öffentlichen Recht
Diss. Universität Passau 1991
München 1991

Bleckmann, Albert
Völkerrecht
1. Auflage, Baden-Baden 2001

Ermessensfehlerlehre
Köln, u.a. 1997

Europarecht
6. Auflage, München 1997

Die Entwicklung staatlicher Schutzpflichten aus den Freiheiten der Europäischen Menschenrechtskonvention, 309 ff.
in:
Beyerlin, Ulrich / Bothe, Michael / Hofmann, Rainer / Petersmann, Ernst-Ulrich
Recht zwischen Umbruch und Bewahrung – Festschrift für Rudolf Bernhardt
Heidelberg 1995

Bundesverfassungsgericht versus Europäischer Gerichtshof für Menschenrechte
EuGRZ 1995, 387 ff.

Verfassungsrang der Europäischen Menschenrechtskonvention?
EuGRZ 1994, 149 ff.

Verfassungsrechtliche Probleme des Verwaltungsvertrages
NVwZ 1990, 601 ff.

Die Bindung der Europäischen Gemeinschaft an die Europäische Menschenrechtskonvention
Köln 1986

Böckenförde, Ernst-Wolfgang / Grawert, Rolf
Kollisionsfälle und Geltungsprobleme im Verhältnis von Bundesrecht und Landesverfassung
DÖV 1971, 119 ff.

Bölke, Dorothee / Gostomzyk, Tobias
Die Auswirkungen der Caroline-Entscheidung des EGMR auf die Bildberichterstattung nach deutschem Recht
Jura 2005, 336 ff.

Braun, Johann
Rechtskraft und Restitution, Zweiter Teil
Habil. Universität Mannheim, 1984
Berlin 1985

Breuer, Marten
Zum Öcalan-Urteil der Großen Kammer des EGMR
EuGRZ 2005, 471 ff.

Offene Fragen im Verhältnis von EGMR und EuGH
EuGRZ 2005, 229 ff.

Karlsruhe und die Gretchenfrage: Wie hast du's mit Straßburg?
NVwZ 2005, 412 ff.

Zur Anordnung konkreter Abhilfemaßnahmen durch den EGMR
EuGRZ 2004, 257 ff.

Britz, Gabriele
Bedeutung der EMRK für nationale Verwaltungsgerichte und Behörden
NVwZ 2004, 173 ff.

Bröhmer, Jürgen
Die völkerrechtliche Immunität von der staatlichen Gerichtsbarkeit und die Verfahrensgarantien der EMRK – Einige Anmerkungen zu den Urteilen des Europäischen Gerichtshofs für Menschenrechte in den Fällen Waite & Kennedy und Beer & Regan gegen die Bundesrepublik Deutschland, S. 85 ff.
in:
Bröhmer, Jürgen
Der Grundrechtsschutz in Europa
Baden-Baden 2002

Bullinger, Martin
Vertrauensschutz im deutschen Verwaltungsrecht in historisch-kritischer Sicht
JZ 1999, 905 ff.

Burbaum, Stefan
Rechtsschutz gegen transnationales Verwaltungshandeln
Diss. Universität Konstanz 2002
Baden-Baden 2003

Burmeister, Joachim
Vorlagen an das Bundesverfassungsgericht nach Art. 100 Abs. 3 GG
in:
Starck, Christian / Stern, Klaus
Landesverfassungsgerichtsbarkeit, Teilband II
1. Auflage, Baden-Baden 1983

Callewaert, Johan
Die EMRK und die EU-Grundrechtscharta
EuGRZ 2003, 198 ff.

Calliess, Christian / Ruffert, Matthias
Kommentar des Vertrages über die Europäische Union und des Vertrages zur Gründung der Europäischen Gemeinschaft
Neuwied / Kriftel 1999

Chryssogonos, Kostas
Zur Inkorporation der Europäischen Menschenrechtskonvention in den nationalen Rechtsordnungen der Mitgliedstaaten
EuR 2001, 49 ff.

Classen, Claus Dieter
Rechtsschutz gegen fremde Hoheitsgewalt – zu Immunität und transnationalem Verwaltungshandeln
VerwA 2005, 464 ff.

Cohan-Jonathan, Gérard
La Convention européenne des Droits de l'Homme et la Communauté européenne, S. 157 ff.
in:
Institut d'Etudes Juridiques Européennes << Fernand Dehousse >> de la Faculté de Droit, d'Economie et de Sciences sociales de l'Université de Liège
Mélanges Fernand Dehousse
Bruxelles 1979

Collin, P.H. / Janssen, Sigrid / Kornmüller, Anke / Livesey, Rupert
Fachwörterbuch Recht
2. Auflage, Stuttgart 1998

Council of Europe
Collected Edition of the „Travaux Préparatoires" of the European Convention on Human Rights / Recueil des Travaux Préparatoires de la Convention Européenne des Droits de l'Homme
Volume III, Den Haag 1976
Volume IV, Den Haag 1977
Volume VII, Dordrecht 1985

Creifelds, Carl
Rechtswörterbuch
15. Auflage, München 1999

Cremer, Hans-Joachim
Zur Bindungswirkung von EGMR-Urteilen
EuGRZ 2004, 683 ff.

Dahm, Georg / Delbrück, Jost / Wolfrum, Rüdiger
Völkerrecht
Bd. I/1 – Die Grundlagen. Völkerrechtssubjekte
2. Auflage, Berlin u.a. 1989

Dannecker, Gerhard
Das intertemporale Strafrecht
Diss. Universität Freiburg (Breisgau) 1992
Tübingen 1993

Dannemann, Gerhard
Schadensersatz bei Verletzung der Europäischen Menschenrechtskonvention
Diss. Universität Freiburg (Breisgau) 1993
Köln u.a. 1994

Dederer, Hans-Georg
Regress des Bundes gegen ein Land bei Verletzung von EG-Recht
NVwZ 2001, 258 ff.

Degenhart, Christoph
Staatsrecht I
20. Auflage, Heidelberg 2004

Detterbeck, Steffen
Streitgegenstand und Entscheidungswirkungen im Öffentlichen Recht: Grundlagen des Verfahrens vor den allgemeinen Verwaltungsgerichten und dem Bundesverfassungsgericht
Habil. Universität Passau 1994
Tübingen 1995

Normwiederholungsverbote aufgrund normverwerfender Entscheidungen des Bundesverfassungsgerichts?
AöR 116 (1991), 391 ff.

Detterbeck, Steffen / Windthorst, Kay / Sproll, Hans-Dieter
Staatshaftungsrecht
5. Auflage, München 2000

Diering, Björn / Timme, Hinnerk / Waschull, Dirk
Sozialgesetzbuch X
1. Auflage, Baden-Baden 2004

Dietlein, Johannes
Die Lehre von den grundrechtlichen Schutzpflichten
Diss. Westfälische Wilhelms-Universität Münster 1991
Berlin 1992

Doehring, Karl
Gewohnheitsrechtsbildung aus Menschenrechtsverträgen, S. 67 ff.
in:
Klein, Eckart
Menschenrechtsschutz durch Gewohnheitsrecht
Berlin 2003

Zum Rechtsinstitut der Verwirkung im Völkerrecht, S. 51 ff.
in:
Böckstiegel, Karl-Heinz / Folz, Hans-Ernst / Mössner, Jörg Manfred / Zemanek, Karl
Völkerrecht / Recht der Internationalen Organisationen / Wirtschaftsrecht – Festschrift für Ignaz Seidl-Hohenveldern
Köln u.a. 1988

Dreier, Horst
Grundgesetz Kommentar
Band II
Tübingen 1998

Dröge, Cordula
Die positiven Verpflichtungen der Staaten in der Europäischen Menschenrechtskonvention
Diss. Ruprecht-Karls-Universität Heidelberg 2003
Heidelberg 2003

Durner, Wolfgang
Zwangsgelder nach Art. 228 EG im Verhältnis von Bund und Ländern – Wer kommt auf für Zwangsgelder bei Vertragsverstößen der Länder?
BayVBl. 2002, 745 ff.

Echterhölzer, Rudolf
Die Europäische Menschenrechtskonvention in der juristischen Praxis
JZ 1956, 142 ff.

Die Europäische Menschenrechtskonvention im Rahmen der verfassungsmäßigen Ordnung
JZ 1955, 689 ff.

Ehlers, Dirk
Europäische Grundrechte und Grundfreiheiten
Berlin 2005, 2. Auflage

Die Europäisierung des Verwaltungsprozessrechts
DVBl. 2004, 1441 ff.

Das Verwaltungsverfahrensgesetz im Spiegel der Rechtsprechung der Jahre 1998 – 2003
Verw 2004, 255 ff.

Die Europäische Menschenrechtskonvention
Jura 2000, 372 ff.

Rechtsprobleme der Rückforderung von Subventionen
GewA 1999, 305 ff.

Die Europäisierung des Verwaltungsprozeßrechts
in:
Bleckmann, Albert
Völkerrecht – Europarecht – Staatsrecht, Band 26
Berlin 1999

Rechtsprechungsanalyse – Das Verwaltungsverfahrensgesetz im Spiegel der Rechtsprechung
Verw 1998, 53 ff.

Verwaltung in Privatrechtsform
Habil. Friedrich-Alexander-Universität Erlangen – Nürnberg 1984
Berlin 1984

Elbing, Gunther
Zur Anwendbarkeit der Grundrechte bei Sachverhalten mit Auslandsbezug
Diss. Ludwig-Maximilians-Universität München 1991
Berlin 1992

v. Einem, Hans-Jörg
Geschäftsführung ohne Auftrag im Sozialrecht
NWVBl. 1992, 384 ff.

Erichsen, Hans-Uwe / Brügge, Dirk Ludwig
Der Widerruf von Verwaltungsakten nach § 49 VwVfG und der öffentlich-rechtliche Erstattungsanspruch nach § 49 a VwVfG
Jura 1999, 496 ff.

Erichsen, Hans-Uwe / Ebber, Bodo
Das Wiederaufgreifen unanfechtbar abgeschlossener Verwaltungsverfahren gemäß § 51 VwVfG
Jura 1997, 424 ff.

Erichsen, Hans-Uwe / Ehlers, Dirk
Allgemeines Verwaltungsrecht
12. Auflage, Berlin 2002

Everling, Ulrich
Europäische Union, Europäische Menschenrechtskonvention und Verfassungsstaat
EuR 2005, 411 ff.

Falk, Ulrich
Von Titelhändlern und Erbensuchern – die GoA-Rechtsprechung am Scheideweg
JuS 2003, 833 ff.

Fastenrath, Ulrich
Lücken im Völkerrecht: zu Rechtscharakter, Quellen, Systemzusammenhang, Methodenlehre und Funktionen des Völkerrechts
Habil. Ludwig-Maximilians-Universität München 1988
Berlin 1991

Kompetenzverteilung im Bereich der auswärtigen Gewalt
Diss. Ludwig-Maximilians-Universität München 1985
München 1986

Forsthoff, Ernst
Lehrbuch des Allgemeinen Verwaltungsrechts
Erster Band: Allgemeiner Teil
10. Auflage, München 1973

Frowein, Jochen
Die Europäisierung des Verfassungsrechts
in:
Badura, Peter / Dreier, Horst
Festschrift 50 Jahre Bundesverfassungsgericht, Band 1
Tübingen 2001

Das Bundesverfassungsgericht und die Europäische Menschenrechtskonvention
in:
Fürst, Walther / Umbach, Dieter C. / Herzog, Roman
Festschrift für Wolfgang Zeidler
Berlin, New York 1987

Anmerkung zur Pakelli-Entscheidung des BVerfG
ZaöRV 46 (1986), 286 ff.
Der europäische Menschenrechtsschutz als Beginn einer europäischen Verfassungsrechtsprechung
JuS 1986, 845 ff.

Europäisches Gemeinschaftsrecht und Bundesverfassungsgericht
in:
Starck, Chrstian
Bundesverfassungsgericht und Grundgesetz – Festgabe aus Anlaß des 25-jährigen Bestehens des Bundesverfassungsgerichts
Tübingen 1976

Frowein, Jochen / Peukert, Wolfgang
Europäische Menschenrechtskonvention
2. Auflage, Kehl 1996

Gaul, Hans Friedhelm
Die Grundlagen des Wiederaufnahmerechts und die Ausdehnung der Wiederaufnahmegründe
Diss. 1956
Bielefeld 1956

Geck, Wilhelm Karl
Buchbesprechung: Kompetenzverteilung im Bereich der auswärtigen Gewalt
ZRP 1987, 292 f.

Der Anspruch des Staatsbürgers auf Schutz gegenüber dem Ausland nach deutschem Recht
ZaöRV 17 (1956/57), 476 ff.

Geldhauser, Hubert
Keine Haftung zwischen Hoheitsträgern bei „gleichsinnigem" Zusammenwirken
BayVBl. 1995, 714 ff.

Geiger, Rudolf
EUV/EGV
4. Auflage, München 2004

Grundgesetz und Völkerrecht
3. Auflage, München 2002

Geiger, Willi
Gesetz über das Bundesverfassungsgericht vom 12. März 1951
Berlin, u.a. 1952

Geimer, Reinhold
Internationales Zivilprozessrecht
5. Auflage, Köln 2005

Geis, Max-Emanuel
Die Schuldrechtsreform und das Verwaltungsrecht
NVwZ 2002, 385 ff.

Gersdorf, Hubertus
Caroline-Urteil des EGMR: Bedrohung der nationalen Medienordnung
AfP 2005, 221 ff.

Giegerich, Thomas
Die Verfassungsbeschwerde an der Schnittstelle von deutschem, internationalem und supranationalem Recht
in:
Grabenwarter, Christoph / Hammer, Stefan / Pelzl, Alexander / Schulev-Steindl, Eva / Wiederin, Ewald
Allgemeinheit der Grundrechte und Vielfalt der Gesellschaft
Wien 1994

Luxemburg, Karlsruhe, Straßburg – Dreistufiger Grundrechtsschutz in Europa?
ZaöRV 1990, 836 ff.

Ginther, Konrad
Mitgliedschaft in internationalen Organisationen – Grundfragen
BDGV 17 (1975), 1 ff.

Glauben, Paul J.
Der Europäische Gerichtshof für Menschenrechte
DRiZ 2004, 129 ff.

Godschalk
Zur Frage der Amtspflichtverletzung im Sinne des § 839 BGB
RiA 1959, 232 f.

Gosch, Dietmar
Die Wiederaufnahme unanfechtbar abgeschlossener Verwaltungsverfahren
Diss. Universität Bielefeld 1981

Götz, Volkmar
Das neue Verwaltungsverfahrensgesetz
NJW 1976, 1425 ff.

Grabenwarter, Christoph
Europäische Menschenrechtskonvention
2. Auflage, München 2005

Europäisches und nationales Verfassungsrecht
VVDStRL 60 (2000), S. 290 ff.

Grabitz, Eberhard / Hilf, Meinhard
Das Recht der Europäischen Union
München, Loseblatt Stand Juni 2005
München, Loseblatt Stand Okt. 1999

v. der Groeben, Hans / Thiesing, Jochen / Ehlermann, Claus-Dieter
Kommentar zum EU-/EG-Vertrag, Band 4
5. Auflage, Baden-Baden 1997

Gröpl, Christoph
Das Gesetz zur Änderung verwaltungsrechtlicher Vorschriften vom 2. Mai 1996
VerwA 1997, 23 ff.

Groß, Gerhard
Der verfassungsrechtliche Gehalt des Grundsatzes der Bundestreue
DÖV 1961, 404 ff.

Großner, Lutz
Strafprozessordnung
48. Auflage, München 2005

Grunsky, Wolfgang
Grundlagen des Verfahrensrechts
2. Auflage, Bielefeld 1974

Grupp, Klaus / Stelkens, Ulrich
Zur Berücksichtigung der Gewährleistung der Europäischen Menschenrechtskonvention bei der Auslegung deutschen Rechts
DVBl. 2005,133 ff.

Guradzke, Heinz
Die Europäische Menschenrechtskonvention, Kommentar
Berlin, Frankfurt/M. 1968

Habermehl, Kai
Die Geschäftsführung ohne Auftrag im Öffentlichen Recht
Jura 1987, 199 ff.

Häberle, Peter
Europäische Verfassungslehre
2. Auflage, Baden-Baden 2004

Verfassungsprinzipien „im" Verwaltungsverfahrensgesetz
in:
Schmitt Glaeser, Walter
Verwaltungsverfahren – Festschrift zum 50-jährigen Bestehen des Richard Boorberg Verlags
S. 47 ff.
München 1977

Die Abhörentscheidung des Bundesverfassungsgerichts vom 15.12.1970
JZ 1971, 145 ff.

Häde, Ulrich / Jachmann, Monika
Mitglieder extremistischer Parteien im Staatsdienst
ZBR 1997, 8 ff.

Hain, Karl-E.
Die Grundsätze des Grundgesetzes
Habil. Universität Göttingen 1998
Baden-Baden 1999

Halfmeier, Alex
Privatleben und Pressefreiheit: Rechtsvereinheitlichung par ordre de Strasbourg
AfP 2004, 217 ff.

Hall, Karl-Heinrich
Die Prüfung von Gesetzen auf ihre Verfassungsmäßigkeit durch die Verwaltung
Diss. Eberhard-Karls-Universität Tübingen, 1963
Tübingen 1963

Hartwig, Matthias
Much Ado About Human Rights: The Federal Constitutional Court Confronts the European Court of Human Rights – Part I /II
German Law Journal, No. 5, 01.05.2005

Harupa, Ekkehard
Das Verhältnis zwischen Bund und Ländern im Bereich der auswärtigen Gewalt
Diss. Philipps-Universität zu Marburg 1960
Marburg 1960

Hatje, Armin
Die Haftung der Länder für den ordnungsgemäßen Vollzug von Bundesgesetzen
NJ 1997, 285 ff.

Heckmann, Dirk
Geltungskraft und Geltungsverlust von Rechtsnormen
Habil. Universität Freiburg (Breisgau) 1995/96
Tübingen 1997

v. Heintschel-Heinegg, Bernd / Stöckel, Heinz
Kommentar zur Strafprozessordnung
Neuwied, u.a. 1993, Loseblatt, Stand August 2005

Heintzen, Markus
Auswärtige Beziehungen privater Verbände: eine staatsrechtliche, insbesondere grundrechtskollisionsrechtliche Untersuchung
Diss. Universität Bonn 1987
Berlin 1988

Heitsch, Christian
Die Ausführung der Bundesgesetze durch die Länder
Habil. Universität Trier 2001
Tübingen 2001

Herzberg, Rolf
Die ratio legis als Schlüssel zum Gesetzesverständnis? Eine Skizze und Kritik der überkommenen Auslegungsmethodik
JuS 2005, 1 ff.

Hesse, Konrad
Grundzüge des Verfassungsrechts der Bundesrepublik Deutschland
20. Auflage, Heidelberg 1995

Hilf, Meinhard
Europäische Union und Europäische Menschenrechtskonvention
S. 1193 ff.
in:
Beyerlin, Ulrich / Bothe, Michael / Hofmann, Rainer / Petersmann, Ernst-Ulrich
Recht zwischen Umbruch und Bewahrung – Festschrift für Rudolf Bernhardt
Heidelberg 1995

Der Rang der Europäischen Menschenrechtskonvention im deutschen Recht
in:
Marenholz, Ernst / Hilf, Meinhard / Klein, Eckart
Entwicklung der Menschenrechte innerhalb der Staaten des Europarates
Heidelberg 1987

Hilf, Meinhard / Oeter, Stefan
WTO-Recht
1. Auflage, Baden-Baden 2005

Hövel, Markus van den
Zulässigkeits- und Zulassungsprobleme der Verfassungsbeschwerde gegen Gesetze
Diss. Universität Bochum 1989
Berlin 1990

Hoffmeister, Frank
Die Europäische Menschenrechtskonvention als Grundrechtsverfassung und ihre Bedeutung in Deutschland
Der Staat 40 (2002), S. 349 ff.

Hofmann, Rainer
The German Federal Constitutional Court and Public International Law: New Decisions, New Approaches?
GYIL 2004, 9 ff.

Zurück zu Solange II! Zum *Bananenmarktordnungs*-Beschluss des Bundesverfassungsgerichts
in:
Cremer, Hans-Joachim / Giegerich, Thomas / Richter, Dagmar / Zimmermann, Andreas
Tradition und Weltoffenheit des Rechts – Festschrift für Helmut Steinberger, S. 1207 ff.
Berlin 2002

Grundrechte und grenzüberschreitende Sachverhalte
Habil. Universität Heidelberg 1993
Heidelberg 1994

Hölscheidt, Sven / Ridinger, Meike / Zitterbart, Annette
Grundzüge des Völkerrechts und seine Bezüge zum Europa- und Verfassungsrecht (Teil 2)
Jura 2005, 224 ff.

Hüttenbrink, Jost
Die öffentlich-rechtliche Haftung der ehrenamtlichen Organwalter gegenüber ihren Selbstverwaltungskörperschaften
DVBl. 1981, 989 ff.

Iglesias, Gil Carlos Rodriguez
Zur Stellung der Europäischen Menschenrechtskonvention im europäischen Gemeinschaftsrecht
in:
Beyerlin, Ulrich / Bothe, Michael / Hofmann, Rainer / Petersmann, Ernst-Ulrich
Recht zwischen Umbruch und Bewahrung – Festschrift für Rudolf Bernhardt
Heidelberg 1995

Ipsen, Knut
Völkerrecht
5. Auflage, München 2004

Völkerrecht
3. Auflage, München 1990

Rechtsfolgen der Verfassungswidrigkeit von Norm und Einzelakt
Habil. Universität Göttingen 1980
Baden-Baden 1980

BVerfG versus EuGH re „Grundrechte“
EuR 1975, 1 ff.

Isensee, Josef / Kirchhof, Paul
Handbuch des Staatsrechts der Bundesrepublik Deutschland
Band VI – Freiheitsrechte
2. Auflage, Heidelberg 2001

Band IV – Finanzverfassung – Bundesstaatliche Ordnung
Heidelberg 1990

Band VII – Normativität und Schutz der Verfassung – Internationale Beziehungen
Heidelberg 1992

Jachmann, Monika
Bundesrecht (insbesondere Bundesverfassungsrecht) und Landesverfassungen
JuS 1994, L 81 ff.

Jackson, John H.
The Jurisprudence of GATT and WTO
2. Auflage, Cambridge 2000

Jaeger, Renate
Menschenrechtsschutz im Herzen Europas
EuGRZ 2005, 193 ff.

Jarass, Hans
EU-Grundrechte
München 2005

Jarass, Hans / Pieroth, Bodo
Grundgesetz für die Bundesrepublik Deutschland
7. Auflage, München 2004

Jauerning, Othmar
Jauerning BGB
11. Auflage, München 2004

Jutzi, Siegfried
Landesverfassungsrecht und Bundesrecht
Berlin 1982

Kabisch, Dieter
Prüfung formeller Gesetze im Bereich der Exekutive
Diss. Universität Köln 1967, Berlin 1967

Kadelbach, Stefan
Der Status der Europäischen Menschenrechtskonvention im deutschen Recht
Jura 2005, 480 ff.

Allgemeines Verwaltungsrecht unter europäischem Einfluss
Habil. 1998
Tübingen 1999

Zwingendes Völkerrecht
Diss. Universtität Frankfurt (Main) 1991
Berlin 1992

Kawalla, Klaus-Dieter
Der subordinationsrechtliche Verwaltungsvertrag und seine Abwicklung
Diss. Universität Konstanz 1984
1. Auflage, Konstanz 1984

Keller, Helen / Bertschi, Martin
Erfolgspotenzial des 14. Protokolls zur Europäischen Menschenrechtskonvention
EuGRZ 2005, 204 ff.

Kilian, Dieter
Die Bindungswirkung der Entscheidungen des Europäischen Gerichtshofs für Menschenrechte
Diss. Universität Mannheim 1993
Frankfurt am Main 1994

Kirchhof, Ferdinand
Die Verwaltungshaftung zwischen Bund und Ländern
NVwZ 1994, 105 ff.

Kirchhof, Paul
Der Auftrag des Grundgesetzes an die rechtsprechende Gewalt, S. 11 ff.
in:
Juristische Fakultät der Universität Heidelberg
Richterliche Rechtsfortbildung – Erscheinungsformen, Auftrag und Grenzen
Heidelberg 1986

Kischel, Uwe
Handle und liquidiere?
VerwA 1999, 391 ff.

Klein, Eckart
Menschenrechte und Ius cogens, S. 151 ff.
in:
Bröhmer, Jürgen / Bieber, Roland / Calliess, Christian / Langenfeld, Christine / Weber, Stefan / Wolf, Joachim
Internationale Gemeinschaft und Menschenrechte – Festschrift für Georg Ress zum 70. Geburtstag am 21. Januar 2005
Köln, Berlin, München 2005

Anmerkung
JZ 2004, 1176 ff.

Der Individualrechtsschutz in der Bundesrepublik Deutschland bei Verstößen gegen die Menschenrechte und Grundfreiheiten der Europäischen Menschenrechtskonvention
in:
Mahrenholz, Ernst G. / Hilf, Meinhard / Klein, Eckart
Entwicklung der Menschenrechte innerhalb der Staaten des Europarates
Heidelberg 1987

Kleinlein,
Der maßgebliche Zeitpunkt für die Beurteilung von Verwaltungskten
VerwA 1990, 149 ff.

Klug, Ulrich
Das Verhältnis zwischen der Europäischen Menschenrechts-Konvention und dem Grundgesetz
in:
Conrad, H. / Jahrreiß, H. / Mikat, P. / Mosler, H. / Nipperdey, H. C. / Salzwedel, J.
Gedächtnisschrift Hans Peters
Berlin 1967

Knack, H.-J. / Busch, J.-D. / Clausen, W. / Henneke, H.-G. / Klappstein, W. / Möllgard, J.
Verwaltungsverfahrensgesetz (VwVfG), Kommentar
7. Auflage, München 2002

Knoke, Ulrich
Rechtsfragen der Rücknahme von Verwaltungsakten
Diss. Westfälische Wilhelms-Universität Münster, 1987
Berlin 1989

Kölble, Josef
Wer haftet dem Bund bei fehlerhaftem Vollzug von Bundesgesetzen durch die Länder?
DÖV 1959, 807 ff.

Koenig, Christian
Schadensersatzanspüche nach verfassungsgerichtlicher Ungültigkeitserklärung von Parlamentswahlen
DÖV 1994, 286 ff.

Koenig, Christian / Braun, Jens-Daniel
Rückgriffsansprüche des Bundes bei einer Haftung für Verstöße der Bundesländer gegen Gemeinschaftsrecht
NJ 2004, 97 ff.

Kössinger, Winfried
Die Durchführung des Europäischen Gemeinschaftsrechts im Bundesstaat: Bund/Länder-Verhältnis und Europäisches Gemeinschaftsrecht
Diss. Ludwig-Maximilians-Universität München 1989
Berlin 1989

Kokott, Juliane
Die Institution des Generalanwalts im Wandel – Auswirkungen der Rechtsprechung des Europäischen Gerichtshofs für Menschenrechte zu ähnlichen Organen der Rechtspflege in den Mitgliedstaaten, S. 577 ff.
in:
Bröhmer, Jürgen / Bieber, Roland / Calliess, Christian / Langenfeld, Christine / Weber, Stefan / Wolf, Joachim
Internationale Gemeinschaft und Menschenrechte – Festschrift für Georg Ress zum 70. Geburtstag am 21. Januar 2005
Köln, Berlin, München 2005

Bundesverwaltungsgericht und Völkerrecht
in:
Schmidt-Aßmann, Eberhard / Sellner, Dieter / Hirsch, Günter / Kemper, Gerd-Heinrich / Lehmann-Grube, Hinrich
Festgabe 50 Jahre Bundesverwaltungsgericht
Köln u.a. 2003

Grund- und Menschenrechte als Inhalt eins internationalen ordre public
BDGV 38, 71 ff.

Missbrauch und Verwirkung von Souveränitätsrechten bei gravierenden Völkerrechtsverstößen, 135 ff.
in:
Beyerlin, Ulrich / Bothe, Michael / Hofmann, Rainer / Petersmann, Ernst-Ulrich
Recht zwischen Umbruch und Bewahrung – Festschrift für Rudolf Bernhardt
Heidelberg 1995

Kopp, Ferdinand O.
Das Gesetzes- und Verordnungsprüfungsrecht der Behörden
DVBl. 1983, 821 ff.

Kopp, Ferdinand O. / Ramsauer, Ulrich
Verwaltungsverfahrensgesetz
9. Auflage, München 2005

Kriele, Martin
Theorie der Rechtsgewinnung
2. Auflage, Berlin 1976

Kühl, Kristian
Der Einfluß der Europäischen Menschenrechtskonvention auf das Strafrecht und Strafverfahrensrecht der Bundesrepublik Deutschland (Teil 1)
ZStW 100 (1988), 406 ff.

Kühne, Hans-Heiner
Das zweite Öcalan-Urteil des Europäischen Gerichtshofs für Menschenrechte
JZ 2005, 652 ff.

Langenfeld, Christine
Die Stellung der EMRK im Verfassungsrecht der Bundesrepublik Deutschland, S. 95 ff.
in:
Bröhmer, Jürgen
Der Grundrechtsschutz in Europa
Baden-Baden 2002

Larenz, Karl / Wolf, Manfred
Allgemeiner Teil des bürgerlichen Rechts
9. Auflage, München 2004

Lechner, Hans / Zuck, Rüdiger
Bundesverfassungsgerichtsgesetz
4. Auflage, München 1996

Lehner, Moris
Der rückwirkende Widerruf von begünstigenden Verwaltungsakten nach dem Eintritt einer Sachverhaltsveränderung
Verw 1993, 183 ff.

Leibholz, Gerard / v. Mangoldt, Hermann
Jahrbuch des öffentlichen Rechts der Gegenwart
Neue Folge, Band 1
Tübingen 1951

Leisner-Egensperger, Anna
Selbstbindung des Gesetzgebers
ThürVBl. 2004, 25 ff.

Lenz, Carl Otto
„An die Gewährleistungen der Konvention gebunden“ – Zum Urteil des Bundesverfassungsgerichts in der Rechtssache Görgülü, S. 234 ff.
in:
Gaitanides, Charlotte / Kadelbach, Stefan / Rodriguez, Gil Carlos
Europa und seine Verfassung – Festschrift für Manfred Zuleeg zum siebzigsten Geburtstag
Baden-Baden 2005

Lenz, Carl Otto / Borchardt, Klaus-Dieter
EU- und EG-Vertrag
3. Auflage, Köln 2003

Lenz, Christofer
Anmerkung zur Gibraltar-Entscheidung
EuZW 1999, 311 ff.

Limbach, Jutta
Die Kooperation der Gerichte in der zukünftigen europäischen Grundrechtsarchitektur
EuGRZ 2000, 417 ff.

Littbarski, Sigurd
Der Wegfall der Geschäftsgrundlage im öffentlichen Recht
Frankfurt am Main, 1982

Littwin, Frank
Die innerstaatliche Verteilung der Finanzierungslasten aus der Mitgliedschaft in der EU
DVBl. 1997, 151 ff.

Lochen, Sebastian
Grundrechte / EMRK – Berücksichtigung der Rspr des EGMR durch nationale Gerichte
JA 2005, 576 ff.

Lorenz, Dieter
Der Wegfall der Geschäftsgrundlage beim Verwaltungsvertrag
DVBl. 1997, 864 ff.

Lorenz, Werner
Verbindungslinien zwischen dem öffentlich-rechtlichen Erstattungsanspruch und dem zivilrechtlichen Bereicherungsausgleich, S. 929 ff.
in:
Badura, Peter / Scholz, Rupert
Wege und Verfahren des Verfassungsrechts – Festschrift für Peter Lerche zum 65. Geburtstag
München 1993

Lübbersmann, Sascha
Alpmann Brockhaus Fachlexikon Recht
2. Auflage, Mannheim 2005

Maaßen, Hans-Georg
Abschiebungsschutz aus Art. 3 EMRK auch bei nicht vom Staat ausgehenden Menschenrechtsverletzungen und allgemeinen, dem Antragsteller im Herkunftsland drohenden Gefahren für Leben und Gesundheit
ZAR 1998, 107 ff.

März, Wolfgang
Bundesrecht bricht Landesrecht
Diss. Eberhard-Karls-Universität zu Tübingen 1989
Berlin 1989

Magiera, Siegfried
Außenkompetenzen der deutschen Länder, S. 97 ff.
in:
Lüder, Klaus
Staat und Verwaltung – Fünfzig Jahre Hochschule für Verwaltungswissenschaften Speyer
Berlin 1997

Malinverni, Giorgio
Les droits fondamentaux dans la jurisprudence de la Commission et de la Cour européenne, 539 ff.
in:
Haller, Walter
Festschrift für Dietrich Schindler zum 65. Geburtstag
Frankfurt/M. 1989

v. Mangoldt, Herman / Klein, Friedrich / Starck, Christian
Das Bonner Grundgesetz, Band 2
4. Auflage, München 2001

Das Bonner Grundgesetz, Band 1
4. Auflage, München 1999

Mann, Roger
Auswirkungen der Caroline-Entscheidung des EGMR auf die forensische Praxis
NJW 2004, 3220 ff.

Marceau, Gabrielle
WTO Dispute Settlement and Human Rights
EJIL 2002, 753 ff.

Martens, Joachim
Einführung in die Praxis des Verwaltungsverfahrens
JuS 1979, 114 ff.

Masuch, Thorsten
Zur fallübergreifenden Bindungswirkung von Urteilen des EGMR
NVwZ 2000, 1266 ff.

Maunz, Thoedor / Dürig, Günter / Badura, Peter / Di Fabio, Udo / Herdegen, Matthias / Herzog, Roman / Klein, Hans / Korioth, Stefan / Lerche, Peter / Papier, Hans-Jürgen / Randelzhofer, Albrecht / Schmidt-Assmann, Eberhard
Grundgesetz Kommentar, Band III
Loseblatt, Stand Februar 2005

Maurer, Hartmut
Allgemeines Verwaltungsrecht
15. Auflage, München 2004

Staatsrecht I
3. Auflage, München 2003

Wiederaufgreifen unanfechtbar abgeschlossener Verwaltungsverfahren – BVerwGE 44, 333
JuS 1976, 25 ff.

Das Verwaltungsverfahrensgesetz des Bundes
JuS 1976, 485 ff.

Mayer, Franz C.
Grundrechtsschutz gegen europäische Rechtsakte durch das BVerfG: Zur Verfassungmäßigkeit der Bananenmarktordnung
EuZW 2000, 685 ff.

Meyer-Ladewig, Jens
EMRK Handkommentar
1. Auflage, Baden-Baden 2003

Sozialgerichtsgesetz
7. Auflage, München 2002

Mayer-Ladwig, Jens / Petzold, Herbert
Die Bindung deutscher Gerichte an Urteile des EGMR
NJW 2005, 15 ff.

Meyer / Borgs
Verwaltungsverfahrensgesetz
2. Auflage, Frankfurt am Main 1982

Menger, Christian-Friedrich
Aus der Praxis der Verwaltung und der Verwaltungsgerichtsbarkeit
VerwA 62 (1972), 75 ff.

Mückl, Stefan
Kooperation oder Konfrontation? – Das Verhältnis zwischen Bundesverfassungsgericht und Europäischem Gerichtshof für Menschenrechte
Der Staat 2005, 403 ff.

Müller-Ibold, Till
Die Begründungspflicht im europäischen Gemeinschaftsrecht und im deutschen Recht
Diss. Universität Hamburg 1989
Frankfurt am Main 1990

v. Münch, Ingo / Kunig, Philip
Grundgesetz-Kommentar
5. Auflage, München 2001

Murswiek, Dietrich
Die Haftung der Bundesrepublik Deutschland für die Folgen ausländischer Nuklearunfälle
UPR 1986, 370 ff.

Musielak, Hans-Joachim
Kommentar zur Zivilprozessordnung
4. Auflage, München 2005

Grundkurs ZPO
7. Auflage, München 2004

Nedden, Claudio
Die Geschäftsführung ohne Auftrag im öffentlichen Recht
Diss. Westfälische Wilhelms-Universität Münster 1994
Berlin 1994

Nettesheim, Martin
Die Zulässigkeit von Verfassungsbeschwerden und Richtervorlagen nach Art. 23 GG
NVwZ 2002, 932 ff.

Neumann, Jan
Die Koordination des WTO-Rechts mit anderen völkerrechtlichen Ordnungen
Diss. Westfälische Wilhelms-Universität Münster 2001
Berlin 2001

Nopper, Frank
Bund-Länder-Haftung beim fehlerhaften Vollzug von Gemeinschaftsrecht durch die deutschen Länder
Diss. Eberhard-Karls-Universität Tübingen 1998
1. Auflage, Baden-Baden 1998

Nickel, Rainer
Zur Zukunft des Bundesverfassungsgerichts im Zeitalter der Europäisierung
JZ 2001, 625 ff.

Obermayer, Klaus
Verwaltungsverfahrensgesetz
3. Auflage, Neuwied 1999

Der nichtige öffentlich-rechtliche Vertrag nach § 59 VwVfG
in:
Maunz, Theodor
Verwaltung und Rechtsbindung: Festschrift zum hundertjährigen Bestehen des Bayerischen Verwaltungsgerichtshofes
München 1979

Ohler, Christoph
Die Kollisionsordnung des Allgemeinen Verwaltungsrechts
Habil. Universität München 2005
Tübingen 2005

Okresek, Wolf
Die Umsetzung der EGMR-Urteile und ihre Überwachung
EuGRZ 2003, 168 ff.

v. Olshausen, Henning
Landesverfassungsbeschwerde und Bundesrecht
Habil. Johannes-Gutenberg-Universität, Mainz, 1979
1. Auflage, Baden-Baden 1980

Oppermann, Thomas
Europarecht
3. Auflage, München 2005

Ossenbühl, Fritz
Staatshaftungsrecht
5. Auflage, München 1998

Maßhalten mit dem Übermaßverbot, S. 441 ff.
in:
Schröder, Meinhard / Löwer, Wolfgang / Di Fabio, Udo / v. Danwitz, Thomas
Freiheit Verantwortung Kompetenz
Köln u.a., 1994

Normenkontrolle durch die Verwaltung
Verw 1969, 393 ff.

Pache, Eckhard
Die Europäische Menschenrechtskonvention und die deutsche Rechtsordnung
EuR 2004, 393 ff.

Palandt, Otto
Bürgerliches Gesetzbuch
64. Auflage, München 2005

Papier, Hans-Jürgen
Finanzierungsverantwortlichkeit bei der atomrechtlichen Zwischenlagerung, S. 435 ff.
in:
Grupp, Klaus / Ronellenfitsch, Michael
Planung – Recht – Rechtsschutz
Festschrift für Willi Blümel zum 70. Geburtstag am 6. Januar 1999
Berlin 1999

Pernice, Ingolf
BVerfG, EGMR und die Rechtsgemeinschaft
EuZW 2004, 705 ff.

Pestalozza, Christian
Verfassungsprozessrecht
3. Auflage, München 1991

Sekundäres Gemeinschaftsrecht und nationale Grundrechte
DVBl. 1974, 716 ff.

Thesen zur kompetenzrechtlichen Qualifikation von Gesetzen im Bundesstaat
DÖV 1972, 181 ff.

Peters, Anne
Einführung in die Europäische Menschenrechtskonvention
München 2003

Pieroth, Bodo / Schlink, Bernhard
Grundrechte Staatsrecht II
20. Auflage, Heidelberg 2004

Pietzcker, Jost
Inzidentverwerfung rechtswidriger untergesetzlicher Rechtsnormen durch die Verwaltung
DVBl. 1986, 806 ff.

Polakiewicz, Jörg
Die Verpflichtung der Staaten aus den Urteilen des Europäischen Gerichtshofs für Menschenrechte
Diss. Universität Heidelberg 1992
Berlin 1993

Die Aufhebung konventionswidriger Gerichtsentscheidungen nach einem Urteil des Europäischen Gerichtshofs für Menschenrechte
ZaöRV 1992, 804 ff.

Die innerstaatliche Durchsetzung der Urteile des Europäischen Gerichtshofs für Menschenrechte
ZaöRV 1992, 149 ff.

Polley, Romina
Die Konkurrentenklage im Europäischen Beihilferecht
EuZW 1996,300 ff.

Poscher, Ralf
Landesgrundrechte und Bundesrecht
NJ 1996, 351 ff.

Prescatore, Pierre
La Cour de justice des Communautés européennes et la Convention européenne des Droits de l'Homme, S. 441ff.
in:
Matscher, Franz / Petzold, Herbert
Protecting Human Rights: The European Dimension / Protection des droits de l'homme: la dimension euopéenne – Studies in honour of / Mélange en l'honneur de Gérard J. Wiarda
Köln u.a. 1988

Referat
in:
Mosler, Hermann / Bernhardt, Rudolf / Hilf, Meinhard
Grundrechtsschutz in Europa
Heidelberg 1977

Real, Beatrix
Staatenimmunität und Menschenrechte
Diss., Westfälische Wilhelms-Universität Münster 2004
Berlin 2004

Rebmann, Kurt / Säcker, Franz Jürgen / Rixecker, Roland
Münchener Kommentar Bürgerliches Gesetzbuch – Schuldrecht Allgemeiner Teil
4. Auflage, München 2003

Redeker, Konrad
Zum neuen Entwurf des Verwaltungsverfahrensgesetzes
DVBl. 1973, 744 ff.

Reichel, Gerhard Hans
Die auswärtige Gewalt nach dem Grundgesetz für die Bundesrepublik Deutschland vom 23. Mai 1949
Diss. Ludwig-Maximilians-Universität München 1966
Berlin 1967

Reinkenhof, Michaela
Auswirkungen des EGMR-Urteils zur Bodenreform auf rechtskräftig abgeschlossene gerichtliche Verfahren
NJ 2004, 250 ff.

Remmert, Barbara
Die behördliche Aufhebung von Verwaltungsakten mit Doppelwirkung
VerwA 2000, 209 ff.

Ress, Georg
Menschenrechte, europäisches Gemeinschaftsrecht und nationales Verfassungsrecht, 897 ff.
in:
Haller, Herbert / Kopetzki, Christian / Novak, Richard / Pauslon, Stanley L. / Raschauer, Bernhard / Ress, Georg / Wiederin, Ewald
Festschrift für Günther Winkler
Wien 199
Wirkung und Beachtung der Urteile und Entscheidungen der Straßburger Konventionsorgane
EuGRZ 1996, 350 ff.

Verfassungsrechtliche Auswirkungen der Fortentwicklung völkerrechtlicher Verträge, S. 1775 ff.
in:
Fürst, Walther / Herzog, Roman / Umbach, Dieter C.
Festschrift für Wolfgang Zeidler, Band 2
Berlin 1987

Die <<Einzelfallbezogenheit>> in der Rechtsprechung des Europäischen Gerichtshofs für Menschenrechte
in:
Bernhardt, Rudolf / Geck, Wilhelm Karl / Jaenicke, Günther / Steinberger, Helmut
Völkerrecht als Rechtsordnung – Internationale Gerichtsbarkeit – Menschenrechte
Festschrift für Hermann Mosler
Berlin 1983

Die Europäische Menschenrechtskonvention und die Vertragsstaaten: Die Wirkung der Urteile des Gerichtshofes für Menschenrechte im innerstaatlichen Recht und vor innerstaatlichen Gerichten
in:
Maier, Irene
Europäischer Menschenrechtsschutz
Heidelberg 1982

Riedel, Eibe
Die Universalität der Menschenrechte
Berlin 2003

Rodger, Alan
The Future of the Eurpean Court of Human Rights
HRLJ 2005, 149 ff.

Roth, Wolfgang
Die Überprüfung fachgerichtlicher Urteile durch das Bundesverfassungsgericht und die Entscheidung über die Annahme einer Verfassungsbeschwerde
AöR 121 (1996), 544 ff.

Rudolphi, Hans-Joachim
Systematischer Kommentar zur Strafprozessordnung und zum Gerichtsverfassungsgesetz
München 2005, Loseblatt, Stand Mai 2005

Rüfner, Wolfgang
Zur Bedeutung des § 48 II SGB X
in:
Gitter, Wolfgang / Schulin, Bertram / Zacher Hans F.
Festschrift für Otto Ernst Krasney zum 65. Geburtstag
München 1997
S. 401 ff.

Sachs, Michael
Grundgesetz Kommentar
3. Auflage, München 2003
Das Wiederaufgreifen des Verwaltungsverfahrens
JuS 1982, 264 ff.

Sacksofsky, Ute
Landesverfassungen und Grundgesetz – am Beispiel der Verfassungen der neuen Länder
NVwZ 1993, 235 ff.

Sattler, Detlev
Wiederaufnahme des Strafprozesses nach Feststellung der Konventionswidrigkeit durch Organe der Europäischen Menschenrechtskonvention
Diss. Albert-Ludwigs-Universität zu Freiburg im Breisgau, 1973
Augsburg 1973

Sauer, Heiko
Die neue Schlagkraft der gemeineuropäischen Grundrechtsjudikatur
ZaöRV 2005,35 ff.

Schaarschmidt, Ulf
Wiederaufgreifen auf Antrag des Betroffenen
Diss. Christian-Albrechts-Universität zu Kiel 1984
Kiel 1984

Schäfer, Hans
Gesetzeskraft und bindende Wirkung der Entscheidungen des Bundesverfassungsgerichts
NJW 1954, 1465 ff.

Die Bundesauftragsverwaltung
DÖV 1960, 641 ff.

Schaffarzik, Bert
Europäische Menschenrechte unter der Ägide des Bundesverfassungsgerichts
DÖV 2005, 860 ff.

Scheer, Hester
The Interaction between the ECHR and EC law – A Case Study in the Field of EC Competition Law
ZEuS 2004, 663 ff.

Schenke, Wolf-Rüdiger
Widerruf oder Rücknahme rechtswidrig gewordener Verwaltungsakte
BayVBl. 1990, 107 ff.

Die verwaltungsbehördliche Aufhebung nachträglich rechtswidrig gewordener Verwaltungsakte
DVBl. 1989, 433 ff,

Probleme der Bestandskraft von Verwaltungsakten
DÖV 1983, 320 ff.

Schilling, Theodor
Internationaler Menschenrechtsschutz
Tübingen 2004

Der >>unfreiwillige<< Vertrag mit der öffentlichen Hand
VerwA 1996, 191 ff.

Schindler, Dietrich
Die innerstaatlichen Wirkungen der Entscheidungen der europäischen Menschenrechtsorgane
in:
Kummer, Max / Walder, Hans Ulrich
Festschrift zum 70. Geburtstag von Max Guldener
Zürich 1973

Schlaich, Klaus / Korioth, Stefan
Das Bundesverfassungsgericht
6. Auflage, München 2004

Schleicher, Helmut
Das Verwaltungsverfahrensgesetz des Bundes
DÖV 1976, 550 ff.

Schlette, Volker
Die Verwaltung als Vertragspartner
Habil. Georg-August-Universität Göttingen 1999
Tübingen 2000

Schlosser, Peter
Urteilswirkungen und rechtliches Gehör
JZ 1967, 431 ff.

Das völkerrechtswidrige Urteil nach deutschem Prozessrecht
ZZP 1966, 164 ff.

Schmidt-Aßmann, Eberhard
Gefährdungen der Rechts- und Gesetzesbindung der Exekutive, S. 745 ff.
in:
Burmeister, Joachim
Verfassungsstaatlichkeit – Festschrift für Klaus Stern zum 65. Geburtstag
München 1997

Verwaltungsverträge im Städtebaurecht
in:
Lenz, Wolfgang
Festschrift für Konrad Gelzer zum 75. Geburtstag
Düsseldorf 1991
S. 117 ff.

Schmidt-Bleibtreu, Bruno / Klein, Franz
Kommentar zum Grundgesetz
10. Auflage, München 2004
Schoch, Friedrich
Rechtsprechungsanalyse – Geschäftsführung ohne Auftrag im öffentlichen Recht
Verw 2005, 91 ff.

Scholz, Rupert
Europäisches Gemeinschaftsrecht und innerstaatlicher Verfassungsrechtsschutz, S. 53 ff.
in:
Friauf, Karl Heinrich

Europarecht und Grundgesetz: Betrachtungen zu materiell- und formalrechtlichen Problemen bei Schaffung und Umsetzung sekundären Gemeinschaftsrechts
Berlin 1990

Schulze, Reiner
BGB Handkommentar
4. Auflage, Baden-Baden 2005

Schulze, Wolfgang
Haftung für ordnungsgemäße Verwaltung und Ersatzleistungspflichten im Verhältnis zwischen Bund und Ländern
DÖV 1972, 409 ff.

Schumann, Ekkehard
Menschenrechtskonvention und Wiederaufnahme des Verfahrens
NJW 1964, 753 ff.

Verfassungs- und Menschenrechtsbeschwerde gegen richterliche Entscheidungen
Berlin 1963

Schwarze, Jürgen
Deutschlandbericht, S. 123 ff.
in:
ders.
Das Verwaltungsrecht unter europäischem Einfluss
1. Auflage, Baden-Baden 1996

Schwenke, Ulrich
Haftung der Länder gegenüber dem Bund aus Art. 104a V 1 GG
NVwZ 2003, 1430 ff.

Schweitzer, Michael
Staatsrecht III
8. Auflage, Heidelberg 2004

Schwerdtner, Eberhard
Verwaltungsverträge im Spannungsfeld unbedingter Vertragsbindung und dem Interesse auf Vertragsanpassung bei veränderter Sachlage
VBlBW 1997, 9 ff.

Seibert, Helga
Europäische Menschenrechtskonvention und Bundesverfassungsgericht
in:
Vogel, Hans Jochen / Simon, Helmut / Podlech, Adalbert
Die Freiheit des Anderen – Festschrift für Helmut Hirsch
Baden-Baden 1981

Seidl-Hohenveldern, Ignaz / Stein, Torsten
Völkerrecht
10. Auflage, München 2000

Selbmann, Frank
Restitutionsklagen aufgrund von Urteilen des EGMR?
NJ 2005, 103 ff.

Selmer, Peter
Wiederaufgreifen des Verwaltungsverfahrens – von Amts wegen und auf Antrag
JuS 1987, 363 ff.

Sodan, Helge / Ziekow, Jan
Verwaltungsgerichtsordnung
Loseblatt, Stand: Jan. 2003
Baden-Baden 1996

Soehring, Jörg / Seelmann-Eggebert, Sebastian
Die Entwicklung des Presse- und Äußerungsrechts in den Jahren 2000 bis 2004
NJW 2005, 571 ff.

Sommermann, Karl-Peter
Völkerrechtlich garantierte Menschenrechte
AöR 114 (1989), 391 ff.

Stein, Friedrich / Jonas, Martin
Kommentar zur Zivilprozessordnung
22. Auflage, Tübingen 2002

Stein, Torsten / von Buttlar, Christian
Völkerrecht
11. Auflage, München 2005

Steinberger, Helmut
Auswärtige Gewalt unter dem Grundgesetz, 101 ff.
in:
Mußgnug, Reinhard
Rechtsentwicklung unter dem Bonner Grundgesetz
Heidelberg 1990

Reference to the case law of the organs of the European Convention on Human Rights before national courts
HRLJ 6 (1985), 402 ff.

Steiner, Udo
Wirkungen der Entscheidungen des Bundesverfassungsgerichts auf rechtskräftige und unanfechtbare Entscheidungen
in:
Starck, Christian

Bundesverfassungsgericht und Grundgesetz, Festgabe aus Anlass des 25jährigen Bestehens des Bundesverfassunsgerichts, Bd. 1
S. 628 ff.

Stelkens, Paul
Die Änderung höchstrichterlicher Rechtsprechung als nachträgliche Änderung der Rechtslage i.S.d. § 51 I Nr. 1 VwVfG
NVwZ 1982, 492 ff.

Stelkens, Paul / Bonk, Heinz Joachim / Sachs, Michael
Verwaltungsverfahrensgesetz
6. Auflage, München 2001

Stelkens, Ulrich
Schadensersatzhaftung zwischen Bund, Ländern, Gemeinden, Sozialversicherungsträgern und sonstigen juristischen Personen des öffentlichen Rechts
Diss. Universität des Saarlandes 1998
Berlin 1998

Stern, Klaus
Die clausula rebus sic stantibus im Verwaltungsrecht, S. 775 ff.
in:
Schwab, Dieter / Giesen, Dieter / Listl, Joseph / Strätz, Hans-Wolfgang
Staat, Kirche, Wissenschaft in einer pluralistischen Gesellschaft – Festschrift zum 65. Geburtstag von Paul Mikat
Berlin 1989

Das Staatsrecht der Bundesrepublik Deutschland Band I
2. Auflage, München 1984

Das Staatsrecht der Bundesrepublik Deutschland Band II
München 1980

Das Staatsrecht der Bundesrepublik Deutschland Band III/1
München 1988

Das Staatsrecht der Bundesrepublik Deutschland Band III/2
München 1994

Stöcker, Hans A.
Wirkungen der Urteile des Europäischen Gerichtshofs für Menschenrechte in der Bundesrepublik
NJW 1982, 1905 ff.

Storr, Stefan
Die Haftung im Bund-Länder-Verhältnis, S. 269 ff.
in:
Aulehner, Josef / Dengler, Andreas / Konrad, Karlheinz / Langer, Stefan / Leisner, Anna / Lepsius, Oliver / Möller, Johannes / Möstl, Markus / Pfab, Susanne / Stender, Michael / Waldhoff, Christian
Föderalismus – Auflösung oder Zukunft der Staatlichkeit?
Stuttgart 1997

Streinz, Rudolf
Europarecht
6. Auflage, Heidelberg 2003

Streuer, Wibke
Die positiven Verpflichtungen des Staates
Diss. Universität des Saarlandes 2002
Baden-Baden 2003

Stüer, Bernhard / Spreen, Holger
Defizite in der Umsetzung des Europarechts
Verw 2005, 174 ff.

Sturm, Friedrich
Die Haftung der Länder (Gemeinden/Gemeindeverbände) bei fehlerhafter Verwendung von Haushaltsmitteln des Bundes im Gesetzesvollzug
DÖV 1966, 257 ff.

Suerbaum, Joachim
Widerruf und Erstattung bei Geld- und Sachleistungsverwaltungsakten nach der Novellierung des Verwaltungsverfahrensrechts
VerwA 1999, 361 ff.

Szczekalla, Peter
Vertrauensvorschuss aus Strassburg: Der Europäische Gerichtshof für Menschenrechte klärt sein Verhältnis zum Europäischen Gerichtshof – Anmerkungen zu EuGHMR (Große Kammer), Urteil vom 30.06.2005, 45036/98 – Bosphorus Hava Yollari Turizm ve Ticaret AS v. Ireland Case (Embargo gegen Ex-Jugoslawien)
GPR 2005, 176 ff.

Die sogenannten grundrechtlichen Schutzpflichten im deutschen und europäischen Recht: Inhalt und Reichweite einer „gemeineuropäischen Grundrechtsfunktion"
Diss. Universität Osnabrück 2000
Berlin 2002

Templeman, Lord
Constitutional Law: The Machinery of Government
2. Auflage, London 2000

Thieme, Werner
Der verfassungswidrige Verwaltungsvertrag
NJW 1974, 2201 ff.

Thomas, Heinz / Putzo, Hans
Zivilprozessordnung
25. Auflage, München 2003

Tilch, Horst
Münchener Rechtslexikon Bd. 2
München 1987

Tomuschat, Christian
Just satisfaction under Article 50 of the European Convention on Human Rights
in:
Mahoney, Paul / Matscher, Franz / Petzold, Herbert / Wildhaber, Luzius
Protecting Human Rights: The European Perspective – Studies in memory of Rolv Ryssdal
Köln 2000

Zur Rechtswirkung der von der Europäischen Gemeinschaft abgeschlossenen Verträge in der Gemeinschaftsrechtsordnung
in:
Lüke, Gerhard / Ress, Georg / Will, Michael R.
Gedächtnisschrift für Léontin-Jean Constantinesco
München 1983

Toth, Akos G.
Legal Protection of Individuals in the European Communities Law, Vol. 1
Amsterdam 1978

Uerpmann, Robert
Völkerrechtliche Nebenverfassung
S. 339 ff.
in:
v. Bogdandy, Armin
Europäisches Verfassungsrecht
Berlin 2003

Landesrechtlicher Grundrechtsschutz und Kompetenzordnung
Der Staat 35 (1996), 428 ff.

Die Europäische Menschenrechtskonvention und die deutsche Rechtsprechung
Diss. Freie Universität Berlin, 1991
Berlin 1993

Ule, Carl Hermann / Becker, Franz
Verwaltungsverfahren im Rechtsstaat
Köln 1964

Ule, Carl Hermann / Laubinger, Hans-Werner
Verwaltungsverfahrensrecht
4. Auflage, Köln 1995

Umbach, Dieter / Clemens, Thomas
Grundgesetz
2. Auflage, München 1992

Umbach, Dieter / Clemens, Thomas / Dollinger, Franz-Wilhelm
Bundesverfassungsgerichtsgesetz
2. Auflage, Heidelberg 2005

Ukrow, Jörg
Deutsche Einigung und Europäische Gemeinschaft, S. 231 ff.
in:
Siedentopf, Heinrich
Europäische Integration und nationalstaatliche Verwaltung
Stuttgart 1991

Unkel, Wibke
Berücksichtigung der Europäischen Menschenrechtskonvention in der neueren Rechtsprechung der bundesdeutschen Verwaltungsgerichte
Diss. Westfälische Wilhelms-Univestitat Münster 2004
Hamburg 2004

v. Unruh, Georg-Christoph / Greve, Friedrich / Schliesky, Utz
Grundkurs Öffentliches Recht
6. Auflage, München 2003

Verdross, Alfred / Simma, Bruno
Universelles Völkerrecht
3. Auflage, Berlin 1984

Villiger, Mark E.
Articles 31 and 32 of the Vienna Convention on the Law of Treaties in the Case-Law of the European Court of Human Rights, S. 317 ff.
in:
Bröhmer, Jürgen / Bieber, Roland / Calliess, Christian / Langenfeld, Christine / Weber, Stefan / Wolf, Joachim
Internationale Gemeinschaft und Menschenrechte – Festschrift für Georg Ress zum 70. Geburtstag am 21. Januar 2005
Köln, Berlin, München 2005

Handbuch der Europäischen Menschenrechtskonvention
2. Auflage, Zürich 1999

Vitzthum Graf, Wolfgang
Völkerrecht
3. Auflage, Berlin 2004

Voßkuhle, Andreas
Theorie und Praxis der verfassungskonformen Auslegung von Gesetzen durch Fachgerichte
AöR 125 (2000), 177 ff.

Vogel, Klaus
Völkerrechtliche Verträge und innerstaatliche Gesetzgebung – Eine neue Entscheidung des BVerfG hat Bedeutung auch für die Beurteilung des treaty override
IStR 2005, 29 ff.

de Wall, Heinrich
Die Anwendbarkeit privatrechtlicher Vorschriften im Verwaltungsrecht
Habil. Universität Erlangen/Nürnberg 1999
Tübingen 1999

Wallerath, Maximilian
Allgemeines Verwaltungsrecht
5. Auflage, Siegburg 2000

Walter, Christian
Grundrechtsschutz gegen Hoheitsakte internationaler Organisationen
AöR 129 (2004), 39 ff.

Constitutionalizing (Inter)national Governance – Possibilities for and Limits to the Development of an International Constitutional Law
GYIL 2001, 170 ff.

Die Europäische Menschenrechtskonvention als Konstitutionalisierungsprozeß
ZaöRV 99 (1999), S. 961 ff.

Walter, Hannfried
Die Europäische Menschenrechtsordnung
Berlin 1970

Weber, Albrecht
Einheit und Vielfalt der europäischen Grundrechtsordnung(en)
DVBl. 2003, 220 ff.

Wehr, Matthias
Inzidente Normverwerfung durch die Exekutive
Diss. Universität Würzburg 1998
Berlin 1998

Weides, Peter
Verwaltungsverfahren und Widerspruchsverfahren
3. Auflage, München 1993

Weigend, Thomas
Die Europäische Menschenrechtskonvention als deutsches Recht – Kollisionen und ihre Lösung
StV 2000, 384 ff.

Weiss, Wolfgang
Zur Haftung der EG für die Verletzung des WTO-Rechts
EuR 2005, 277 ff.

Die Verteidigungsrechte in EG-Kartellverfahren: zugleich ein Beitrag zu den allgemeinen Rechtsgrundsätzen des Gemeinschaftsrechts
Diss. Universität Bayreuth 1995
Köln 1996

Westermann, H. Peter
Erman – Bürgerliches Gesetzbuch
11. Auflage, Köln 2004

Westermeier, Georg
Die Erledigung der Hauptsache im Deutschen Verfahrensrecht
Diss. Ludwig-Maximilians-Universität München 2003
Berlin 2005

Wiesbrock, Katja
Internationaler Schutz der Menschenrechte vor Verletzungen durch Private
Diss. Universität Göttingen 1998
Berlin 1999

Wieczorek, Bernhard / Schütze, Rolf A.
Zivilprozessordnung und Nebengesetze
3. Auflage, Berlin 1995

Windthorst, Kay
Staatshaftungsrecht
JuS 1996, 894 ff.

Winkler, Beate
Die Durchsetzung der Pflicht zur Rückforderung einer gemeinschaftswidrigen Beihilfe nach deutschem und europäischem Recht
DVBl. 1979, 263 ff.

Winkler, Sebastian
Der Europäische Gerichtshof für Menschenrechte, das Europäische Parlament und der Schutz der Konventionsgrundrechte im Europäischen Gemeinschaftsrecht
EuGRZ 2001, 18 ff.

Der Beitritt der Europäischen Gemeinschaften zur Europäischen Menschenrechtskonvention

Diss. Universität Konstanz 1999
Baden-Baden 2000

Wolf, Manfred
Rechtliches Gehör und die Beteiligung Dritter am Rechtsstreit
JZ 1971, 405 ff.

Wolff, Hans / Bachof, Otto / Stober, Rolf
Verwaltungsrecht Band 2
6. Auflage, München 2000

Verwaltungsrecht Band 1
11. Auflage, München 1999

Wolfram, Karl / Miehsler, Herbert / Petzold, Herbert
Internationaler Kommentar zur Europäischen Menschenrechtskonvention
Loseblatt, Köln u.a., Stand Juni 2004

Wolfrum, Rüdiger
Handbuch der Vereinten Nationen
München, 2. Auflage 1991

Wollgast, Heike
Das haftende Subjekt der gemeinschaftsrechtlich gebotenen Staatshaftung in der Bundesrepublik Deutschland
Diss. Universität Köln 1998
Köln 1998

Wollschläger, Christian
Geschäftsführung ohne Auftrag im öffentlichen Recht und Erstattungsanspruch
Berlin 1977

v. Wulffen, Matthias
Sozialgesetzbuch, Kommentar
5. Auflage, München 2005

Zeuner, Albrecht
Rechtliches Gehör, materielles Recht und Urteilswirkungen
Karlsruhe 1974

Ziekow, Jan
Rechtsmittelrecht und Verfassungsgerichtsbarkeit
Verw 1994, 474 ff.

Zimmer, Anja
Abschiebungsschutz durch Art. 3 EMRK im Fall nichtstaatlicher Verfolgung
ZAR 1997, 115 ff.

Zimmermann, Andreas
Staatennachfolge in völkerrechtliche Verträge
Habil. Universität Heidelberg 1999
Berlin 2000

Zöller, Richard
Zivilprozessordnung
24. Auflage, Köln 2004

Zwingenberger, Kurt
Die Europäische Konvention zum Schutz der Menschenrechte in ihrer Auswirkung auf die Bundesrepublik Deutschland
Diss. Universität Heidelberg 1958
Münster 1997

Kapitel I – Einleitung

Mit der Unterzeichnung der Europäischen Konvention zum Schutze der Menschenrechte und Grundfreiheiten (EMRK) hat sich die Bundesrepublik Deutschland auf internationaler völkerrechtlicher Ebene dem Menschenrechtsschutz verpflichtet. Sie ist einem regionalen Menschenrechtsregime beigetreten, dessen Ziel es ist, einen Menschenrechtsmindeststandard zu setzen[1]. Dazu ist die EMRK mit einem Katalog von fundamentalen Menschenrechten, die durch die Zusatzprotokolle ergänzt und konkretisiert wurden, ausgestattet. Diese allen ihrer Hoheitsgewalt unterstehenden Personen zuzusichern, hat sich die Bundesrepublik gemäß Art. 1 EMRK verpflichtet.

Sollte es trotzdem zu einer Verletzung der EMRK gekommen sein, kann der Europäische Gerichtshof für Menschenrechte (EGMR) im Wege der Staatenbeschwerde (Art. 33 EMRK) oder der Individualbeschwerde (Art. 34 EMRK) angerufen werden, um diese festzustellen. Laut Art. 46 I EMRK hat sich die Bundesrepublik dazu verpflichtet, „in allen Rechtssachen, in denen sie Partei ist, das endgültige Urteil des Gerichtshofes zu befolgen".

Damit ist allerdings noch keine Aussage hinsichtlich der Effektivität des Menschenrechtsschutzes durch die EMRK getroffen. So wurde die EMRK mit anderen multilateralen und regional angelegten Individualschutzverträgen verglichen und damit ihre Effektivität in Frage gestellt[2]. Gegen ihre Effektivität wurde insbesondere angeführt, dass die Vertragsstaaten die Möglichkeit hätten, aufgrund der vertraglich zugelassenen Einschränkungen die Rechte und Freiheiten der EMRK innerhalb ihrer Rechtsordnung zu relativieren[3]. Soweit sich die Kritik auf die Durchsetzung der EMRK-Freiheiten vor den Organen der EMRK bezog, soll sie zwar insoweit wegen der durch das 11. Zusatzprotokoll erneuerten Verfahrensstruktur gegenstandslos geworden sein[4]. Dadurch wurde nämlich dem Einzelnen und damit dem Träger der EMRK-Freiheiten ein Individualbeschwerderecht eingeräumt. Deshalb wird der EGMR mittlerweile auch als „europäisches Verfassungsgericht" für Menschenrechte bezeichnet[5]. Die kritisierten vertraglich zugelassenen Einschränkungen innerhalb der innerstaatlichen Rechtsordnung[6] sind allerdings geblieben: Dies zeigen insbesondere die beiden allgemeinen Schrankenregelungen in Art. 15 und 16 EMRK. Gemäß Art. 15 EMRK darf im Notstandsfall, also bei Bedrohung des Lebens der Nation oder bei einem anderen öffentlichen Notstand, von den EMRK-Freiheiten abgewichen werden. Und Art. 16 EMRK sieht vor, dass die politische Tätigkeit von Ausländern beschränkt werden darf. Außerdem besteht gemäß Art. 57 EMRK die Möglichkeit für die Konventionsstaaten, bei der Unterzeichnung der Konvention oder bei der Hinterlegung der Ratifikationsur-

---

[1] Vgl. *Ehlers*, in: *ders.*, Europäische Grundrechte und Grundfreiheiten, § 2 Rn. 4; *Unkel*, Berücksichtigung der EMRK in der neueren Rechtsprechung der bundesdeutschen Verwaltungsgerichte, S. 1.
[2] *Frowein*, in: HdBStR VII, § 130 Rn. 5; *Ipsen*, in: *ders.*, Völkerrecht, 3. Auflage, 1990, § 45 Rn. 10.
[3] *Ipsen*, in: *ders.*, Völkerrecht, 3. Auflage, 1990, § 45 Rn. 10.
[4] *Ipsen*, in: *ders.*, Völkerrecht, 5. Auflage, 2004, § 49 Rn. 10.
[5] So *Grabenwarter*, EMRK, § 2 Rn. 3.
[6] *Ipsen*, in: *ders.*, Völkerrecht, 3. Auflage, 1990, § 45 Rn. 10.

kunde Vorbehalte zu einzelnen Bestimmungen anzubringen. Zudem sind nicht alle Zusatzprotokolle bisher ratifiziert worden[7].

Unbeschadet dieser Kritik wächst die Bedeutung des EGMR als europäisches Verfassungsgericht unaufhaltsam. Dies belegen die Statistiken über die beim EGMR eingelegten Beschwerden. Waren es 1995 noch 11.200 Beschwerden, belief sich die Zahl im Jahre 2000 bereits auf 30.200. 2003 wurden 38.800 Beschwerden eingelegt. Im Jahre 2004 stieg die Zahl auf 44.100 Beschwerden an. Und im Jahre 2005 musste sich der EGMR mit insgesamt 45.000 Beschwerden beschäftigen[8].

Trotz dieser wachsenden zumindest faktischen Bedeutung des EGMR stellt sich die Frage nach der Effektivität der EMRK für die Bundesrepublik heute um so mehr, als das Bundesverfassungsgericht (BVerfG) in seinem Beschluss vom 14.10.2004 hervorgehoben hat, dass es „nicht dem Ziel der Völkerrechtsfreundlichkeit des Grundgesetzes widerspricht, wenn der Gesetzgeber ausnahmsweise Völkervertragsrecht" (und damit die EMRK) „nicht beachtet, sofern nur auf diese Weise ein Verstoß gegen tragende Grundsätze der Verfassung abzuwenden ist"[9].

Mit dieser Aussage scheint ein Konflikt angelegt zu sein, der immer dann virulent wird, wenn die EMRK ein Mehr an Freiheiten gewährleistet als die deutsche Rechtsordnung oder wenn EMRK und GG die Grundrechte unterschiedlich gewichten. Dass es durchaus zu Konflikten kommen kann, zeigen die sich widersprechenden Caroline-Entscheidungen des BVerfG[10] einerseits und des EGMR[11] andererseits. Hier bewertete der EGMR entgegen dem BVerfG das Persönlichkeitsrecht höher als die Pressefreiheit.

Ob die Bundesrepublik Deutschland trotz dieses bisher unzureichend gelösten Konflikts[12] eine Rechtsordnung geschaffen hat, die die effektive Durchsetzung der EMRK-Grundrechte gewährleistet, soll im Rahmen dieser Arbeit geklärt werden. Zur Beantwortung dieser Frage sollen die Rechtsfolgen eines Verstoßes gegen die EMRK für die Bundesrepublik Deutschland untersucht werden.

Ausgangspunkt der Überlegung ist, dass der EGMR die Konventionsverletzung lediglich feststellt (vgl. Art. 41 I EMRK). Und gemäß Art. 46 I EMRK hat sich die Bundesrepublik Deutschland völkerrechtlich verpflichtet, die endgültigen Urteile des EGMR zu befolgen. Keine Aussage trifft die EMRK jedoch darüber, wie die Vertragsstaaten dieser Befolgungspflicht im Einzelnen nachzukommen haben. Lediglich aus Art. 1 EMRK, wonach die EMRK-Vertragsstaaten die Rechte und Freiheiten der EMRK allen ihrer Hoheitsgewalt unterstehenden Personen zusichern, folgt die Verpflichtung,

---

[7] *Ehlers*, in: *ders.*, Europäische Grundrechte und Grundfreiheiten, § 2 Rn. 5 m.w.N.
[8] www.echr.coe.int/ECHR/EN/Header/Reports+and+Statistics/Statistics/Statistical+Tables/.
[9] *BVerfG*, Beschl. v. 14.10.2004, 2 BvR 1481/04, NJW 2004,3407(3408); bestätigt mit Beschl. v. 05.04.2005, 1 BvR 1664/04, DVBl. 2005,761(761) und Beschl. v. 10.06.2005, 1 BvR 2790/04, EuGRZ 2005,426(429).
[10] *BVerfG*, Urt. v. 15.12.1999, 1 BvR 653/96, E 101,361(391).
[11] *EGMR*, Urt. v. 24.06.2004, 59320/00, NJW 2004,2647(2647).
[12] *Wildhaber*, FAZ v. 27.10.2005, S. 4.

die EMRK-Freiheiten konkret und wirksam sein zu lassen[13]. Wie einer EMRK-Verletzung abgeholfen wird, könnte grundsätzlich den EMRK-Vertragsstaaten überlassen bleiben[14]. Soweit es also nicht um rein völkerrechtliche Fragen geht, könnte das innerstaatliche Recht maßgeblich sein. Das wirft die Frage auf, ob und inwieweit der aus Art. 1, 46 I EMRK folgenden Verpflichtung zur effektiven Umsetzung der EGMR-Entscheidungen Grenzen durch die innerstaatliche Rechtsordnung auferlegt sind und ob gegebenenfalls eine Verpflichtung der Bundesrepublik besteht, ihre Rechtsordnung EMRK-konform anzupassen respektive zu korrigieren.

Um diese aufgeworfenen Fragen nach der Effektivität der EMRK und der wirksamen Befolgung der Entscheidungen des EGMR innerhalb der deutschen Rechtsordnung beantworten zu können, soll folgendermaßen vorgegangen werden:

Zunächst bedarf es der Klärung zweier Ausgangsfragen: In Kapitel II. ist zu klären, ob – und falls ja – welche völkerrechtlichen Vorgaben die EMRK vorsieht. In Kapitel III. wird untersucht werden, welchen Rang und Geltungsanspruch die EMRK innerhalb der deutschen Normenhierarchie genießt.

Auf dieser Grundlage soll dann in Kapitel IV. abstrakt die völkerrechtliche und innerstaatliche Wirkung eines Feststellungsurteils des EGMR und dessen Befolgung behandelt werden. Insbesondere wird auf das Verhältnis von BVerfG einerseits und EGMR andererseits eingegangen werden. Anschließend soll beleuchtet werden, ob und wie sich die aus Art. 46 I EMRK ergebende Restitutionspflicht nach deutschem Recht konkret bewerkstelligen läßt.

Es wird zu untersuchen sein, welche Konsequenzen es hat, wenn der EGMR eine Norm für konventionswidrig befunden hat. So stellt sich die Frage, wie Gerichte und Behörden reagieren können und müssen, wenn das Grundgesetz, ein Bundesgesetz, eine Landesverfassung, ein Landesgesetz und schließlich eine Satzung oder Rechtsverordnung als konventionswidrig angesehen wurde.

Anschließend wird der Frage nachgegangen, ob nach der Feststellung der Konventionswidrigkeit einer Gerichtsentscheidung durch den EGMR eine Wiederaufnahmeverpflichtung und –möglichkeit besteht.

Außerdem soll erläutert werden, inwieweit nach der Feststellung der Konventionswidrigkeit eines Verwaltungsaktes das Verwaltungsverfahren wiederaufzugreifen ist und ob der Verwaltungsakt aufzuheben ist. Anschließend wird auf einen Verstoß von Verwaltungsverträgen gegen die EMRK einzugehen sein.

Nach dieser Untersuchung der rechtlichen Wirkung der Entscheidungen des EGMR auf die innerstaatliche Rechtsordnung soll in Kapitel V. der Frage nachgegangen werden, inwieweit die Bundesrepublik Deutschland zum Schutze vor EMRK-Verletzungen verpflichtet ist. Hier interessieren drei Fallkonstellationen. Erstens könnte sie zum Schutze vor EMRK-Verletzungen durch Private verpflichtet sein. Zweitens

---

[13] *EGMR*, Urt. v. 18.02.1999, 26083/94, NJW 1999,1173(1175).

[14] Vgl. *EGMR*, Urt. v. 08.04.2004, 71503/01, EuGRZ 2004,268(275); Urt. v. 12.05.2005, 46221/99, www.echr.coe.int, Rn. 210.

könnte der Bund wegen der föderalistischen Konstruktion des Bundesstaats der Bundesrepublik Deutschland verpflichtet sein, auf die Bundesländer einzuwirken, wenn diese in Ausübung ihrer Kompetenzen gegen die EMRK verstoßen haben. Und drittens soll wegen der zunehmenden Internationalisierung und Verlagerung von Kompetenzen auf internationale und supranationale Organisationen darauf eingegangen werden, inwieweit es eines Schutzes vor EMRK-Verletzungen durch Organe dieser Organisationen bedarf.

In Kapitel VI. wird auf die gerechte Entschädigung einzugehen sein, die gemäß Art. 41 EMRK vom EGMR für den Fall einer nur unvollkommenen Wiedergutmachung für die Folgen der festgestellten Konventionsverletzung ausgesprochen wird. Insbesondere soll hier untersucht werden, ob der EGMR kompetent ist, die Vertragsstaaten zu sogenannten „punitive damages“ oder Schadensersatz mit Strafcharakter zu verurteilen.

Kapitel VII. wird die gefundenen Ergebnisse mit einer abschließenden Bewertung zusammenfassen.

Kapitel II – Völkerrechtliche Ausgangslage

Bevor der tatsächliche Rang und Geltungsanspruch der EMRK innerhalb der deutschen Rechtsordnung untersucht werden kann, soll geklärt werden, ob sich die Bundesrepublik völkervertraglich zur Umsetzung bestimmter Vorgaben verpflichtet hat, die dann bei der Umsetzung ins nationale Recht zu berücksichtigen wären.

A. Rechtsnatur der EMRK

Aus völkerrechtlicher Sicht stellt die EMRK einen völkerrechtlichen multilateralen Vertrag dar. Als solcher ist er für sämtliche Vertragsstaaten verbindlich und eine Rechtsquelle des Völkerrechts im Sinne von Art. 38 I lit. a) IGH[15].

Gemäß Art. 1 EMRK haben sich die EMRK-Vertragsstaaten verpflichtet, allen ihrer Hoheitsgewalt unterstehenden Personen die in Abschnitt I bestimmten Rechte und Freiheiten zuzusichern. Diese völkerrechtliche Bindung kann gemäß Art. 57 I EMRK durch das Anbringen von Vorbehalten zu einzelnen Bestimmungen gelockert werden[16]. Indem Art. 53 EMRK aber feststellt, dass die EMRK nicht so auszulegen ist, als beschränkte oder beeinträchtigte sie Menschenrechte und Grundfreiheiten, die in den Gesetzen eines Vertragsstaates oder in einer anderen völkervertraglichen Übereinkunft anerkannt werden, haben sie sich jenseits der Bindungslockerung zur Wahrung des in der EMRK enthaltenen Menschenrechtsmindeststandards verpflichtet[17].

Eine Auskunft über die Frage nach etwaigen Vorgaben für die innerstaatliche Geltung der EMRK ist damit aber noch nicht getroffen.

B. Verpflichtung zur Umsetzung ins innerstaatliche Recht

Die EMRK könnte die Vertragsstaaten völkervertragsrechtlich dazu verpflichten, sie in die innerstaatliche Rechtsordnung zu inkorporieren und ihr einen bestimmten Rang innerhalb der Normenhierarchie zukommen zu lassen.

I. Verpflichtung zur Inkorporation mit Verfassungsrang

So wird aus Art. 1 und 13 EMRK die Verpflichtung zur Inkorporation der EMRK mit Verfassungsrang abgeleitet[18]:

Nur mittels einer Inkorporation der EMRK ins nationale Recht überhaupt seien Exekutive und Legislative an die EMRK gebunden[19]. Nur so sei die Anwendung der EMRK und damit ihre effektive Zusicherung im Sinne von Art. 1 EMRK gewährleistet[20].

---

[15] Vgl. *Heintschel von Heinegg*, in: *Ipsen*, Völkerrecht, § 9 Rn. 4.
[16] Vgl. *Grabenwarter*, VVDStRL 60 (2002),290(295).
[17] Vgl. *Ehlers*, in: *ders.*, Europäische Grundrechte und Grundfreiheiten, § 2 Rn. 5.
[18] *Chryssogonos*, EuGRZ 2001,49(51).
[19] *Chryssogonos*, EuGRZ 2001,49(52); *Everling* – EuR 2005,411(416).
[20] *Chryssogonos*, EuGRZ 2001,49(52).

Dass ihr darüber hinaus Verfassungsrang eingeräumt werden müsse, folge aus Art. 13 EMRK[21]: Dieser verlange eine wirksame Beschwerde gegen Verletzungen der Rechte und Freiheiten der EMRK. Ohne Verfassungsrang der EMRK sei eine innersstaatliche Instanz im Sinne von Art. 13 EMRK aber nicht in der Lage, EMRK-Vorschriften trotz entgegenstehender innerstaatlicher Rechtsvorschriften anzuwenden. Mithin sei die Beschwerde auch nicht wirksam.

Überlasse man es den Vertragsstaaten, welcher Rang der EMRK innerstaatlich einzuräumen sei, könne zudem nicht mehr von der EMRK als Ordre Publik Européen[22] mit der vom EGMR geforderten praktischen Wirksamkeit, wonach die EMRK-Rechte nicht nur „theoretische und scheinbare Rechte", sondern „konkret und wirksam" sein sollen,[23] gesprochen werden[24].

II. Keine Vorgaben

Überwiegend wird demgegenüber keine Verpflichtung zur Inkorporation erkannt[25]: Art. 1 EMRK verlange nur, dass die Vertragsstaaten die Rechte und Freiheiten zusicherten. Dazu müsse aber nur ihr wesentlicher Gehalt im innerstaatlichen Recht gewährleistet werden. Wie die Vertragsstaaten diese Zielvorgabe erreichen, sei dann allein eine Frage der Ausgestaltung des innerstaatlichen Rechts[26]. Und für die Wirksamkeit der Beschwerde sei es gleichgültig, in welcher Form sie garantiert werde[27]. So genüge es, wenn sich der einzelne auf eine entsprechende innerstaatliche Norm berufen könne[28]. Auf die Inkorporation der EMRK – gleich welchen Ranges – käme es danach nicht an.

---

[21] *Chryssogonos*, EuGRZ 2001,49(53).
[22] Vgl. *EGMR*, Urt. v. 23.03.1995, Ziff. 75, Louizidou / Türkei, www.echr.coe.int.
[23] So *EGMR*, Urt. v. 18.02.1999, 26083/94, NJW 1999,1173(1175).
[24] *Chryssogonos*, EuGRZ 2001,49(54).
[25] *BVerfG*, Beschl. v. 14.10.2004, 2 BvR 1481/04, NJW 2004,3407(3408); *EGMR*, Urt. v. 26.11.1991, Ziff. 76, www.echr.coe.int – Observer u. Guardian ./. Vereinigtes Königreich; Urt. v. 06.02.1976, Ziff. 50, www.echr.coe.int – Swedish Engine Driver's Union ./. Sweden; Urt. v. 18.01.1979, EuGRZ 1979,149(159); *Ehlers*, in: *ders.*, Europäische Grundrechte und Grundfreiheiten § 2 Rn. 6; *Frowein*, in: F/P, Art. 1 Rn. 2 und Art. 13 Rn. 11; *ders.*, in: HdBStR VII, § 130 Rn. 5; *Grabenwarter*, EMRK, § 3 Rn. 1 sowie VVDStRL 60 (2000),290(307); *Hilf*, EMRK, S. 31; *Kadelbach*, Jura 2005,480(480); *Mückl*, Der Staat 2005,403(407); *Schilling*, Internationaler Menschenrechtsschutz, Rn. 54; *Tomuschat*, in: *Lüke*, Gedächtnisschrift Constantinesco, S. 801(808).
[26] *Schilling*, Internationaler Menschenrechtsschutz, Rn. 54.
[27] *EMGR*, Urt. v. 21.02.1986, Ziff. 84, www.echr.coe.int – James and Others ./. U.K; vgl. auch Urt. v. 26.20.2000, 30210/96, HRLJ 2000,451(464).
[28] *Frowein*, in: F/P, Art. 13 Rn. 11; *Hilf*, EMRK, S. 31.

III. Stellungnahme

Ein Indiz für die Richtigkeit letzterer Annahme ist die sehr unterschiedliche normenhierarchische Einordnung der EMRK in den Rechtsordnungen der Konventionsstaaten[29].

In rechtlicher Hinsicht gibt die EMRK selbst einen Hinweis auf einen weiten Inkorporationsermessensspielraum für die Konventionsstaaten. Nach Art. 41 EMRK ist eine gerechte Entschädigung vorgesehen, wenn das innerstaatliche Recht nur eine unvollkommene Wiedergutmachung ermöglicht. Dem ist zu entnehmen, dass die EMRK per se keinen Vorrang vor nationalem Recht beansprucht. In die entgegengesetzte Richtung, aber mit gleicher Aussagewirkung geht Art. 53 EMRK. Danach bleiben weitergehende Rechte der Konventionsstaaten unberührt. Ein absoluter Vorrang der EMRK ist also nicht vorgesehen. Dies entspricht auch dem allgemeinen Völkerrecht. Gemäß Art. 26 WVK sind die völkerrechtlichen Verträge für die beteiligten Parteien verbindlich und nach Treu und Glauben zu erfüllen. Sofern der Vertrag also nicht ausdrücklich eine bestimmte Inkorporationsverpflichtung vorsieht, bleibt die Umsetzung der völkerrechtlichen Verpflichtungen allein Sache des Vertragsstaates[30].

Ein Anderes könnte sich dann ergeben, wenn das Völkerrecht eine Normenhierarchie vorgäbe. Das ist aber allenfalls bei den Normen des ius cogens, die jedem unmittelbar auferlegt sind und auch im Widerspruch zum nationalen Recht zwingend erfüllt werden müssen[31], der Fall[32]. Und selbst hier wird noch die Existenz einer Normenhierarchie bezweifelt[33]: Zwar sehe Art. 53 WVK die Nichtigkeit eines dem ius cogens widersprechenden Vertrages vor. Daraus müsse aber nicht zwingend auf ein Rangverhältnis geschlossen werden, weil die Rechtsfolge der Nichtigkeit auch auf anderem Wege erreichbar sei. So könne der Gesetzgeber dem Verstoß gegen das ius cogens auch die Rechtsfolge der Nichtigkeit beilegen (vgl. § 134 BGB).

Sollte man die EMRK-Rechte dem ius cogens zuordnen können und sollte tatsächlich eine Normenhierarchie vorgegeben sein, käme es auf eine völkervertragliche Inkorporationsverpflichtung aber gar nicht mehr an. Die Rangfrage wäre dann unabhängig davon geklärt. Einer weiteren Umsetzung bedürfte es nicht. Folglich ist hier nicht zu entscheiden, ob die EMRK-Rechte dem ius cogens unterfallen.

---

[29] Vgl. *Ehlers*, in: *ders*, Europäische Grundrechte und Grundfreiheiten, § 2 Rn. 6: Verfassungsrang in Österreich; Übergesetzesrang in Belgien, Niederlande, Luxemburg, Frankreich; Gesetzesrang in: Italien und Griechenland sowie lediglich völkerrechtliche Verbindlichkeit in Norwegen und Irland.

[30] Vgl. *Becker*, NVwZ 2005,289(290); *Tomuschat*, in: Gedächtnisschrift Constantinesco, S.801(807); *Verdross/Simma*, § 859; *Weiß*, EuR 2005,277(282).

[31] Vgl. *Dahm/Delbrück/Wolfrum*, Völkerrecht I/1, S. 103.

[32] Vgl. *Steinberger*, HRLJ 6 (1985),402(403); *Uerpmann*, Die Europäische Menschenrechtskonvention und die deutsche Rechtsprechung, S. 72.

[33] *Klein*, in: FS Ress, S. 151(152).

IV. Ergebnis

Die EMRK lässt den Vertragsstaaten im Ergebnis die Wahl, wie sie ihrer Verpflichtung zur Sicherung der Rechte und Freiheiten gemäß Art. 1 EMRK nachkommen. Eine völkervertragliche Inkorporationsvorgabe besteht nicht. Entscheidend ist nur, dass die Gewährleistung der EMRK-Freiheiten als effektiv und wirksam bezeichnet werden kann.

Kapitel III – Rang und Geltungsanspruch der EMRK im deutschen Recht

Mangels einer völkervertraglichen Vorgabe für die Inkorporation ist zu untersuchen, welchen Rang die deutsche Rechtsordnung der EMRK im innerstaatlichen Recht zuweist.

A. Inkorporation als einfaches Bundesgesetz

Für die Bundesrepublik ergibt sich der Rang einer übernommenen Regelung des Völkerrechts aus dem Rang des Gesetzes, das den nach Art. 59 II 1 GG erforderlichen Vollzugsbefehl beziehungsweise die Transformation ausspricht[34]. So hat der Bundesgesetzgeber die EMRK und ihre Zusatzprotokolle jeweils gemäß Art. 59 II 1 GG mit förmlichem Bundesgesetz übernommen[35]. Folglich genießt die EMRK den Rang eines einfachen Bundesgesetzes[36].

B. Übergesetzesrang

Gleichwohl sind zahlreiche Versuche unternommen worden, die EMRK höher innerhalb der Normenhierarchie einzuordnen.

I. Überverfassungsrang

Teilweise wurde aus dem vor- und überstaatlichen Menschenrechtskern im Zusammenhang mit der völkerrechtlichen Regel „pacta sunt servanda" und der Annahme eines ius cogens ein Überverfassungsrang abgeleitet[37]. Das ius cogens ist aber auf einige wenige fundamentale Normen, die von allen Staaten anerkannt werden, beschränkt[38]. Und der Grundsatz „pacta sunt servanda" gibt noch keine Auskunft über die Stellung in der innerstaatlichen Normenhierarchie[39].

Ein Überverfassungsrang könnte aber mittelbar über die Inkorporierung der EMRK in das europäische Gemeinschaftsrecht über die allgemeinen Rechtsgrundsätze gemäß Art. 6 II EUV begründet werden[40]. Als Rechtserkenntnisquelle der Gemeinschafts-

---

[34] *Jarass*, in: J/P, GG, Art. 59 Rn. 19.

[35] Gesetz über die Konvention zum Schutze der Menschenrechte und Grundfreiheiten vom 7. August 1952, BGBl. II S. 685, in Kraft getreten gemäß der Bekanntmachung vom 15. Dezember 1953, Neubekanntmachung der Konvention in der Fassung des 11. Zusatzprotokolls in BGBl. 2002, S. 1054.

[36] Vgl. *BVerfG*, Beschl. v. 14.10.2004, 2 BvR 1481/04, NJW 2004,3407(3408); Beschl. v. 29.05.1990, 2 BvR 254, 1343/88, E 82,106(120); Beschl. v. 26.03.1987, 2 BvR 589/79, 740/81, 284/85, E 74,358(370); *Dörr*, in: *Sodan/Ziekow*, Europäischer Verwaltungsrechtsschutz Rn. 568; *Ehlers*, in: *ders.*, Europäische Grundrechte und Grundfreiheiten § 2 Rn. 6; *Jarass*, in: J/P, GG, Art. 59 Rn. 19; *Pache*, EuR 2004,393(398); *Uerpmann*, S. 72;

[37] *Baumann*, in: *Bockelmann/Callas*, FS für Schmidt, S. 525(529).

[38] Vgl. *Kadelbach*, Zwingendes Völkerrecht, S. 314.

[39] Vgl. *Guradze*, EMRK, § 5 II.

[40] So *Britz*, NVwZ 2004,173(174).

grundrechte[41] nähmen die EMRK-Rechte am Anwendungsvorrang des EG-Rechts teil[42]: Über Art. 6 II EUV gehörten sie zu den in der Gemeinschaftsordnung geschützten Grundrechten. Deshalb seien die Grundfreiheiten im Lichte der EMRK auszulegen. Voraussetzung dafür ist aber der Vollzug des Gemeinschaftsrechts[43], mithin grundsätzlich ein grenzüberschreitender Sachverhalt. Nur mittelbar nimmt die EMRK damit auch am Anwendungsvorrang teil. Unmittelbar bleibt es beim einfachen Gesetzesrang.

II. Unmittelbarer Verfassungsrang über Art. 1 II GG

Weiter wird der EMRK unmittelbar über Art. 1 II GG Verfassungsrang eingeräumt[44]. Nach Art. 1 II GG bekenne sich das deutsche Volk zu den Menschenrechten als Grundlage jeder menschlichen Gemeinschaft. Zu diesen unveräußerlichen Menschenrechten seien auch die EMRK-Freiheiten zu zählen. Sie müssten daher Verfassungsrang genießen[45].

Hieran wird vorgetragen, Art. 1 II GG sei zu allgemein formuliert, als dass alle Vorschriften der EMRK darüber inkorporiert werden könnten[46]. Außerdem weise Art. 1 III GG, wonach die „nachfolgenden Grundrechte Gesetzgebung, vollziehende Gewalt und Rechtsprechung binden", darauf hin, dass der Grundgesetzgeber nur den Grundrechtskatalog und keine zusätzlichen Rechte konstitutionalisieren wollte[47]. Konsequenz einer Inkorporation über Art. 1 II GG wäre zudem, dass sämtliche EMRK-Freiheiten von der Ewigkeitsklausel des Art. 79 III GG erfasst würden, so dass die Änderung des jeweiligen Norminhalts ausgeschlossen wäre[48]. Dies widerspreche aber dem Sinn und Zweck des Art. 79 III GG, nur die Substanz der Verfassung zu schützen[49]. Aus Art. 1 II GG folge vielmehr nur, dass die EMRK bei der Interpretation des materiellen Verfassungsrechts mit heranzuziehen sei[50].

III. Mittelbarer Verfassungsrang

Schließlich sind verschiedene Ansätze für die Herleitung eines mittelbaren Verfassungsranges entwickelt worden.

---

[41] Vgl. dazu *Ehlers*, in: *ders.*, Europäische Grundrechte und Grundfreiheiten, § 14 Rn. 9.
[42] *EuGH*, Urt. v. 11.07.2002, C-60/00, Slg. 2002 I – 6305(6321), Rs. Carpenter; Urt. v. 12.06.2003, C-112/00, Rn. 75, Rs. Schmidberger, www.curia.eu.int.
[43] *Britz*, NVwZ 2004,173(174).
[44] *Klug*, in: Gedächtnisschrift Hans Peters, S. 442; *Echterhölzer*, JZ 1955,689(691) u. 1956,142(142).
[45] *Echterhölzer*, JZ 1955,689(691).
[46] *Seibert*, in: *Vogel/Simon/Podlech*, FS f. M. Hirsch,519(522); *Weigend*, StV 2000,384(386).
[47] *Sommermann*, AöR 114,391(407).
[48] *Weigend*, StV 2000,384(386).
[49] *Hain*, in: MKS, Art. 79 Rn. 71.
[50] *BVerfG*, Beschl. v. 14.10.2004, 2 BvR 1481/04, NJW 2004,3407(3408); Beschl. v. 14.11.1990, 2 BvR 1462/87, E 83,119(128); Beschl. v. 29.05.1990, 2 BvR 254, 1343/88, E 82,106(115); Beschl. v. 26.03.1987, 2 BvR 589/79, 740/81, 284/85, E 74,358(370); *Giegerich*, in: *Grabenwarter/Hammer/Pelzl/Schulev-Steindl/Wiederin*, S. 113; *Hoffmeister*, Der Staat (40),349(368); *Seibert*, in: *Vogel/Simon/Podlech*, FS f. M. Hirsch,519(522).

1. Berücksichtigung der EMRK bei der Auslegung der Grundrechte und des Rechtsstaatsprinzips

Nach Auffassung des BVerfG sind mit Hilfe der EMRK Inhalt und Reichweite der Grundrechte und der rechtsstaatlichen Grundsätze des Grundgesetzes zu konkretisieren[51]. Dies ergebe sich aus der den Art. 23, 24, 25 S. 2, 26 GG sowie der Präambel zu entnehmenden Völkerrechtsfreundlichkeit des Grundgesetzes[52]. Danach füge sich die Bundesrepublik in die Staatengemeinschaft ein[53]. Diese Einfügung gelinge nur, wenn Konflikte durch entsprechende völker- und damit hier konventionskonforme Auslegung gelöst würden[54]. Auch das Bekenntnis zu „unverletzlichen und unveräußerlichen Menschenrechten als Grundlage jeder menschlichen Gemeinschaft, des Friedens und der Gerechtigkeit in der Welt" weise auf die Notwendigkeit der Berücksichtigung der EMRK hin[55]. Eine Grenze sei erst dann erreicht, wenn es bei ihrer Befolgung zu einem Verstoß gegen tragende Grundsätze der Verfassung käme[56].

2. Konventionsrechte als Bestandteil von Art. 2 I GG

Weiter soll die verfassungsmäßige Ordnung des Art. 2 I GG dem BVerfG eine Möglichkeit eröffnen, auf die EMRK-Freiheiten im Rahmen einer Verfassungsbeschwerde mittelbar bei der Auslegung der Grundrechte zurückzugreifen: Die EMRK-Freiheiten zählten zum Wesensgehalt der feien Entfaltung des Persönlichkeitsrechts gemäß Art. 2 I GG. Mit der EMRK unvereinbare Rechtsakte sollen somit nicht mehr Bestandteil der verfassungsmäßigen Ordnung sein können[57].

3. Verletzung des Art. 3 I GG

Außerdem wird in der fehlenden Auseinandersetzung beziehungsweise der fehlerhaften Auslegung der EMRK ein Verstoß gegen das Willkürverbot gemäß Art. 3 I GG gesehen[58].

---

[51] *BVerfG*, Beschl. v. 14.10.2004, 2 BvR 1481/04, NJW 2004,3407(3408); Beschl. v. 14.11.1990, 2 BvR 1462/87, E 83,119(128); Beschl. v. 29.05.1990, 2 BvR 254, 1343/88, E 82,106(115); Beschl. v. 26.03.1987, 2 BvR 589/79, 740/81, 284/85, E 74,358(370).

[52] Vgl. *Kadelbach*, Jura 2005,480(485); *Ress*, in: *Maier*, Europäischer Menschenrechtsschutz, S: 227(284); *Seibert*, in: *Vogel/Simon/Podlech*, FS f. M. Hirsch,519(523).

[53] *BVerfG*, Beschl. v. 14.10.2004, 2 BvR 1481/04, NJW 2004,3407(3408).

[54] *BVerfG*, Beschl. v. 14.10.2004, 2 BvR 1481/04, NJW 2004,3407(3408).

[55] *Giegerich*, in: *Grabenwarter/Hammer/Pelzl/Schulev-Steindl/Wiederin*, S. 113; *Hoffmeister*, Der Staat (40),349(368); *Seibert*, in: *Vogel/Simon/Podlech*, FS f. M. Hirsch,519(522).

[56] *BVerfG*, Beschl. v. 14.10.2004, 2 BvR 1481/04, NJW 2004,3407(3408).

[57] *Frowein*, ZaöRV 46 (1986),286(287); *ders.*, in: FS für Wolfgang Zeidler, S.1770; *ders.*, in: FS BVerfG Bd. 1, S. 218; *Seibert*, in: *Vogel/Simon/Podlech*, FS f. M. Hirsch,519(524); *Limbach*, EuGRZ 2000,417(418).

[58] *BVerfG*, Beschl. v. 17.05.1983, 2 BvR 731/80, E 64,135(157); vgl. *Steinberger*, HRLJ 6 (1985),402(405).

4. Zwischenergebnis

Wegen der – wenn auch dogmatisch unterschiedlich begründeten – Heranziehung der EMRK zur Auslegung des GG erlangt die EMRK mittelbar Verfassungsrang. Das ändert aber nichts daran, dass unmittelbar eine Rüge mit der Verfassungsbeschwerde nicht möglich ist[59]. Erforderlich hierfür ist immer noch ein Grundrecht als Anknüpfungspunkt und Aufhänger. Hiernach bleibt es also unmittelbar beim Rang eines einfachen Bundesgesetzes[60].

IV. Übergesetzesrang

Wenn schon kein Überverfassungsrang, so könnte ihr wenigstens ein Übergesetzesrang zukommen.

1. EMRK als regionaleuropäisches Völkergewohnheitsrecht und damit allgemeine Regel des Völkerrechts im Sinne des Art. 25 GG

Teilweise wird die EMRK als allgemeine Regel des Völkerrechts im Sinne von Art. 25 S. 1 GG angesehen[61]. Gemäß Art. 25 S. 2 GG ginge sie dann im Rang den förmlichen Gesetzen vor.

Vor dem Hintergrund, dass es sich bei der EMRK um einen völkerrechtlichen Vertrag handelt, erscheint dieses Vorgehen fraglich. Versteht man unter den allgemeinen Regeln des Völkerrechts nur universelle Regeln, also solche, denen sich kein einziger Staat widersetzt[62], müsste es bi- beziehungsweise multilateralen völkerrechtlichen Verträgen an dem Merkmal der Universalität fehlen. Denn die rechtliche Verbindlichkeit derartiger Verträge beschränkt sich ausschließlich auf die Vertragsstaaten.

Dem wird entgegengehalten, dass zu Art. 25 S. 1 GG auch die regionalen Rechtsquellen des Völkergewohnheitsrechts zu zählen seien[63]. Nur wegen gleichzeitiger Kodifizierung dürfe Regeln des Völkergewohnheitsrechts nicht der Übergesetzesrang verwehrt werden[64]. Mithin habe die Abgrenzung zwischen Art. 59 II 1 und Art. 25 S. 1 GG nicht zwischen allgemeinen und nur partikularen Normen, sondern nach Rechtsquellen zu erfolgen[65]. Und indem alle nationalen, universellen und regionalen Grundrechtskataloge im Wesentlichen übereinstimmten, müsse die EMRK zum „ordre public international" und damit zu den allgemeinen Regeln des Völkerrechts im Sinne von

---

[59] So ausdrücklich *BVerfG*, Beschl. v. 14.10.2004, 2 BvR 1481/04, NJW 2004,3407(3408) und *BVerfG*, Beschl. v. 17.05.1983, 2 BvR 731/80, E 64,135(157).

[60] So auch *Hilf*, in: *Mahrenholz/Hilf/Klein*, EMRK, S. 38; *Pache*, EuR 2004,393(400).

[61] *Bleckmann*, EuGRZ 1994,149(153); *Dörr*, in: *Sodan/Ziekow*, Europäischer Verwaltungsrechtsschutz, Rn. 568; *Giegerich*, in: *Grabenwarter/Hammer/Pelzl/Schulev-Steindl/Wiederin*, S. 113.

[62] *Herdegen*, in: MD Art. 25 Rn. 21; *Rojahn*, in: *v.Münch/Kunig* Art. 25 Rn. 10; *Verdross/Simma*, § 567; vgl. *BVerfG*, Beschl. v. 13.12.1977, 2 BvM 1/76, E 46,342(361).

[63] *Giegerich*, in: *Grabenwarter/Hammer/Pelzl/Schulev-Steindl/Wiederin*, S. 113.

[64] *Bleckmann*, EuGRZ 1994,149(153).

[65] *Bleckmann*, EuGRZ 1994,149(153).

Art. 25 S. 1 GG gezählt werden[66]. Jedenfalls alle vorbehaltslos von den EMRK-Vertragsstaaten anerkannten EMRK-Rechte würden im europäischen Verfassungsraum – unabhängig von ihrer vertraglichen Fixierung – allgemein anerkannt und ausgeübt werden[67]. Folglich könne niemand bezweifeln, dass die allgemeinen Rechtssätze der in Abschnitt I der EMRK enthaltenen Deklaration der Menschenrechte zu den allgemeinen Regeln des Völkerrechts gehörten[68]. Daher seien die Voraussetzungen für das Entstehen von regionalem Völkergewohnheitsrecht erfüllt[69]. Die Art. 25 S. 1 GG zu entnehmende Völkerrechtsfreundlichkeit des Grundgesetzes mache es zudem erforderlich, die allgemeinen Regeln ebenso wie die als „allgemein als Recht anerkannte Übung" im Sinne von Art. 38 I lit. b) IGH auszulegen[70]. Mithin müssten auch solche Regeln als allgemein anzusehen sein, die nur regionales Völkergewohnheitsrecht darstellen[71].

Danach käme der EMRK ein Übergesetzesrang zu.

2. EMRK als zwischenstaatliche Einrichtung im Sinne von Art. 24 I GG

Schließlich könnte die EMRK noch eine zwischenstaatliche Einrichtung im Sinne von Art. 24 I GG sein und so im Rang über den förmlichen Gesetzen stehen[72].

Voraussetzung dafür ist eine durch einen völkerrechtlichen Vertrag geschaffene rechtsfähige Organisation, die Rechtsakte mit unmittelbarer Rechtswirkung in den Mitgliedstaaten setzen kann[73]. Da der EGMR aber nicht befugt ist, Urteile mit kassatorischer Wirkung auszusprechen, ist das in der EMRK gerade nicht vorgesehen[74]. Vielmehr werden die Vertragsstaaten gemäß Art. 46 EMRK als solche verpflichtet.

Deshalb wird die „zwischenstaatliche Einrichtung" im Sinne von Art. 24 I GG neu – und zwar materiell-funktional[75] – definiert. Entscheidend sei nicht die Ausübung von Hoheitsgewalt durch die Einrichtung. Sie müsse die Hoheitsgewalt der Mitgliedstaaten nur funktionell begrenzen oder ergänzen[76]. Dies geschehe durch die Rechtsprechung

---

[66] *Bleckmann*, EuGRZ 1994,149(154).
[67] *Dörr*, in: *Sodan/Ziekow*, Europäischer Verwaltungsrechtsschutz, Rn. 568; *Giegerich*, in: *Grabenwarter/Hammer/Pelzl/Schulev-Steindl/Wiederin*, S. 113.
[68] Ausschuss für das Besatzungsrecht und auswärtige Angelegenheiten, BT-Drucks 1/3338, S. 4.
[69] *Giegerich*, in: *Grabenwarter/Hammer/Pelzl/Schulev-Steindl/Wiederin*, S. 113.
[70] Vgl. dazu *Verdross/Simma*, § 855.
[71] *Giegerich*, in: *Grabenwarter/Hammer/Pelzl/Schulev-Steindl/Wiederin*, S. 113; *Schweitzer*, Staatsrecht III, Rn. 481.
[72] *Everling*, EuR 2005,411(417); *Langenfeld*, in: *Bröhmer*, Der Grundrechtsschutz in Europa, S. 99; wohl auch *Lenz*, in: FS Zuleeg, S. 238; *Ress*, in: FS Zeidler, Bd. 2, 1775(1791); *ders.*, EuGRZ 1996,350(353); *Walter* – ZaöRV 1999,961(976); Ausschuss für das Besatzungsstatut und auswärtige Angelegenheiten, BT-Drucks. I/3338, S. 4.
[73] *BVerfG*, Urt. v. 12.07.1994, 2 BvE 3/92, 5,7,8/93, E 90,286(346); *Jarass*, in: J/P, Art. 24 Rn. 5.
[74] Vgl. *Uerpmann*, Die Europäische Menschenrechtskonvention und die deutsche Rechtsprechung, S. 187.
[75] *Langenfeld*, in: *Bröhmer*, Grundrechtsschutz in Europa, S. 99.
[76] *Langenfeld*, in: *Bröhmer*, Grundrechtsschutz in Europa, S. 99; *Walter*, ZaöRV 59 (1999),961(976).

des EGMR als rechtsfähiges Organ der EMRK[77] über die im Rahmen der Individualbeschwerde verbindliche Definition der Rechte des Einzelnen gegenüber den Vertragsstaaten[78]. Insoweit wird eine Parallele zum GATT gezogen, das sich mittlerweile zu einer echten internationalen Organisation entwickelt habe[79].

Wegen dieser funktional-begrenzenden Wirkung der EGMR-Entscheidungen könne von der für Art. 24 I GG erforderlichen Übertragung von Hoheitsrechten ausgegangen werden[80].

V. Stellungnahme

Der Versuch, die EMRK über **Art. 1 II GG** Verfassungsrang einzuräumen, muss an den im Grundgesetz vorhandenen spezielleren Vorschriften, nämlich Art. 24, 25 und 59 II 1 GG scheitern[81].

Um die EMRK als **zwischenstaatliche Einrichtung** zu begreifen, müsste ihr eine eigenständige Rechtspersönlichkeit zukommen. Zwar ist es vorstellbar, Art. 24 I GG im oben beschriebenen funktionellen Sinne zu interpretieren, besteht mit der Staaten- und Individualbeschwerde nach Art. 33, 34 EMRK doch die Möglichkeit einer Kontrolle des grundrechtsrelevanten Handelns der Legislative, Exekutive und Judikative der Vertragsstaaten durch den EGMR[82]. Die mit Art. 46 I EMRK eingegangene Verpflichtung, die Urteile zu befolgen und gemäß Art. 1 EMRK die Rechte und Freiheiten der EMRK zu sichern, könnte eine Beschränkung darstellen.

Dagegen spricht aber die Systematik des Art. 24 GG. Ausdrücklich sieht Art. 24 II Hs. 2 GG eine Beschränkung von Hoheitsgewalt vor. Für die Übertragung von Hoheitsgewalt muss dann ein Mehr erforderlich sein[83]. Es müssen also weiterhin Hoheitsbefugnisse übertragen werden beziehungsweise auf die Ausübung von Hoheitsrechten zugunsten fremder Hoheitsbefugnisse verzichtet werden[84]. Und zwar muss dies völkervertraglich geschehen[85]: Ein Staat allein kann keine Hoheitsrechte wirksam übertragen, weil ohne Zwischenstaatlichkeit keine rechtsverbindliche Wirkung erzielt werden kann[86]. Die EMRK schweigt hierzu[87]. Gegen die Annahme, dass Hoheitsgewalt übertragen werden sollte, spricht aber die Historie. Wenn es im Rapport du Comité d'Experts vom 16.03.1950 heißt, dass „the High Contracting Parties responsible for

77 *Ress*, EuGRZ 1996,350(353).
78 *Everling*, EuR 2005,411(417); *Kokott*, in: Festgabe 50 Jahre Bundesverwaltungsgericht,411(419).
79 *Ress*, in: FS Zeidler, Bd. 2, 1775(1791).
80 *Langenfeld*, in: *Bröhmer*, Grundrechtsschutz in Europa, S. 101.
81 So auch *Hain*, Die Grundsätze des Grundgesetzes, S. 304.
82 Vgl. *Hoffmeister*, Der Staat 40,349(356+363).
83 Vgl. *BVerfG*, Urt. v. 12.07.1994, 2 BvE 3/92, 5,7,8/93, E 90,286(346); *Uerpmann*, Die Europäische Menschenrechtskonvention und die deutsche Rechtsprechung, S. 186.
84 Vgl. *Hölscheidt/Ridinger/Zitterbart*, Jura 2005,224(228).
85 Vgl. *Sommermann*, AöR 114 (1989),391(408).
86 Vgl. *Randelzhofer*, in: MD, Art. 24 Rn. 48 m.w.N.
87 So auch *Weigend*, StV 2000,384(385).

those territories shall, if necessary, take steps to obtain this consent"[88], ist dem zu entnehmen, dass dem Gerichtshof gerade keine Kompetenz eingeräumt werden sollte, innerstaatliche Rechtsakte zu kassieren[89]. Hoheitsgewalt sollte ihm also gerade nicht übertragen werden. Wenn der völkerrechtliche Vertrag selbst aber keine Auskunft gibt, ist auf das Transformationsgesetz zurückzugreifen. Danach kann die EMRK in der Bundesrepublik nur den Rang eines einfachen Bundesgesetzes haben.

Gegen die Einordnung der Rechte und Freiheiten der EMRK als regionaleuropäisches Gewohnheitsrecht und damit wömöglich **allgemeine Regel des Völkerrechts im Sinne von Art. 25 S. 1 GG** spricht zunächst der Wortlaut. Er legt ein universelles Begriffsverständnis nahe. Die ausschließliche Bindung der Vertragsstaaten an die EMRK ist damit unvereinbar.

Das Vertragsrecht könnte allerdings zugleich als Völkergewohnheitsrecht einzustufen sein[90]. Dazu müsste sein Inhalt mittlerweile so eine Bedeutung für die internationale Gemeinschaft erlangt haben, dass jeder Staat ein Interesse an seiner Einhaltung hat[91]. Aus der EMRK könnten das Folterverbot (Art. 3 EMRK) und das Sklavereiverbot (Art. 4 EMRK)[92] sowie das Verbot rückwirkender Strafgesetze (Art. 7 EMRK)[93], nicht aber die detailreichen Verfahrensvorschriften des Art. 6 EMRK[94] als Ausdruck eines allgemeinen Rechtsbewußtseins angesehen werden. In den ersteren Fällen ist jedoch zwischen zwar inhaltsgleichen, aber unterschiedlichen Rechtsquellen zu unterscheiden[95]. Der völkerrechtliche Vertrag als solcher bleibt daher transformationsbedürftig, auch wenn es sich bei einigen Gewährleistungen zugleich um allgemeine Regeln des Völkerrechts handeln sollte[96]. Hiefür ist Art. 59 II 1 GG als lex specialis anzusehen[97].

Folglich bleibt es dabei, dass die EMRK lediglich den **Rang eines einfachen Bundesgesetzes** genießt. Mittelbar kann ihr über die Auslegung des Grundgesetzes Verfassungsrang und über die Grundfreiheiten des EG-Rechts sogar Anwendungsvorrang zukommen.

---

[88] Collected Edition of the Travaux Préparatoires, Receuil des Travaux Préparatoires Vol. III, S. 302.
[89] So auch *Weigend*, StV 2000,384(386).
[90] Vgl. *Herdegen*, in: MD Art. 25 Rn. 20; *Jarass*, in: J/P Art 25 Rn. 6; *Koenig*, in: MKS Art. 25 Rn. 18; *Rojahn*, in: MüK Art. 25 Rn. 10; *Stein/ v. Buttlar*, Völkerrecht, Rn. 157.
[91] Vgl. *Doehring*, in: *Klein*, Menschenrechtsschutz und Gewohnheitsrecht, S. 72; *Klein*, in: FS Ress, 151(159).
[92] *Ehlers*, in: *ders.*, Europäische Grundrechte und Grundfreiheiten § 2 Rn. 6; *Kadelbach*, Zwingendes Völkerrecht, S. 284; *Klein*, in: FS Ress, S.151(156).
[93] *BVerfG*, Beschl. v. 15.02.1995, 2 BvL 19/91, 2 BvR 1206/91, 2601/93, E 92, 277(323).
[94] *Seibert* in: *Vogel/Simon/Podlech*, FS f. M. Hirsch,519(522); *Walter*, ZaöRV 99 (1999), 961(972).
[95] So auch *BVerfG*, Kammer-Beschl. v. 12.12.2000, BvR 1290/99, NJW 2001,1848(1849); *Doehring*, in: *Klein*, Menschenrechtsschutz und Gewohnheitsrecht, S. 68; *Riedel*, Die Universalität der Menschenrechte, S. 332; *Schweitzer*, Staatsrecht III, Rn. 473, im Ergebnis auch: *Hölscheidt/Ridinger/Zitterbart*, Jura 2005,224(228).
[96] Vgl. auch *Ehlers*, Jura 2000,372(373).
[97] So auch *Herdegen*, in: MD Art. 25 Rn. 20; *Jarass*, in: J/P Art 25 Rn. 6; *Koenig*, in: MKS Art. 25 Rn. 18; *Rojahn*, in: MüK Art. 25 Rn. 10.

Für die **Auslegung der EMRK** könnte entscheidend sein, ob man bei der Inkorporation der EMRK gemäß Art. 59 II 1 GG der Vollzugs- oder der Transformationslehre folgt.

Folgt man der **Vollzugslehre**, so gilt die EMRK kraft Anwendungsbefehls als solche[98]. Folgt man der **Transformationslehre**, gilt die EMRK als nationales Recht[99]. Letzterem Verständnis folgend, könnte nicht ohne weiteres auf die völkerrechtlichen Auslegungsmethoden zurückgegriffen werden, wenn es um die innerstaatliche und nicht nur völkerrechtliche Wirkung der EMRK geht[100]. Das könnte bedeuten, dass nicht auf den aktuellen Entwicklungsstand der EMRK zurückgegriffen werden könnte[101] (vgl. Art. 31 III lit. b) WVK). Jedoch wird auch von Vertretern der Transformationslehre aus dem Doppelcharakter des Zustimmungsgesetzes – Ermächtigung zum Abschluss des völkerrechtlichen Vertrages und Inkorporation in die innerstaatliche Rechtsordnung – die Vermutung hergeleitet, dass der Gesetzgeber den Zusammenhang zwischen der völkerrechtlichen und der innerstaatlichen Norm durch das Zustimmungsgesetz nicht aufheben wollte[102]. Denn durch das Zustimmungsgesetz könne der Inhalt des völkerrechtlichen Vertrages nicht verändert werden[103]. Mithin habe die Auslegung der innerstaatlichen Norm wie die des völkerrechtlichen Vertrages zu erfolgen.

Nun ist eine Vermutung zwar grundsätzlich widerlegbar. Letzten Befürchtungen einer divergierenden Auslegung[104] ist jedoch zu entgegnen: Kraft Art. 32 I EMRK ist ausschließlich der EGMR zur verbindlichen Auslegung und Anwendung der Konventionsbestimmungen berufen. Und auch Art. 32 I EMRK ist „transformiert" worden. Daher können beide Theorien hier nicht zu unterschiedlichen Ergebnissen führen, weil nach beiden Auffassungen die EMRK mit dem Inhalt, den sie nach der aktuellen Rechtsprechung des EGMR hat, anzuwenden ist. Insoweit kann man – wie das BVerfG auch, wenn es ausführt, dass der Gesetzgeber die EMRK „in das deutsche Recht transformiert hat und einen entsprechenden Rechtsanwendungsbefehl erteilt hat[105]" – offenlassen, ob der Transformations- oder der Vollzugslehre zu folgen ist.

Auf dieser Grundlage wird zu klären sein, welche Wirkung ein Feststellungsurteil des EGMR hat und wie die Bundesrepublik Deutschland ihrer Restitutionsverpflichtung nachzukommen hat.

---

[98] Vgl. *Bleckmann*, Rn. 428; *Cremer*, EuGRZ 2004,683(687); *Hesse*, Grundzüge des Verfassungsrechts, Rn. 102; *Steinberger*, in: HdBStR VII, 548; wohl auch *BVerfG*, Urt. v. 25.01.1992, 1 BvR 1052/82, EuGRZ 1992,17(20).

[99] Vgl. *Koenig*, in: MKS, Art. 25 Rn. 42; *BVerfG*, Urt. v. 30.07.1951, 1 BvF 1/52, E 1,396(411); *BVerwG*, Urt. v. 12.06.1970, VII C 64.68, E 35,262(266); *BGH*, Urt. v. 25.06.1969, I ZR 15/67, Z 52,216(219).

[100] So *Cremer*, EuGRZ 2004,683(687).

[101] So *Cremer*, EuGRZ 2004,683(687).

[102] *Koenig*, in: MKS, Art. 25 Rn. 41; *BGH*, Urt. v. 25.06.1969, I ZR 16/67, Z 52,219(220).

[103] *BVerwG*, Urt. v. 12.06.1970; VII C 64.68, E 35,262(266).

[104] So geäußert von *Cremer*, EuGRZ 2004,683(687).

[105] *BVerfG*, Beschl. v. 14.10.2004, 2 BvR 1481/04, NJW 2004,3407(3408).

C. Verhältnis der EMRK zu anderen Bundesgesetzen – Völkerrechtskonforme Auslegung, Spezialität

Zuvor ist aber noch das Verhältnis der EMRK zu anderen Bundesgesetzen zu klären.

I. Verdrängung der EMRK durch jedes spätere Gesetz nach der lex posterior-Regel?

Da die EMRK lediglich den Rang eines einfachen Bundesgesetzes genießt, müsste es grundsätzlich zur Anwendung der Regel „lex posterior derogat legi priori[106]" kommen. Danach kann der Gesetzgeber grundsätzlich bestehende Gesetze jederzeit durch neuere Gesetze ändern[107].

Im Konfliktfall zwischen der EMRK und einem jüngeren Bundesgesetz verstieße die Bundesrepublik dann immer gegen die EMRK und wäre völkerrechtlich verantwortlich. Um dies zu verhindern, wird vermutet, dass der Gesetzgeber in der Regel nicht vom völkerrechtlichen Vertrag abweichen will. Mithin wird völker- beziehungsweise vertragskonform von einer stillschweigenden Ablehnung der Derogierbarkeit der EMRK durch den Gesetzgeber ausgegangen[108].

Diese Maxime versagt, sollte der Gesetzgeber ausdrücklich von der EMRK abweichen[109]. Sofern dem entgegengehalten werden sollte, dass er über seine Gesetzgebungskompetenz mit der Zustimmung zum völkerrechtlichen Vertrag verzichtet habe[110], wird nicht berücksichtigt, dass es sich bei dem Zustimmungsgesetz um ein „herkömmliches" Bundesgesetz handelt und der völkerrechtliche Grundsatz „pacta sunt servanda" von der innerstaatlichen Geltung zu trennen ist[111].

II. EMRK als lex specialis?

Schließlich könnte die EMRK beziehungsweise ihr Umsetzungsgesetz im Kollisionsfall als die speziellere Regel angesehen werden[112].

---

106 *Creifelds*, Rechtswörterbuch, S. 798.
107 *Leisner*-Egensperger – ThürVBl. 2004, 25(26); *Schmalz*, Methodenlehre, Rn. 74; *Zippelius*, Juristische Methodenlehre, S. 41.
108 *Bernhardt*, EuGRZ 1996,339(339); *ders.* in: HdBStR VII § 174 Rn. 29; *Ehlers* in: *ders.*, Europäische Grundrechte und Grundfreiheiten, § 2 Rn. 6; *ders.* in: DVBl. 2004,1441(1448); *Grupp/Stelkens*, DVBl. 2005,133(134); *Pache*, EuR 2004,393(400); *Ress*, in: *Maier*, Europäischer Menschenrechtsschutz, S. 274; *Stern*, Staatsrecht III/2 S. 1624; *Tomuschat*, in: HdBStR VII § 172 Rn. 35; *BVerfG*, Beschl. v. 26.03.1987, 2 BvR 589/79, 740/81, 284/85, E 74,358(370)
109 Vgl. *Uerpmann*, Die Europäische Menschenrechtskonvention und die deutsche Rechtsprechung, S. 83.
110 So *Becker*, NVwZ 2005,289(291); *Leisner-Egensperger*, ThürVBl. 2004,25(30).
111 Vgl. *Jarass*, in: J/P, Art. 59 Rn. 17.
112 *Bernhardt*, in: HdBStR VII § 174 Rn. 29; *Hilf*, in: *Mahrenholz/Hilf/Klein*, EMRK, S. 40; *Pache*, EuR 2004,393(401); *Tomuschat*, in: HdBStR VII § 172 Rn. 35; *Uerpmann*, Die Europäische Menschenrechtskonvention und die deutsche Rechtsprechung, S. 8; *Grupp/Stelkens*, DVBl. 2005,133(140); *VGH Mannheim*, Beschl. v. 14.02.2001, 13 S 2501/00, NVwZ-Beilage I 7/2001, 81(82).

Voraussetzung für die Annahme einer echten Spezialität ist, dass der Tatbestand der spezielleren Norm alle Merkmale der allgemeineren Norm und zusätzlich noch mindestens ein weiteres Merkmal enthält[113]. In Anbetracht der allgemein formulierten Tatbestände der EMRK wird diese Form der Spezialität nicht aufzufinden sein. Es könnte allenfalls zu einer teilweisen Überschneidung kommen. Hier kommt es zu einer Verdrängung nur dann, wenn der Zweck der besonderen Regelung bei Anwendung der anderen Regelung für einen Teil der Fälle vereitelt werden würde[114]. Übertragen auf die EMRK müsste bei Anwendung der konventionswidrigen Norm die EMRK vereitelt werden[115]. Dies ist bei der Annahme einer Konventionswidrigkeit der Fall. Voraussetzung bleibt allerdings, dass die EMRK als „besondere" Regelung anzusehen ist. Dies ist durch Auslegung im Einzelfall zu ermitteln. Mithin kann nicht von einer generellen Verdrängung ausgegangen werden.

Davon unabhängig steht es dann dem Gesetzgeber aus nationaler Sicht weiterhin frei, ausdrücklich von der EMRK abzuweichen.

[113] Vgl. *Larenz*, Methodenlehre der Rechtswissenschaft, S. 267.
[114] Vgl. *Larenz*, Methodenlehre der Rechtswissenschaft, S. 268.
[115] Vgl. *Uerpmann*, Die Europäische Menschenrechtskonvention und die deutsche Rechtsprechung, S. 89.

Kapitel IV – Die Urteile des EGMR

Auf Basis dieser Vorüberlegung soll im Folgenden die rechtliche Wirkung der Entscheidungen des EGMR untersucht werden. Dazu wird zunächst abstrakt das Feststellungsurteil auf seine rechtlichen Wirkungen untersucht. Anschließend geht es dann um die Befolgungspflichten im Einzelnen.

A. Feststellungsurteil

Gemäß Art. 46 I EMRK haben sich „die Hohen Vertragsparteien verpflichtet, in allen Rechtssachen, in denen sie Partei sind, das endgültige Urteil des Gerichtshofes zu befolgen".

Wie weit diese Verpflichtung, dem Urteil Folge zu leisten, geht und welche Rechtsfolgen sich aus der in dem Urteil festgestellten Konventionsverletzung ergeben, ist umstritten. Aufgrund der Doppelnatur der EMRK als internationalem Vertrag einerseits und einfachem Bundesgesetz andererseits stellt sich die Frage, ob neben der völkerrechtlichen Wirkung auch eine innerstaatliche besteht.

I. Völkerrechtliche Wirkung

Ist es zu einer Verletzung der EMRK oder der Zusatzprotokolle gekommen, spricht der EGMR ein Feststellungsurteil aus (Art. 41 EMRK). Dieses ist der formellen und materiellen Rechtskraftwirkung zugänglich[116]: Die negative Rechtskraftwirkung schließt ein weiteres Verfahren über denselben Streitgegenstand aus. Die positive Rechtskraftwirkung geht dahin, dass der verurteilte Vertragsstaat seiner Befolgungspflicht nachkommt, indem er die konventionswidrige Maßnahme aufhebt beziehungsweise den konventionswidrigen Zustand beendet, jedenfalls aber die festgestellte Konventionsverletzung nicht weiter bestreiten darf. Als Völkerrechtssubjekt muss er die Entscheidung des EGMR im konkreten Fall als endgültig und verbindlich behandeln[117].

Uneinigkeit besteht darüber, welche Wirkung dem Feststellungsurteil neben dieser Rechtskraftwirkung für den verurteilten Staat für die übrigen Vertragsstaaten zukommt.

---

[116] Vgl. die umfassenden Ausführungen von *Polakiewicz*, Die Verpflichtungen der Staaten aus den Urteilen des Europäischen Gerichtshofs für Menschenrechte, S. 23 ff.

[117] *BVerfG*, Beschl. v. 14.10.2004, 2 BvR 1481/04, NJW 2004,3407(3409); Beschl. v. 11.10.1985, 2 BvR 336/85, EuGRZ 1985,654(656); *EGMR*, Urt. v. 26.02.2004, 74969/01, NJW 2004,3397(3400) und Urt. v. 08.04.2004, 11057/02, NJW 2004,3401(3406); *Frowein*, in: HdBStR VII, § 180 Rn. 19; *Polakiewicz*, ZaöRV 52(1992),804(817); *Häde/Jachmann*, ZBR 1997,8(11); *Mayer-Ladewig/Petzold* – NJW 2005,15(16); *Mückl*, Der Staat 2005,403(418); *Schlaich/Korioth*, Rn. 367.

1. Orientierungswirkung für die übrigen Vertragsstaaten

Überwiegend wird den EGMR-Urteilen lediglich eine inter-partes Wirkung zugesprochen[118]: Völkerrechtlich verbindlich seien sie ausschließlich für den jeweils verurteilten Vertragsstaat. Für die übrigen entfalte das Urteil nur eine Orientierungswirkung[119]. Dies ergebe sich aus dem Wortlaut des Art. 46 I EMRK, wonach eine Verbindlichkeit nur in allen Rechtssachen, in denen die Vertragsstaaten selbst Parteien seien, bestehe[120]. Die Orientierungspflicht folge aus Art. 1 EMRK[121]. Denn jeder Vertragsstaat habe sich verpflichtet, die Rechte und Freiheiten der EMRK allen ihrer Hoheitsgewalt unterstehenden Personen zuzusichern. Und für die Auslegung und Konkretisierung dieser Rechte sei allein der EGMR zuständig (Art. 32 EMRK)[122]. Um eine künftige eigene Verurteilung durch den EGMR zu verhindern, seien daher auch die übrigen Vertragsstaaten gehalten, sich nach den Urteilen des EGMR zu richten und gegebenenfalls ihre Rechtsordnung zu ändern[123].

2. Erga omnes-Wirkung der Entscheidung

Anderer Ansicht nach soll eine Entscheidung des EGMR kraft erga omnes-Wirkung fallübergreifend auch für alle anderen Vertragsstaaten verbindlich sein[124].

Dies folge zum einen aus der alleinigen Zuständigkeit des EGMR, für alle verbindlich über die Auslegung und Anwendung der Konvention und ihrer Zusatzprotokolle zu entscheiden (Art. 19, 32 EMRK)[125]. Zum anderen sei dem objektiven Charakter des Staatenbeschwerdeverfahrens (Art. 24 EMRK) zu entnehmen, dass eine EGMR-Entscheidung über den konkreten Fall hinaus Bedeutung habe[126]. Art. 24 EMRK belege, dass die Vertragsstaaten als Sachwalter des europäischen Gemeininteresses an der Einhaltung der Menschenrechte aufträten[127]. Es gehe um die Einhaltung einer geschaffenen objektiven Rechtsordnung. Daher wird wegen der angeblichen Wortgleichheit von Art. 46 EMRK und Art. 228 EMRK[128] eine analoge Anwendung des Art. 228 EG

---

[118] *Ehlers*, Jura 2000,372(382); *Grabenwarter*, § 16 Rn. 9; *Grupp/Stelkens*, DVBl. 2005,133(135); *Masuch*, NVwZ 2000,1266(1267); *Maaßen*, ZAR 1998,107(112); *Meyer-Ladewig*, EMRK Handkommentar, Art. 46 Rn. 5; *Okresek*, EuGRZ 2003,168(170); *Ress*, EuGRZ 1996,350(350); *ders.*, in: FS Mosler, S. 731; *ders.*, in: *Maier*, S. 233; *Stöcker*, NJW 1982,1905(1909).

[119] *BVerwG*, Urt. v. 15.04.1997, 9 C 38.96, E 104,265(275).

[120] *Masuch*, NVwZ 2000,1266(1267); *Ress*, in: Festschrif f. Mosler, S. 719(727).

[121] *Grupp/Stelkens*, DVBl. 2005,133(135); *Meyer-Ladewig*, EMRK Handkommentar, Art. 46 Rn. 5; *Pache*, EuR 2004,393(406); *Ress*, EuGRZ 1996,350(350).

[122] *Grupp/Stelkens*, DVBl. 2005,133(135); *Meyer-Ladewig*, EMRK Handkommentar, Art. 46 Rn. 5; *Pache*, EuR 2004,393(406); *Ress*, EuGRZ 1996,350(350).

[123] *Ehlers*, Jura 2000,372(382); *Masuch*, NVwZ 2000,1266(1267); *Maaßen*, ZAR 1998,107(112); *Stöcker*, NJW 1982,1905(1909); *Ress*, EuGRZ 1996,350(350).

[124] *Polakiewicz*, Die Verpflichtung der Staaten aus den Urteilen des Europäischen Gerichtshofs für Menschenrechte, S. 350; *Zimmer*, ZAR 1998,115(123).

[125] *Zimmer*, ZAR 1998,115(123).

[126] *Zimmer*, ZAR 1998,115(123).

[127] *Walter*, Die Europäische Menschenrechtsordnung, S. 108.

[128] *Bleckmann*, EuGRZ 1995,387(389).

vorgeschlagen, sofern jedenfalls dort eine erga omnes-Wirkung der Urteile des EuGH angenommen wird[129].

Schließlich sprächen teleologische Erwägungen für eine entsprechende Wirkung. Nur so könne eine einheitliche Anwendung der EMRK innerhalb der Vertragsstaaten und damit die praktische Wirksamkeit der EMRK-Freiheiten gewährleistet werden[130].

3. Stellungnahme

Für die erga omnes-Wirkung spricht zunächst, dass den EMRK-Freiheiten dann zu der vom EGMR geforderten Effektivität[131] verholfen wäre. Kein Vertragsstaat könnte mehr behaupten, er sei zur Änderung seiner Rechtsordnung mangels einer Verurteilung durch den EGMR (noch) nicht verpflichtet.

Es fragt sich aber, ob Art. 228 EG bezüglich der Wirkung von EuGH-Urteilen tatsächlich analog angewandt werden kann. Denn es besteht bereits Uneinigkeit darüber, ob Art. 228 EG selbst erga omnes wirkt. Gegen eine entsprechende Wirkung wird auf den Wortlaut des Art. 228 I EG abgestellt, wonach die Feststellung einer Vertragsverletzung nur gegenüber dem betroffenen Mitgliedstaat erfolgt[132]. Befürworter der erga omnes-Wirkung weisen demgegenüber auf den objektiven Charakter des Vertragsverletzungsverfahrens hin[133]. Wenn Kommission und EG-Mitgliedstaaten als Wächter des Gemeinschaftsrechts im Interesse der europäischen Rechtsordnung aufträten, müssten konsequenterweise alle EG-Mitgliedstaaten an die Urteile des EuGH gebunden sein[134].

Ob Art. 228 EG erga omnes wirkt – nur dann machte eine analoge Anwendung überhaupt Sinn – braucht dann nicht entschieden zu werden, wenn ohnehin die Voraussetzungen einer Analogie fehlen.

Die dafür erforderliche planwidrige Regelungslücke ließe sich noch mit der fehlenden Auskunft der EMRK über die Wirkungen der EGMR-Urteile[135] begründen. Für eine vergleichbare Interessenlage müssten die Beschwerdeverfahren ebenso objektiven Charakter haben. Die Individualbeschwerde gemäß Art. 34 EMRK dient aber in erster Linie der Sicherung der subjektiven Freiheitsrechte des Einzelnen[136]. Soweit dem nun entgegengehalten werden sollte, dass jedenfalls im Individualbeschwerdeverfahren eine Schwierigkeit besteht, die Partei zu bestimmen[137], ist dieses Argument als veraltet anzusehen. Seit dem 9. und 11. Zusatzprotokoll tritt nämlich nicht mehr die Kommis-

---

[129] *Bleckmann*, EuGRZ 1995,387(387).
[130] *Polakiewicz*, Die Verpflichtungen der Staaten aus den Urteilen des Europäischen Gerichtshofs für Menschenrechte, S. 351; *Zimmer*, ZAR 1998,115(123).
[131] Vgl. *EGMR*, Urt. v. 18.02.1999, 26083/94, NJW 1999,1173(1175).
[132] *Borchardt*, in: *Lenz/Borchardt*, EU-und EG-Vertrag, Art. 228 Rn. 2; *Geiger*, EUV/EGV, Art. 228 Rn. 6.
[133] *Bleckmann*, Europarecht, Rn. 997.
[134] *Bleckmann*, Europarecht, Rn. 997.
[135] Vgl. *EGMR*, Urt. v. 13.06.1979, EuGRZ 1979,454(460).
[136] Vgl. *Peters*, Einführung in die Europäische Menschenrechtskonvention, S. 14.
[137] *Ress*, EuGRZ 1995,387(387).

sion auf[138]. Von nun an kann gemäß Art. 34 EMRK jede natürliche Person selbst den EGMR anrufen. Damit kann die Kommission nicht mehr als Sachwalterin des Allgemeininteresses an der Wahrung der Menschenrechte auftreten. Mithin kann der Schwerpunkt nicht mehr in einem objektiven Verfahren gesehen werden. Mangels vergleichbarer Interessenlage kommt eine entsprechende Anwendung des Art. 228 EG damit nicht mehr in Betracht. Außerdem ist fraglich, ob eine im Völkerrecht grundsätzlich mögliche Analogie[139] hier überhaupt zulässig ist. Sollte für die analoge Anwendung der Bestimmung eines völkerrechtlichen Vertrages zwischen den Vertragsparteien Konsens auch bezüglich des vertraglich nicht geregelten Falles bestehen müssen[140], so wäre hier eine analoge Anwendung des Art. 228 EG praktisch ausgeschlossen, schließlich sind nicht alle Mitglieder des Europarates zugleich auch EG-Mitgliedstaaten. Und auch dass zahlreiche Staaten auf Urteile des EGMR hin ihre Gesetzgebung geändert haben, weist noch nicht darauf hin, dass auch eine Verbindlichkeit gegenüber allen besteht[141].

Festzuhalten ist damit, dass die Urteile nur inter partes wirken. Nur der verurteilte Staat kann nicht mehr behaupten, er habe sich konventionsgemäß verhalten. Die übrigen sind gut beraten, daraufhin aber ihre eigene Rechtsordnung auf etwaige Konventionswidrigkeiten zu überprüfen und gegebenenfalls anzupassen. Denn andernfalls müssen sie selbst mit einer Verurteilung durch den EGMR rechnen.

II. Innerstaatliche Wirkung

Neben dieser völkerrechtlichen Wirkung könnte ein Urteil des EGMR darüber hinaus unmittelbar innerstaatliche Wirkung entfalten. Das bedeutete, dass alle Hoheitsträger des verurteilten Staates – und damit Gerichte und Behörden – die konkrete Entscheidung befolgen müssten. Außerdem könnten sie auch in künftigen, gleich gelagerten Fällen an die Entscheidungen des EGMR gebunden sein.

1. Nur völkerrechtliche Wirkung

Jedenfalls bis zur Entscheidung des BVerfG vom 14.10.2004[142] wurde und wird eine derartige unmittelbare innerstaatliche Bindungswirkung ausdrücklich abgelehnt[143].

---

[138] *Templeman*, S. 302.
[139] Vgl. *Fastenrath*, Lücken im Völkerrecht, S. 138 m.w.N.
[140] So *Dahm/Delbrück/Wolfrum*, Bd. I/1, S. 81; *Heintschel von Heinegg*, in: *Ipsen*, Völkerrecht, § 19 Rn. 6.
[141] So aber *Polakiewicz*, Die Verpflichtungen der Staaten aus den Urteilen des Europäischen Gerichtshofs für Menschenrechte, S. 350.
[142] *BVerfG*, Beschl. v. 14.10.2004, 2 BvR 1481/04, NJW 2004,3407.
[143] *Bausback*, NJW 1999,2483(2484); *Bernhardt* in: FS Doehring, 1989, 23(28); *Dörr*, EVR Rn. 558; *Ehlers*, Die Europäisierung des Verwaltungsprozeßrechts, S. 139; *Glaube*, DRiZ 2004,128(131); wohl auch *Jaeger*, EuGRZ 2005,193(199), die die Rechtsprechung des EGMR nur als Auslegungshilfe verstanden wissen will; *Kilian*, Die Bindungswirkung der Entscheidungen des EGMR, 1994, 207; *OLG Naumburg*, Beschl. v. 30.06.2004, WF 64/04, FamRZ 2004,1510(1511).

Dies folge im Umkehrschluss aus Art. 41 EMRK. Für den Fall, dass eine Naturalrestitution nach innerstaatlichem Recht nicht möglich sei, könne eine gerechte Entschädigung ausgesprochen werden. Die EMRK selbst gehe also nicht von einer unmittelbar innerstaatlichen Wirkung aus[144]. Bestätigt werde dies durch den Wortlaut des Art. 46 EMRK. Die EMRK richte sich ausdrücklich nur an die Vertragsstaaten als solche[145]. Mithin richte sich die Art und Weise, wie ein Vertragsstaat seiner Verpflichtung aus Art. 46 I EMRK nachkomme, ausschließlich nach nationalem Recht. Eine unmittelbare innerstaatliche Wirkung würde den Staaten den ihnen hierbei zustehenden Beurteilungsspielraum bei der Umsetzung der Urteile nehmen[146]. Als völkerrechtlicher Vertrag verpflichte die EMRK also nicht dazu, den Urteilen des EGMR eine unmittelbare innerstaatliche Wirkung zukommen zu lassen[147]. Und da die EMRK gemäß Art. 59 II 1 GG in die deutsche Rechtsordnung unverändert übernommen wurde, ergebe sich für die Bundesrepublik auch kraft nationalen Rechts nicht ein anderes[148]. Hier sei der EGMR im Verhältnis zu den nationalen Gerichten gerade kein höherrangiges Gericht, sondern stehe außerhalb des Systems der staatlichen Gerichte[149].

Der EGMR-Entscheidung komme danach lediglich eine Indizwirkung zu. Die nationalen Gerichte und Behörden könnten sie berücksichtigen, müssten es aber nicht[150].

2. Innerstaatliche Wirkung

Anderer Auffassung nach muss jedes Gericht und jede Behörde unmittelbar den EGMR-Entscheidungen Folge leisten[151].

Völker- und EMRK-rechtlich ergebe sich die unmittelbare Befolgungspflicht aus der Anerkennung des EGMR als obligatorische Gerichtsbarkeit[152]. Und da der völkerrechtliche EMRK-Vertrag inklusive Art. 46 EMRK als einfaches Gesetz in die deutsche Rechtsordnung transformiert worden sei, sei Art. 46 EMRK jedenfalls grundsätzlich auch innerstaatlich für sämtliche nationalen Organe verbindlich[153]. Nur diese unmittelbare Geltung werde dem Zweck der Konvention, die effektive Gewährleistung der Menschenrechte zu sichern, gerecht[154].

---

[144] *Bausback*, NJW 1999,2483(2484).
[145] *Kilian*, Die Bindungswirkung der Entscheidung des Europäischen Gerichtshofs für Menschenrechte, S. 209.
[146] *Ress*, in: *Maier*, Europäischer Menschenrechtsschutz, S. 246.
[147] *Pache*, EuR 2004,393(402).
[148] *Kilian*, Die Bindungswirkung der Entscheidung des Europäischen Gerichtshofs für Menschenrechte, S. 213.
[149] *Glaube*, DRiZ 2004,129(131); *Reinkenhof*, NJ 2004,250(252).
[150] *Masuch*, NVwZ 2000,1266(1268).
[151] *Hoffmeister*, Der Staat 40,349(373); *Lenz*, in: FS Zuleeg, S. 238; *Mückl*, Der Staat 2005,403(416); *Schaffarzik*, DÖV 2005,860(864); *Stöcker*, NJW 1982,1905(1907).
[152] *Lenz*, in: FS Zuleeg, S. 237; *Schaffarzik*, DÖV 2005,860(864).
[153] *Ehlers*, in: *ders.*, Europäische Grundrechte und Grundfeiheiten, § 2 Rn. 68; *Frowein*, in: HdBStR VII, § 130 Rn. 15; *Häde/Jachmann*, ZBR 1997,9(11); *Hoffmeister*, Der Staat 40,349(373); *Mückl*, Der Staat 2005,403(416); *Schaffarzik*, DÖV 2005,860(865); *Stöcker*, NJW 1982,1905(1907).
[154] *Stöcker*, NJW 1982,1905(1907).

Diese Befolgungspflicht sei auch mit dem Grundgesetz vereinbar. Mit der Bekennung zu unverletzlichen und unveräußerlichen Menschenrechten gemäß Art. 1 II GG habe sich der Verfassungsgeber nicht nur zu dem Bestand der Menschenrechte von 1949/1950 bekannt, sondern auch zu der internationalen Rechtsfortbildung im Bereich der Menschenrechte und damit der EMRK in der jeweiligen Auslegung durch den EGMR[155]. Nur dieses Verständnis entspreche dem Ziel des GG, die Bundesrepublik in die (europäische) Staatengemeinschaft zu integrieren[156]. Mangels kassatorischer Wirkung der EGMR-Entscheidung müsste ihre Unbeachtlichkeit zu fortlaufenden EMRK-Verstößen führen. Folglich ergebe sich die Bindungswirkung unmittelbar aus dem Prinzip der Völkerrechtsfreundlichkeit[157].

Zwar werden insbesondere wegen des Wortlauts des Art. 46 EMRK, wonach eben nur die Vertragsstaaten verpflichtet werden, Bedenken angemeldet[158]. Allerdings wird dem mit einem Vergleich mit Art. 228 EG entgegengetreten[159]: Obwohl nach dessen Wortlaut ebenfalls nur die EG-Mitgliedstaaten aus den Urteilen des EuGH verpflichtet würden, nehme man trotzdem eine Bindung aller staatlichen Organe an[160]. Nur eine Übertragung dieser Auslegung auf Art. 46 EMRK entspreche dem Verständnis von einem „einheitlichen odre public européen, der die gemeinsame Verfassungstradition der Mitgliedstaaten als europäisches Erbe auch innerstaatlich für verbindlich erklärt“[161].

3. Keine interne Rechtskraftwirkung im eigentlichen Sinne

Eine derart umfassende innerstaatliche Rechtskraftwirkung wird von Polakiewicz abgelehnt, der eine „interne Rechtskraftwirkung im eigentlichen Sinne“ verneint[162].

Andernfalls müsse eine Gleichstellung mit rechtskräftigen innerstaatlichen Urteilen erfolgen. Dies sei in der Konvention aber nicht angelegt, heiße es doch in den Travaux Préparatoires: „The Court will not have the power to declar null and void or amend Acts emanating from the public bodies of the signatory States“[163]. Auch könne nicht auf das Transformationsgesetz zurückgegriffen werden, könne über den Rechtsanwendungsbefehl doch keine andere als die ursprünglich im völkerrechtlichen Vertrag vor-

---

[155] *Hoffmeister*, Der Staat 40,349(372).
[156] *Lenz*, in: FS Zuleeg, S. 238.
[157] *Sauer*, ZaöRV 2005,35(50).
[158] So *Bleckmann*, EuGRZ 1995,387(389).
[159] *Bleckmann*, EuGRZ 1995,387(389).
[160] Vgl. zur Wirkung des Art. 228 EG *Borchardt*, in: *Lenz/Borchardt*, EU- und EG-Vertrag, Art. 171 Rn. 5; *Geiger*, EUV/EGV, Art. 228 Rn. 8.
[161] *Bleckmann*, EuGRZ 1995,387(389).
[162] *Polakiewicz*, Die Verpflichtungen der Staaten aus den Urteilen des Europäischen Gerichtshofs für Menschenrechte, S. 224.
[163] Collected Edition of the Travaux Préparatoires, Receuil des Travaux Préparatoires, Vol. IV, S. 45.

gesehene Wirkung herbeigeführt werden[164]. Es könne höchstens zusätzlicher Rechtsschutz vorgesehen sein, was aber nicht geschehen sei[165].

Trotzdem wirke die Entscheidung nicht nur völkerrechtlich: Der Staat stelle aus völkerrechtlicher Sicht eine Einheit dar. Dann müssten Art. 1, 13 und 46 EMRK auch in Bezug auf Gerichte und Behörden Wirkung entfalten. Nur so könnten die dem Einzelnen eingeräumten Rechte auch effektiv gewährleistet werden, schließlich könne der Einzelne seine Rechte auf völkerrechtlicher Ebene nicht erzwingen[166]. Grenzen der Beachtenspflicht ergäben sich aber aus dem jeweiligen Zuständigkeitsbereich der Organe: Weitergehende Rechte blieben unberührt (Art. 53 EMRK), neue Tatsachen müssten berücksichtigt werden, und die Verpflichtung zum Vollzug bewege sich innerhalb der sachlichen Grenzen der Rechtskraft[167].

4. BVerfG und deutsche Fachgerichte

Das **BVerfG** hatte bis zum 14.10.2004[168] nur entschieden, dass die EMRK für die Auslegung von Inhalt und Schranken und damit auch für die Auslegung einfacher Gesetze wegen der Völkerfreundlichkeit des GG heranzuziehen sei[169]. Ausdrücklich hat es auch hervorgehoben, dass infolgedessen auch die Rechtsprechung des EGMR als Auslegungshilfe angesehen werden müsse[170]. Ob und Inwieweit daraus aber eine innerstaatliche, verbindliche Wirkung abzuleiten sein könnte, ist zunächst nicht untersucht worden. So hat es in einer Entscheidung offengelassen, ob aus Art. 53 EMRK a.F. (=Art. 46 EMRK n.F.) folge, dass die Gerichte eine vom Gerichtshof für konventionswidrig befundene gesetzliche Vorschrift nicht mehr anzuwenden hätten[171].

Das **Bundesverwaltungsgericht** nahm eine Bindung nur der unmittelbar am Verfahren Beteiligten an und verneinte eine rechtliche Bindungswirkung über den konkreten Fall hinaus[172]. Später hat es allerdings die „normative Leitfunktion" der EGMR-Entscheidungen für die Anwendung und Auslegung sowohl der Grundrechte als auch der einfachen Gesetze anerkannt. Eine förmliche Bindung der Gerichte hat es aber ausgeschlossen. Und es hat offengelassen, ob die EMRK dem EGMR eine umfassende Kompetenz zur rechtsverbindlichen Vertragsauslegung einräume[173].

---

[164] *Polakiewicz*, Die Verpflichtungen der Staaten aus den Urteilen des Europäischen Gerichtshofs für Menschenrechte, S. 224.
[165] *Klein*, in: *Mahrenholz/Hilf/Klein*, EMRK, S. 43(46).
[166] *Polakiewicz*, Die Verpflichtungen der Staaten aus den Urteilen des Europäischen Gerichtshofs für Menschenrechte, S. 227; *ders.*, ZaöRV 1992,149(176).
[167] *Polakiewicz*, Die Verpflichtungen der Staaten aus den Urteilen des Europäischen Gerichtshofs für Menschenrechte, S. 230.
[168] *BVerfG*, Beschl. v. 14.10.2004, 2 BvR 1481/04, NJW 2004,3407(3408).
[169] *BVerfG*, Beschl. v. 14.11.1990, 2 BvR 1462/87, E 83,119(128); Beschl. v. 29.05.1990, 2 BvR 254, 1343/88, E 82,106(115); Beschl. v. 26.03.1987, 2 BvR 589/79, 740/81, 284/85, E 74,358(370), vgl. ausführlich Kapitel II, B, III, 1.
[170] *BVerfG*, Beschl. v. 26.03.1987, 2 BvR 589/79, 740/81, 284/85, E 74,358(370).
[171] *BVerfG*, Beschl. v. 24.01.1995, 1 BvL 18/93 und 5, 6, 7/94, 1 BvR 403,569/94, E 92,91(108).
[172] *BVerwG*, Urt. v. 15.04.1997, 9 C 38.96, E 104,265(275).
[173] *BVerwG*, Urt. v. 16.12.1999, 4 CN 9.98, JZ 2000,1050(1052).

Das **OLG Naumburg** entschied sogar, dass nur eine völkerrechtliche Bindung bestehe. Für Behörden und die nach Art. 97 I GG unabhängigen Gerichte sei die Entscheidung unverbindlich[174].

Dies war dann auch der Grund, weswegen eine Verfassungsbeschwerde gegen die Entscheidung des OLG erfolgreich war. Ausdrücklich hat das BVerfG nunmehr im Grundsatz eine innerstaatliche Verbindlichkeit der Entscheidungen des EGMR angenommen[175]. So heißt es:

„Die Bindungswirkung der Entscheidung des Gerichtshofs erstreckt sich auf alle staatlichen Organe und verpflichtet diese grundsätzlich, im Rahmen ihrer Zuständigkeit und ohne Verstoß gegen die Bindung an Gesetz und Recht (Art. 20 III GG) einen fortdauernden Konventionsverstoß zu beenden und einen konventionsgemäßen Zustand herzustellen".

Zwar verfüge das Konventionsrecht nicht über eine § 31 BVerfGG entsprechende Vorschrift[176]. Die EMRK sei aber als einfaches Bundesgesetz in der Auslegung des EGMR wegen der Bindung an Recht und Gesetz (Art. 20 III GG) für alle verbindlich. Die nur „grundsätzliche" Bindung ergebe sich daraus, dass wegen der Bindung an Recht und Gesetz andere Gesetze nicht unberücksichtigt bleiben dürften. Wegen der Völkerfreundlichkeit des Grundgesetzes[177] seien aber die EMRK und die EGMR-Rechtsprechung im Rahmen „methodisch vertretbarer Gesetzesauslegung" vorrangig zu berücksichtigen[178].

Damit nimmt das BVerfG eine Bindung solange an, bis die Befolgung zu einem Widerspruch zum geltenden Recht führen müsste[179].

5. Stellungnahme

Versuchte man, die innerstaatliche Wirkung über **Art. 228 EG** zu konstruieren, müsste systematisch eine analoge Anwendung erfolgen. Die dafür erforderliche Planwidrigkeit der Regelungslücke konnte aber bereits bei der erga omnes-Wirkung der EGMR-Entscheidungen nicht überzeugen[180]. Zwar geht es hier um eine andere Frage, nämlich um eine mögliche innerstaatliche Verbindlichkeit. Die unmittelbare innerstaatliche Wirkung der Urteile nach Art. 228 EG ist aber die Konsequenz aus dem Anwendungsvorrang des Gemeinschaftsrechts. Auf Grundlage von Art. 23 I 2 GG sind Hoheitsrechte übertragen worden. Infolgedessen ist jede staatliche Maßnahme, die mit dem Gemeinschaftsrecht unvereinbar ist, unanwendbar. Deshalb ist im Rahmen des EG-

[174] *OLG Naumburg*, Beschl. v. 30.06.2004, WF 64/04, FamRZ 2004,1510(1511).
[175] *BVerfG*, Beschl. v. 14.10.2004, 2 BvR 1481/04, NJW 2004,3407(3409); bestätigt mit Beschl. v. 28.12.2004, 1 BvR 2790/04, NJW 2005,1105(1107) und Beschl. v. 05.04.2005, 1 BvR 1664/04, DVBl. 2005,761(761) sowie Beschl. v. 10.06.2005, 1 BvR 2790/04, EuGRZ 2005,426(429).
[176] *BVerfG*, Beschl. v. 14.10.2004, 2 BvR 1481/04, NJW 2004,3407(3409).
[177] Siehe Nachweise in Kapitel II, B, III., 1.
[178] *BVerfG*, Beschl. v. 14.10.2004, 2 BvR 1481/04, NJW 2004,3407(3410).
[179] So auch *Lochen*, JA 2005,576(577); *Mann*, NJW 2004,3220(3220).
[180] Siehe Kapitel IV, A, I, 3.

Rechts das Urteil des EuGH von allen staatlichen Organen zu befolgen, noch bevor der Gesetzgeber reagieren konnte[181]. Die Konstruktion der EMRK ist aber eine andere, genießt sie innerstaatlich in der Bundesrepublik doch nur den Rang eines einfachen Bundesgesetzes[182]. Somit ist auch hier eine Analogie mangels Vergleichbarkeit der Interessenlage abzulehnen.

Aus **völkerrechtlicher** Sicht sind gemäß Art. 1 EMRK nur die Vertragsstaaten zur Sicherung der Rechte und Freiheiten der EMRK verpflichtet. Um eine völkervertragliche Verantwortlichkeit des Staates für ihm zuzurechnende Handlungen und Unterlassungen seiner Organe zu vermeiden, könnte es notwendig sein, dass alle Organe die Urteile befolgen müssen. Dass die EMRK selbst dies aber nicht verlangt, zeigt der Rapport du Comité d'Experts, wonach Art. 50 EMRK a.F. inhaltlich den Regeln des allgemeinen Völkerrechts entsprechen sollte[183]. Wie die Staaten ihren EMRK-völkervertraglichen Verpflichtungen nachkommen, soll grundsätzlich ihre Sache bleiben[184]. Allerdings kann es Konstellationen geben, in denen der EGMR die Wahlfreiheit der Vertragsstaaten bei der Umsetzung des Urteils einschränkt, weil nur noch eine ganz bestimmte Abhilfemaßnahme konventionsgemäß ist, also eine Ermessensreduzierung auf Null stattfindet[185]. Auch dadurch wird aber in erster Linie der Vertragsstaat verpflichtet[186]. Eine Aussage über die innerstaatliche Wirkung des Urteils ist damit noch nicht getroffen.

Damit gelingt der Übergang zum **nationalen Recht**. Unmittelbar auf das Verfassungsprinzip der Völkerrechtsfreundlichkeit zurückzugreifen, kann mit Blick auf das völkervertragliche Schweigen der EMRK nicht weiterhelfen. Denn wenn die EMRK selbst keine Vorgaben macht, kann das Gebot der Völkerrechtsfreundlichkeit auch kein bestimmtes Ergebnis bewirken. Insoweit kommt es auf die Umsetzung der EMKR in die Rechtsordnung der Bundesrepublik an. Hier hat sie den Rang eines einfachen Bundesgesetzes. Dementsprechend richtet sich Art. 46 EMRK auch an die innerstaatlichen Gerichte und Behörden. Weil eine § 31 BVerfGG entsprechende Bindungswirkung im Konventionsrecht aber nicht vorgesehen ist, besteht – ergänzt durch die Verpflichtung zur Völkerrechtsfreundlichkeit – nur die Möglichkeit, auf die herkömmlichen Auslegungsmethoden zurückzugreifen. Solange der Urteilsbefolgung keine Gesetze entgegenstehen, ist das Urteil zu befolgen (und nicht nur zu berücksichtigen). Und da der EGMR gemäß dem ebenfalls den Rang eines einfachen Bundesgesetzes genießenden Art. 32 EMRK allein zur Auslegung und Anwendung der EMRK-Freiheiten berechtigt ist[187], gilt dies nicht nur im konkreten Fall, sondern darüber hin-

---

[181] Vgl. *Krück* in: *Groeben/Thiesing/Ehlermann*, Kommentar zum EU-/EG-Vertrag, Art. 171 Rn. 5.
[182] Siehe Kapitel III, A.
[183] Rapport du Comité d'Experts des Droits de l'Homme, RTP II, S. 508.
[184] Vgl. *EGMR*, Urt. v. 08.04.2004, 71503/01, EuGRZ 2004,268(275) und Urt. v. 12.05.2005, 46221/99 (Öcalan/Türkei), Rn. 210, www.echr.coe.int.
[185] Vgl. *EGMR*, Urt. v. 08.04.2004, 71503/01, EuGRZ 2004,268(275) und Urt. v. 12.05.2005, 46221/99 (Öcalan/Türkei), Rn. 210, www.echr.coe.int.
[186] Vgl. das Sondervotum des Richters *Costa*, EuGRZ 2004,268(277).
[187] Vgl. Kapitel III B V.

aus auch in gleich gelagerten Fällen[188]. Gesetze und Verfassung sind demnach konventionskonform im Einklang mit den Urteilen des EGMR soweit wie möglich auszulegen, um die Rechte und Freiheiten der EMRK effektiv im Sinne von Art. 1 EMRK zu sichern und in gleich gelagerten Fällen eine erneute Verurteilung durch den EGMR zu vermeiden[189]. Rechtspolitisch mag dieses Ergebnis zwar – insbesondere auf internationaler Ebene – zu kritisieren sein, weil der Eindruck entstehen könnte, das sich die Konventionsstaaten jetzt hinter ihrer Verfassung verstecken können, wenn sie ein ihnen unliebsames Urteil nicht befolgen wollen[190]. Rein rechtlich gesehen aber nicht. Denn aus verfassungsrechtlicher Sicht genießt die EMRK formal „nur" den Rang eines einfachen Bundesgesetzes. Außerdem dürften diese Grenzen der Befolgungspflicht in der EMRK selbst angelegt sein: Wenn eine Wiedergutmachung nach innerstaatlichem Recht nicht möglich ist, kann der Gerichtshof eine gerechte Entschädigung aussprechen (Art. 41 EMRK). Dem ist zu entnehmen, dass die EMRK es ausnahmsweise hinnimmt, wenn eine Befolgung der Urteile des EGMR nach innerstaatlichem Recht nicht möglich ist. Für diesen Fall, wenn auch eine konventionskonforme Auslegung der nationalen Vorschriften nicht möglich ist, ist es aus völkerrechtlicher Sicht erforderlich, dass die einschlägigen Gesetze verändert und angepasst werden[191].

Auch der inkorporierten EMRK ist also eine unbedingte Befolgungspflicht für alle staatlichen Organe nicht zu entnehmen. Da aber Art. 46 EMRK mit vom Anwendungsbefehl erfasst worden ist und ins deutsche Recht transformiert worden ist, sind die Urteile im Rahmen der eben beschriebenen Auslegung auch von innerstaatlichen Gerichten und Behörden als verbindlich anzusehen. Folglich ist es verfehlt, lediglich von einer Indizwirkung auszugehen.

6. Sonderproblem: Mehrpolige Grundrechtsverhältnisse

Wenn nun auch feststeht, dass die Entscheidung des EGMR im konkreten Fall (wegen der Befolgungspflicht aus Art. 46 EMRK) und darüber hinaus in gleich gelagerten Fällen (wegen der durch die Entscheidung konkretisierten EMRK[192]) von allen Hoheitsträgern grundsätzlich zu befolgen ist, ist noch nicht auf die Problematik der mehrpoligen Grundrechtsverhältnisse eingegangen.

In sogenannten ausbalancierten Teilrechtssystemen wie dem Familien-, Ausländer und Persönlichkeitsschutzrecht kann es notwendig sein, dass die Hoheitsträger bei ihrer Entscheidung widerstreitende subjektive Rechtspositionen zum Ausgleich bringen müssen[193]. Erhebt ein Beschwerdeführer wegen dieser Abwägungsentscheidung die Individualbeschwerde vor dem EGMR, ist die im nationalen Ausgangsverfahren beteiligte gegnerische Partei nicht Verfahrensbeteiligte vor dem EGMR (vgl. Art. 34 EMRK, Art. 56 II, 59 I, 61 VerfO EGMR, wonach Parteien nur der Vertragsstaat und

---

[188] So auch *Mückl*, Der Staat 2005,403(416).
[189] So auch *Hofmann*, GYIL 2004,9(31).
[190] So *Mayer-Ladewig/Petzold*, NJW 2005,15(16) m.w.N und S. 19
[191] *Mayer-Ladewig/Petzold*, NJW 2005,15(19).
[192] Siehe Kapitel III B V.
[193] Vgl. *BVerfG*, Beschl. v. 14.10.2004, 2 BvR 1481/04, NJW 2004,3407(3411).

der Beschwerdeführer selbst sind). Die gegnerische Partei könnte nur als Dritter im Sinne von Art. 36 II EMRK beteiligt werden. Danach kann Dritten die Gelegenheit gegeben werden, schriftlich Stellung zu nehmen oder an der mündlichen Verhandlung teilzunehmen. Infolgedessen könnte der EGMR bei der Beurteilung der Konventionswidrigkeit der nationalen Entscheidung subjektive Rechtspositionen des nicht unmittelbar am Individualbeschwerdeverfahren Beteiligten nicht oder nicht hinreichend berücksichtigt haben. Deutsche Gerichte müssen sich dann fragen, ob sie auch bei mehrpoligen Grundrechtsverhältnissen die Entscheidungen des EGMR – zum Beispiel bei erneuter Behandlung der Sache – befolgen müssen.

a) Bundesverfassungsgericht

Das BVerfG sieht „verfassungsrechtliche Probleme, wenn einer der Grundrechtsträger im Konflikt mit einem anderen einen für ihn günstigen Urteilsspruch des EGMR gegen die Bundesrepublik erstreitet und deutsche Gerichte diese Entscheidung schematisch auf das Privatrechtsverhältnis anwenden“[194]. Die mögliche Beteiligung Dritter nach Art. 36 II EMRK sei nicht vergleichbar mit der Stellung der Prozesspartei im nationalen Ausgangsverfahren. Deshalb müsse ein Gericht die EGMR-Entscheidung „mittels einer wertenden Betrachtung einpassen“[195]. Anders ausgedrückt: Es muss sich mit ihr auseinandersetzen, darf beziehungsweise muss aber gegebenenfalls anders entscheiden, sofern dies die Abwägung widerstreitender Grundrechtspositionen verlange[196].

b) Befolgungspflicht

Letzteres wird teilweise bestritten: Wegen der völkervertraglichen Befolgungspflicht aus Art. 46 I EMRK dürfe weder die Bundesrepublik noch einer ihrer Hoheitsträger behaupten, die vom EGMR für konventionswidrig befundene Abwägungsentscheidung sei konventionsgemäß gewesen[197]. Der Dritte könne zwar nicht als Verfahrensbeteiligter vor dem EGMR auftreten. Es bestehe aber die seine subjektiven Rechtspositionen wahrende Möglichkeit, ihn über Art. 36 II EMRK einzubeziehen[198]. Um aus dieser Möglichkeit – Art. 36 II EMRK räumt dem EGMR nur ein Ermessen ein – eine Pflicht zu machen, soll es zu einer Ermessensreduzierung auf Seiten des EGMR kommen[199]. Sollte eine Einbeziehung trotzdem nicht erfolgt sein, würden die subjektiven Rechtspositionen des Dritten durch die Heranziehung der Urteile der nationalen Gerichte durch den EGMR berücksichtigt[200]. Außerdem ergäben sich seine Argumente aus dem

---

[194] *BVerfG*, Beschl. v. 14.10.2004, 2 BvR 1481/04, NJW 2004,3407(3411).
[195] *BVerfG*, Beschl. v. 14.10.2004, 2 BvR 1481/04, NJW 2004,3407(3411).
[196] *BVerfG*, Beschl. v. 10.06.2005, 1 BvR 2790/04, EuGRZ 2005,426(429).
[197] *Cremer*, EuGRZ 2004,683(689); *Hofmann*, GYIL 2004,9(32); *Meyer-Ladewig/Petzold*, NJW 2005,15(17); *Schindler*, in: FS Guldener, S. 285.
[198] *Kadelbach*, Jura 2005,480(485); *Meyer-Ladewig/Petzold*, NJW 2005,15(17).
[199] *Cremer*, EuGRZ 2004,683(696); *Schaffarzik*, DÖV 2005,860(864).
[200] *Meyer-Ladewig/Petzold*, NJW 2005,15(17).

Prozessvortrag des Verfahrensbevollmächtigten des beklagten Vertragsstaates[201], der aus einer prozessualen Fürsorgepflicht heraus ohnehin dazu verpflichtet sei, auf eine Anhörung des Betroffenen hinzuwirken[202]. Folglich sei gewährleistet, dass der EGMR sämtliche abzuwägenden Grundrechtspositionen berücksichtige[203].

Sollten die nationalen Gerichte die Urteile des EGMR trotzdem nicht umsetzen, würden sie neben einem weiteren Konventionsverstoß[204] und damit dem Bruch der Vertragstreue einen Vertrauensverlust in die Urteile des EGMR herbeiführen[205]. Außerdem könnte der Betroffene nach erneuter erfolgloser Erschöpfung des innerstaatlichen Rechtsweges erneut den EGMR anrufen. Um diesen Verfahrensgang nicht ad infinitum zu führen, müsse allein die Entscheidung des EGMR maßgebend sein[206]. Eine Grenze der Befolgungspflicht wird – auch wenn dann mit einer völkerrechtlichen Verantwortlichkeit der Bundesrepublik zu rechnen wäre – allenfalls dann angenommen, wenn sich eine unlösbare Kollision der EMRK mit höherrangigem innerstaatlichem Recht ergäbe[207]. Grenzen der Befolgungspflicht sollen sich aus dem Wesensgehalt eines kollidierenden Grundrechts[208] beziehungsweise aus der Ewigkeitsklausel des Art. 79 III GG[209] ergeben. Jedoch wird darauf hingewiesen, dass nur eine andere Gewichtung der Grundrechte im zu lösenden Interessenkonflikt durch den EGMR nicht zu einem Bruch mit den fundamentalen Grundprinzipien der Verfassung führe und dementsprechend ein derart unlösbarer Konflikt im Falle mehrpoliger Grundrechtsverhältnisse nicht auftreten könne[210].

c) Umsetzungsverbot

Die für nicht umfassend gehaltene Sachverhaltserfassung durch den EGMR könnte aber auch dazu führen, dass seine Entscheidung nicht mehr die EMRK konkretisiere und daher auch nicht mehr von den Gerichten und Behörden zu berücksichtigen sei[211]. Eine Umsetzung solcher Entscheidungen verbiete sich, weil hier eine in Wirklichkeit nicht existierende Konventionsverletzung festgestellt worden sei[212]. Vielmehr müsse das nationale Gericht wegen des Grundsatzes der freien Beweiswürdigung und der Unmittelbarkeit bei erneuter Befassung mit der Sache die maßgeblichen Tatschen selbst feststellen[213].

---

[201] *Cremer*, EuGRZ 2004,683(696); *Kadelbach*, Jura 2005,480(485); *Meyer-Ladewig/Petzold*, NJW 2005,15(17).
[202] *Cremer*, EuGRZ 2004,683(696).
[203] *Pernice*, EuZW 2004,705(706).
[204] *Mückl*, Der Staat 2005,403(426).
[205] *Pernice*, EuZW 2004,705(706); ähnlich *Hartwig*, German Law Journal No. 5 (01.05.2005), S. 5.
[206] *Breuer*, NVwZ 2005,412(414).
[207] *Klein*, JZ 2004,1176(1178).
[208] *Sauer*, ZaöRV 2005,35(53).
[209] *Sauer*, ZaöRV 2005,35(54).
[210] *Hofmann*, GYIL 2004,9(33); *Mückl*, Der Staat 2005,403(429).
[211] *Grupp/Stelkens*, DVBl. 2005,133(143).
[212] *Grupp/Stelkens*, DVBl. 2005,133(143).
[213] *Ress*, in: *Maier*, Europäischer Menschenrechtsschutz, S. 252; *ders.*, in: FS Mosler, S. 729.

d) Stellungnahme

Gemäß Art. 46 I und 44 II EMRK ist die Entscheidung des EGMR, spätestens das Urteil der Großen Kammer (Art. 44 I EMRK) für die Vertragsstaaten verbindlich. Die EMRK scheint also die Infragestellung der inhaltlichen Richtigkeit des Urteils nicht zuzulassen[214]. Auf der anderen Seite handelt es sich bei dem Urteil um ein Feststellungsurteil. Dem verurteilten Staat wird nicht vorgeschrieben, wie er das Urteil umzusetzen hat[215]. Hat der EGMR die Abwägung widerstreitender Rechtspositionen durch das nationale Gericht für konventionswidrig befunden, könnte die geschuldete Wiedergutmachung bei erneuter Befassung mit der Sache in einer erneuten Abwägungsentscheidung bestehen. Sollte das Gericht dabei aber zu dem Ergebnis gelangen, dass seine ursprüngliche Entscheidung konventionsgemäß gewesen ist, käme es letztlich doch zu einer inhaltlichen Infragestellung der EGMR-Entscheidung. Im Kern geht es also um die Frage, ob ausnahmsweise eine **Durchbrechung der formellen Befolgungspflicht** aus Art. 46 EMRK zulässig ist. Verneinen kann man diese Frage jedenfalls nicht unter Hinweis auf das ebenso ausgestaltete deutsche Verfassungsbeschwerdeverfahren[216]. Auch hier wird der Antragsgegner eines zivilrechtlichen Ausgangsstreits nicht zum Verfahrensbeteiligten, wenn das BVerfG über die Verfassungsmäßigkeit eines Zivilurteils entscheidet. Diese Kritik ist nur ein Hinweis darauf, dass auch das Verfassungsbeschwerdeverfahren gegebenenfalls unzureichend ausgestaltet ist und auch hier eine Stärkung der Rechte des am Ausgangsverfahren Beteiligten de lege ferenda geboten sein könnte[217].

Die **Ablehnung einer Befolgungspflicht** bedeutete einen erheblichen Rechtsunsicherheitsfaktor[218] und würde die Autorität des Gerichtshofs in Frage stellen[219]. Das widerspräche der dem EGMR mit Art. 32 EMRK eingeräumten Befugnis, allein über die Anwendung und Auslegung der EMRK zu entscheiden[220]. Gegen eine entsprechende Lockerung der Befolgungspflicht nach Eintritt der Rechtskraft spricht außerdem – jedenfalls aus EMRK-rechtlicher Sicht –, dass mit Art. 80 VerfO EGMR die Wiederaufnahme des Verfahrens möglich ist und gemäß Art. 81 VerfO EGMR sogar die Berichtigung von Fehlern bei offensichtlicher Unrichtigkeit vorgesehen ist und damit Instrumente zu einer Durchbrechung der Rechtskraft des Urteils existieren. Und um die mit der Rechtskraft bewirkte Rechtssicherheit zu gewährleisten, müssen Durchbrechungen die Ausnahme bleiben[221]. Grundsätzlich sind also einmal rechtskräftig gewordene Ur-

---

[214] So auch *Ress*, in: *Maier*, Europäischer Menschenrechtsschutz, S. 231.

[215] Vgl. *EGMR*, Urt. v. 08.04.2004, 71503/01, EuGRZ 2004,268(275); Urt. v. 08.04.2004, 11057/02, NJW 2004,3401(3406); Urt. v. 12.05.2005, 66221/99, www.echr.coe.int, Rn. 210.

[216] So aber *Breuer*, NVwZ 2005,412(414) und *Cremer*, EuGRZ 2004,683(696); ähnlich *Kadelbach*, Jura 2005,480(485).

[217] Vgl. *Goetze*, in: *Umbach/Clemens*, Bundesverfassungsgerichtsgesetz, § 94 Rn. 17,19.

[218] Vgl. *Kilian*, Die Bindungswirkung der Entscheidungen des Europäischen Gerichtshofs für Menschenrechte, S. 86.

[219] So auch *Pernice*, EuZW 2004,705(706).

[220] Ähnlich *Kadelbach*, Jura 2005,480(485).

[221] Vgl. *Schmidt-Aßmann*, HdBStR I, § 24 Rn. 82 m.w.N.

teile des EGMR unbedingt zu befolgen[222]. Diesem Grundsatz widerspräche es, wenn jedes nationale Gericht durch eine „wertende Auslegung" die inhaltliche Richtigkeit der EGMR-Entscheidung in Frage stellen könnte, um etwaige vom EGMR nicht berücksichtigte subjektive Rechtspositionen nunmehr selbst zu berücksichtigen.

Andererseits könnte durch die nicht vorgesehene direkte Verfahrensbeteiligung der im nationalen Verfahren gegnerischen Partei das **Recht auf Gehör**, das dem Gebot des fairen Verfahrens (Art. 6 I 1 EMRK) entspringt[223], berührt sein. Es könnte an der von Art. 6 I EMRK geforderten Waffengleichheit fehlen[224]. Art. 6 I EMRK richtet sich zwar unmittelbar an die Vertragsstaaten. Wie Art. 103 I GG dürfte er aber dem Schutz der Menschenwürde[225] und der Einhaltung rechtsstaatlicher Mindeststandards dienen[226]. Da Art. 6 EMRK damit die Ausprägung des rechtsstaatlichen Prinzips der EMRK darstellt[227], kann nicht davon ausgegangen werden, dass der EGMR selbst diesen Grundsatz nicht beachten muss[228]. Immerhin ist er gemäß Art. 31 I EMRK zuständig für die Auslegung und Anwendung der Konvention. Sollten also EMRK und VerfO EGMR dem Dritten keine Möglichkeit einräumen, sich vor dem EGMR Gehör zu verschaffen, könnte durch die wertende Auslegung durch das nationale Gericht seine fehlende Anhörung berücksichtigt werden. Sollte er hingegen die Möglichkeit gehabt haben, sich hinreichend Gehör zu verschaffen, ist sein Status mit dem der Prozesspartei gleichzusetzen. Dann bestünde auch kein Anlass, warum das nationale Gericht das Urteil des EGMR nicht befolgen sollte.

Voraussetzung dafür ist, dass das Recht auf Gehör überhaupt berührt ist. Dazu müsste der Dritte **Berechtigter im Sinne von Art. 6 I 1 EMRK** sein. Als Berechtigte in Betracht kommen grundsätzlich nur Verfahrensbeteiligte[229]. Als solche sind Dritte aber weder in der EMRK noch der VerfO EGMR vorgesehen. Formell verfahrensbeteiligt sind nur der Beschwerdeführer selbst und der Vertragsstaat (arg. e Art. 36 II EMRK, vgl. auch die Definition von der „Partei" in Art. 1 lit. l VerfO EGMR). Unmittelbar kann Dritten der Status als Verfahrensbeteiligter damit nicht zugewiesen werden[230]. Allerdings folgt aus Art. 6 I 1 EMRK eine dem Art. 103 I GG entsprechende Garantie auf rechtliches Gehör[231]. Und hier werden neben den förmlich Berechtigten auch materiell Betroffene als Berechtigte anerkannt[232]. Uneinigkeit besteht nur darüber, wann von einer materiellen Betroffenheit auszugehen ist. Überwiegend wird hierfür eine

[222] So auch *Kilian*, Die Bindungswirkung der Entscheidungen des Europäischen Gerichtshofs für Menschenrechte, S. 86.
[223] Vgl. *Meyer-Ladewig*, Art. 6 Rn. 38 m.w.N.
[224] Vgl. *Kokott*, in: FS Ress, S. 577(591).
[225] Vgl. *BVerfG*, Urt. v. 09.03.1983, 2 BvR 315/83, E 63,332(337); Beschl. v. 09.07.1980, 2 BvR 701/80; *BGH*, Urt. v. 04.06.1992, IX ZR 149/91, Z 118,312(321); *Pieroth*, in: J/P, Art. 103 Rn. 1.
[226] Vgl. dazu *BVerfG*, Beschl. v. 30.04.2003, 1 BvU 1/02, NJW 2003,1924(1926).
[227] Vgl. *Grabenwarter*, EMRK, § 24 Rn. 2.
[228] Vgl. *Dannemann*, Schadensersatz bei Verletzung der Europäischen Menschenrechtskonvention, S. 16; *Rodger*, HRLJ 2005,149(149).
[229] Vgl. *Peukert*, in: F/P, Art. 6 Rn. 4.
[230] *Peukert*, in: F/P, Art. 25 Rn. 42.
[231] Vgl. *Grabenwarter*, § 24 Rn. 64.
[232] Vgl. *Schmidt-Aßmann*, in: MD, Art. 103 Rn. 38 m.w.N.

unmittelbare Betroffenheit verlangt[233]. Diese soll dann erreicht sein, wenn eine spezifische Nähebeziehung zwischen der betroffenen Rechtsposition und den Wirkungen des gerichtlichen Urteils auszumachen ist[234].

Teilweise wird als ausschlaggebendes Kriterium aber auch eine Beteiligung in eigener Zuständigkeit gesehen[235]. D.h., die erfassten Rechte oder Rechtslagen müssten in die Zuständigkeit des Betroffenen fallen[236]. Und dies soll dann der Fall sein, wenn das materielle Recht auch rechtliche Interessen des Dritten schützt[237].

Oder es wird weniger eng auf eine sogenannte materielle Betroffenheit abgestellt. Hierfür wäre nur eine Beeinträchtigung der dem Dritten zustehenden Rechtspositionen erforderlich[238].

Schließlich wird vorgeschlagen, die Einbeziehung des Dritten dürfe den Kreis der Berechtigten nicht unüberschaubar machen[239]. Diese Einschränkung folge aus dem rechtlichen Interesse an der Funktionsfähigkeit der Rechtspflege[240]. Der Anspruch auf Gewährung rechtlichen Gehörs sei somit erst dann zu versagen, wenn im konkreten Fall der Beteiligtenkreis so stark anwüchse, dass eine Heranziehung sämtlicher Betroffener unmöglich wäre[241].

Die Betroffenheit des Dritten wird sich hier aber nach allen Ansichten begründen lassen. Der „Sieger" des nationalen Verfahrens wird automatisch zum „Verlierer", wenn der EGMR feststellt, dass die vom nationalen Gericht vorgenommene Interessenabwägung konventionswidrig war und sich das nationale Gericht nunmehr erneut mit der Sache befassen muss. Als sicher angenommene Rechtspositionen könnten ihm nun wieder entzogen werden. Folglich ist der Dritte als Berechtigter im Sinne von Art. 6 I 1 EMRK anzusehen.

Entscheidend ist nun, ob er auch von seinem Recht Gebrauch machen konnte. Denn nur dann kann eine rechtliche **Gleichstellung mit dem Beschwerdeführer** erfolgen. Dazu müsste er sich im gerichtlichen Verfahren zu allen erheblichen Tatsachen und Rechtsfragen äußern und Beweise anbieten können[242]. Nach Art. 36 II EMRK, Art. 61 III VerfO EGMR kann jeder betroffenen Person, die nicht Beschwerdeführer ist, Gelegenheit zur Stellungnahme gegeben werden. Gemäß Art. 36 II EMRK, Art. 61 III 1 letzter HS VerfO EGMR besteht sogar die Möglichkeit, an der mündlichen Verhandlung teilzunehmen, vorausgesetzt außergewöhnliche Umstände liegen hierfür vor. Dies geschieht entweder von Amts wegen oder auf Antrag (Vgl. Art. 61 III 2 VerfO EGMR). Die Formulierung „kann" spricht indes dafür, dass eine entsprechende Bin-

---

[233] Vgl. *BVerfG* (K), Beschl. v. 22.08.1994, 2 BvR 1547/94, NJW 1995,316(317).
[234] Vgl. *Schmidt-Aßmann*, in: MD, Art. 103 Rn. 41.
[235] *Zeuner*, Rechtliches Gehör, materielles Recht und Urteilswirkungen, S. 18.
[236] *Zeuner*, Rechtliches Gehör, materielles Recht und Urteilswirkungen, S. 18.
[237] *Grunsky*, Grundlagen des Verfahrensrechts, S. 230.
[238] *Wolf*, JZ 1971,405(406).
[239] *Schlosser*, JZ 1967,431(433).
[240] *Schlosser*, JZ 1967,431(433).
[241] *Schlosser*, JZ 1967,431(433).
[242] Vgl. *Meyer-Ladewig*, Art. 6 Rn. 38 m.w.N.

dung des EGMR nicht vorliegt[243]. Will der Gerichtshof aber selbst nicht elementare Verfahrensrechte wie das Recht auf rechtliches Gehör verletzen, muss hier eine Verdichtung zu einem Anspruch des Dritten stattfinden. Auf seinen Antrag hin hätte der Dritte die Berücksichtigung seiner rechtlichen Positionen in der Abwägungsentscheidung erzwingen können. Voraussetzung dafür ist aber, dass er auch vom Stattfinden des Individualbeschwerdeverfahrens weiß. So gehört zum rechtlichen Gehör auch das Recht auf Information[244]. Sollte diese unterblieben sein, könnte die VerfO EGMR noch hinreichende Instrumente für eine nachträgliche Heilung bereitstellen: Gemäß Art. 80 I VerfO EGMR kann „eine Partei" innerhalb von sechs Monaten, nachdem sie von einer entscheidungserheblichen, nicht berücksichtigten Tatsache Kenntnis erlangt hat, beim Gerichtshof die Wiederaufnahme des Verfahrens beantragen. Zwar ist unter der Partei gemäß Art. 1 lit. l VerfO EGMR nur die klagende oder die beklagte Vertragspartei beziehungsweise der Beschwerdeführer selbst zu verstehen. Aus dem Recht auf rechtliches Gehör aus Art. 6 I 1 EMRK folgt aber die Notwendigkeit einer erweiternden Auslegung. Sollte man hier durch den Wortlaut der Definition des Art. 1 lit. l VerfO EGMR die Grenze der Auslegung erreicht sehen, besteht immer noch die Möglichkeit einer Berichtigung von Fehlern in Entscheidungen und Urteilen. Diese hat gemäß Art. 81 VerfO EGMR von Amts wegen zu erfolgen. Spätestens hier müsste sich die Verpflichtung des EGMR, rechtliches Gehör zu gewähren, auswirken. Jedoch wird man nicht unter Hinweis auf die deutsche Fassung die Grenze des Wortlauts erreicht sehen können. Denn nur die englische beziehungsweise französische Fassung ist maßgeblich. Und hier ist Beschwerdeführer im Sinne von Art. 34 EMRK jeder, der Opfer einer Konventionsverletzung ist („se prétend victime" beziehungsweise „claiming to be the vicitim")[245]. Damit soll die Popularklage ausgeschlossen sein[246]. Opfer ist mithin jeder materiell Betroffene[247]. Mithin ist jeder Dritte auch als Partei im Sinne von Art. 1 lit. l VerfO EGMR anzusehen.

e) Ergebnis

Durch diese Berücksichtigung Dritter ist gewährleistet, dass der EGMR sämtliche relevanten subjektiven Rechtspositionen auch in sogenannten mehrpoligen Grundrechtsverhältnissen erfasst. Eine Durchbrechung der Rechtskraft zulasten der Rechtssicherheit ist damit nicht mehr zu rechtfertigen. Das nationale Gericht darf auch bei mehrpoligen Grundrechtsverhältnissen die inhaltliche Richtigkeit der EGMR-Entscheidung nicht in Frage stellen, indem es die vom EGMR für konventionswidrig befundene Abwägungsentscheidung für konventionsgemäß erklärt.

---

243 Vgl. *Grabenwarter*, § 13 Rn. 61; *Villiger*, Rn. 222.
244 Vgl. *Pieroth/Schlink* Rn. 1077 m.w.N.
245 Vgl. *Rogge*, in: *Wolfram/Miehsler/Petzold*, Art. 34 Rn. 245.
246 Vgl. *Rogge*, in: *Wolfram/Miehsler/Petzold*, Art. 34 Rn. 246.
247 Vgl. *Rogge*, in: *Wolfram/Miehsler/Petzold*, Art. 34 Rn. 246.

7. Spannungsverhältnis zwischen BVerfG (§ 31 BVerfGG) und EGMR (Art. 46 EMRK) – Widerspruch zwischen Befolgungspflicht aus Art. 46 I EMRK und GG/BVerfGG, ein unlösbarer Konflikt für die einfachen Gerichte und Behörden?

Die Grenzen der grundsätzlich bestehenden Befolgungspflicht für Gerichte und Behörden könnten schnell erreicht sein. Denn gemäß § 31 I BVerfGG binden die Entscheidungen des BVerfG die Verfassungsorgane des Bundes und der Länder sowie alle Gerichte und Behörden. Die tragenden Gründe[248] der Entscheidungen sind damit über den konkreten Streitgegenstand hinaus auch für die Zukunft verbindlich[249]. Mangels kassatorischer Wirkung der EGMR-Entscheidungen[250] bleibt die Bindungswirkung der Entscheidungen des BVerfG selbst dann erhalten, wenn sie vom EGMR für konventionswidrig befunden wurden. Gerichte und Behörden könnten daher gezwungen sein, fortlaufend gegen die EMRK zu verstoßen. Wegen des – aus Sicht des GG – bestehenden Letztentscheidungsrechts des BVerfG[251] wird eine entsprechende Konfliktlösung auch vorgeschlagen[252].

Dass diese Überlegungen nicht rein theoretisch sind, zeigen die sich widersprechenden Entscheidungen im Fall Caroline von Hannover. Hier nimmt das BVerfG ein im Verhältnis zum allgemeinen Persönlichkeitsrecht überwiegendes Informationsinteresse der Öffentlichkeit bei sogenannten absoluten Personen der Zeitgeschichte auch an Bildern an, die in alltäglichen oder privaten Zusammenhängen aufgenommen wurden[253]. Demgegenüber erkennt der EGMR ein überwiegendes Informationsinteresse nur bei in ihrer öffentlichen Funktion aufgetretenen Personen der Zeitgeschichte an[254].

Vor diesem Hintergrund stellt sich die Frage, ob Gerichte und Behörden die Entscheidung des BVerfG zwingend solange befolgen müssen, bis es gegebenenfalls selbst seine Rechtsprechung ändert[255], schließlich ist es selbst nicht durch § 31 I BVerfGG gebunden[256]. Die Bindungswirkung könnte mit Blick auf die EGMR-Entscheidung gelockert sein.

---

[248] Zu deren Bestimmung siehe: *Klein*, in: *Benda/Klein*, Verfassungsprozessrecht, § 38 Rn. 1323 ff.

[249] Vgl. *BVerfG*, Beschl. v. 10.06.1975, 2 BvR 1018/74, NJW 1975,1355(1356); *KG Berlin*, Urt. v. 14.04.2005, 10 U 103/04, EuGRZ 2005,276(277); *Bethge*, in: MSKB, BVerfGG-Kommentar, § 31 Rn. 76; *Kilian*, Die Bindungswirkung der Entscheidungen des Europäischen Gerichtshofs für Menschenrechte, S. 90.

[250] Vgl. *Kadelbach*, Allgemeines Verwaltungsrecht unter europäischem Einfluss, S. 7.

[251] *Bethge*, in: MSKB, BVerfGG-Kommentar, § 31 Rn. 272; *BVerfG*; Beschl. v. 04.06.1985, 1 BvL 7/85, E 70,134(137).

[252] So *Gersdorf*, AfP 2005,221(226); *Halfmeier*, AfP 2004,417(420); *Mann*, NJW 2004,3220(3221); *Soehring/Seelmann-Eggebert*, NJW 2005,571(577); ähnlich *Bölke/Gostomzyk*, Jura 2005,336(338); *Cremer*, EuGRZ 2004,683(697).

[253] *BVerfG*, Urt. v. 15.12.1999, 1 BvR 653/96, E 101,361(391).

[254] *EGMR*, Urt. v. 24.6.2004, 59320/00, NJW 2004,2647(2647).

[255] So *Mann*, NJW 2004,4330(3221).

[256] *Bethge*, in: MSKB, BVerfGG-Kommentar, § 31 Rn. 120 m.w.N.

a) Objektive Grenzen der Bindungswirkung

Vom Letztentscheidungsrecht des BVerfG könnte „nur“ die Anwendung und Auslegung des Grundgesetzes selbst erfasst sein.

Zwar sieht sich das BVerfG dazu verpflichtet, Verletzungen des Völkerrechts durch die Gerichte und Behörden und damit die völkerrechtliche Verantwortlichkeit der Bundesrepublik zu verhindern[257]. Mithin prüft es auch, ob die Fachgerichte völkerrechtliche Verträge korrekt angewendet und ausgelegt haben[258].

Gleichwohl kommt dem BVerfG in erster Linie die Funktion als Hüter der Verfassung und nicht als Superrevisionsinstanz zu[259]. Daher kann es nur prüfen, ob eine Verletzung spezifischen Verfassungsrechts vorliegt[260]. Die Auslegung und Anwendung der einfachen Gesetze ist primär Sache der insoweit sachnäheren Fachgerichte[261]. Deshalb kann eine Verletzung der EMRK auch nur auf das ebenfalls einschlägige Grundrecht in Verbindung mit dem Rechtsstaatsprinzip gestützt werden[262]. Von der Bindungswirkung des § 31 I BVerfGG können daher nur die verfassungsrechtlichen Argumente erfasst sein[263]. Soweit es nur um die Auslegung und Anwendung der einfachen Gesetze geht, kann den Urteilen des EGMR durch die staatlichen Organe Folge geleistet werden.

b) EGMR-Urteil als wesentliche Änderung der Gesetzeslage und damit Abweichung durch Fachgerichte zulässig?

Darüber hinaus kann sowohl eine Änderung der Rechts- als auch der Sachlage zu einer erneuten Anrufung des BVerfG in einer Frage führen, zu der es bereits eine nach § 31 I BVerfGG bindende Entscheidung getroffen hat[264]. Nur durch diese Begrenzung der Bindungswirkung[265] ist eine dem Gesellschaftswandel Rechnung tragende Auslegung und Fortbildung der Verfassung möglich[266].
Fraglich ist nun, ob ein Urteil des EGMR, durch das er bereits die EMRK fortbildet[267], eine die Bindungswirkung lockernde Änderung der Rechtslage bewirkt.

---

[257] *BVerfG*, Beschl. v. 14.10.2004, 2 BvR 1481/04, NJW 2004,3407(3411).
[258] *BVerfG*, Beschl. v. 14.10.2004, 2 BvR 1481/04, NJW 2004,3407(3411).
[259] *BVerfG*, Beschl. v. 18.09.1952, 1 BvR 612/5, E 1,418(420); Beschl. v. 10.06.1975, 2 BvR 1018/71, E 40,88(93); Beschl. v. 07.07.1992, 2 BvR 1631, 1728/90, E 87,48(63).
[260] *Detterbeck*, Streitgegenstand und Entscheidungswirkungen im Öffentlichen Recht, S. 333; *Voßkuhle*, AöR 125(2000),177(197); *Roth*, AöR 121(1996),544(567).
[261] *Voßkuhle*, AöR 125(2000),177(197); *Roth*, AöR 121(1996),544(567); *BVerfG*, Beschl. v. 07.07.1992, 2 BvR 1631, 1728/90, E 87,48(63).
[262] *BVerfG*, Beschl. v. 14.10.2004, 2 BvR 1481/04, NJW 2004,3407(3411).
[263] *Pestalozza*, Verfassungsprozessrecht, § 20 Rn. 36.
[264] *BVerfG*, Beschl. v. 12.06.1990, 1 BvL 72/86, E 82,198(205); Beschl. v. 24.06.1992, 1 BvR 459,467/87, E 86,369(378).
[265] *Ziekow*, Verw 1994, S. 489.
[266] Vgl. *Maurer*, Staatsrecht I, S. 23; *Pieroth/Schlink*, Grundrechte Staatsrecht II, S. 2.
[267] *Meyer-Ladewig/Petzold*, NJW 2005,15(18).

Oben wurde herausgearbeitet, dass die EMRK in der aktuellen Prägung durch den EGMR maßgeblich ist[268]. Hält der EGMR also eine Entscheidung des BVerfG für mit der EMRK unvereinbar, besteht Anlass für das BVerfG zu prüfen, ob und falls ja, wie es seine Rechtsprechung ändert[269]. Folglich ist die aufgeworfene Frage nach der Bindungslockerung positiv zu beantworten.

Es fragt sich, welche Konsequenzen daraus zu ziehen sind. Wegen des klaren Wortlauts, der ausdrücklich die Verbindlichkeit der Entscheidung vorsieht, muss § 31 BVerfGG dahin ausgelegt werden, dass bis zu einer Änderung der Rechtsprechung des BVerfG die früheren Aussagen des BVerfG weiterhin bindend sind[270]. Die Änderung der Sach- und Rechtslage führt also nur dazu, dass ein neues Verfahren vor dem BVerfG eröffnet werden kann, obwohl es zur Auslegung des Grundgesetzes bereits eine Entscheidung getroffen hatte.

c) Lockerung der Bindungswirkung gemäß § 31 I BVerfGG mit Hilfe EMRK-konformer Auslegung?

Es fragt sich, ob nicht sofort, ohne dass es einer erneuten Anrufung des BVerfG bedarf, eine Abweichung durch die staatlichen Organe möglich ist.

Wenn sowohl das Grundgesetz als auch (erst recht) die einfachen Gesetze völkerrechts- und damit EMRK-konform auszulegen sind[271], könnte dies auch für die Auslegung von § 31 I BVerfGG gelten[272]. Insoweit bräuchte hier nicht entschieden zu werden, ob die Bindungswirkung von Verfassungsrang[273] oder nur einfachgesetzlichem Rang[274] ist. Die Bindungswirkung des § 31 I BVerfGG könnte völkerrechtskonform dahingehend gelockert sein, dass die Entscheidung des EGMR so berücksichtigt wird, dass eine völkervertragliche Verantwortlichkeit der Bundesrepublik verhindert wird[275]. Oder es könnte wegen der Notwendigkeit EMRK-konformer Auslegung auch des § 31 I BVerfGG die Bindungswirkung einer Entscheidung des BVerfG durch das spätere Urteil des EGMR kraft des Zustimmungsgesetzes in Verbindung mit der EMRK-Freiheit sowie Art. 46 I, 32 EMRK „überlagert“ werden[276].

Eine entsprechende Auslegung kann aber nur dann gelingen, wenn ein hinreichender Auslegungsspielraum vorhanden ist.

---

[268] Siehe Kapitel III, V.
[269] So auch *Mann*, NJW 2004,3220(3221).
[270] *Klein*, in: *Benda/Klein*, Verfassungsprozessrecht, § 38 Rn. 1334.
[271] Siehe Kapitel III, III.
[272] Vgl. *KG Berlin*, Urt. v. 29.10.2004, 9 W 128/04, EuGRZ 2005,274(276); *Mückl*, Der Staat 2005,403(427).
[273] *Schäfer*, NJW 1954,1465(1466); *Rollecke*, HdBStR II, § 54 Rn. 17.
[274] *BVerfG*, Beschl. v. 06.10.1987, 1 BvR 1086,1468,1632/82, E 77,84(104); *Detterbeck*, AöR 116 (1991),391(445).
[275] So *KG Berlin*, Urt. v. 29.10.2004, 9 W 128/04, EuGRZ 2005,274(276); vgl. *Cremer*, EuGRZ 2004,683(697).
[276] So *Mückl*, Der Staat 2005,403(429).

Insoweit ist der Wortlaut des § 31 I BVerfGG zunächst eindeutig. Danach *binden* die Entscheidungen des BVerfG die Verfassungsorgane. Dies spricht entschieden gegen einen entsprechenden Auslegungsspielraum[277].

Andererseits besteht keine umfassende Klarheit darüber, welche Verpflichtungen sich für die staatlichen Organe im Einzelnen ergeben. Es wird von „erheblichen Unsicherheiten im Hinblick auf die inhaltliche Reichweite"[278] gesprochen oder eine „schematisch Beachtenspflicht der Bindungsadressaten"[279] verneint. So werden je nach Einzelfall Befolgungs- oder Nachbesserungs- sowie Unterlassungs- und Aussetzungspflichten angenommen[280]. Und soweit es um die Bindungswirkung für den Gesetzgeber geht, ist sich selbst das BVerfG nicht einig: Einerseits wird – allerdings für § 31 II BVerfGG – von einem „Normwiederholungsverbot" ausgegangen[281]. Andererseits wird der Erlass einer inhaltsgleichen Neuregelung für zulässig erklärt, selbst wenn die Norm vom BVerfG verworfen wurde[282].

Diese Unklarheiten betreffen aber lediglich die Verhaltenspflichten im Einzelnen. Ist eine bestimmte Auslegung des einfachen Rechts vom BVerfG für mit dem GG unvereinbar gehalten worden, so kann kein staatliches Organ mehr behaupten, diese Auslegung sei gleichwohl verfassungskonform[283]. Ein so entscheidendes Gericht verstieße gegen die Bindung an Recht und Gesetz (Art. 20 III GG)[284].

Diese enge Auslegung entspricht auch der Rolle des BVerfG, als Hüter der Verfassung über ein Letztentscheidungsrecht bezüglich ihrer Auslegung zu verfügen[285], und damit dem Sinn und Zweck dieser Bindungswirkung. Zumindest aus nationaler und nicht völkerrechtlicher Sicht ist das die Konsequenz der Einordnung der EMRK in der deutschen Normenhierarchie als nur einfaches Bundesgesetz[286]. Solange das Urteil des BVerfG dem einfachen Gericht keinen Auslegungs- und Abwägungsspielraum übrig lässt, muss ihm gefolgt werden, auch wenn dies zu fortlaufenden Konventionsverstößen führt[287].

Um eine völkerrechtliche Verantwortlichkeit der Bundesrepublik zu verhindern, müsste vielmehr der Gesetzgeber § 31 BVerfGG verändern. Nach geltendem Recht ist eine völkervertragsfreundliche Lockerung der Bindung oder eine Überlagerung im oben geschilderten Sinne nicht möglich.

---

[277] So *KG Berlin*, Urt. 14.04.2005, 10 U 103/04, EuGRZ 2005,276(277).
[278] *Voßkuhle*, in: MKS Art. 94 Abs. 2 Rn. 32
[279] *Bethge*, in: MSKB, § 31 Rn. 121
[280] *Voßkuhle*, in: MKS Art. 94 Abs. 2 Rn. 31.
[281] *BVerfG*, Beschl. v. 15.1985, 2 BvR 128/84, E 69,112(115); Urt. v. 23.10.1951, 2 BvG 1/51, E 1,14(37).
[282] *BVerfG*, Beschl. v. 06.10.1987, 1 BvR 1086,1468,1623/82, E 77,84(103).
[283] *BVerfG*, Beschl. v. 30.06.1976, 2 BvR 284/76, E 42,258(260).
[284] *BVerfG*, Beschl. v. 10.06.1975, 2 BvR 1018/74, E 40,88(94).
[285] Vgl. *BVerfG*, Beschl. v. 10.06.1975, 2 BvR 1018/74, E 40,88(93); *Bethge*, in: MSKB § 31 Rn. 32 m.w.N.
[286] Vgl. *Nickel*, JZ 2001,625(626).
[287] So auch *KG Berlin*, Urt. v. 14.04.2005, 10 U 103/04, EuGRZ 2005,267(277).

d) SOLANGE I/II-Lösung

Eine effektive Konfliktlösung ist damit nicht in Sicht. Selbst wenn das BVerfG erneut zu entscheiden hätte[288], könnte es im Widerspruch zum EGMR entscheiden. Damit bliebe es bei der völkerrechtlichen Verantwortlichkeit der Bundesrepublik.

Diese völkerrechtliche Verantwortlichkeit könnte demgegenüber effektiv im Sinne der SOLANGE I/II, Bananen-VO-Lösung des BVerfG vermieden werden.
Bezüglich der Rechtsakte der Gemeinschaftsorgane hat das BVerfG ein Kooperationsverhältnis entwickelt: Solange die Europäischen Gemeinschaften generell gewährleisteten, dass ein dem GG vergleichbarer Grundrechtsmindeststandard aufrechterhalten werde, werde es Rechtsakte der Gemeinschaft nicht mehr überprüfen[289]. Denn es bestünden keine Anhaltspunkte für eine Unterschreitung eines entsprechenden Grundrechtsmindeststandards auf gemeinschaftsrechtlicher Ebene, wenn sich die Organe von der Achtung der Grundrechte, „wie sie insbesondere aus den Verfassungen der Mitgliedstaaten und der EMRK hervorgehen" leiten ließen[290].

Wenn wegen der Achtung der EMRK ein hinreichender Grundrechtsmindeststandard als grundsätzlich gewährleistet angesehen wird und deswegen eine Überprüfung im Hoheitsbereich der EG durch das BVerfG nicht mehr stattfindet, könnte Gleiches für Urteile des EGMR bezüglich der Verletzung der Konvention durch deutsche Gerichte – inklusive des BVerfG – gelten.

Gegen eine Übertragung dieser Argumentation auf die Entscheidungen des EGMR könnte sprechen, dass auf die EG-rechtsetzenden Gemeinschaftsorgane über Art. 23 GG Hoheitsgewalt übertragen wurde. Dem EGMR ist demgegenüber gerade keine Hoheitsgewalt übertragen worden[291].

Andererseits wird der EGMR gegenüber dem EuGH – sollte es tatsächlich zur Annahme des EU-Verfassungsvertrages kommen – praktisch ein Letztentscheidungsrecht innehaben: Gemäß Art. II-112 Abs. 3 S. 1 des EU-Verfassungsentwurfs[292] sollen die Rechte der Charta, die den durch die EMRK garantierten Rechten entsprechen, die gleiche Bedeutung und Tragweite haben, wie sie ihnen in der EMRK verliehen wird. Zwar ist damit eine Unterwerfung unter die Entscheidung des EGMR nicht explizit vorgesehen. Die Vereinbarkeit mit der EMRK ist aber insoweit mit der der EGMR-Rechtsprechung gleichzusetzen, als die EMRK durch letztere konkretisiert und ständig neuen gesellschaftlichen Entwicklungen angepasst wird[293]. Dies ergibt sich aus der Präambel, die auf die EGMR-Rechtsprechung ausdrücklich Bezug nimmt[294]. Außerdem tritt die EU gemäß Art. I-9 Abs. 2 S. 1 des EU-Verfassungsentwurfs der EMRK bei. Damit hätte sie gemäß Art. 46 EMRK die EGMR-Entscheidungen zu befolgen

[288] Vgl. Kapitel IV A II. 7. b).
[289] *BVerfG*, Beschl. v. 07.06.2000, 2 BvL 1/97, E 102,147(163).
[290] *BVerfG*, Beschl. v. 22.10.1983, 2 BvR 197/83, E 73,339(378).
[291] Siehe Kapitel III, B. 4.
[292] Quelle: http://europa.eu.int/constitution/index_de.htm, Stand 29.10.2004.
[293] Vgl. *Callewaert*, EuGRZ 2003,198(199).
[294] Vgl. *Weber*, DVBl. 2003,221(226).

und sich der EGMR-Rechtsprechungsgewalt unterworfen. Für einen Beitritt müsste allerdings auch die EMRK geändert werden, können gemäß Art. 59 I EMRK doch nur die Mitglieder des Europarates und damit Staaten (vgl. Art. 4 der Satzung des Europarates) der EMRK beitreten. Das 14. Zusatzprotokoll sieht in seinem Art. 17 II dann auch vor, dass die EU der EMRK beitreten können soll. Aber weder das 14. Zusatzprotokoll noch der EU-Verfassungsvertrag sind derzeit ratifiziert.

Andererseits orientiert sich der EuGH bei der Heranzierung der Rechtserkenntnisquellen gemäß Art. 6 II EUV bereits heute im Zweifel an der EMRK, aktualisiert durch den EGMR[295]. Es wäre also widersprüchlich, wenn bezüglich des EG-Rechts in Verbindung mit der EMRK als Rechtserkenntnisquelle eine Überprüfung durch das BVerfG abgelehnt wird, im Falle einer Unvereinbarkeit der Rechtsprechung des BVerfG mit der des EGMR sich das BVerfG aber ein Letztentscheidungsrecht vorbehält. So wird die Frage aufgeworfen, ob sich das BVerfG „nicht auf die gleiche Weise wie die von ihm häufig aufgehobene Fachgerichtsbarkeit mit der Einsicht trösten können sollte, dass auch die Instanz irren kann, die aus Gründen des Rechtsfriedens das letzte Wort hat“[296]. Unter Hinweis auf die Notwendigkeit der Erschöpfung des innerstaatlichen Rechtsweges – inklusive der Erhebung der Verfassungsbeschwerde – wird der EGMR als „am längeren Hebel“ sitzend angesehen[297]. Und dass nach dem Willen des Gesetzgebers der EGMR letztinstanzlich für die Auslegung der EMRK zuständig sein soll, lasse sich aus der Zustimmung des Bundesgesetzgebers zu den Art. 19 ff. EMRK ableiten[298].

Praktisch wäre damit eine weitere Instanz geschaffen. Mit der Annahme eines Kooperationsverhältnisses aber wäre der kraft Gesetzes angelegte Widerspruch zwischen der völkerrechtlichen Verpflichtung einerseits und der begrenzten innerstaatlichen Wirkung der Entscheidungen des EGMR andererseits effektiv zu lösen[299]. Auch würde das BVerfG damit seine Funktion als Hüter der Verfassung nicht aufgeben. Immer dann, wenn seiner Auffassung nach der Grundrechtsmindeststandard vom EGMR unterschritten worden sein sollte, könnte es – nicht generell, sondern nur im konkreten Einzelfall – sich auf sein Letztentscheidungsrecht berufen.

B. Erfüllung der Restitutionspflicht

Nach der abstrakten Feststellung der Wirkung der Entscheidungen des EGMR soll im Folgenden geklärt werden, wie nach deutschem Recht die aus einem festgestellten Konventionsverstoß folgende Restitutionspflicht erfüllt werden kann.

---

[295] *EuG*, Urt. v. 06.10.2005, T-22/02 u. 23/02, Rz. 108, www.curia.eu.int; *EuGH*, Urt. v. 12.06.2003, C-112/01, Rz. 71, www.curi.eu.int; Urt. v. 25.07.2002, C-50/00, NJW 2002,2935(2936); vgl. auch *Ehlers*, in: *ders.*, Europäische Grundrechte und Grundfreiheiten, § 14 Rn. 9 m.w.N.; *Hilf/Schorkopf*, in: *Grabitz/Hilf*, Art. 6 EUV, Rn. 48; *Jarass*, EU-Grundrechte, § 2 Rn. 22.

[296] *Limbach*, EuGRZ 2000,417(418); ähnlich *Lenz*, in: FS Zuleeg, S. 234(239).

[297] *Nickel*, JZ 2001,625(626).

[298] *Grupp/Stelkens*, DVBl. 2005,133(142)

[299] Ähnlich *Nickel*, JZ 2001,625(632).

I. Rechtsnorm

An erster Stelle soll untersucht werden, welche Konsequenzen es für die Anwendbarkeit einer Rechtsnorm hat, wenn sie vom EGMR für konventionswidrig befunden wurde. Zwar hält sich der EGMR nicht dafür zuständig, abstrakte Rechtsfragen zu klären. Er entscheidet einen konkreten Fall. Diese Entscheidung kann aber über den konkreten Fall hinaus Wirkungen haben[300], wenn sich aus ihr ergibt, dass die gesetzliche Grundlage der konkreten Entscheidung konventionswidrig war[301].

1. Verbot, eine konventionswidrige Norm anzuwenden

Um eine künftige Verantwortlichkeit der Bundesrepublik zu verhindern, könnte es allen staatlichen Organen verboten sein, eine konventionswidrige Norm weiter anzuwenden. Dann müssten sie reagieren, noch bevor der Gesetzgeber Abhilfe schaffen konnte. Ob dies ohne weiteres möglich ist, wird nicht zuletzt von der Art der Rechtsquellen abhängen. Mithin ist zwischen den unterschiedlichen Rechtsquellen – Bundesgesetz, Landesgesetz, Verordnung und Satzung – zu unterscheiden.

a) Bundesgesetz

Für den Fall, dass ein Bundesgesetz für konventionswidrig befunden worden ist und eine EMRK-konforme Auslegung nicht möglich ist, besteht Uneinigkeit darüber, wie Gerichte und Behörden zu reagieren haben.

aa) Verbot, ein konventionswidriges Bundesgesetz anzuwenden

Einer Auffassung nach ist ein solches Bundesgesetz nicht mehr anzuwenden[302]:

Zwar könne ein Feststellungsurteil des EGMR mangels kassatorischer Wirkung keine unmittelbare Auswirkung auf die Geltung des in Rede stehenden Gesetzes haben[303]. Wegen des nunmehr drohenden konventionswidrigen Zustandes bis zu einer etwaigen Gesetzesänderung wird aber aus Art. 1 II GG ein Nichtanwendungsgebot abgeleitet[304]: Voraussetzung dafür sei, dass das verletzte EMRK-Grundrecht zur Auslegung eines Grundrechts herangezogen werden könne. Denn sämtlichen Gerichten und Behörden sei es kraft der Grundrechtsbindung gemäß Art. 1 III GG untersagt, ein grundrechtswidriges Gesetz weiterhin anzuwenden. Davon zu unterscheiden sei die Aufhebung der Norm. Die Verwerfungskompetenz liege beim BVerfG, das im Wege einer Geset-

---

[300] Vgl. *Polakiewicz*, ZaöRV 1992,149(153); *Ress*, in: Festschrif Mosler, 719(741).

[301] Vgl. *EGMR*, Urt. v. 13.06.1979, Marckx ./. Belgien, EuGRZ 1979,454(460).

[302] *Hoffmeister*, Der Staat 40,349(375); *Polakiewicz*, Die Verpflichtungen der Staaten aus den Urteilend des Europäischen Gerichtshofs für Menschenrechte, S. 67; *ders.*, ZaöRV 1992,149(173); *Stöcker*, NJW 1982,1905(1909).

[303] *Hoffmeister*, Der Staat 40,349(375).

[304] *Hoffmeister*, Der Staat 40,349(375).

zesverfassungsbeschwerde oder einer konkreten Normenkontrolle angerufen werden könne.

Ein anderer Ansatz geht dahin, das Anwendungsverbot aus der Befolgungspflicht aus Art. 46 EMRK abzuleiten. Sofern der EGMR in seinem Feststellungsurteil die Konventionswidrigkeit einer Norm feststelle, müsse wegen der Befolgungs- und Beendigungspflicht[305] ihre Anwendbarkeit ausgeschlossen sein, ohne dass es dazu einer förmlichen Aufhebung durch den nationalen Gesetzgeber bedürfe[306]. Denn mit der Feststellung der Konventionswidrigkeit der Rechtsnorm sei ein völkerrechtswidriger Dauerzustand geschaffen worden, der unverzüglich gestoppt werden müsse[307]. Dadurch werde auch nicht der Beurteilungsspielraum des Gesetzgebers bei einer etwaigen Neugestaltung der innerstaatlichen Normen ignoriert. Dieser Spielraum bleibe erhalten. Er dürfe aber nicht herangezogen werden, um weitere Konventionsverstöße bis zu einer gesetzlichen Neuregelung zu rechtfertigen[308]. Dem könne auch nicht entgegengehalten werden, dass bis zur Reaktion durch den Gesetzgeber auf die gerechte Entschädigung gemäß Art. 41 EMRK zurückgegriffen werden könne. Diese komme nur in Betracht, wenn eine Wiedergutmachung und damit eine restitutio in integrum mit ex-tunc-Wirkung nicht möglich sei. Hiervon zu unterscheiden sie die Beendigungspflicht mit ex-nunc-Wirkung[309].

bb) Bundesverfassungsgericht

Das BVerfG hatte zunächst ausdrücklich offengelassen, ob die Gerichte wegen der aus Art. 46 EMRK resultierenden Befolgungspflicht eine konventionswidrige Norm nicht mehr anzuwenden haben[310]. Nunmehr hat es aber entschieden, dass entweder die Möglichkeit bestünde, diese Vorschrift völkerrechtskonform auszulegen oder der Gesetzgeber zur Änderung der nationalen Vorschrift angehalten sei[311]. Somit ist davon auszugehen, dass das BVerfG eine Nichtanwendung nicht mehr in Erwägung zieht. Für Gerichte und Behörden wäre die Norm solange gültig, bis der Gesetzgeber Abhilfe geschaffen hat[312].

cc) Stellungnahme

Für ein Anwendungsverbot spricht, dass Art. 46 EMRK eine völlige Beseitigung des konventionswidrigen Zustandes, eine restitutio in integrum, verlangt[313]. Und dass ein

---

[305] *Polakiewicz*, ZaöRV 1992,149(171).
[306] *Polakiewicz*, Die Verpflichtungen der Staaten aus den Urteilen des Europäischen Gerichtshofs für Menschenrechte, S. 67; *Stöcker* – NJW 1982,1905(1909).
[307] *Polakiewicz*, ZaöRV 1992,149(173).
[308] *Polakiewicz*, ZaöRV 1992,149(163).
[309] Vgl. *Polakiewicz*, ZaöRV 1992,149(174).
[310] *BVerfG*, Beschl. v. 24.01.1995, 1 BvL 18/93, EuGRZ 1995,410(415).
[311] *BVerfG*, Beschl. v. 14.10.2004, 2 BvR 1481/04, NJW 2004,3407(3410).
[312] So auch *Häde/Jachmann*, ZBR 1997,9(12).
[313] Vgl. *Weigend*, StV 2000,384(385).

Urteil auch innerstaatliche Wirkung hat, ist bereits oben festgestellt worden[314]. Da die EMRK mit Art. 41 EMRK für den Fall, dass eine Wiedergutmachung nach innerstaatlichem Recht nicht möglich ist, aber die Möglichkeit einer gerechten Entschädigung vorsieht, kommt es jedoch auf die nach nationalem Recht vorhandenen Reaktionsmöglichkeiten an. Insoweit hilft es nicht weiter, zwischen der Wiedergutmachungs- und der Beendigungspflicht zu unterscheiden. Eine davon zu trennende Frage ist die, ob der Gesetzgeber verpflichtet ist, eine Gesetzesänderung vorzunehmen.

Und ob Gerichte und Behörden eine Norm nach deutschem Recht nicht anwenden dürfen, richtet sich nach der Normenhierarchie und dem Verhältnis der Rechtsquellen zueinander. Hier ist ein Anwendungsvorrang[315] aber nur im EG-Recht bekannt, wonach nationales Recht, das mit EG-Recht unvereinbar ist, nicht nichtig, sondern nur unanwendbar ist[316]. Im Übrigen verbleibt es bei der Bindung der Gerichte und Behörden an Recht und Gesetz gemäß Art. 20 III GG.

Ist eine Norm nicht ungültig – und insoweit hat das Urteil des EGMR gemäß Art. 41, 46 EMRK lediglich eine feststellende und keine kassatorische Wirkung[317] – verfügt ausschließlich das BVerfG über eine Verwerfungskompetenz bezüglich förmlicher Gesetze[318] (vgl. §§ 82 I in Verbindung mit 78 S. 1 BVerfGG für die konkrete Normenkontrolle nach Art. 100 GG, § 78 S. 1 BVerfGG für die abstrakte Normenkontrolle nach Art. 93 I Nr. 2, 2a GG sowie § 95 III S. 1 BVerfGG für die Verfassungsbeschwerde nach Art. 93 I Nr. 4a GG).

Auf dieser Grundlage soll im Folgenden untersucht werden, welche konkreten Reaktionsmöglichkeiten die Gerichte einerseits und die Behörden andererseits haben.

(1) Reaktionsmöglichkeiten der Gerichte

Da es sich bei der EMRK um ein einfaches Bundesgesetz handelt und keine Hoheitsrechte gemäß Art. 23 I GG übertragen wurden, kommt ihr ein Anwendungsvorrang nicht zu[319]. Folglich haben die Gerichte wegen ihrer Bindung an Recht und Gesetz (Art. 20 III GG) für den Fall, dass eine konventionskonforme Auslegung nicht möglich ist, rein formal betrachtet nur die Möglichkeit, im Rahmen einer konkreten Normenkontrolle nach Art. 100 I GG das Verfahren auszusetzen und das BVerfG anzurufen, damit dieses dann das Bundesgesetz – wegen eines Verstoßes gegen die Verfassung, konkretisiert durch die EMRK – verwerfen kann.

---

[314] Siehe Kapitel IV, A.

[315] Vgl. dazu ausführlich: *BVerfG*, Beschl. v. 08.04.1987, 2 BvR 687/85, E 75,223(244); Urt. v. 28.01.1992, 1 BvR 1025/82, 1 BvL 16/83 und 10/91, E 85,191(204); Urt. v. 12.10.1993, 2 BvR 2134, 2159/92, E 89,155(190); *Jarass*, in: J/P, Art. 23 Rn. 32; *Schweitzer* Rn.46 m.w.N.; *Streinz*, Europarecht, Rn.180 ff.

[316] Vgl. *Maurer*, Staatsrecht I, § 17 Rn. 18; *Oppermann*, Europarecht, § 7 Rn. 12.

[317] Siehe oben.

[318] *Jarass*, in: J/P Art. 100 Rn. 2.

[319] Siehe Kapitel III, B. V.

Diese rein formale Betrachtungsweise könnte allerdings zu einer erheblichen Verlängerung der Verfahrensdauer führen. Dies könnte Art. 6 I 1 EMRK widersprechen, wonach „innerhalb angemessener Frist“ zu verhandeln ist. Die Vorlage könnte also zu einer weiteren Verurteilung der Bundesrepublik durch den EGMR führen, dieses Mal wegen überlanger Verfahrensdauer[320]. Voraussetzung dafür ist aber, dass auch Verfahren vor dem BVerfG bei der Fristbestimmung mit berücksichtigt werden. Gemäß Art. 6 I 1 EMRK hat „jede Person ein Recht darauf, dass über Streitigkeiten in Bezug auf ihre zivilrechtlichen Ansprüche und Verpflichtungen oder über eine gegen sie erhobene strafrechtliche Anklage ... verhandelt wird“. Trotz dieses dem Wortlaut nach nur auf zivilrechtliche und strafrechtliche Verfahren begrenzten sachlichen Schutzbereiches, wird der Anwendungsbereich des Art. 6 I EMRK weiter verstanden: Der EGMR greift zu seiner Bestimmung auf die Zuständigkeit der nationalen Gerichte als Anhaltspunkt und den Sinn und Zweck der EMRK zurück[321]. Infolgedessen können öffentlich-rechtliche Streitigkeiten im Sinne des § 40 I 1 VwVfG ebenso wie verfassungsrechtliche Streitigkeiten solche im Sinne von Art. 6 I 1 EMRK darstellen[322]. Für verfassungsrechtliche Streitigkeiten ergibt sich dies – jedenfalls für die Bestimmung der angemessenen Frist – aus der Notwendigkeit der Rechtswegerschöpfung (Art. 35 I EMRK). Hierfür wird die Anrufung des BVerfG jedenfalls dann für erforderlich gehalten, wenn dadurch das Verfahren vor den Fachgerichten beeinflusst werden kann[323]. Daher wird auch der Zeitraum bei der Fristbestimmung miteinbezogen, der durch die Vorlage nach Art. 100 I GG entsteht[324]. Zwar lässt sich nicht abstrakt festlegen, wann hier eine absolute zeitliche Grenze erreicht ist[325]. Dies hängt von der Schwierigkeit und der Bedeutung der Sache sowie dem Verhalten der Beschwerdeführer ab[326]. Darüber hinaus sollen die Grundsätze des Art. 6 EMRK bei Verfassungsgerichten mit Blick auf ihre Funktion als Hüter der Verfassung nicht uneingeschränkt anwendbar sein[327].

Sollte der EGMR aber bereits einmal verbindlich festgestellt haben, dass durch ein formelles Gesetz gegen die EMRK verstoßen wurde, dürfte es jedenfalls aus Sicht des EGMR nicht mehr erforderlich sein, eine erneute Prüfung vorzunehmen, schließlich besteht gemäß Art. 46 I EMRK die Verpflichtung, die endgültigen Urteile zu befolgen. Mangels eines Klärungsbedarfs könnte jede Verfahrensverlängerung nicht mehr als eine Entscheidung innerhalb angemessener Frist anzusehen sein. Damit wäre ein Eingriff in den Schutzbereich des Art. 6 I EMRK anzunehmen.

---

[320] So *Mückl*, Der Staat 2005,403(425).

[321] Vgl. *Meyer-Ladewig*, EMRK, Art. 6 Rn. 4.

[322] Vgl. ausführlich zur Anwendbarkeit des Art. 6 I EMRK auf verwaltungsgerichtliche Verfahren *Grabenwarter*, § 24 Rn. 15.

[323] Vgl. *EGMR*, Urt. v. 08.01.2004, 47169/99, NJW 2005,41(41); Urt. v. 23.06.1993, EuGRZ 1993,453(456).

[324] Vgl. *EGMR*, Urt. v. 20.02.2003, Kind, Nr. 44324/98, Ziff. 52 f; *Meyer-Ladewig*, Art. 6 Rn. 73.

[325] Vgl. *Meyer-Ladewig*, Art. 6 Rn. 77-79.

[326] Vgl. *EGMR*, Urt. v. 23.06.1993, 2/1992/347/420, EuGRZ 1993,453(455); *Grabenwarter*, § 24 Rn. 45; *Meyer-Ladewig*, Art. 6 Rn. 68.

[327] Vgl. *EGMR*, Urt. v. 25.02.2000, 29357/95, NJW 2001,211(212).

Die EMRK-konforme Auslegung des Art. 100 I GG könnte daher die Vorlageverpflichtung entbehrlich machen. Voraussetzung dafür ist aber, dass ein hinreichender Auslegungsspielraum vorhanden ist.

Art. 100 I 1 GG besagt, dass das Verfahren auszusetzen ist, wenn ein Gericht ein Gesetz, auf dessen Gültigkeit es bei der Entscheidung ankommt, für verfassungswidrig hält. Es müsste also davon überzeugt sein, dass das Gesetz gegen die Grundrechte (hier in Verbindung mit der EMRK) verstößt[328]. Der **Wortlaut** scheint eindeutig zu sein. Wenn eine verfassungskonforme Auslegung möglich ist, darf es nicht vorlegen. Im Übrigen muss es vorlegen[329]. Denn eine Nichtvorlage könnte zu einem Verstoß gegen Art. 101 I 2 GG führen[330]. Aus der Formulierung „Gültigkeit" wird zudem deutlich, dass einfache Gerichte eben über keine Verwerfungskompetenz verfügen sollen.

Ein hiervon abweichendes Ergebnis könnte sich aber aus dem **Sinn und Zweck** der Vorschrift ergeben. Insgesamt verfolgt sie drei Zwecke:

Erstens soll die **Autorität des Gesetzgebers** gewahrt werden[331]. Diese wäre gefährdet, wenn jedes Gericht gegen den Willen des Gesetzgebers eine Norm einfach nicht anwendete[332].

Zweitens sollen durch die Vorlageverpflichtung **Rechtsunsicherheit und -zersplitterung** vermieden werden[333]. Dies lasse sich aber nur dann gewährleisten, wenn nur ein Gericht – das BVerfG – allgemein verbindlich über die Gültigkeit einer Norm entscheide[334].

Und drittens soll die **normative Kraft der Verfassung** gestärkt werden[335]. Durch die Vorlageverpflichtung werde nämlich gewährleistet, dass wirklich jeder Fall verfassungsgemäß entschieden werde[336].

Ein durch die EMRK-konforme Auslegung bedingter Verzicht auf die Vorlageverpflichtung kann dann nicht in Betracht kommen, wenn oben genannte Zwecke durch die Nichtanwendung der konventionswidrigen Norm durch die einfachen Gerichte vereitelt werden könnten.

---

[328] Vgl. *Pieroth* in: J/P, Art. 100 Rn. 10 m.w.N.

[329] Vgl. *BVerfG*, Beschl. v. 13.12.1983, 2 BvL 13,14,15/82, E 66,1(17); Beschl. v. 22.06.1995, 2 BvL 37/91, E 93, 121(131); *Löwer*, in: HdBStR II 789 f.; *Pieroth*, in: J/P, Art. 100 Rn. 10.

[330] Vgl. *Klein*, in: *Benda/Klein*, § 23 Rn. 782; *Pestalozza*, Verfassungsprozessrecht, § 13 Rn. 7.

[331] *BVerfG*, Beschl. v. 27.09.2005, 2 BvL 11/02, DVBl. 2005,1513(1513); Beschl. v. 14.02.2005, 2 BvL 1/05, Rn. 19 – JURIS Nr. KVRE 326990501; Beschl. v. 21.12.1997, 2 BvL 6/95, BVerfGE 97, 117(122); *Pieroth*, in: J/P, Art. 100 Rn. 1; *Wieland*, in: *Dreier*, Art. 100 Rn. 7.

[332] Vgl. *BVerfG*, Beschl. v. 10.06.1975, 2 BvR 1018/74, E 40,88(93); *Bethge*, in: MSKB § 31 Rn. 32 m.w.N.

[333] *BVerfG*, Beschl. v. 27.09.2005, 2 BvL 11/02, DVBl. 2005,1513(1514); Beschl. v. 15.10.1997, 2 BvN 1/95, E 96,345(360); Beschl. v. 08.02.1983, 1 BvL 20/81, E 63,131(141); *Maunz*, in: MD, Art. 100 Rn. 1; *Hesse* 684; *Pieroth*, in: J/P, Art. 100 Rn. 1.

[334] Vgl. *Degenhart*, Staatsrecht I, Rn. 620.

[335] *Wieland*, in: DR, Art. 100 Rn. 7.

[336] *BVerfG*, Beschl. v. 17.07.2003, 2 BvL 15/02, JURIS Nr. KVRE317250301, Rn. 11; Beschl. v. 18.04.1984, 1 BvL 43/81, E 67,26(33); *Pieroth*, in: J/P, Art. 100 Rn. 1.

Die Bundesrepublik hat sich mit Art. 46 I EMRK verpflichtet, die Urteile zu befolgen. Somit muss sich auch der Gesetzgeber nach ihnen richten. Insoweit könnte die Nichtanwendung der konventionswidrigen Norm nicht als ein Angriff auf die Autorität des Gesetzgebers gewertet werden. Außerdem wäre wegen der innerstaatlichen Wirkung der EGMR-Entscheidung[337] von der einheitlichen Nichtanwendung durch alle Gerichte auszugehen. Mithin bestünde auch nicht die Gefahr einer Rechtszersplitterung. Andererseits ist mit dem Feststellungsurteil des EGMR keine Aussage darüber getroffen, wie die Bundesrepublik und damit der Gesetzgeber den Konventionsverstoß abstellt. Das ist Sache des Vertragsstaates[338]. Bei der vom Gesetzgeber vorzunehmenden Gesetzesänderung kommt ihm aber grundsätzlich ein weiter Beurteilungsspielraum zu[339]. Verengen kann sich dieser Spielraum, sollte der EGMR konkrete Vorgaben machen[340]. Das kann dann geschehen, wenn eine festgestellte Verletzung nur durch ganz bestimmte Maßnahmen beendet werden kann, gewissermaßen eine Ermessensreduzierung auf Null stattfindet[341]. Die Befugnis zum Aussprechen konkreter Vorgaben könnte sich aus einer Annexkompetenz zur Feststellungsbefugnis des EGMR ergeben[342]. Die insoweit gewählte Formulierung des EGMR lautet: „The nature of the violation found may be such as to leave no real choice as to the measures required to remedy it and the Court may decide to indicate only one such measure“[343]. Geht es aber – wie hier – um eine Gesetzesänderung und nicht lediglich um die Beendigung einer konkreten konventionswidrigen Maßnahme[344], wird regelmäßig ein Beurteilungsspielraum für die Konventionsstaaten verbleiben. Dieser Spielraum würde ihnen genommen werden, wenn jedes Gericht das konventionswidrige Gesetz einfach nicht anwendete, ohne eine Gesetzesänderung abzuwarten. Außerdem bestünde dann die Gefahr der Entstehung eines Rechtsvakuums. Mithin könnte ein Zustand erheblicher Rechtsunsicherheit erzielt werden. Das nämliche Problem stellt sich zwar auch dann, wenn das BVerfG über die Gültigkeit oder Ungültigkeit einer Norm entscheidet[345]. Für den Fall, dass durch die Nichtigerklärung ein Rechtsvakuum entstünde oder die Gestaltungsfreiheit des Gesetzgebers berührt wäre, würde das BVerfG nur die Verfassungswidrigkeit im Rahmen einer Appellentscheidung feststellen[346]. In allen anderen Fällen die Nichtigkeit. Würde demgegenüber jedes Gericht einzeln befinden, ob das Gesetz nicht anzuwenden ist, weil andernfalls ein Rechtsvakuum entstünde oder der Gestaltungsspielraum des Gesetzgebers berührt wäre, wäre trotz der einheitlichen Feststellung der Konventionswidrigkeit durch den EGMR mit einer Zersplitterung des Rechts zu rech-

---

[337] Siehe Kapitel IV, A, II.

[338] Vgl. *EGMR*, Urt. v. 08.04.2004, 11057/02, NJW 2004,3401(3406).

[339] Vgl. *Pieroth*, in: J/P, Art. 93 Rn. 4 m.w.N.

[340] Vgl. *Breuer*, NVwZ 2005,412(414); *ders.*, EuGRZ 2004,257(258).

[341] Vgl. *EGMR*, Urt. v. 08.04.2004, 71503/01, EuGRZ 2004,268(275); Urt. v. 12.05.2005, 46221/99, www.echr.coe.int, Rn. 210.

[342] vgl. *Breuer*, EuGRZ 2004,257(261) und *Kühne*, JZ 2005,653(655).

[343] Zuletzt *EGMR*, Urt. v. 12.05.2005, 46221/99, www.echr.coe.int, Rn. 210.

[344] So *EGMR*, Urt. v. 08.04.2004, 71503/01, EuGRZ 2004,268(275).

[345] Vgl. *Degenhart*, Staatsrecht I, Rn. 636 f.; *Löwer*, in: HdBStR II § 56 Rn. 105 f.

[346] Vgl. z.B. *BVerfG*, Beschl. v. 24.05.2000, 1 BvL 1,4/98, 15/99, E 102,127(146); Beschl. v. 16.11.1982, 1 BvL 16/75, 36/79, E 62,256(286) und Beschl. v. 26.03.1980, 1 BvR 121,122/76, E 54,11(37).

nen. Denn eine Garantie, dass alle Gerichte zum gleichen Ergebnis gelangen, existiert nicht.

Schließlich kann auch nicht davon ausgegangen werden, dass die dritte Funktion, nämlich die Gewährleistung einer verfassungsgemäßen Entscheidung im konkreten Fall, gesichert wäre. Zwar wird die EMRK zur Auslegung der Grundrechte herangezogen. Eine Identität zwischen EMRK und GG besteht aber nicht[347]. Aus bundesrepublikanischer Sicht kommt eine konventionskonforme Auslegung, die zu einer Verneinung der Vorlagepflicht führte, damit nicht in Betracht.

Aber auch aus dem völkerrechtlichen Blickwinkel der EMRK heraus könnte trotz der Befolgungspflicht aus Art. 46 I EMRK noch von einer angemessenen Frist im Sinne von Art. 6 I EMRK auszugehen sein. Zwar verpflichtet er dazu, Gerichtsverfahren zügig zu betreiben. Er fordert aber auch, faire Verfahren und eine geordnete Rechtspflege zu gewährleisten[348]. Von einer geordneten Rechtspflege kann aber dann nicht mehr gesprochen werden, wenn je nach Auslegung der Gerichte eine Norm mal angewandt werden würde, mal nicht angewandt werden würde, je nachdem, ob ein Gericht das Entstehen eines Rechtsvakuums oder die Missachtung des gesetzgeberischen Beurteilungsspielraumes annähme. Ein einheitliches Ergebnis kann hier nur durch das BVerfG hergestellt werden.

Wegen dieser besonderen Funktion des Verfassungsgerichts, ist es auch aus Art. 6 I 1 EMRK nicht geboten, von der Vorlageverpflichtung abzusehen.

(2) Reaktionsmöglichkeiten der Behörden

Behörden können keine Normenkontrolle initiieren, ist mit dem Begriff des „Gerichts" im Sinne von Art. 100 I GG doch nur der allgemeine Gerichtsbegriff des Grundgesetzes gemeint[349]. Aus der Bindung an Recht und Gesetz[350], dem Vorrang des Gesetzes[351], der Rechtssicherheit sowie einem Umkehrschluss aus Art. 93 I Nr. 2, 100 GG[352] beziehungsweise einer Analogie zur fehlenden Verwerfungskompetenz der Regierung[353] folgt, dass die Verwaltung nur versuchen kann, die zuständige Regierung zur Anstrengung eines Normenkontrollverfahrens anzuhalten[354]. Behörden müssten folglich – jedenfalls grundsätzlich – die konventionswidrige Norm anwenden[355].

---

[347] Vgl. Kapitel IV, A, 7 zum Konflikt BVerfG und EGMR.

[348] *EGMR*, Urt. v. 25.02.2000, 29357/95, NJW 2001,211(212); Urt. v. 16.09.1996, Süssmann/Deutschland, RJ 1996-IV, 1174, Rn. 55-57.

[349] *Herzog*, in: MD, Art. 100 Rn. 27; *Schulze-Fielitz*, in: DR, Art. 20, Rn. 89; *Starck*, in: MKS, Art. 1, Rn. 201.

[350] *Stern* III/1, S. 1347.

[351] *Stern* III/1, S. 1348.

[352] *Starck*, in: MKS Art. 1 Rn. 201.

[353] *Hall*, Die Prüfung von Gesetzen auf ihre Verfassungsmäßigkeit durch die Verwaltung, S. 127.

[354] Vgl. *Schulze-Fielitz*, in: DR Art. 20 Rn. 89.

[355] Vgl. die ausführliche Darstellung zum Meinungsstand zur Verwerfungskompetenz: *Wehr*, Inzidente Normenverwerfung durch die Exekutive, S. 87 ff.

Hiervon könnte eine Ausnahme zu machen sein. Wenn sich die Verfassungswidrigkeit eines formellen Gesetzes der Verwaltung aufdrängen muss, könnte sie wegen der Grundrechtsbindung nach Art. 1 III, 20 III GG die Anwendung des Gesetzes vorläufig – unter dem Vorbehalt gerichtlicher Bestätigung[356] – aussetzen müssen[357]. Soweit demgegenüber auf die Gefahr erheblicher Rechtsunsicherheit hingewiesen werden sollte, wird dem entgegengehalten, dass einem Aussetzungsmissbrauch durch die höheren Verwaltungsbehörden entgegengetreten werden könnte. Sie könnten Anweisungen erteilen, bis die Bundesregierung gemäß Art. 93 I Nr. 2 GG durch das BVerfG feststellen lasse, ob die in Rede stehende Norm zu verwerfen sei[358]. Ob eine entsprechende Aussetzungsbefugnis beziehungsweise –verpflichtung demgegenüber als verfassungswidrig einzustufen wäre[359], weil die geltende Rechtslage den Behörden eine entsprechende Befugnis nicht einräume[360] oder weil die Verfassungs- und Gesetzesbindung von Exekutive und Judikative nach Art. 20 III und Art. 1 III GG nicht identisch seien[361], braucht nicht entschieden zu werden, wenn es hier ohnehin nicht zu einer Aussetzung kommen könnte.

Ohne weiteres lässt sich diese Argumentation nämlich nicht auf den Fall übertragen, dass die Konventionswidrigkeit eines formellen Bundesgesetzes festgestellt worden ist. Denn immerhin handelt es sich bei der EMRK „nur“ um ein ebenso formelles Bundesgesetz. Im Normenkontrollverfahren nach Art. 93 I Nr. 2 GG wird aber nur die Vereinbarkeit von Bundesrecht mit dem GG geprüft. Andererseits ist oben herausgearbeitet worden[362], dass die EMRK der Bestimmung von Inhalt und Schranken der Grundrechte und des Rechtsstaatsprinzips dient. Nur wenn sich eine Verletzung des Grundgesetzes in Verbindung mit der EMRK aufdrängt, kommt eine vorläufige Aussetzung in Betracht.

Fraglich ist aber, ob in diesem Fall wirklich die Evidenz der Verfassungswidrigkeit bejaht werden könnte. Denn die Beschwerde zum EGMR ist erst nach Erschöpfung des innerstaatlichen Rechtsweges zulässig (Art. 35 I EMRK). Hierzu zählt auch die Verfassungsbeschwerde[363]. Damit der EGMR angerufen wird, müsste der Beschwerdeführer zuvor auch vor dem BVerfG gescheitert sein. Wenn aber das BVerfG als „Hüter der Verfassung[364]“ die Frage der Verfassungswidrigkeit (in Verbindung mit der EMKR) zuvor verneint hat, kann die Verwaltung nicht mehr von der Offensichtlich-

---

[356] *Maurer*, Allgemeines Verwaltungsrecht, § 4 Rn. 56.
[357] *BVerfG*, Urt. v. 21.02.1961, 1 BvR 314/60, E 12,180(186); *Kopp* – DVBl. 1983,821(824); *Stern* III/1, S. 1348.
[358] *BVerfG*, Urt. v. 21.02.1961, 1 BvR 314/60, E 12,180(186).
[359] So *Ossenbühl*, Verw 1969,393(410).
[360] *Hall*, Die Prüfung von Gesetzen auf ihre Verfassungsmäßigkeit durch die Verwaltung, S. 130.
[361] *Kabisch*, Prüfung formeller Gesetze im Bereich der Exekutive, S. 28.
[362] Siehe Kapitel III B. III.
[363] Vgl. bereits *EKMR*, Entscheidung v. 31.05.1956, NJW 1956,1376(1376); *EGMR*, Urt. v. 08.04.2004, 11057/02, NJW 2004,3401(3403); Urt. v. 08.01.2004, 47169/99, NJW 2005,41(41); vgl. *Bernhardt*, EuGRZ 1996,339(341) m.w.N.; *Schlaich/Korioth*, Das Bundesverfassungsgericht, Rn. 367.
[364] *BVerfG*, Beschl. v. 18.09.1952, 1 BvR 612/5, E 1,418(420); Beschl. v. 10.06.1975, 2 BvR 1018/71, E 40,88(93); Beschl. v. 07.07.1992, 2 BvR 1631, 1728/90, E 87,48(63).

keit der Verfassungswidrigkeit ausgehen, selbst wenn der EGMR bezüglich der EMRK-Verletzung zu einer anderen Einschätzung gelangt.

Somit bleibt es dabei, dass die Verwaltung nicht in der Lage ist, die Anwendbarkeit eines vom EGMR für konventionswidrig befundenen Bundesgesetzes auszusetzen. Bis zu dem Zeitpunkt, zu dem das konventionswidrige Bundesgesetz entweder vom BVerfG wegen Unvereinbarkeit mit dem GG für nichtig erklärt wird oder der Gesetzgeber auf die EGMR-Entscheidung reagiert hat, wird dem Betroffenen nur mit einer angemessenen Entschädigung geholfen werden können.

Diese Problematik stellt sich nur dann nicht, wenn nicht der Umweg über die Normenhierarchie gegangen werden müsste. Die systematische Auslegung könnte zur Lösung verhelfen. Da es sich formell um gleichrangige Vorschriften handelt, könnte bei einer nur teilweisen Überschneidung des in Rede stehenden Bundesgesetzes und der EMRK bei der Bestimmung des Anwendungsbereichs und Regelungsinhaltes der konventionswidrigen Norm der EMRK der Vorrang eingeräumt werden[365]. Das wäre dann eine Frage der methodischen Auslegung, die sowohl von Gerichten und Behörden vorgenommen werden könnte.

b) Landesverfassung / Landesgesetz

Fraglich ist, welche Rechtsfolgen es hat, wenn eine Landesverfassung oder ein Landesgesetz vom EGMR für konventionswidrig befunden wurde.

Nach Art. 31 GG bricht Bundesrecht Landesrecht. Wenn also die EMRK – in der Auslegung durch den EGMR – mit Landesrecht unvereinbar ist, könnte es zum „Bruch“ des Landesrechts kommen.

aa) Voraussetzungen von Art. 31 GG

Bevor untersucht wird, welche Rechtsfolge mit dem „Bruch“ des Landesrechts gemeint ist, soll zunächst kurz auf die Voraussetzungen eingegangen werden.

Beim **Bundesrecht** handelt es sich um geschriebenes oder ungeschriebenes Recht jeder Rangstufe, das von Organen des Bundes gesetzt wurde[366]. Mithin fällt die EMRK als einfaches Bundesgesetz[367] unter dieses Tatbestandsmerkmal.

Unter **Landesrecht** sind ebenso weit sämtliche von Landesorganen erlassene Normen zu verstehen[368]. Sowohl die Landesverfassung als auch ein förmliches Landesgesetz fallen somit hierunter.

Schließlich muss es zu einer **Kollision** zwischen Bundes- und Landesrecht kommen. Uneinigkeit besteht darüber, wann Normen im Sinne von Art. 31 GG kollidieren. Das

---

[365] Vgl. *Grupp/Stelkens*, DVBl. 2005,133(138) und Kapitel III C. II.
[366] Vgl. *Dreier*, in: DR Art. 31, Rn. 32; *Pieroth*, in: J/P, Art. 31 Rn. 2 m.w.N.
[367] Kapitel III B.
[368] Vgl. *Dreier*, in: DR, Art. 31 RN. 35.

BVerfG verlangt, dass die beiden Vorschriften auf ein und denselben Sachverhalt anwendbar sind und zu unterschiedlichen Ergebnissen führen können[369]. Teilweise sollen die Normen darüber hinaus denselben Adressaten haben[370] und die Anwendung der einen Norm zu einem mit dem Ergebnis aus der Anwendung der anderen Norm unvereinbaren Ergebnis führen[371]. Bei inhaltsgleichen Vorschriften käme es hiernach nicht zu einem Bruch im Sinne von Art. 31 GG[372]. Demgegenüber wird teilweise aber auch bei gleichem Inhalt ein Bruch angenommen[373]. Oder es soll darauf ankommen, ob nach dem Willen des Bundesgesetzgebers übereinstimmendes Landes(verfassungs)recht aufgehoben werden soll oder nicht[374].

Für den hier interessierenden Fall, dass die EMRK dem Landesrecht widerspricht, stellen sich diese Fragen aber nicht. Denn der EGMR wird nur dann eine Verletzung der EMRK feststellen, wenn er eine Unvereinbarkeit erkennt.

bb) Rechtsfolge („Bruch")

Als Rechtsfolge ist der Bruch des Landesrechts vorgesehen. Hierunter könnte entweder die Nichtigkeit oder nur eine Suspension des Landesrechts zu verstehen sein. Aufgrund des unterschiedlichen Ranges innerhalb der Normenhierarchie eines Landes soll hier die Rechtsfolge für Landesverfassung und formelles Landesgesetz von einander getrennt behandelt werden.

(1) Landesverfassung

Sollten sich Landesverfassungsrecht auf der einen und Bundesgesetz auf der anderen Seite widersprechen, stehen sich zwei Meinungen gegenüber.

Einerseits wird die Nichtigkeit auch der landesverfassungsrechtlichen Norm angenommen[375]. Andererseits wird ein Anwendungsvorrang des beziehungsweise eine

---

[369] *BVerfG*, Beschl. v. 29.01.1974, 2 BvN 1/69, E 36,342(363); Beschl. v. 15.12.1989, 2 BvR 436/88, NVwZ 1990,356(357).

[370] Sondervotum *Geiger*, BVerfGE 36,342(369); *Gubelt*, in: MüK, Art. 31 Rn. 3.

[371] *Bernhardt/Sacksofsky*, in: BK, Art. 31 Rn. 53; *Dreier*, in: DR, Art. 31 Rn. 39; jetzt wohl auch *BVerfG*, Beschl. v. 15.10.1997, 2 BvN 1/95, E 96,345(365).

[372] Vgl. *Bernhardt/Sacksofsky*, in: BK, Art. 31 Rn. 66; *Bothe*, in: AK-GG, Art. 31 Rn. 20; *Degenhart*, Staatsrecht I, Rn. 119; *Dreier*, in: DR, Art. 31 Rn. 40 m.w.N.; *Gubelt*, in: MüK Art. 31 Rn. 23; *März*, Bundesrecht bricht Landesrecht, S. 195; *Maunz*, in: MD, Art. 31 Rn. 14; *Pieroth*, in: J/P, Art. 31 Rn. 5, *Stern*, Staatsrecht I, S. 722; *BVerfG*, Beschl. v. 29.01.1974, 2 BvN 1/69, E 36,342(366), jedenfalls zum Verhältnis Bundesrecht zu Landesverfassung.

[373] *Huber*, in: *Sachs*, GG, Art. 31 Rn. 12; *Menger*, VerwA 61(1971),75(78); *Uerpmann*, Der Staat 35 (1996),428(436,427);

[374] *Böckenförde/Grawert*, DÖV 1971,119(124f.).

[375] Vgl. *Bothe*, in: AK Art. 31 Rn. 20; *Gubelt*, in: MüK, Art. 31 Rn. 20; *Huber*, in: *Sachs*, 31,13; *Jutzi*, Landesverfassungsrecht, S. 26-28; *Pieroth*, in: J/P Art. 31 Rn. 5; *Pietzcker*, in: HdBStR IV § 99 Rn. 40; *Vogel*, in: HdbVerfR, S. 1061; *Stern* I, S. 721; *BAG*, Urt. v. 26.04.1988, 1 AZR 399/86, NJW 1989,186(190).

Suspension durch das einfache Bundesgesetz angenommen[376]. Im konkreten Fall müssten beide Ansichten dazu führen, dass das Bundesrecht und damit die EMRK maßgeblich ist. Insoweit wäre eine Entscheidung nicht zwingend erforderlich. Wenn aber – wie im Fall des Anwendungsvorranges – die Norm weiterhin gültig ist, ist sie noch – jenseits des konkreten Falls – für die Auslegung der übrigen Bestimmungen der Landesverfassung und des einfachen Landesrechts heranzuziehen[377], obwohl die Vorschrift im Widerspruch zum Bundesrecht steht. Damit bleibt eine Entscheidung notwendig.

(a) Anwendungsvorrang / Suspension

Dass mit dem „Bruch" der landesverfassungsrechtlichen Norm nicht ihre Nichtigkeit gemeint sei, folge aus der Art. 20 I und 28 I 1 GG zu entnehmenden Eigenstaatlichkeit der Länder[378]. Führte Art. 31 GG im Kollisionsfall zur Nichtigkeit der Landesverfassungsnorm, käme es zu einer „Zersplitterung" der Landesverfassung, die es den Ländern unmöglich machte, ihre Verfassungsautonomie zu verwirklichen[379]. Die Nichtigkeitsfolge bedeute eine Beschränkung der Verfassungsautonomie[380]. Hierfür sei Art. 28 I 1 GG die maßgebliche Norm des Grundgesetzes[381]. Danach müsse die verfassungsmäßige Ordnung in den Ländern lediglich den Grundsätzen des republikanischen, demokratischen und sozialen Rechtsstaats im Sinne des GG gerecht werden. Darunter könne jedenfalls kein Verweis auf das gesamte Bundesrecht verstanden werden[382].

Des weiteren könne nur die Annahme eines Anwendungsvorranges im konkreten Fall einen Widerspruch zur Gewährleistung weitergehender Landesgrundrechte gemäß Art. 142 GG vermeiden[383]. Denn bewirkte Art. 31 GG die Nichtigkeit, bliebe von der Garantie des Art. 142 GG nur noch eine Garantie „nach Maßgabe des einfachen Bundesrechts" übrig[384]. Schließlich wird auf die praktische Erwägung der erschwerten Abänderbarkeit der Landesverfassung verwiesen[385]: Nach Änderung oder Aufhebung des widersprechenden Bundesgesetzes könne ein Landesgesetz mit einfacher Mehrheit erneut verabschiedet werden, so dass im Verhältnis Bundesgesetz – Landesgesetz die Nichtigkeit hinnehmbar sei. Für die Änderung der Verfassung sei aber eine qualifizier-

---

[376] *Bernhardt/Sacksofsky*, in: BK, Art. 31 Rn. 58; *Heckmann*, Geltungskraft und Geltungsverlust von Rechtsnormen, S. 320; *v. Olshausen*, Landesverfassungsbeschwerde und Bundesrecht, S. 124 ff; *Poscher* – NJ 1996,351(352); *Sacksofsky*, NVwZ 1993,235(238);

[377] Vgl. *v. Olshausen*, Landesverfassungsbeschwerde und Bundesrecht, S. 135.

[378] *Bernhardt/Sacksofsky*, in: BK, GG, Art. 31 Rn. 60; *v. Olshausen*, S. 130.

[379] *Bernahrdt/Sacksofsky*, in: BK, GG, Art. 31 Rn. 61; *v. Olshausen*, Landesverfassungsbeschwerde und Bundesrecht, S. 130; *Heckmann*, Geltungskraft und Geltungsverlust von Rechtsnormen, S. 320.

[380] *Poscher*, NJ 1996,351(352); *Sacksofsky*, NVwZ 1993,235(239).

[381] *Sacksofsky*, NVwZ 1993,235(239).

[382] *Sacksofsky*, NVwZ 1993,235(239).

[383] *V. Olshausen*, Landesverfassungsbeschwerde und Bundesrecht, S. 131.

[384] *V. Olshausen*, Landesverfassungsbeschwerde und Bundesrecht, S. 131.

[385] *Bernhardt/Sacksofsky*, in: BK,GG, Art. 31 Rn. 61.

te Mehrheit erforderlich, mithin sei die „flexible und schnelle Reaktion“ des verfassungsändernden Landesgesetzgebers erschwert.

Um die Verfassungshoheit der Länder zu wahren, ist dieser Ansicht nach also lediglich ein Anwendungsvorrang im Konfliktfall anzunehmen.

(b) Nichtigkeit

Vertreter der Nichtigkeit führen den verfassungsrechtlich garantierten Grundsatz der Rechtssicherheit und Klarheit der Normen[386] sowie den Grundsatz der Beständigkeit und Kontinuität der Rechtsordnung an[387]. Zu der Klarheit und Bestimmtheit der Normen zähle auch die „Normengeltungsklarheit“[388]. Denn es bedeute für den Bürger eine unzumutbare Rechtsunsicherheit, bliebe das Landesrecht weiterhin gültig, so dass es jederzeit wieder aufleben könnte[389]. Nur bei Annahme der Nichtigkeit werde vermieden, eine Kollisionslage ständig aufs Neue aufdecken und lösen zu müssen[390]. Ein Wiederaufleben der Vorschriften der Landesverfassung könnte zudem die Beständigkeit der Rechtsordnung erheblich beeinträchtigen[391]: Alle landesrechtlichen Normen, die unter Geltung des Bundesrechts erlassen wurden, müssten nach Aufhebung des Bundesgesetzes wegen des nunmehr auftretenden Widerspruchs zur Landesverfassung außer Kraft treten. Es bestünde die Gefahr eines rechtsfreien Raumes. Darüber hinaus sei eine Suspension weder Art. 31 GG, der allein nach föderalen Rechtsetzungsebenen unterscheide[392], noch den allgemeinen Grundsätzen der Normenhierarchie entnehmbar[393]. Hiernach kommt nur die Nichtigkeit in Frage.

(c) Stellungnahme

Folgte man der **historischen Auslegung**, so müsste die Nichtigkeit im Konfliktfalle angenommen werden. Mit der Fassung des Art. 31 GG „Bundesrecht bricht Landesrecht“ sollte an die Tradition der Weimarer Reichsverfassung (vgl. Art. 13 WRV) angeknüpft werden[394]. Um keine Zweifel aufkommen zu lassen, wurde der Formulierungsvorschlag „Bundesrecht geht Landesrecht vor“ explizit abgelehnt[395]. Man ging davon aus, dass nur so unmissverständlich zum Ausdruck komme, dass es im Konflikt-

---

[386] *Gubelt*, in: MüK, Art. 31 Rn. 20; Jutzi, Landesverfassungsrecht und Bundesrecht, S. 26.; *März*, in: MKS Art. 31 Rn. 48.

[387] *Jutzi*, Landesverfassungsrecht und Bundesrecht, S. 26.

[388] *Jutzi*, Landesverfassungsrecht und Bundesrecht, S. 26.

[389] *Gubelt*, in: MüK, Art. 31 Rn. 20.

[390] *Jutzi*, Landesverfassungsrecht und Bundesrecht, S. 26.

[391] *Jutzi*, Landesverfassungsrecht und Bundesrecht, S. 28.

[392] *März*, in: MKS Art. 31 Rn. 48.

[393] *Pietzcker*, in: HdBStR IV § 99 Rn. 40.

[394] Vgl. *Leibholz/v.Mangoldt*, Jahrbuch des öffentlichen Rechts der Gegenwart, Neue Folge, Band 1, S. 300.

[395] Vgl. *Leibholz/v.Mangoldt*, Jahrbuch des öffentlichen Rechts der Gegenwart, Neue Folge, Band 1, S. 300.

fall zur Nichtigkeit des Landesrechts kommen müsse[396]. Dem sogenannten „Willen des Gesetzgebers" ist aber deshalb mit Vorsicht zu begegnen, weil der Gesetzgeber gerade für (nicht bedachte) Zweifelsfälle in der Regel keine Lösung in seinen Willen mit aufgenommen hat[397]. Und an einen EMRK-Konflikt haben der Parlamentarische Rat oder die dem Grundgesetztext zustimmenden Volksvertretungen der Länder im Jahre 1949 sicher nicht gedacht, ist die EMRK doch erst am 15.12.1953 als Bundesgesetz in Kraft getreten[398].

Der **Systematik** des GG wird man dem Wortsinn „brechen" des Art. 31 GG jedenfalls nicht zwingend die Nichtigkeit im Kollisionsfall entnehmen müssen. Denn die deutsche Rechtsordnung weist mehrere Rechtsfiguren auf, mit deren Hilfe eine Normenkollision zu lösen ist[399]: Man denke an Art. 25 S. 2 GG, wonach die allgemeinen Regeln des Völkerrechts den Gesetzen vorgehen oder an die Regel, dass lex specialis derogat legi generali oder auch den Anwendungsvorrang im Verhältnis Europarecht zu nationalem Recht[400]. Wenn Art. 31 GG aber nur einen Grundsatz enthält – wie zum Beispiel Art. 20, 21 I, 24, 28 I, 30, 33, 38 I, 50, 83, 91a, 104a I GG auch wesentliche Grundsätze enthalten – wonach Normenkollisionen aufzulösen sind, ist nicht davon auszugehen, dass durch Art. 31 GG sämtliche Konfliktlösungsmechanismen nur noch durch einen Mechanismus – nämlich dem Wortsinn folgend – die Nichtigkeit der landesverfassungsrechtlichen Vorschrift ersetzt werden[401]. Und Art. 142 GG für die Lösung eines Konfliktfalles heranzuziehen, ist wenig hilfreich, besagt er doch ausdrücklich, dass die Bestimmungen der Landesverfassungen nur insoweit in Kraft bleiben, als sie *in Übereinstimmung* mit den Art. 1 – 18 GG Grundrechte gewährleisten. Das mag zwar ein deklaratorischer Hinweis auf die Verfassungsautonomie der Länder sein[402]. In Übereinstimmung bedeutet aber Inhaltsgleichheit[403].

Als **Zwischenergebnis** ist somit festzuhalten, dass Art. 31 GG weder zwingend die Suspension noch die Nichtigkeit verlangt.

Die bisher vorgetragenen Argumente bezogen sich letztlich auf die Bedeutung der Eigenstaatlichkeit der Länder im Verhältnis zu Rechtssicherheit und –klarheit. Vor dem Hintergrund, dass es hier um einen Konflikt zwischen der EMRK (als Bundesgesetz) und der Norm einer Landesverfassung geht, könnte eine **EMRK-konforme Auslegung** des Art. 31 GG erfolgen.

Aus der Befolgungspflicht (Art. 46 I EMRK) und der Verpflichtung, die Rechte und Freiheiten der EMRK zu sichern (Art. 1 EMRK), folgt, dass auch künftig keine

---

[396] Vgl. *Leibholz/v.Mangoldt*, Jahrbuch des öffentlichen Rechts der Gegenwart, Neue Folge, Band 1, S. 299.

[397] Vgl. *Herzberg*, JuS 2005,1(4).

[398] Gesetz über die Konvention zum Schutze der Menschenrechte und Grundfreiheiten vom 7. August 1952, BGBl. II S. 685, in Kraft getreten gemäß der Bekanntmachung vom 15. Dezember 1953.

[399] Vgl. *BVerfG*, Beschl. v. 29.01.1974, 2 BvN 1/69, E 36,342(365).

[400] Vgl. *Bernhardt/Sacksofsky*, in: BK, GG, Art. 31 Rn. 55.

[401] Vgl. *BVerfG*, Beschl. v. 29.01.1974, 2 BvN 1/69, E 36,342(365).

[402] Vgl. *Pieroth*, in: J/P, Art. 142 Rn. 1.

[403] Vgl. *Pieroth*, in: J/P, Art. 142 Rn. 3 m.w.N.

Rechtsakte mehr ergehen dürfen, die im Widerspruch zur EMRK in der Auslegung durch den EGMR stehen[404]. Dies könnte auch bei der Interpretation des Art. 31 GG berücksichtigt werden. Nähme man nur eine Suspension an, müsste die konventionswidrige Norm der Landesverfassung abseits vom konkreten Fall weiterhin zur Auslegung der Landesverfassung und des übrigen Landesrechts herangezogen werden. Weitere Konventionsverstöße durch die Länder könnten folgen.

Dem könnte entgegengesetzt werden, dass aus der EMRK nur die Bundesrepublik als solche und nicht die einzelnen Länder völkerrechtlich verantwortlich wäre. Aber erstens sind die Entscheidungen des EGMR von allen staatlichen Organen und damit auch den Ländern zu befolgen[405]. Und zweitens würde eine weitere Anwendung der für konventionswidrig befundenen Vorschrift durch die Länder zu einem Verstoß gegen die Bundestreue führen, wenn infolgedessen die Bundesrepublik vom EGMR verurteilt werden würde. Aus der Pflicht zur Bundestreue folgt, dass die Länder ihre Kompetenzen nicht missbräuchlich oder im Widerspruch zur Rechtsordnung ausüben dürfen[406], so dass die Belange des Gesamtstaates und die der anderen Länder mehr als nur unerheblich beeinträchtigt werden[407]. Eine solch missbräuchliche Verwendung erfolgt dann, wenn keine berechtigten Interessen mehr erkennbar sind oder überwiegende Interessen der anderen Beteiligten beeinträchtigt werden beziehungsweise es zu einer erheblichen Beeinträchtigung der bundesstaatlichen Ordnung kommt[408]. Auch folgt daraus das Verbot des venire contra factum proprium: Weder der Bund noch die Länder dürfen sich widersprüchlich in Bezug auf ihr Vorverhalten geben[409]. Wenn die Länder die Urteile nun aber nur im konkreten Fall befolgten, im Übrigen aber weiterhin auf die konventionswidrige Vorschrift zurückgreifen würden, würden sie sich widersprüchlich verhalten und mit der dadurch bewirkten Verurteilung der Bundesrepublik durch den EGMR auch gesamtstaatliche Belange erheblich beeinträchtigen.

Folglich führte die Annahme eines Anwendungsvorranges zwecks Wahrung der Eigenstaatlichkeit der Länder im konkreten Fall dazu, dass die Länder gegen das Gebot bundesfreundlichen Verhaltens verstießen.

Als **Zwischenergebnis** ist somit festzuhalten, dass ein Konflikt zwischen EMRK und Landesverfassung zur Nichtigkeit der letzteren führt.

(2) Landesgesetz

Sollte ein Landesgesetz im Widerspruch zu einem Bundesgesetz stehen, wird nur noch vereinzelt ein Anwendungsvorrang favorisiert: Sobald die Sperre durch das Bundesgesetz entfalle, müsse das Landesgesetz wieder aufleben[410]. Grund dieser Schlussfolge-

---

[404] Vgl. *Frowein*, in: F/P, Art. 53 Rn. 10.
[405] Siehe Kapitel IV A II. 5.
[406] Vgl. *BVerfG*, Urt. v. 07.05.1998, 2 BvR 1991, 2004/95, E 98,106(118); Urt. v. 22.05.1990, 2 BvG 1/88, E 81,310(337).
[407] *VerfGH NRW*, Beschl. v. 26.06.1981, VerfGH 19/80, NVwZ 1982,188(189).
[408] Vgl. *Bauer*, Die Bundestreue, S. 357 m.w.N.
[409] Vgl. *Bauer*, Die Bundestreue, S. 358 m.w.N.
[410] *Pestalozza*, DÖV 1972,181(190).

rung ist die Annahme einer „Doppelzuständigkeit“ von Bund und Land, ohne die es gar nicht zu einem Konflikt im Sinne von Art. 31 GG kommen könne[411]. Wenn ein Land also erst einmal wirksam von seiner Kompetenz Gebrauch gemacht hat, kann hiernach ein nachträgliches Wiederaufleben nicht versagt werden.

Demgegenüber wird überwiegend mit dem Wortlaut und Willen des Gesetzgebers von der Nichtigkeit des formellen Landesgesetzes ausgegangen[412]. Werde ein formelles Landesgesetz nichtig, sei die Verfassungsautonomie gemäß Art. 28 I 1 GG der Länder nicht tangiert, so dass (jedenfalls hier) wegen der Rechtssicherheit und –klarheit die Nichtigkeit anzunehmen sei[413]. Zudem verbiete die Kompetenzordnung des GG, dass der Bund durch Änderung oder Aufhebung eines Bundesgesetzes die Gültigkeit eines Landesgesetzes bewirke[414]. Nach Art. 70 ff. GG sei dies allein Sache der Länder[415].

Soweit dem für die Nichtigkeit angeführten Argument, dass dem einheitlichen Wortlaut des Art. 31 GG keine Differenzierung bei der Rechtsfolge – mal Nichtigkeit, mal Anwendungsvorrang – entnommen werden könne[416], entgegengehalten wird, dass der Wortlaut vor dem Hintergrund der Systematik offen genug sei, um die besondere Aufgabe und Stellung einer Landesverfassung berücksichtigen zu können[417], ist dem im Grundsatz zuzustimmen. Oben wurde festgestellt, dass Art. 31 GG nur eine Grundsatznorm ist[418]. Deshalb könnte die Systematik des GG, wonach der Verfassungsautonomie mit Art. 28 I 1 GG besonderes Gewicht eingeräumt wird, grundsätzlich eine unterschiedliche Auslegung zulassen.

Gegen eine unterschiedliche Auslegung spricht aber ein argumentum a maiore ad minus. Das ist der Schluss vom Größeren auf das Geringere[419]. Wenn nach einer Vorschrift für Tatbestand A eine bestimmte Rechtsfolge gilt, dann muss sie für einen ihm ähnlichen Tatbestand B erst recht gelten, wenn die ratio legis der gesetzlichen Regel auf letzteren Tatbestand sogar in viel höherem Maße zutrifft[420]. Wenn bereits bei einer Kollision zwischen Bundesgesetz und Landesverfassung die Nichtigkeit letzterer angenommen werden muss, kann für ein einfaches Landesgesetz, das innerhalb der Normenhierarchie unterhalb der Landesverfassung anzusiedeln ist, erst recht nichts anderes gelten. Folglich ist ebenso wie bei der Landesverfassung auch bei einem Landesgesetz von der Nichtigkeit auszugehen.

---

[411] *Pestalozza*, DÖV 1972,181(190).
[412] *BVerfG*, Beschl. v. 09.07.1970, 2 BvL 16/68, E 29,11(17); *BAG*, Urt. v. 21.09.1993, 9 AZR 258/91, E 74,218(222); *Bernhardt/Sacksofsky*, in: BK, GG, Art. 31 Rn. 61; *Huber*, in: *Sachs*, Art. 31 Rn. 13; *Maurer*, Staatsrecht I, § 10 Rn. 32; *Pieroth*, in: J/P, Art. 31 Rn. 5.
[413] *Bernhardt/Sacksofsky*, in: BK, GG, Art. 31 Rn. 62; *Dreier*, in: DR, Art. 31 Rn. 44; *Gubelt*, in: MüK, Art. 31 Rn. 20.
[414] *BVerfG*, Beschl. v. 09.07.1970, 2 BvL 16/68, E 29,11(17).
[415] *BVerfG*, Beschl. v. 09.07.1970, 2 BvL 16/68, E 29,11(17)
[416] *Dreier*, in: DR, Art. 31 Rn. 44.
[417] *Bernhardt/Sacksofsky*, in: BK, GG, Art. 31 Rn. 55,60.
[418] Siehe Kapitel IV B I 1. b) bb) (1) (c).
[419] *Creifels/Weber*, Rechtswörterbuch, Stichwort: agrumentum a maiore ad minus.
[420] *Larenz*, Methodenlehre der Rechtswissenschaft, S. 389.

cc) Reaktionsmöglichkeiten der Gerichte und Behörden

Auch wenn nach der hier vertretenen Auffassung im Konfliktfall über Art. 31 GG sowohl die Nichtigkeit der Landesverfassungsnorm als auch des formellen Landesgesetzes angenommen wird, kann wegen des Verwerfungsmonopols des BVerfG nicht einfach davon ausgegangen werden, dass ein Gericht oder eine Behörde zwecks Befolgung der Entscheidung des EGMR die in Rede stehende Norm nicht mehr anwendet[421]. Gemäß Art. 100 I 2 Alt. 2 GG ist bei Unvereinbarkeit eines Landesgesetzes mit einem Bundesgesetz von den Gerichten eine konkrete Normenkontrolle zu initiieren. Damit ist zunächst die erste Konstellation, dass ein Landesgesetz im Widerspruch zur EMRK steht, getroffen[422]. Dass das auch für das Landesverfassungsrecht gilt, folgt aus der weiten Formulierung des Art. 100 I 2 Alt. 1 GG, worin von Landesrecht und damit auch der Landesverfassung gesprochen wird[423].

Es fragt sich aber, ob die Fachgerichte immer zur Vorlage nach Art. 100 I 2 GG verpflichtet sind, wenn es zu einer Kollision kommt.

Das BVerfG[424] und ein Teil der Literatur[425] machen hier eine Einschränkung. Eine Vorlageverpflichtung soll nur dann bestehen, wenn ein Landesgesetz mit einem früheren Bundesgesetz unvereinbar ist[426]. Andernfalls könne dem Landesgesetzgeber nicht vorgeworfen werden, er habe wegen Art. 31 GG die Verfassung verletzt[427]. Erst später in Kraft getretenes Bundesrecht könne er gar nicht beachtet und damit die Autorität des Bundesgesetzgebers nicht in Frage gestellt haben[428]. Hier habe eine Inzidentkontrolle durch das zuständige Fachgericht zu erfolgen, das dann unmittelbar das Bundesgesetz – und damit die EMRK – anwenden müsse[429].

Anderer Ansicht nach ist bei jeder Kollision nach Art. 100 I 2 GG vorzulegen[430].
Der Wortlaut des Art. 100 I 2 GG stelle lediglich auf die Bundesrechtswidrigkeit ab und lasse damit eine entsprechende Differenzierung nach jüngeren oder älteren Gesetzen nicht zu[431]. Außerdem sei es Sinn und Zweck der konkreten Normenkontrolle nach Art. 100 I 2 GG, den Landesgesetzgeber vor einer „dekonzentrierten richterlichen

---

[421] Vgl. Kapitel IV B I. 1. a) cc).
[422] Vgl. *Heckmann*, Geltungskraft und Geltungsverlust von Rechtsnormen, S. 309 m.w.N.
[423] *BVerfG*, Beschl. v. 15.01.1985, 2 BvR 128/84, E 69,112(118.); *Heckmann*, Geltungskraft und Geltungsverlust von Rechtsnormen, S. 321; *Jachmann*, JuS 1994 L 81 (84); *Stern*, in: BK Art. 100 Rn. 66 m.w.N.
[424] *BVerfG*, Beschl. v. 06.12.1983, 2 BvL 1/82, E 65,359(373).
[425] *Degenhart*, Rn. 622; *Klein*, in: *Benda/Klein*, Rn. 800; *Meyer*, in: MKS, Art. 100 Rn. 14; *Pestalozza*, Verfassungsprozessrecht, § 13 Rn. 12; im Ergebnis auch *Schlaich/Korioth*, Das Bundesverfassungsgericht, Rn. 161.
[426] *BVerfG*, Beschl. v. 06.12.1983, 2 BvL 1/82, E 65,359(373).
[427] *Klein*, in: *Benda/Klein*, Rn. 800.
[428] *Degenhart*, Rn. 622.
[429] *Klein*, in: *Benda/Klein*, Rn. 800; *Pestalozza*, II § 13 Rn. 12.
[430] *Heckmann*, Geltungskraft und Geltungsverlust von Rechtsnormen, S. 309; *Hesse*, Grundzüge des Verfassungsrechts in der Bundesrepublik Deutschland, Rn. 686.
[431] *Heckmann*, Geltungskraft und Geltungsverlust von Rechtsnormen, S. 309.

Verwerfungsbefugnis" zu schützen; immerhin sei das Landesgesetz einmal verfassungsgemäß zustande gekommen und erst dann mit dem Bundesgesetz kollidiert[432]. Auch gefährde eine andere Auslegung die Rechtsklarheit und Rechtsgewissheit[433].

Letztere Auffassung führte zu einer nicht unerheblichen Verfahrensverlängerung. Deshalb könnte Art. 6 I 1 EMRK berührt sein. Außerdem könnte sie im Widerspruch zu der sich aus Art. 46 I EMRK ergebenden Befolgungspflicht stehen.

So wurde bereits festgestellt, dass die EMRK in der Auslegung durch den EGMR sowohl bei der Interpretation des GG als auch der übrigen Gesetze zu berücksichtigen ist, und den Urteilen des EGMR wegen der Bindung an Recht und Gesetz solange zu folgen ist, wie es die Bindung an die übrigen Gesetze erlaubt. Nur so lässt sich ein fortdauernder Verstoß gegen die EMRK vermeiden.

Zwar würden die Gerichte wegen der durch die Vorlage nach Art. 100 I 2 GG bedingten Aussetzung des Verfahrens das für konventionswidrig befundene Landesgesetz zunächst nicht anwenden. Sie würden das Urteil aber auch nicht unmittelbar befolgen, obwohl die Auslegung des Art. 100 I 2 GG dies zuließe. Denn für alle Landesgesetze, die vor der EMRK bziehungsweise ihrer Neuverkündung in Kraft getreten sind, könnten sie bei Verneinung einer Vorlageverpflichtung das konventionswidrige Gesetz nach einer Inzidentkontrolle schlichtweg nicht anwenden. So käme es zu einer unmittelbaren Befolgung der endgültigen EGMR-Entscheidung. Die vorrangige Berücksichtigung der EMRK bei der Auslegung des Art. 100 I 2 GG muss also zur Entbehrlichkeit der Vorlageverpflichtung führen, wenn ein Landesgesetz im Verhältnis zur EMRK als das frühere Recht anzusehen ist.

Behörden können keine Normenkontrolle anstrengen. Ihnen kommt wegen des Schutzes auch des Landesparlamentsgesetzgebers keine Verwerfungskompetenz zu[434]. Insoweit kann nach oben auf den Konfliktfall formelles Bundesgesetz – EMRK verwiesen werden[435]. D.h. sie sind zur weiteren Anwendung des konventionswidrigen Gesetzes gezwungen.

c) Rechtsverordnung und Satzung

Der Vollständigkeit halber sei auch noch der Fall erwähnt, dass eine Rechtsverordnung oder Satzung gegen die EMRK verstößt.

Wegen des Gesetzesvorranges gilt sowohl für Rechtsverordnungen als auch für Satzungen, – seien sie nun auf bundes- oder landesrechtlicher Ebene erlassen – dass sie bei Unvereinbarkeit mit höherrangigem Recht nichtig sind[436]. Und da die EMRK in

---

[432] *Heckmann*, Geltungskraft und Geltungsverlust von Rechtsnormen, S. 308.

[433] *Hesse*, Grundzüge des Verfassungsrechts der Bundesrepublik Deutschland, Rn. 686.

[434] Vgl. *Maurer*, Allgemeines Verwaltungsrecht, § 4 Rn. 54.

[435] Siehe Kapitel IV B. I a) ee).

[436] Vgl. nur *Degenhart*, Rn. 287 (für Rechtsverordnung) und Rn. 293 (für Satzung) sowie *Maurer*, Allgemeines Verwaltungsrecht § 4 Rn. 48.

der Bundesrepublik den Rang eines einfachen Bundesgesetzes genießt und damit höherrangig ist, tritt die Nichtigkeit als Rechtsfolge ein.

Mangels Verwerfungsmonopols beim BVerfG[437] sind jedenfalls die Fachgerichte in der Lage, eine vom EGMR für konventionswidrig befundene Satzung oder Rechtsverordnung aufzuheben und damit das Urteil des EGMR zu befolgen.

Ob auch die Verwaltung eine nichtige Rechtsverordnung verwerfen oder nicht anwenden dürfte, ist umstritten[438]. Einerseits wird eine Nichtanwendungskompetenz unter Hinweis auf die Rechtssicherheit und die Kompetenzabgrenzungen innerhalb des hierarchischen Aufbaus der Verwaltung verneint[439]. Eine Nichtanwendung führe zu einer Relativierung der in Art. 20 II und III GG vorgesehenen Bindung an Recht und Gesetz[440]. Andererseits wird eine Verpflichtung zur Nichtanwendung angenommen[441]. Aus der Bindung an Recht und Gesetz folge, dass nur gültige Normen angewendet werden dürften[442]. Solange dieser Grundsatz gelte, müsse ein gewisses Maß an Rechtsunsicherheit in Kauf genommen werden[443], zumal für untergesetzliche Normen nicht auf das Verwerfungsmonopol des BVerfG verwiesen werden könne (vgl. Art. 100 GG)[444]. Außerdem könne die Rechtsunsicherheit jederzeit durch die Klage des betroffenen Bürgers beseitigt werden[445].

Auch im Rahmen dieser Diskussion ist bisher der Einfluss des Art. 46 I EMRK noch nicht beachtet worden. Lässt die Auslegung des innerstaatlichen Rechts es zu, dem Urteil des EGMR Folge zu leisten, so ist dieser Auslegungsvariante der Vorzug einzuräumen. Mangels gesetzlich oder verfassungsrechtlich vorgegebenen Verwerfungsmonopols beim BVerfG ist eine EMRK-konforme Auslegung hier grundsätzlich möglich. Und da der EGMR verbindlich die Konventionswidrigkeit der Satzung beziehungsweise Rechtsverordnung festgestellt hat und alle Behörden das Urteil im Rahmen ihrer Zuständigkeit befolgen müssen, besteht auch nicht die Gefahr von unterschiedlichen Behördenentscheidungen und damit von Rechtsunsicherheit.

Folglich ist EMRK-konform die Kompetenz einer jeden Behörde zur Nichtanwendung einer konventionswidrigen Satzung oder Rechtsverordnung anzuerkennen.

---

[437] Vgl. *Maurer*, Allgemeines Verwaltungsrecht, § 4 Rn. 57.

[438] Vgl. ausführlich die Zusammenfassung des Meinungsstandes von *Wehr*, Inzidente Normverwerfung durch die Exekutive, S. 94.

[439] *BVerwG*, Urt. v. 21.11.1986, 4 C 22.83, E 75,142(144); *OVG Saarlouis*, Urt. v. 20.02.1989, 1 R 102/87, NVwZ 1990,172(172); Urt. v. 09.12.1991, 1 R 25/91, NVwZ 1993,396(397).

[440] *Wolff/Bachof/Stober*, § 28 Rn. 20.

[441] *Kopp*, DVBl. 1983,821(828); *Maurer*, Allgemeines Verwaltungsrecht, § 4 Rn. 57; *Pietzcker*, DVBl. 1986,806(808); *Stern*, Staatsrecht III/1, S. 1347.

[442] *Kopp*, DVBl. 1983,821(828); *Maurer*, Allgemeines Verwaltungsrecht, § 4 Rn. 57.

[443] *Pietzcker*, DVBl. 1986,806(808).

[444] *Stern*, Staatsrecht III/1, S. 1347.

[445] So *Maurer*, Allgemeines Verwaltungsrecht, § 4 Rn. 57; *Schmidt-Aßmann*, in: FS Stern, S. 745(760).

2. Verpflichtung zur Gesetzesänderung

Der Gesetzgeber könnte verpflichtet sein, ein vom EGMR für konventionswidrig befundenes Gesetz zu ändern, sollte eine EMRK-konforme Auslegung nicht möglich sein.

Das BVerfG hat entschieden, dass der Gesetzgeber „die Möglichkeit" habe, entsprechend auf das Urteil zu reagieren[446]. Diese Möglichkeit muss aber als Verpflichtung verstanden werden[447]. Aus der Befolgungspflicht gemäß Art. 46 EMRK und der Verpflichtung aus Art. 1 EMRK, die Rechte und Freiheiten zu sichern, ergibt sich die Pflicht, auch künftige, gleichartige Konventionsverletzungen zu vermeiden[448]. Es reicht nicht hin, ausschließlich den bestehenden konventionswidrigen Zustand zu beenden[449]. Mithin muss der Gesetzgeber eine konventionswidrige Norm ändern.

3. Verpflichtung zur Verfassungsänderung?

Sollte der EGMR entscheiden, dass das GG im Widerspruch zur EMRK steht, könnte in gleicher Weise an eine Verpflichtung des verfassungsändernden Gesetzgebers gedacht werden, die Verletzung der EMRK durch Verfassungsänderung zu beseitigen.

Jedenfalls aus **völkerrechtlicher Sicht** könnte diese Verpflichtung bestehen. Für den EGMR ist die EMRK der einzige Maßstab[450]. Deshalb folgt aus Art. 46, 1 EMRK die Verpflichtung zur konventionskonformen Verfassungsänderung.

Aus **Sicht der Bundesrepublik** könnte sich ein anderes ergeben. So hebt das BVerfG hervor, dass sie durch die „Einfügung in die Rechtsgemeinschaft friedlicher und freiheitlicher Staaten nicht auf die in dem letzten Wort der deutschen Verfassung liegende Souveränität" verzichte[451]. Infolgedessen könnte ein Verstoß gegen Völkervertragsrecht erforderlich sein, um nicht einen Verstoß gegen die „tragenden Grundsätze der Verfassung" zu begehen[452]. Dieses Verständnis entspricht auch dem Rangverhältnis zwischen der EMRK als einfaches Bundesgesetz einerseits und dem Grundgesetz andererseits.

Da gemäß Art. 41 EMRK eine gerechte Entschädigung immer dann gewährt werden kann, wenn nach innerstaatlichem Recht nur eine unvollkommene Wiedergutmachung möglich ist, könnte es auch aus EMRK-völkerrechtlicher Sicht hinzunehmen sein, dass

---

446 *BVerfG*, Beschl. v. 14.10.2004, 2 BvR 1481/04, NJW 2004,3407(3410).

447 Vgl. *Bernhardt*, in: FS Doehring, S. 23(29); *Frowein*, in: HdbStR VII, § 180 Rn. 15; *Mückl*, Der Staat 2005,403(417); *Ress*, in: *Maier*, S. 227(235); *ders.*, EuGRZ 1996,350(352).

448 *EGMR*, Urt. v. 08.04.2004, 71503/01, NJW 2005,2207(2210).

449 Vgl. *Okresek*, EuGRZ 2003,168(171); *Pache*, EuR 2004,393(404); *Kokott*, in: Festgabe 50 Jahre Bundesverwaltungsgericht, S. 411(418); F/P, in: F/P, Art. 53 Rn. 7 m.w.N; *Weigend*, StV 2000,384(389); *Polakiewicz*, Die Verpflichtung der Staaten aus den Urteilen des Europäischen Gerichtshofs für Menschenrechte, S. 164 m.w.N.

450 Vgl. auch *Ress*, EuGRZ 1996,339(341).

451 *BVerfG*, Beschl. v. 14.10.2004, 2 BvR 1481/04, NJW 2004,3407(3408).

452 *BVerfG*, Beschl. v. 14.10.2004, 2 BvR 1481/04, NJW 2004,3407(3408).

die Verfassung die Grenze der Befolgungspflicht darstellt. Andererseits geht es hier um die Wiedergutmachung im konkreten Fall. Und die EMRK-Rechte sollen nicht „theoretische oder scheinbare Rechte“ bleiben, sondern „konkret und wirksam“ sein[453]. Aus völkerrechtlicher Sicht ist daher aus Art. 1 EMRK eine Verpflichtung auch zur Änderung der Verfassung anzunehmen.

Mit Blick auf die Ewigkeitsklausel des Art. 79 III GG in Verbindung mit Art. 1 II GG könnte sich aber aus bundesrepublikanischer Sicht eine zumindest differenzierte Betrachtungsweise ergeben:

Gemäß Art. 79 III GG ist eine „Änderung des Grundgesetzes, durch welche ... die in den Art. 1 und 20 GG niedergelegten Grundsätze berührt werden, unzulässig“. Bestimmte Entscheidungen stehen damit nicht zur Disposition des verfassungsändernden Gesetzgebers[454]. Wird das Bekenntnis zu unverletzlichen und unveräußerlichen Menschenrechten als Hinweis auf die Gewährleistungen der EMRK verstanden[455], könnte mit der generellen Nichtbeachtung des Urteils durch den Bundesgesetzgeber im Konfliktfall EMRK – GG ein Grundsatz im Sinne von Art. 79 III GG berührt sein. Anders ausgedrückt: Ginge im Zweifel immer das GG vor, stellte das Bekenntnis in Art. 1 II GG eine bloße Leerformel dar. Wegen des im Verhältnis zu den anderen Vorschriften der Verfassung höheren Ranges dieser Grundsätze müsste der Verfassungsgesetzgeber diesen Zustand abstellen[456]. Solange eine Verfassungsänderung also zwecks Herstellung eines konventionskonformen Zustands noch mit Art. 79 III GG vereinbar ist, könnte von einer Verpflichtung zur Verfassungsänderung ausgegangen werden.

Dazu müssten drei Voraussetzungen erfüllt sein.

In anbetracht der Tatsache, dass Verfassungsänderungen selten sind, kommt ein Konflikt eher zwischen der EMRK und dem GG in seiner ursprünglichen Form in Betracht. Deshalb müsste erstens neben dem verfassungsändernden Gesetzgeber[457] auch der originäre verfassungsgebende[458] an Art. 79 III GG gebunden sein.

Zweitens müssten zu den Grundsätzen im Sinne von Art. 1 GG die EMRK-Freiheiten gezählt werden können.

Und drittens müssten mit der Nichtbeachtung der EGMR-Entscheidung durch den verfassungsgebenden Gesetzgeber diese Grundsätze berührt werden. Sollte ein Berührung der Grundsätze im Sinne von Art. 79 III GG aber ohnehin nicht in Frage kommen, bräuchten auch die ersten beiden Punkte nicht entschieden zu werden.

---

[453] *EGMR*, Urt. v. 18,02.1999, 26083/94, NJW 1999,1173(1175).
[454] Vgl. *Stern* I, S. 113.
[455] Siehe Kapitel III B. III. 1.
[456] Vgl. *Stern* I, S. 114 m.w.N.
[457] Vgl. dazu *BVerfG*, Urt. v. 18.07.2005, 2 BvR 2236/04, Rn. 70, www.bundesverfassungsgericht.de.
[458] Dafür: *BVerfG*, Urt. v. 23.04.1991, 1 BvR 1170,1174,1175/90, E 84,90(121); Beschl. v. 14.02.1968, 2 BvR 557/62, E 23,98(106); Urt. v. 18.12.1953, 1 BvL 106/53, E 3,225(232). Dagegen: *Badura*, in: HdBStR VII § 189 Rn. 7; *Bryde*, in: MüK, Art. 79 Rn. 28; *Dreier*, in: DR, Art. 79 III, Rn. 11; *Pieroth*, in: J/P, Art. 79 Rn. 6.

Als Ausnahmevorschrift verstanden wäre Art. 79 III GG eng auszulegen[459]. Eine Berührung der Grundsätze im Sinne von Art. 79 III GG wird infolgedessen nur dann bejaht, wenn ihnen „im allgemeinen“ nicht mehr „Rechnung getragen“ wird[460]. Wenn im Konfliktfall das GG als maßgeblich angesehen wird, wird die EMRK überhaupt nicht mehr berücksichtigt. Insoweit könnte von einer „Berührung“ ausgegangen werden. Andererseits hat die Anwendung und Auslegung des Grundgesetzes EMRK-konform zu geschehen[461]. Von einer generellen Preisgabe und damit „Berührung“ der Grundsätze kann folglich nicht mehr gesprochen werden.

Wird Art. 79 III GG demgegenüber nicht nur als „Notbremse vor einem Umsturz der Verfassungsordnung[462]“ verstanden, soll nicht erst die generelle Preisgabe der Grundsätze, sondern jede Preisgabe dieser Prinzipien unzulässig sein[463]. Fraglich ist also, ob auch in der hier relevanten ausnahmsweisen Nichtbefolgung der Urteile eine entsprechende Preisgabe liegt.

Hier gilt es, folgendes zu beachten: Erstens macht die EMRK keine Vorgaben, wie sie in das innerstaatliche Recht zu inkorporieren ist[464]. Zweitens werden die einzelnen Rechte und Freiheiten der EMRK nicht über Art. 1 II GG zu Verfassungsrang erhoben. Dies ist bei der Untersuchung des Ranges der EMRK innerhalb der deutschen Normenhierarchie festgestellt worden[465]. Auch wenn man der EMRK trotzdem einen selbständigen normativen Gehalt über Art. 1 II GG zuerkennt[466], müsste dem Wortlaut „Grundsätze“ entsprechend ein weiteres Begriffsverständnis zugrunde gelegt werden. Wenn nun aber gleichzeitig außer Frage steht, dass die Urteile jedenfalls im Grundsatz zu befolgen sind, kann in der ausnahmsweisen Nichtbefolgung nicht eine Preisgabe des Bekenntnisses zur EMRK liegen. Vielmehr ist das aus bundesrepublikanischer Sicht die notwendige Konsequenz aus der Einordnung der EMRK in die Normenhierarchie als einfaches Bundesgesetz. Wenn diese Einordnung aber aus völkerrechtlicher Sicht hingenommen wird, muss es ebenso hingenommen werden, dass nicht immer eine Verfassungsänderung vorgenommen wird. Dementsprechend besteht unabhängig von der Interpretation des Art. 79 III GG keine Verpflichtung zur EMRK-konformen Verfassungsänderung.

---

459 *Bryde*, in: MüK, Art. 79 Rn. 28; *Dreier*, in: DR, Art. 79 III Rn. 15; *Pieroth*, in: J/P, Art. 79 Rn. 6.
460 *BVerfG*, Urt. v. 15.12.1970, 2 BvF 1/69, 2 BvR 629/68, 308/69, E 30,1(24).
461 Siehe Kapitel III, B III, 1.
462 *Alberts*, Die Änderungsbefugnisse der Legislative im Bereich der Verfassungsgerichtsbarkeit, S. 32.
463 *Alberts*, Die Änderungsbefugnisse der Legislative im Bereich der Verfassungsgerichtsbarkeit, S. 32; abweichende Meinung zu *BVerfG*, Urt. v. 15.12.1970, 2 BvF 1/69, 2 BvR 629/68, 308/69, E 30,35(90); *Häberle*, JZ 1971,145(149).
464 Siehe Kapitel II.
465 Siehe Kapitel III, B, V.
466 Dafür: *BVerfG*, Urt. v. 23.04.1991, 1 BvR 1170,1174,1175/90, E 84,90(121); Urt. v. 14.05.1996, 2 BvR 1938,2315/93, E 94,49(102). Dagegen: *Dreier*, in: DR, Art. 79 III Rn. 25; *Hain*, in: MKS Art. 79 III Rn. 70; *ders.*, in: Die Grundsätze des Grundgesetzes, S. 303; *Lücke*, in: *Sachs* Art. 79 Rn. 33.

II. Gerichtsentscheidung

Auch eine Gerichtsentscheidung kann gegen die EMRK verstoßen.

1. Wiederaufnahme des Verfahrens trotz rechtskräftigen Urteils?

Hat der EGMR dies festgestellt, ist zuvor der gesamte innerstaatliche Rechtsweg, einschließlich der Verfassungsbeschwerde, durchschritten worden. Deshalb wird das innerstaatliche Verfahren regelmäßig bereits rechtskräftig abgeschlossen sein. Mangels kassatorischer Wirkung der Entscheidung des EGMR könnte die Wiedergutmachung für die Folgen der Konventionsverletzung nur über die Wiederaufnahme des Verfahrens bewerkstelligt werden. Dann nämlich könnte das nationale Gericht die Entscheidung des EGMR befolgen, indem es eine Entscheidung trifft, die nunmehr konventionskonform ist. Inwieweit das innerhalb der deutschen Rechtsordnung möglich – und falls nicht – de lege ferenda geboten ist, soll im Folgenden untersucht werden.

a) Strafprozess

Im Strafprozess ist mit § 359 Nr. 6 StPO ausdrücklich ein Wiederaufnahmetatbestand vorgesehen[467]. Danach ist die Wiederaufnahme eines durch rechtskräftiges Urteil abgeschlossenen Verfahrens zugunsten des Verurteilten zulässig, wenn der EGMR einen Konventionsverstoß festgestellt hat und das Urteil darauf beruht. Die zuvor umstrittene Frage, ob eine Analogie zu § 359 Nr. 5 StPO oder § 79 I BVerfGG erforderlich und möglich ist[468], hat sich damit erledigt.

b) Zivil-, Verwaltungs-, Arbeitsgerichts-, Finanz- und Sozialgerichtsprozess

Den §§ 578 ff. ZPO (für den Verwaltungsprozess in Verbindung mit § 153 VwGO, für den arbeitsgerichtlichen Prozess in Verbindung mit § 79 S. 1 ArbGG, den finanzgerichtlichen Prozess in Verbindung mit § 134 FGO und den sozialgerichtlichen Prozess in Verbindung mit § 179 I SGG) ist eine entsprechende Vorschrift nicht zu entnehmen. Die direkte Anwendung dieser Vorschrift belässt es somit bei dem konventionswidrigen rechtskräftigen Urteil[469].

aa) Verpflichtung zur Wiederaufnahme?

Sollte die EMRK zur Wiederaufnahme verpflichten, könnte eine analoge Anwendung der oben genannten Vorschriften erfolgen, oder jedenfalls eine Verpflichtung des Gesetzgebers zur Einführung entsprechender Verfahren bestehen.

---

[467] Gesetz v. 09.07.1998, BGBl. I S. 1802.

[468] Vgl. ausführlich *Polakiewicz*, Die Verpflichtungen der Staaten aus den Urteilen des Europäischen Gerichtshofs für Menschenrechte, S. 128 ff.

[469] So auch *Ehlers* – Jura 2000,372(383); *ders.*, Die Europäisierung des Verwaltungsprozßrechts, S. 140; *Reinkenhof*, NJ 2004,250(251).

(1) Empfehlung Nr. R (2000)2 und R (2004)6

In diese Richtung zielt die Empfehlung Nr. R (2000)2 des Ministerkomitees ab[470]. Es fordert die Einführung von Wiederaufnahmeverfahren in den Rechtsordnungen der EMRK-Vertragsstaaten für den Fall, dass der EGMR einen Gerichtsverstoß gegen die EMRK festgestellt hat. Insbesondere nach schweren Konventionsverletzungen soll eine erneute Befassung durch die Gerichte erforderlich sein. Aus der Formulierung „especially where…“ (besonders, ganz besonders) ist aber zu folgern, dass es grundsätzlich und nicht nur in den explizit aufgeführten Fällen von der Notwendigkeit der Einführung eines Wiederaufnahmeverfahrens ausgeht. Dies wird bestätigt von Empfehlung Nr. R (2004)6 vom 12.05.2004[471]. Darin werden die Vertragsstaaten aufgefordert, nicht nur dem erfolgreichen Beschwerdeführer die Wiederaufnahme zu ermöglichen, sondern auch Betroffenen in gleich gelagerten Fällen. Einer solchen Empfehlung kommt aber keine rechtliche Verbindlichkeit zu[472]. Eine entsprechende Verpflichtung der Vertragsstaaten kann folglich allein der EMRK entnommen werden. Ob das der Fall ist, darüber herrscht Uneinigkeit.

(2) Generelle Ablehnung

Die Rechtsprechung[473] und die überwiegenden Stimmen in der Literatur[474] lehnen die Notwendigkeit eines Wiederaufnahmeverfahrens ab.

Die EMRK selbst verpflichte nicht dazu[475]. Dies sei Art. 41 EMRK zu entnehmen. Hier werde es hingenommen, dass nach innerstaatlichem Recht eine vollkommene Wiedergutmachung nicht immer möglich sei[476]. Damit werde Rücksicht genommen auf das Institut der Rechtskraft und den hohen Rang, der ihr in den Rechtsordnungen

---

[470] Recommendation No. R(2000)2, zu finden unter https://wcm.coe.int, Stand 16.11.2004.
[471] Recommendation No. R(2004)6, zu finden unter http://www.coe.int, Stand 15.04.2005.
[472] Vgl. *v. Epping*, in: *Ipsen*, Völkerrecht, § 34 Rn. 8.
[473] *BVerfG*, Beschl. v. 10.06.2005, 1 BvR 2790/04, EuGRZ 2005,426(429); Beschl. v. 05.04.2005, 1 BvR 1664/04, DVBl. 2005,761(761); Beschl. v. 14.10.2004, 2 BvR 1481/04, NJW 2004,3407(3411); Beschl. v. 11.10.1985, 2 BvR 336/85, ZaöRV 46 (1986),287(292); *BVerwG*, Beschl. v. 04.06.1998, 2 DW 3/97,NJW 1999,1649(1651); *OLG Dresden*, Beschl. v. 01.04.2004, 16 U 0297/04, VIZ 2004,459(459); *EGMR*, Urt. v. 01.06.2004, 44952/98, Valová ./. Slovakia, Rn. 52; Urt. v. 08.07.2003, 15227/03, EuGRZ 2004,777(778).
[474] *Bausback*, NJW 1999,2483(2483); *Cremer*, EuGRZ 2004,683(691); *Ehlers*, Die Europäisierung des Verwaltunsprozessrechts, S. 140; *ders.*, in: *ders.*, Europäische Grundrechte und Grundfreiheiten, § 2 Rn. 68; *Glauben*, DRiZ 2004,129(131); *Grabenwarter*, § 16 Rn. 4; *Meyer-Ladewig*, EMRK, Art. 46 Rn. 8; *Pache*, EuR 2004,393(404); *Polakiewicz*, Die Verpflichtungen der Staaten aus den Urteilen des Europäischen Gerichtshofs für Menschenrechte, S. 112; *ders.*, ZaöRV 52 (1992),804(822); *Reinkenhof*, NJ 2004,250(252); *Ress*, in: Europäischer Menschenrechtsschutz, S. 227(240); *Uerpmann*, Die Europäische Menschenrechtskonvention und die deutsche Rechtsprechung, S. 188.
[475] *BVerfG*, Beschl. v. 14.10.2004, 2 BvR 1481/04, NJW 2004,3407(3410).
[476] *Cremer*, EuGRZ 2004,683(691); *Häde/Jachmann*, ZBR 1997,9(10); *Polakiewicz*, Die Verpflichtungen der Staaten aus den Urteilen des Europäischen Gerichtshofs für Menschenrechte, S. 112; *ders.*, ZaöRV 1992,149(168); *ders.*, ZaöRV 1992,804(822).

der Vertragsstaaten zukomme[477]. Denn mit der Einführung eines solchen Wiederaufnahmetatbestandes sei mit einer Prozessflut unlängst abgeschlossener Verfahren zu rechnen[478]. Die einmal erzielte Rechtssicherheit sei – ebenso wie in den nationalen Rechtsordnungen – Bestandteil der EMRK[479] und lasse nur eine beschränkte Restitutionsverpflichtung zu[480]. So bestehe keine Verpflichtung, Handlungen oder Rechtslagen in Frage zu stellen, die zeitlich vor der Urteilsverkündung liegen[481].

Ebenso wenig verpflichte Art. 13 EMRK zur Wiederaufnahme[482]: Er garantiere zwar eine wirksame Beschwerdemöglichkeit. Eine Ausweitung der innerstaatlichen Wiederaufnahmetatbestände sei dafür aber nicht notwendig und damit auch nicht konventionsrechtlich vorgegeben[483]. Bestätigt werde dies durch eine systematische Betrachtung von Art. 13 EMRK einerseits und Art. 6 EMRK andererseits. Letzterer sei für das gerichtliche Verfahren die lex specialis[484]. Ein mehrstufiger Rechtsschutz sei hier nicht vorgesehen. Mithin könne aus dem allgemeineren Art. 13 EMRK eine entsprechende Erweiterung nicht abgeleitet werden[485]. Im Übrigen stünden Art. 13 und 46 EMRK in unterschiedlichen Abschnitten. Nur letzterer sei für die Wirkung der Urteile maßgeblich[486].

Hiernach ist eine Berücksichtigung der EGMR-Entscheidungen nur im Rahmen des geltenden Verfahrensrechts möglich[487]. Danach bleibt es dabei, dass eine Wiederaufnahme nur im Strafprozess möglich ist. Allerdings geht der EGMR davon aus, dass die Wiederaufnahme eines Verfahrens grundsätzlich ein angemessenes Instrument wäre, um einer EMRK-Verletzung im konkreten Fall zu begegnen[488].

(3) Bejahung einer Wiederaufnahmeverpflichtung

Demgegenüber werden verschiedene Begründungsversuche unternommen, eine Wiederaufnahmeverpflichtung zu begründen.

---

477 *BVerwG*, Beschl. v. 04.06.1998, 2 DW 3/97,NJW 1999,1649(1650); *BVerfG*, Beschl. v. 11.10.1985, 2 BvR 336/85, ZaöRV 46 (1986),287(292).
478 Vgl. *Bausback*, NJW 1999,2483(2483).
479 *EGMR*, Urt. v. 13.06.1979, Marckx ./. Belgien, EuGRZ 1979,454(460); vgl. Urt. v. 20.02.2003, 47316/99, NJW 2004,927(929).
480 *Ehlers*, in: *ders.*, Europäische Grundrechte und Grundfreiheiten, § 2 Rn. 68; F/P, in: F/P, Art. 53 Rn. 7; *Pache*, EuR 2004,393(404).
481 *EGMR*, Urt. v. 13.06.1979, Marckx ./. Belgien, EuGRZ 1979,454(460).
482 *Cremer*, EuGRZ 2004,683(691).
483 *BVerwG*, Beschl. v. 04.06.1998, 2 DW 3/97,NJW 1999,1649(1651).
484 Vgl. *EGMR*, Urteil v. 26.10.2000, 30210/96, HRLJ 2000,451(463).
485 *Polakiewicz*, Die Verpflichtungen der Staaten aus den Urteilen des Europäischen Gerichtshofs für Menschenrechte, S. 116.
486 *Polakiewicz*, Die Verpflichtungen der Staaten aus den Urteilen des Europäischen Gerichtshofs für Menschenrechte, S. 116.
487 Vgl. *BVerfG*, Beschl. v. 14.10.2004, 2 BvR 1481/04, NJW 2004,3407(3410); Beschl. v. 10.06.2005, 1 BvR 2790/04, EuGRZ 2005,426(429).
488 *EGMR*, Urt. v. 12.05.2005, 46221/99, www.echr.coe.int, Rn. 210; Urt. v. 08.07.2003, 15227/03, EuGRZ 2004,777(778).

Bei extensiver Auslegung der Art. 41 und 46 EMRK soll sich jedenfalls die Verpflichtung zur gesetzlichen Einführung eines Wiederaufnahmetatbestandes ergeben[489]: Art. 46 I EMRK verlange eine effektive Befolgung[490]. Mangels Kassationsmöglichkeit des EGMR sei dies bei rechtskräftig gewordenen Urteilen deren Wiederaufnahme[491]. Der Anspruch auf eine gerechte Entschädigung nach Art. 41 EMRK dürfe nicht dazu missbraucht werden, generell die Nichtbefolgung der Urteile des EGMR zu begründen. Die Leistung einer gerechten Entschädigung sei als „Zwischenzustand" zu begreifen[492]. Nur solange die nationale Rechtsordnung noch nicht EMRK-konform korrigiert wurde, dürfe darauf zurückgegriffen werden.

Ein weiteres Argument für eine Wiederaufnahmeverpflichtung wird aus dem Recht auf eine wirksame Beschwerde gemäß Art. 13 EMRK abgeleitet[493]. Gegen ein rechtskräftiges Urteil komme – soweit nicht bereits der Gesetzgeber reagiert habe[494] – als wirksamer Rechtsbehelf nur der außerordentliche der Wiederaufnahme in Betracht. Nur so könne die Beseitigung des konventionswidrigen Urteils bewirkt[495] und die Vollstreckung unterbunden[496] werden. Schließlich sei die generelle Einführung eines Wiederaufnahmeverfahrens erforderlich, um nicht gegen das Diskriminierungsverbot aus Art. 14 EMRK zu verstoßen. Habe sich eine Vertragspartei für die Einführung eines Wiederaufnahmeverfahrens entschieden – so geschehen in der Bundesrepublik mit § 359 Nr. 5 StPO – müsse sie dies auch in den anderen Verfahren, weil ein sachlicher Grund für eine Differenzierung nicht ersichtlich sei[497].

Auch das allgemeine Völkerrecht verpflichte zur Wiederaufnahme[498]. Danach sei durch einen Staat begangenes völkerrechtliches Unrecht – gleichgültig ob die Völkerrechtswidrigkeit auf allgemeinem oder partikularem Völkerrecht beruhe – durch den Staat wiedergutzumachen[499]. Und ein Urteil, das gegen einen völkerrechtlichen Vertrag verstoße, sei als entsprechendes Unrecht einzustufen[500].

---

489 *Ress*, EuGRZ 1996,350(352); *Selbmann*, NJ 2005,103(105).
490 *Schaffarzik*, DÖV 2005,860(866).
491 *Schaffarzik*, DÖV 2005,860(866).
492 *Ress*, EuGRZ 1996,350(352).
493 *Selbmann*, NJ 2005,103(106); *Kühl*, ZStW 100 (1988),407(424) zum rechtskräftigen Strafurteil; *Vogler*, in: *Maier*, Europäischer Menschenrechtsschutz, S. 321; Sattler, Wiederaufnahme des Strafprozesses nach Feststellung der Konventionswidrigkeit durch Organe der Europäischen Menschenrechtskonvention, S. 102, allerdings nur bezogen auf das rechtskräftige Strafurteil.
494 *Selbmann*, NJ 2005,103(106).
495 *Sattler*, Wiederaufnahme des Strafprozesses nach Feststellung der Konventionswidrigkeit durch Organe der Europäischen Menschenrechtskonvention, S. 101.
496 *Schumann*, NJW 1964,753(754+756); *Vogler*, in: *Maier*, Europäischer Menschenrechtsschutz, S. 321; *Zwingenberger*, S. 351.
497 *Selbmann*, NJ 2005,103(106).
498 *Schlosser*, ZZP 1966,164(189); *Schumann*, Verfassungs- und Menschenrechtsbeschwerde gegen richterliche Entscheidungen, S. 324.
499 *Schlosser*, ZZP 1966,164(189); *Schumann*, Verfassungs- und Menschenrechtsbeschwerde gegen richterliche Entscheidungen, S. 324.
500 *Schumann*, Verfassungs- und Menschenrechtsbeschwerde gegen richterliche Entscheidungen, S. 324.

Schließlich wird dem Grundgesetz eine Verpflichtung zur Wiederaufnahme entnommen: Grundlage dieser Annahme ist die Einordnung der EMRK als zwischenstaatliche Einrichtung im Sinne von Art. 24 GG. Über Art. 24 GG in Verbindung mit den Rechten und Freiheiten der EMRK könne die Ablehnung eines Wiederaufnahmeverfahrens als ein Verstoß gegen das Grundgesetz bewertet werden[501]. Mithin könne der Betroffene diesen Verstoß im Wege der Verfassungsbeschwerde geltend machen[502]. Oder es wird auf das Verfassungsprinzip der Völkerrechtsfreundlichkeit abgestellt[503]. Eine effektive Bindung an die EGMR-Entscheidung und damit eine Verhinderung einer weiteren EMRK-Verletzung lasse sich nur über die Durchbrechung der Rechtskraft erzielen[504].

(4) Eigener Ansatz

Bei der Frage nach dem Bestehen einer Wiederaufnahmeverpflichtung geht es letztlich um eine Abwägung zwischen der materiellen Individualgerechtigkeit auf der einen Seite und dem Grundsatz der Rechtssicherheit und des Rechtsfriedens auf der anderen Seite[505]. Aus Gründen der Individualgerechtigkeit mag es rechtspolitisch bedenklich erscheinen, ein Wiederaufnahmeverfahren abzulehnen, wenn der Betroffene vor dem EGMR einen Sieg errungen hat[506]. Denn auch im Zivil-, Verwaltungs-, Finanz- und Sozialgerichtsprozess könnte eine Wiedergutmachung nur durch eine Wiederaufnahme möglich sein[507] und damit ein Bedürfnis für die Durchbrechung der Rechtskraft bestehen[508]. Für die Bejahung eines Wiederaufnahmeverfahrens müsste das Überwiegen der Individualgerechtigkeit aber auch rechtlich zu begründen sein. Die bisher vorgetragenen Lösungswege haben dies noch nicht vermocht:

Nach hier vertretener Auffassung ist ein Rückgriff auf Art. 24 GG nicht möglich, ist doch die Eigenschaft der EMRK als zwischenstaatliche Einrichtung im Sinne von Art. 24 GG hier abgelehnt worden[509]. Auch wird nicht unmittelbar auf das Prinzip der Völkerrechtsfreundlichkeit abgestellt werden können. Zwar mag die Einführung eines Wiederaufnahmetatbestandes eine besonders wirksame Befolgung der Urteile darstellen. Auf der vorgelagerten völkervertraglichen Ebene müsste zuvor aber erst geklärt sein, ob die EMRK tatsächlich zwingend eine Wiederaufnahme erfordert. Falls nicht, besteht kein Konflikt zum Völkerrecht, so dass das Prinzip der Völkerrechtsfreundlichkeit nicht zum Tragen kommt.

---

501 *Langenfeld*, in: *Bröhmer*, Der Grundrechtsschutz in Europa, S. 95(106).
502 *Langenfeld*, in: *Bröhmer*, Der Grundrechtsschutz in Europa, S. 95(106).
503 *Sauer*, ZaöRV 2005,35(58).
504 *Sauer*, ZaöRV 2005,35(58).
505 Vgl. *Kopp/Schenke*, § 153 Rn. 1.
506 So auch *Bausback*, NJW 1999,2483(2484); ähnlich *Bernhardt*, in: FS Doehring, S. 23(30); *Breuer*, EuGRZ 2005,471(473).
507 *Meyer-Ladewig*, EMRK, Art. 46 Rn. 8.
508 *Meyer-Ladewig*, in: *ders.*, Sozialgerichtsgesetz, § 179 Rn. 3c.
509 Siehe Kapitel III. B. V.

Auch fragt sich, ob ein Rückgriff auf die allgemeinen Regeln des Völkerrechts, mit denen die EMRK so weit wie möglich übereinstimmend ausgelegt werden soll[510], zum Ziel führen kann. Zwar besagt Art. 12 der draft articles on Responsibility of States for internationally wrongful acts (DA), die mittlerweile in Rs. 56/83 vom 28.01.2002 von der Generalversammlung der Vereinten Nationen angenommen wurden[511]: „There is a breach of an international obligation by a State when an act of that State is not in conformity with what is required of it by that obligation, regardless of its origin or character". Darunter soll auch ein "failure to comply with treaty obligations", also die Verletzung eines völkerrechtlichen Vertrages zu verstehen sein[512]. Eine solche Verletzung könnte darin bestehen, dass der Vertragsstaat ohne die Bereitstellung eines Wiederaufnahmeverfahrens gegen die aus Art. 46 und Art. 1 EMRK folgende Verpflichtung verstößt, jedes Hindernis im innerstaatlichen Recht zu beseitigen[513]. Da gemäß Art. 30 DA die Verpflichtung besteht, jede noch andauernde Verletzung sofort zu beenden und angemessene Maßnahmen zu ergreifen, um eine Wiederholung zu vermeiden, könnte tatsächlich von einer allgemeinen völkerrechtlichen Verpflichtung zur Durchführung eines Wiederaufnahmeverfahrens ausgegangen werden. Gleichzeitig besagt Art. 53 DA aber ausdrücklich, dass „these articles do not apply where and to the extent that the conditions for the existence of an internationally wrongful act ... are governed by special rules of international law". Sollten also völkervertragliche Spezialregelungen existieren, kommt ein Rückgriff auf die allgemeinen Regeln des Völkerrechts nicht in Betracht[514]. Und im Verhältnis zu allgemeinen Regeln des Völkerrecht stellt die EMRK eine lex specialis dar[515]. Insoweit ist auf Art. 41 EMRK zu verweisen. Die dort vorgesehene Möglichkeit einer gerechten Entschädigung bei Unmöglichkeit einer Wiedergutmachung nach innerstaatlichem Recht spricht demnach grundsätzlich gegen die Verpflichtung zur Wiederaufnahme.

Auf der anderen Seite verlangt Art. 1 EMRK, dass die Vertragsstaaten allen ihrer Hoheitsgewalt unterstehenden Personen die Rechte und Freiheiten der EMRK zusichern. Ebenso spricht die Präambel von einer „kollektiven Garantie bestimmter Rechte". Auch wenn ihr die rechtliche Verbindlichkeit fehlt[516], ist sie gemäß Art. 31 II WVK aber für die Auslegung des Vertrages heranzuziehen[517]. Vor diesem Hintergrund wäre es widersprüchlich, nach Erkennen des Defizits – Nichtbefolgung der Urteile des

---

510 *EGMR*, Urt. v. 13.09.2005, 77710/01, www.echr.coe.int, Rz. 75; Urt. v. 22.03.2001, 34044/96, 35532/97, 44801/98, www.echr.coe.int, Rz. 90; Urt. v. 21.11.2001, 35763/97, www.echr.coe.int, Rz. 55.

511 Zu finden unter: www.un.org/Depts/dhl/resguide/r56.htm.

512 Commentaries to the draft articles on Responsibility of States for internationally wrongful acts adopted by the International Law Commission at its fifty-third session (2001), S.68, zu finden unter: www.un.org/law/ilc/texts/State_responsibility/responsibility_commentaries(e).pdf; ICJ, Urt. V. 25.09.1997, Hungary ./. Slovakia, Rn. 51, 57, www.icj-cij.org/icjwww/idocket/ihs_ijudgment_970925_fram.htm.

513 Vgl. *EGMR*, Urt. v. 08.04.2004, 71503/01, EuGRZ 2004,268(275).

514 Vgl. *Cremer*, EuGRZ 2004,683(691).

515 *EGMR*, Urt. v. 21.11.2001, 35763/97, www.echr.coe.int, Rz. 55.

516 Vgl. *EGMR*, Urt. v. 18.01.1979, EuGRZ 1979,149(159); *Frowein*, in: F/P, Präambel, Rn. 5 m.w.N.

517 Vgl. *EGMR*, Urt. v. 22.12.2004, 54082/00, Androna ./. Romania, Rn. 44.

EGMR gemäß Art. 46 EMRK mangels eines Wiederaufnahmeverfahrens – dieses Defizit nicht per legem zu beseitigen. Soweit dem entgegengehalten werden sollte, dass der deutsche Gesetzgeber mit seinem Zustimmungsgesetz zur EMRK nicht eine unmittelbare Wirkung der EGMR-Urteile herbeiführen wollte[518], ist dem zu entgegnen, dass die Gerichte im Rahmen des Wiederaufnahmeverfahrens die Möglichkeit hätten, die EMRK in der Auslegung durch den EGMR nunmehr zu berücksichtigen und eine konventionskonforme Lösung zu finden. Eine unmittelbare Durchbrechung durch die Urteile des EGMR fände also gar nicht statt.

Damit ist festgestellt, dass Art. 1 EMRK verlangt, der materiellen Individualgerechtigkeit auch zur praktischen Wirksamkeit zu verhelfen. Auf der anderen Seite ist auch dem Konventionsrecht der Grundsatz der Rechtssicherheit bekannt[519]. Dies spricht dafür zu akzeptieren, dass auch aus konventionsrechtlicher Sicht irgendwann ein gerichtliches Verfahren sein Ende gefunden haben muss. Folglich stehen sich hier zwei unterschiedliche rechtlich geschützte Interessen gegenüber.

Dieser Konflikt könnte im Rahmen praktischer Konkordanz aufgelöst werden. Es müsste versucht werden, beiden widerstreitenden Interessen im Rahmen einer Güter- und Werteabwägung zu optimaler Wirksamkeit zu verhelfen, um Widersprüche zueinander zu vermeiden[520]. Erst wenn sich das nicht erreichen lassen sollte, ist zu entscheiden, welches Interesse zurückzutreten hat[521].

Voraussetzung dafür ist, dass der Grundsatz der praktischen Konkordanz und damit die Anwendung des Verhältnismäßigkeitsprinzips auch im Rechtssystem der EMRK bekannt ist. So wird auch hier eine Abwägung zwischen widerstreitenden Interessen vorgenommen, um ein angemessenes Verhältnis zwischen ihnen herbeizuführen[522]. Zwar wurde der Verhältnismäßigkeitsgrundsatz zunächst nur herangezogen, wenn es um die Prüfung von Maßnahmen auf ihre Notwendigkeit[523] oder die Rechtfertigung einer Ungleichbehandlung ging[524]. Aber auch im Rahmen der EMRK besteht das Bedürfnis, potentielle Widersprüche aus dem Weg zu räumen[525]. Dies zeigt beispielhaft der hier in Rede stehende Konflikt zwischen dem Grundsatz der Rechtssicherheit, der für die Rechtskraft der Urteile spricht, und der Verpflichtung zur Sicherung der EMRK-Grundrechte, die für ein Wiederaufnahmeverfahren spricht. Mithin muss es auch hier zu einer Abwägung und Gewichtung der widerstreitenden Interessen kommen:

---

[518] *Bausback*, NJW 1999,2483(2483).

[519] Vgl. *EGMR*, Urt. v. 13.06.1979, Marckx ./. Belgien, EuGRZ 1979,454(460); vgl. auch *Ress*, in: *Maier*, S. 237: Bei der Rechtssicherheit handle es sich um ein der EMRK „inhärentes Prinzip“.

[520] Vgl. *Stern* I 133; *Hesse*, Grundzüge des Verfassungsrechts der Bundesrepublik Deutschland, 72.

[521] *BVerfG*, Beschl. v. 17.07.1984, 1 BvR 816/82, E 67,213(228); Beschl. v. 13.01.1982, 1 BvR 848/77, E 59,231(261 ff.); Urt. v. 05.06.1973, 1 BvR 536/72, E 35,202(225).

[522] Vgl. *Frowein*, in: F/P Vorb. 8 – 11, Rn. 16 m.w.N; *Häberle*, Europäische Verfassungslehre, S. 342; *Hoffmeister*, Der Staat 40,349(355); *Streuer*, Die positiven Verpflichtungen des Staates, S. 264.

[523] *EGMR*, Urt. v. 22.10.1981, EuGRZ 1983,488(492); Urt. v. 18.02.1991. EuGRZ 1993,552(554); Urt. v. 21.11.2001, 37112/97, Rn. 33.

[524] Vgl. *Häberle*, Europäische Verfassungslehre, S. 384; *Bleckmann*, Ermessensfehlerlehre, S. 92.

[525] *Hesse*, Grundzüge des Verfassungsrechts der Bundesrepublik Deutschland, 71.

Bejahte man generell – und nicht nur im konkreten Fall – die Notwendigkeit eines Wiederaufnahmeverfahrens, müsste eine Vielzahl von bereits abgeschlossenen Fällen wieder aufgerollt werden. Dies könnte weit in die Vergangenheit zurückreichen. Mithin liefe der Grundsatz der Rechtssicherheit, der über die Rechtskraft sichergestellt wird, leer. Eine vollständige Missachtung des einen Rechtsguts wäre aber kein optimaler Ausgleich im Sinne praktischer Konkordanz[526]. Eine generelle Wiederaufnahmeverpflichtung kommt somit nicht in Betracht.

Davon zu unterscheiden ist aber der Fall, dass jemand mit seiner Individualbeschwerde vor dem EGMR Erfolg hatte. Versucht man, hier eine Gewichtung vorzunehmen, könnte im Zivil- und Verwaltungsprozess – anders als im Strafprozess – zunächst von einer größeren Bedeutung der Rechtssicherheit ausgegangen werden. Nur im Strafprozess geht es um besonders intensive Eingriffe in die Freiheit des konventionswidrig Verurteilten, so dass im Zivil- und Verwaltungsprozess eine gerechte Entschädigung als hinreichende Kompensation für ein konventionswidriges Urteil hingenommen werde könnte.

Andererseits könnten die von der EMRK garantierten Rechte dann nur begrenzt realisiert werden, schließlich wäre eine restitutio in integrum nunmehr ausgeschlossen. Grundsätzlich ist es aber das vorrangige Ziel, eine Wiedergutmachung zu bewerkstelligen, durch die die vor der Verletzung bestehende Situation so weit wie möglich wiederhergestellt wird[527]. Diese begrenzte Freiheitsverwirklichung könnte als eine unzumutbare Belastung angesehen werden[528]. Dies muss im Verhältnis zur Rechtssicherheit umso mehr gelten, als dass letztere nur geringfügig beeinträchtigt wäre. Beschränkt man nämlich die Wiederaufnahmeverpflichtung auf den konkreten Fall und beläßt es im Übrigen bei dem Grundsatz, dass die Urteile des EGMR Wirkung nur für die Zukunft entfalten[529], ist eben nicht mit einer Prozessflut durch unter Umständen unzählige Wiederaufnahmeverfahren zu rechnen. Insoweit kann der Beschwerdeführer mit einem verglichen werden, der erfolgreich eine Verfassungsbeschwerde gegen einen bestandskräftig gewordenen Vollzugsakt erhoben hat. Für den Kläger des Ausgangsverfahrens, der eine Verfassungsbeschwerde erhoben hat, ist ex tunc eine Behebung vorzunehmen[530], weil ihm – der nicht untätig geblieben ist – die „Prämie für Initiative und Risikobereitschaft" gebührt[531]. Nur in diesem Fall ist also von einem Vorrang von Individual- und Einzelfallgerechtigkeit auszugehen.

(5) Ergebnis

Hat der EGMR festgestellt, dass ein Gericht mit seinem Urteil gegen die EMRK verstoßen hat, und ist dieses mittlerweile rechtskräftig geworden, so besteht im konkreten

---

[526] Vgl. *Stern* I, S. 133.
[527] Vgl. *EGMR*, Urt. v. 08.04.2004, 71503/91, EuGRZ 2004,268(275).
[528] So auch *Langenfeld*, in: *Bröhmer*, S. 106.
[529] Vgl. F/P, Art. 53 Rn. 6 m.w.N.
[530] Vgl. *BVerfG*, Beschl. v. 24.11.1998, 2 BvL 26/91, 5-10/96, 3-6/97, E 99,300(331).
[531] *Bethge*, in: MSKB, § 79 Rn. 4; *Pietzner*, in: *Schoch/Schmidt-Aßmann/Pietzner*, VwGO, § 183 Rn. 13 m.w.N.

Fall die konventionsrechtliche Verpflichtung und nicht nur das rechtspolitische Bedürfnis[532], ein Wiederaufnahmeverfahren zuzulassen. Aus Gründen der Rechtssicherheit hat dies aber keine Auswirkungen auf andere, bereits ebenfalls rechtskräftig abgeschlossene Verfahren.

Für den deutschen Gesetzgeber bedeutet das: Er muss für diesen Fall im Zivil-, Verwaltungs-, Arbeitsgerichts-, Finanz- und Sozialgerichtsprozess einen Wiederaufnahmetatbestand einführen.

bb) Analoge Anwendung der zivilprozessualen Wiederaufnahmetatbestände?

Wegen dieser bestehenden Umsetzungspflicht des deutschen Gesetzgebers, der er bisher nur im Strafprozess (§ 359 Nr. 6 StPO) nachgekommen ist, könnte mit Hilfe konventionskonformer Auslegung auf das bestehende Recht zurückgegriffen werden[533].

Hier bieten sich § 580 Nr. 6 und 7 lit. b ZPO (gegebenenfalls in Verbindung mit § 153 VwGO, § 79 S. 1 ArbGG, § 134 FGO oder § 179 I SGG) an.
Gemäß **§ 580 Nr. 6 ZPO** findet die Restitutionsklage statt, wenn ein Urteil eines ordentlichen Gerichts, eines früheren Sondergerichts oder eines Verwaltungsgerichts, auf welches das Urteil gegründet ist, durch ein anderes rechtskräftiges Urteil *aufgehoben* ist. Ein endgültiges Urteil im Sinne von Art. 46 EMRK könnte noch als rechtskräftiges im Sinne von § 580 Nr. 6 ZPO angesehen werden. Mangels kassatorischer Wirkung des Feststellungsurteils des EGMR findet eine Aufhebung im Sinne von § 580 Nr. 6 ZPO aber nicht mehr statt[534].

Nach **§ 580 Nr. 7 lit. b ZPO** findet die Restitutionsklage statt, wenn die Partei eine andere *Urkunde auffindet* oder *zu benutzen in den Stand gesetzt wird,* die eine ihr *günstigere Entscheidung* herbeigeführt haben würde.
Zwar stellt ein Urteil eine konstitutive Urkunde dar, weil es den zu beweisenden Vorgang unmittelbar enthält[535]. Die Urkunde müsste aber auch aufgefunden oder die Partei sie zu benutzen in Stand gesetzt worden sein. Fraglich ist, ob noch von einem Auffinden oder einer Benutzungsmöglichkeit gesprochen werden kann, wenn das EGMR-Urteil und damit die Urkunde erst nach dem Prozess erlassen wird. Der Grund des Wiederaufnahmeverfahrens besteht darin, dass der Kläger im Vorprozess – unverschuldet[536] – daran gehindert war[537], dem Gericht eine Urkunde vorzulegen, die ihm einen günstigeren Ausgang des Verfahrens beschert hätte[538]. Die Urkunde darf also

[532] So aber *EGMR*, Urt. v. 12.05.2005, 46221/99, www.echr.coe.int, Rn. 210.
[533] Vgl. *Frowein*, JuS 1983,845(850).
[534] So auch *OLG Dresden*, Beschl. v. 01.04.2004, 16 U 0297/04, VIP 2004,459(459).
[535] Vgl. *Musielak*, Grundkurs ZPO, Rn. 446.
[536] *Reichold*, in: *Thomas/Putzo*, ZPO, § 580 Rn. 16+17.
[537] Ebenso: *Ehlers*, Die Europäisierung des Verwaltungsprozesses, S. 140; *Geimer*, in: *Zöller*, ZPO, Einleitung Rn. 136; *ders.*, Jura 2000,372(382); *Glauben*, DRiZ 2004,129(131); *Mayer-Ladewig*, in: *Schoch/Schmidt-Aßmann/Pietzner*, § 153 Rn. 7; *Reinkenhof*, NJ 2004,250(251); *Ress*, in: *Maier*, S. 240; *OLG Dresden*, Beschl. v. 01.04.2004, 16 U 0297/04, VIP 2004,459(459).
[538] Vgl. *BVerwG*, Beschl. v. 07.07.1999, 8 B 66/99, NVwZ 1999,1335(1335); *OLG Dresden*, Beschl. v. 01.04.2004, 16 U 0297/04, VIP 2004,459(459).

nicht erst nach der Entscheidung des Tatsachengerichts errichtet worden sein[539], sondern hätte jedenfalls theoretisch bereits im Prozess nutzbar gemacht werden können müssen[540]. Folglich ist ein erst später erlassenes Urteil des EGMR hier nicht relevant.

Als **Zwischenergebnis** ist somit festzuhalten: Eine unmittelbare Anwendung der zivilprozessualen Vorschriften kommt nicht in Betracht. Indem § 580 Nr. 6 ZPO aber das rechtliche Schicksal von Urteilen betrifft, die auf aufgehobenen Urteilen beruhen, könnte § 580 Nr. 6 ZPO analog eine Wiederaufnahme möglich machen.

(1) Ablehnung einer analogen Anwendung

Eine analoge Anwendung der Wiederaufnahmetatbestände wird überwiegend aber ausdrücklich abgelehnt[541].

Einmal werden die Wiederaufnahmetatbestände für abschließend gehalten[542]. Darüber hinaus wird die für die Analogie erforderliche planwidrige Regelungslücke bestritten[543]: Es sei gerade nicht Wille des Gesetzgebers gewesen, immer dann, wenn später in höchstrichterlichen Entscheidungen eine dem Urteil widersprechende Rechtsansicht vertreten werde, die Rechtskraft zu durchbrechen. Dies belege § 79 BVerfGG. Dort habe sich der Gesetzgeber für die Wiederaufnahme ausdrücklich nur im Strafprozess entschieden. Im Übrigen solle es der Rechtssicherheit und des Rechtsfriedens willen bei der Rechtskraft bleiben, selbst wenn das Urteil auf einer vom BVerfG für nichtig erklärten Norm beruhe und damit materiell-rechtlich offensichtlich unrichtig sei.

Und wer bereits eine konventionsrechtliche Verpflichtung zur Einführung eines Wiederaufnahmeverfahrens ablehnt, verneint folgerichtig auch die Notwendigkeit einer Analogie[544]. Mangels einer entsprechenden Verpflichtung sei es Sache des Gesetzgebers, die Abwägungsentscheidung zwischen der Rechtssicherheit auf der einen Seite und der materiellen Individualgerechtigkeit auf der anderen Seite zu treffen[545].

---

539 Vgl. *BVerwG*, Beschl. v. 07.07.1999, 8 B 66/99, NVwZ 1999,1335(1335).

540 *Reinkenhof*, NJ 2004,250(251).

541 *BVerwG*, Bechluss v. 05.06.1998, 2 DW 3/97, NJW 1999,1649(1650); *OLG Dresden*, Beschl. v. 01.04.2004, 16 U 0297/04, VIZ 2004,459(459); *Bausback*, NJW 1999,2483(2483); *Ehlers*, Die Europäisierung des Verwaltungsprozesses, S. 140; *Meyer-Ladewig*, in: *Schoch/Schmidt-Aßmann/Pietzner*, § 153 Rn. 7; *Polakiewicz*, Die Verpflichtungen der Staaten aus den Urteilen des Europäischen Gerichtshofs für Menschenrechte, S. 113; *Ress*, in: *Maier*, S. 240.

542 *Meyer-Ladewig*, in: *Schoch/Schmidt-Aßmann/Pietzner*, § 153 Rn. 7.

543 *Ehlers*, Die Europäisierung des Verwaltungsprozesses, S. 140; vgl. auch *BayVGH*, Urt. v. 25.03.1992, 3 B 91.2846, DVBl. 1993,55(57) zu einer Entscheidung des BVerfG; *BFH*, Beschl. v. 27.09.1977, VII K 1/76, E 123,310(311) zu einer Entscheidung des EuGH.

544 *Polakiewicz*, Die Verpflichtungen der Staaten aus den Urteilen des Europäischen Gerichtshofs für Menschenrechte, S. 113.

545 *BVerwG*, Beschl. v. 04.06.1998, 2 DW 3/97, NJW 1999,1649(1650); vgl. auch *Musielak*, in: *ders.*,, Kommentar zur ZPO, § 578 Rn. 1.

(2) Bejahung einer analogen Anwendung

Demgegenüber wird teilweise eine Analogie befürwortet[546].

Ausgehend von der Annahme einer völkerrechtlichen Verpflichtung zur Einführung eines Wiederaufnahmetatbestandes wird im Rahmen völkerfreundlicher Gesetzesinterpretation die analoge Anwendung der zivilprozessualen Wiederaufnahmetatbestände als eine Möglichkeit angesehen, die völkerrechtliche Verantwortlichkeit der Bundesrepublik zu verhindern[547]. Die dafür erforderliche planwidrige Regelungslücke wird mit dem Sinn und Zweck der Restitutionsklage begründet: Sie bezwecke, „evidente und liquide Verfälschungen der Urteilsgrundlage zu korrigieren"[548]. Wenn nun die Entscheidungen des EGMR von den nationalen Gerichten zu befolgen seien, sei von einer entsprechenden Verfälschung auszugehen[549].

(3) Eigener Ansatz

Zwar wird auch hier von der konventionsrechtlichen Verpflichtung zur Einführung eines Wiederaufnahmetatbestandes ausgegangen[550]. Dies allein kann aber noch nicht zu einer Analogie führen. Sollte die Gesetzesauslegung nämlich ergeben, dass nach deutschem Recht eine analoge Anwendung nicht durchführbar ist, dürften die Gerichte wegen ihrer Bindung an Recht und Gesetz (vgl. Art. 20 III GG) nicht contra legem einen Wiederaufnahmetatbestand schaffen. Dann müssten sie eine entsprechende Einführung durch den Gesetzgeber abwarten.

Voraussetzung für eine analoge Anwendung ist neben der planwidrigen Regelunglücke und der vergleichbaren Interessenlage zunächst die Analogiefähigkeit der Wiederaufnahmetatbestände.

(a) Analogiefähigkeit

Teilweise wird wegen des Ausnahmecharakters der Wiederaufnahmevorschriften die Auflistung in § 580 ZPO für abschließend gehalten[551]. Der Regelungszweck, das Ansehen der Gerichte und das Vertrauen in die Rechtsprechung zu wahren, verbiete eine extensive Auslegung der Vorschriften[552].

---

[546] *Geimer*, in: *Zöller*, ZPO, Einleitung Rn. 136; *ders.*, IZPR Rn. 217; *Hoffmeister*, Der Staat 40, 374; *Mückl*, Der Staat 2005,403(429); *Schlosser*, ZZP 1966,164(186); *Schumann*, NJW 1964,753(754); *Selbmann*, NJ 2005,103(106).

[547] *Hoffmeister*, Der Staat 40,274; *Schlosser*, ZZP 1966,164(186); *Schumann*, NJW 1964,753(754). Sie alle bleiben aber die Benennung konkreter Vorschriften schuldig; *Mückl*, Der Staat 2005,403(429) und *Selbmann*, NJ 2005,103(106) sprechen sich indes für § 580 Nr. 7b ZPO aus.

[548] *Schlosser*, ZZP 1966,164(187); *Schumann*, NJW 1964,753(754).

[549] *Schlosser*, ZZP 1966,164(186).

[550] Siehe Kapitel IV, B, II., 1. b) (4).

[551] *Kopp/Schenke*, VwGO, § 153 Rn. 8; *Mayer-Ladewig*, in: *Schoch/Schmidt-Aßmann/Pietzner*, § 153 Rn. 7.

[552] *Hartmann*, in: *Baumbach/Lauterbach/Alber/Hartmann*, § 580 Rn. 2.

Ausführlich ist aber bereits von Gaul[553] nachgewiesen worden, dass der außerordentliche Charakter der Wiederaufnahmetatbestände als Argument für die Analogiefeindlichkeit nicht hinreichend ist: Nur, weil durch einen Rechtssatz ein bestimmter Fall geregelt werde, müsse er keineswegs für alle übrigen Fälle unanwendbar sein[554]. Eine enumerative Auflistung weise nur dann auf eine vollkommen abschließende Wirkung hin, wenn sich dies auch aus dem Gesetzeszweck folgern ließe[555]. Und solange eine erweiternde Auslegung nicht zur Überschreitung des darin liegenden Prinzips führe, sei sie auch zulässig[556].

Sinn und Zweck der Restitutionsklage ist es zu verhindern, dass das Vertrauen in die Rechtsprechung zerstört wird. Denn blieben für jedermann erkennbar unrichtige Urteile aufrecht erhalten, wäre das allgemeine Rechtsgefühl zutiefst erschüttert[557]. Teilweise wird hier allerdings eine Einschränkung vorgenommen[558]: Bei der Auslegung der Wiederaufnahmetatbestände müsse berücksichtigt werden, dass die Rechtskraft das Vertrauen in das einmal endgültig festgestellte Urteil sichere und deshalb eine erneute Überprüfung des Urteils grundsätzlich ausgeschlossen sei[559]. Mithin könne es allein auf die später festgestellte sachliche Unrichtigkeit nicht ankommen[560]. Nur Verfahrensfehler ließen sich demgegenüber ohne erneute sachliche Überprüfung feststellen[561]. Für die Feststellung, dass das rechtskräftige Urteil im Ergebnis falsch sei, müsse es aber zu einer erneuten sachlichen Prüfung kommen. So ein Verstoß gegen die Rechtskraft lasse sich nur dann rechtfertigen, wenn das Interesse an der Korrektur dieses Fehlers im Verhältnis zur Rechtskraft überwiege[562]. Da diese Konstruktion – Unterscheidung zwischen Verfahrensfehlern im Sinne von § 580 Nr. 1-5 ZPO und Ergebnisfehlern im Sinne von § 590 Nr. 6-7 ZPO – aber keine Auswirkungen auf die Analogiefähigkeit von § 580 Nr. 6 ZPO habe[563], braucht hierauf hier nicht näher eingeangen zu werden.

Da das Urteil des EGMR gemäß Art. 46 EMRK endgültig ist und nun niemand mehr die Konventionswidrigkeit im konkreten Fall bestreiten kann[564], ist für jedermann erkennbar die Konventionswidrigkeit des für das rechtskräftige Urteil entscheidungser-

---

553 *Gaul*, Die Grundlagen des Wiederaufnahmerechts und die Ausdehnung der Wiederaufnahmegründe, S. 34-45.

554 *Gaul*, Die Grundlagen des Wiederaufnahmerechts und die Ausdehnung der Wiederaufnahmegründe, S.39.

555 *Gaul*, Die Grundlagen des Wiederaufnahmerechts und die Ausdehnung der Wiederaufnahmegründe, S. 46+52.

556 *Braun*, in: MüKo, ZPO, Vor § 578 Rn. 7.

557 Vgl. *BGH*, Urt. v. 21.01.1988, III ZR 252/86, E 103,121(125); *BAG*, Urt. v. 07.11.2002, 2 AZR 297/01, NJW 2003,2849(2852); *Gaul*, NJW 1964,515(517); *Haueisen*, NJW 1965,1214(1215); *Musielak*, in: *Musielak*, Kommentar zur ZPO, § 580 Rn. 1.

558 *Braun*, Rechtskraft und Restitution, S. 244, *ders.*, in: MüKo, ZPO, Vor § 578 Rn. 8.

559 *Braun*, Rechtskraft und Restitution, S. 244, *ders.*, in: MüKo, ZPO, Vor § 578 Rn. 8.

560 *Braun*, Rechtskraft und Restitution, S. 255.

561 *Braun* in: MüKo, ZPO, § 580 Rn. 9.

562 *Braun* in: MüKo, ZPO, § 580 Rn. 9.

563 *Braun*, Restitution und Rechtskraft, S. 404.

564 Siehe oben.

heblichen Urteils und damit die offenbare Unrichtigkeit des rechtskräftigen Urteils festgestellt. Die prinzipielle Analogiefähigkeit kann folglich nicht bestritten werden.

(b) Planwidrige Regelungslücke und vergleichbare Interessenlage

Fraglich ist, ob darüber hinaus auch die Voraussetzungen einer Analogie erfüllt sind.

Erstens müsste eine **planwidrige Regelungslücke** auszumachen sein. Die gesetzliche Regelung müsste – gemessen an ihrer eigenen Regelungsabsicht – unvollständig sein[565].

Ein Vergleich mit § 79 BVerfGG spricht zunächst gegen die Annahme einer planwidrigen Regelungslücke. Denn wenn nur gegen ein Strafurteil, das auf einer mit dem GG unvereinbaren Gesetzesauslegung beruht, das Wiederaufnahmeverfahren zulässig soll, im Übrigen die Rechtskraft aber unberührt bleiben soll, ließe sich hören, dass das dann erst recht für einen festgestellten EMRK-Verstoß gelten müsse, schließlich genießt die EMRK nur den Rang eines einfachen Bundesgesetzes[566].

Andererseits ist durch Gesetz vom 09.07.1998[567] § 359 Nr. 6 StPO eingeführt worden. Dieser sieht nun ausdrücklich einen Wiederaufnahmegrund im Strafprozess vor, sollte der EGMR eine Konventionsverletzung festgestellt haben und das Strafurteil darauf beruhen. In der ZPO ist eine entsprechende Regelung nicht vorgesehen, obwohl auch hier Fälle auftreten können, in denen nur durch eine Wiederaufnahme eine Wiedergutmachung im Sinne von Art. 46 EMRK erzielt werden könnte[568]. Der Gesetzgeber hat den Wiederaufnahmegrund des § 359 Nr. 6 StPO aber nur deshalb eingeführt, weil er eine konventionsfreundliche Ausgestaltung des innerstaatlichen Rechts gewährleisten wollte[569], auch wenn er sich von Verfassungs wegen dazu nicht verpflichtet sah[570]. Daher könnte angenommen werden, dass er für die übrigen Verfahren (noch) kein Regelungsbedürfnis gesehen hatte[571]. Immerhin war bis dahin ein entsprechender Fall noch nicht aufgetreten[572].

Nach dem hier vertretenen Standpunkt besteht im konkreten Fall aber eine konventionsrechtliche Verpflichtung zur Durchführung des Wiederaufnahmeverfahrens. Diesen Fall hat der Gesetzgeber damals nicht in seinen Willen aufgenommen, schließlich hat er sich nur mit der Notwendigkeit eines strafrechtlichen Wiederaufnahmeverfahrens auseinandergesetzt. Mithin kann von einer planwidrigen Regelungslücke ausgegangen werden.

Es fragt sich aber, ob auch eine **vergleichbare Interessenlage** auszumachen ist, ob also der gesetzlich geregelte Tatbestand dem nicht geregelten hinreichend ähnlich

---

565 Vgl. *Larenz*, Methodenlehre der Rechtswissenschaft, S. 359.
566 Siehe Kapitel III B. V.
567 BGBl. I, 1802.
568 So auch *Meyer-Ladewig*, EMRK Handkommentar, Art. 46 Rn. 8.
569 BT-Drucks. 13/10333, S. 4.
570 BT-Drucks. 13/10333, S. 4.
571 So *Reinkenhof*, NJ 2004,250(251).
572 So *Reinkenhof*, NJ 2004,250(251); *Meyer-Ladewig*, EMRK Handkommentar, Art. 46 RN. 8.

ist[573]. Die Feststellung der Konventionswidrigkeit durch den EGMR müsste mit der rechtskräftigen Aufhebung des Urteils eines ordentlichen Gerichts, eines Sondergerichts oder eines Verwaltungsgerichts im Sinne von § 580 Nr. 6 ZPO vergleichbar sein.

Diese Vergleichbarkeit könnte sich aus der ständigen Erweiterung des § 580 Nr. 6 ZPO ergeben. Ursprünglich beschränkte sich § 580 Nr. 6 ZPO a.F. auf die Fälle, in denen das Urteil auf einem aufgehobenen Strafurteil beruhte. Später[574] hat dann eine Erweiterung auf aufgehobene Urteile eines ordentlichen Gerichts, eines Sondergerichts oder eines Verwaltungsgerichts stattgefunden. Grund für diese Erweiterung ist die Erkenntnis gewesen, dass rechtskräftige Urteile immer dann überprüft werden müssen, wenn die Richtigkeit eines Urteils erkennbar in Frage steht, weil andernfalls das Vertrauen in die Rechtsprechung erschüttert wäre[575]. Dieser übergeordnete Gesichtspunkt wird mittlerweile auch dann angenommen, wenn ein Verwaltungsakt, auf den das Urteil gegründet ist, aufgehoben wurde[576]. Dieser fortschreitenden extensiven Auslegung liegt das Verständnis zugrunde, dass die materielle Gerechtigkeit die Durchbrechung der Rechtskraft rechtfertigen kann, vorausgesetzt, dem Urteil ist eine seiner tragenden Grundlagen entzogen worden.

Von hier aus könnte es nur noch ein kleiner Schritt sein, auch dann eine für jedermann erkennbare Erschütterung der Grundlagen des Urteils anzunehmen, wenn der EGMR die Konventionswidrigkeit einer für das rechtskräftige Urteil maßgeblichen Entscheidung festgestellt hat.

Nun bewirkt zwar das Urteil des EGMR nicht die Aufhebung eines anderen Urteils. Gleichwohl hat das Feststellungsurteil des EGMR gemäß Art. 46 EMRK weitreichende Konsequenzen. Es bewirkt, dass niemand die Konventionswidrigkeit des Urteils mehr bestreiten kann[577] und dass dessen weitere Vollstreckung zu unterbleiben hat, soweit sie noch nicht vollendet worden ist[578]. Darüber hinaus wird die völkerrechtliche Verantwortlichkeit der Bundesrepublik begründet. Sie kann gemäß Art. 41 EMRK dazu verurteilt werden, eine gerechte Entschädigung zu zahlen.

Trotz fehlender Kassation stellt so ein Urteil also ein Fehlurteil dar. Wenn nun aber das rechtskräftige Urteil auf so ein Fehlurteil gegründet ist, kann es nicht darauf ankommen, ob das Fehlurteil aufgehoben wurde oder nicht. Rein faktisch ist dem rechtskräftigen Urteil eine wesentliche Grundlage entzogen worden. Dies ist auch für jeder-

---

[573] Vgl. *Larenz*, Methodenlehre der Rechtswissenschaft, S. 365.
[574] RGBl. I, 783, 1933.
[575] Vgl. *BAG*, Urt. v. 25.11.1980, 6 AZR 210/80, NJW 1981,2023(2024).
[576] Vgl. *BAG*, Urt. v. 25.11.1980, 6 AZR 210/80, NJW 1981,2023(2024); *BVerwG*, Beschl. v. 09.02.1993, 11 B 81/92, NVwZ-RR 1994,60(60); *Haueisen*, NJW 1965,1214(1215).
[577] *BVerfG*, Beschl. v. 14.10.2004, 2 BvR 1481/04, NJW 2004,3407(3409); Beschl. v. 11.10.1985, 2 BvR 336/85, EuGRZ 1985,654(656); *Frowein*, HdBStR VII, § 180 Rn. 19; *Häde/Jachmann*, ZBR 1997,8(11); *Mayer-Ladewig/Petzold*, NJW 2005,15(16); *Polakiewicz*, ZaöRV 52 (1992),804(817).
[578] *Ehlers*, Die Europäisierung des Verwaltungsrozessrechts, S. 140; *ders.*, DVBl. 2004,1441(1451); *Frowein*, JuS 1986,845(850).

mann erkennbar. Ein unbeirrtes Festhalten im Namen der Rechtskraft müsste zu einem erheblichen Vertrauensverlust in die Rechtsprechung führen.

Eine andere Beurteilung könnte sich allenfalls dann ergeben, wenn bei restriktiver Auslegung des § 580 Nr. 6 ZPO[579] die festgestellte Unrichtigkeit des Urteils allein nicht ausreichen sollte, sondern zusätzlich für eine Wiederaufnahme das Interesse an der Korrektur des Fehlers gegenüber der Rechtskraft überwiegen müsste[580]. Mit Blick auf das grundsätzliche Überwiegen der materiellen Individualgerechtigkeit im Verhältnis zur Rechtssicherheit nach endgültig festgestellter EMRK-Verletzung[581] und die Beachtlichkeit der Urteile des EGMR[582] wird aber auch diese einschränkende Voraussetzung erfüllt sein. Denn versagte man trotz der endgültig festgestellten Konventionsverletzung durch das der wiederaufzunehmenden Entscheidung zugrundeliegende Urteil eine Wiederaufnahme, würde letztlich doch faktisch die Konventionswidrigkeit des zugrundeliegenden Urteils bestritten werden.

(c) Zwischenergebnis

In allen Varianten – den in § 580 Nr. 6 ZPO genannten, der Aufhebung eines entscheidungserheblichen Verwaltungsaktes sowie die Feststellung der Konventionswidrigkeit durch den EGMR – ist für jedermann die Unrichtigkeit des Urteils erkennbar geworden, weil ihm seine rechtliche Grundlage entzogen wurde. Daher ist mit der Bejahung der vergleichbaren Interessenlage auch eine analoge Anwendung des § 580 Nr. 6 ZPO zu bejahen.

cc) Analoge Anwendung von § 359 Nr. 6 StPO?

§ 580 Nr. 6 ZPO erfasst aber nur den Fall, dass ein Urteil, auf welches das wiederaufzunehmende Urteil beruht, aufgehoben beziehungsweise nach hier vertretener Auffassung vom EMGR für konventionswidrig befunden wurde. Demjenigen, der konkret vor dem EGMR einen Sieg errungen hat, ist damit noch nicht geholfen. Für diesen Fall könnte sich eine Wiederaufnahme durch die analoge Anwendung von § 359 Nr. 6 StPO bewerkstelligen lassen[583]. Denn § 359 Nr. 6 StPO räumt demjenigen ein Wiederaufnahmerecht ein, der konkret vor dem EGMR obsiegt hat[584].

Die dafür erforderliche planwidrige Regelungslücke wird aus der Notwendigkeit eines Wiederaufnahmeverfahrens abgeleitet. Es komme deswegen nicht darauf an, was der Gesetzgeber bei Erlass der Regelung tatsächlich wollte, sondern was er hätte wollen müssen[585].

---

[579] Vgl. Kapitel IV B I. 1. b) bb) (1) (a).
[580] *Braun*, Restitution und Rechtskraft, S. 404.
[581] Siehe Kapitel IV B I. 1. b) aa) (4).
[582] Siehe Kapitel IV A II. 5.
[583] Dafür: *Sauer*, ZaöRV 2005,35(58).
[584] Vgl. *Meyer*, in: *Großner*, StPO, § 359 Rn. 52 ; *Frister/Reiters*, in: *Rudolphi*, StPO, § 359 Rn. 75.
[585] *Sauer*, ZaöRV 2005,35(58).

Und der vergleichbaren Interessenlage soll nicht entgegenstehen, dass es bei der strafprozessualen Rechtskraftdurchbrechung im Gegensatz zur zivilprozessualen nur um das Interesse des Verurteilten einerseits und das der Öffentlichkeit an Rechtssicherheit und Rechtsfrieden andererseits gehe[586]. Die außerhalb des Strafprozesses gegebenenfalls berührten rechtlichen Interessen Dritter sollen durch eine Abwägung im Einzelfall berücksichtigt werden[587]. Erst wenn danach die Interessen des Beschwerdeführers überwiegen, soll die Interessenlage mit der des Strafprozesses vergleichbar sein[588].

Die planwidrige Regelungslücke ließe sich hier ebenso wie bei der analogen Anwendung des § 580 Nr. 6 ZPO begründen. Da der Gesetzgeber bei Erlass des § 359 Nr. 6 ZPO die Notwendigkeit eines Wiederaufnahmeverfahrens nicht gesehen hat, kann er sich diesbezüglich auch keine Gedanken gemacht haben[589]. Gegen eine vergleichbare Interessenlage spricht aber, dass es im Straf- und Strafprozessrecht als dem Verfahren zur Verwirklichung und Durchsetzung des materiellen Strafrechts[590] um die Wahrnehmung von Strafgewalt[591] und damit um besonders gravierende Grundrechtseingriffe[592] und letztlich um die Menschenwürde[593] geht. Untermauert wird dies durch § 359 Nr. 5 StPO. Dass hier anders als in den anderen Wiederaufnahmeregelungen jede neue Tatsache oder jedes neue Beweismittel die Wiederaufnahme rechtfertigt, ist ein Hinweis auf die strukturelle Unvergleichbarkeit des Strafprozesses einerseits und des Zivilprozesses andererseits[594]. Deshalb wäre es unzulässig, der Rechtskraft im Strafprozess die gleiche Bedeutung wie im Zivilprozess zukommen zu lassen[595]. Das entspricht der Wertung sowohl des Art. 7 I EMRK als auch des Art. 103 II GG, der für das Strafrecht eine lex specialis zum allgemeinen Gesetzesvorbehalt, zum Bestimmtheitsgrundsatz und zum Rückwirkungsverbot darstellt[596]. Zwar wird nur vereinzelt aus dem Zweck des Art. 103 II GG, Rechtssicherheit und Willkürfreiheit zu garantieren, die Notwendigkeit abgeleitet, Art. 103 II GG auf das gesamte Strafprozessrecht zu erstrecken[597]. Überwiegend werden demgegenüber sowohl Art. 7 I EMRK[598] als auch Art. 103 II GG[599] auf das Strafverfahrensrecht für unanwendbar gehalten. Aber man wird das Strafverfahren, das der Durchführung und Verwirklichung des materiellen Strafrechts dient, nicht isoliert betrachten dürfen. So wird die Strafgewalt durch insti-

---

[586] *Sauer*, ZaöRV 2005,35(58).
[587] *Sauer*, ZaöRV 2005,35(59).
[588] *Sauer*, ZaöRV 2005,35(59).
[589] Siehe Kapitel IV B II. 1. b) bb) (3) (b).
[590] Vgl. *Hill*, in: HdBStR VI, § 156 Rn. 2.
[591] Vgl. *Hill*, in: HdBStR VI, § 156 Rn. 2.
[592] Vgl. *Stern* III/2, S. 1201, 1203.
[593] *Sachs*, BayVBl. 1979,385(389).
[594] *Sachs*, BayVBl. 1979,385(389).
[595] Vgl. *Eschelbach*, in: Kommentar zur StPO, Vor § 359 Rn. 18.
[596] Vgl. *Pieroth*, in: J/P, Art. 103 Rn. 40.
[597] *Dannecker*, Das intertemporale Strafrecht, S. 316 ff., 321.
[598] *Frowein*, in: F/P, Art. 7 Rn. 5; *Meyer-Ladewig*, EMRK, Art. 7 Rn. 5; *Schmidt-Aßmann*, in: MD, Art. 103 II Rn. 250.
[599] *BVerfG*, Beschl. v. 12.04.2005, 2 BvR 581/01, NJW 2005,1338(1339); Beschl. v. 27.01.1992, 2 BvR 294/91, NJW 1992,2877(2877); *Degenhart*, in: *Sachs*, Art. 103 Rn. 59; *Pieroth*, in: J/P, Art. 103 Rn. 42; *Rüping*, in: BK, Art. 103 II Rn. 76; *Schulze-Fielitz*, in: DR, Art. 103 II Rn. 22.

tutionell-organisatorische (vgl. Art. 92, 97, 101 I 2 GG) und verfahrensrechtliche (vgl. Art. 19 IV, 103 I, 104 II – IV GG) Vorgaben beschränkt[600]. Und die speziellen verfahrensrechtlichen Vorgaben der Art. 104 II – IV GG weisen auf die besondere Eingriffsintensität des Strafverfahrens hin. Wegen dieser Wertungsunterschiede zwischen dem Strafprozess und den anderen Prozessordnungen stellte die analoge Anwendung des § 359 Nr. 6 StPO in den anderen Verfahrensordnungen einen Fremdkörper dar. Untermauert wird dies durch die Systematik der anderen Prozessordnungen. So verweisen die §§ 153 I VwGO, 79 S. 1 ArbGG, 134 FGO und 179 I SGG für die Wiederaufnahme gerade nur auf die ZPO und nicht auf die StPO. Würden die Gerichte trotzdem § 359 Nr. 6 StPO analog anwenden, verstießen sie gegen ihre Bindung an das Gesetz gemäß Art. 20 III GG. Insoweit ist der Gesetzgeber gefragt. Denn seine Aufgabe ist es primär, den Konflikt zwischen der Rechtssicherheit auf der einen Seite und der materiellen Gerechtigkeit auf der anderen Seite zu lösen[601].

c) Verfassungsprozess

Im Verfassungsprozess ist eine Wiederaufnahme des Verfahrens mit § 61 BVerfGG nur für die Richteranklage (Art. 98 II GG) vorgesehen. Aber auch in anderen Verfahren, hier insbesondere der Verfasssungsbeschwerde gemäß Art. 93 I Nr. 4a GG, könnte die Notwendigkeit eines Wiederaufnahmeverfahrens bestehen[602], schließlich werden die Entscheidungen des BVerfG bereits im Zeitpunkt ihrer Verkündung rechtskräftig[603].

Somit erhebt sich die Frage, ob ein vor dem EGMR erfolgreicher Beschwerdeführer auch beim BVerfG die Wiederaufnahme seines rechtskräftig abgeschlossenen Verfassungsbeschwerdeverfahrens beantragen kann oder ob zumindest der Gesetzgeber einen entsprechenden Wiederaufnahmetatbestand schaffen muss.

aa) Notwendigkeit einer Wiederaufnahme?

So wird die generelle Ablehnung der Wiederaufnahme beziehungsweise der Abänderung einer rechtskräftig gewordenen Entscheidung des BVerfG als mit dem Aspekt materieller Gerechtigkeit für unvereinbar gehalten[604]. Wegen der Heranziehung der EMRK-Freiheiten und der EGMR-Rechtsprechung zur Auslegung von Inhalt und Schranken der Grundrechte[605] könnte deshalb mit der endgültigen Entscheidung des

---

[600] Vgl. *Eschelbach*, in: Kommentar zur StPO, Vor § 359 Rn. 18; *Hill*, in: HdBStR VI, § 156 Rn. 4; *Schmidt-Aßmann*, in: MD, Art. 103 II, Rn. 171.

[601] *BVerfG*, Beschl. v. 08.05.1973, 2 BvL 5,6,7,13/72, E 35,41(47); Beschl. v. 14.03.1963, 1 BvL 28/62, E 15,313(319); Urt. v. 18.12.1953, 1 BvL 106/53, E 3,225(237).

[602] Vgl. *Vogel*, in: Bundesverfassungsgericht und Grundgesetz, S. 569(623).

[603] Vgl. *Bethge*, in: MSKB, § 31 Rn. 40.

[604] *BVerfG*, Beschl. v. 25.03.1986, 1 BvL 5/80, 1 BvR 1023,1052/83, 1227/84, E 72,84(88); *Geiger*, Gesetz über das BVerfG, § 33 Anm. 8; *Klein*, in: *Benda/Klein*, Rn. 1308; *Sachs*, Die Bindung des BVerfG an seine Entscheidungen, S. 144; *Vogel*, in: Bundesverfassungsgericht und Grundgesetz, S. 569(623).

[605] Siehe Kap. III B III.

EGMR der Entscheidung des BVerfG die Grundlage entzogen und damit die Vermutung in ihre Richtigkeit widerlegt worden sein.

Sollte es einem gestellten Wiederaufnahmeantrag jedoch mit Blick auf das Gebot der Rechtswegerschöpfung (§ 90 II 1 BVerfGG) und das Subsidiaritätsprinzip immer am Rechtsschutzbedürfnis fehlen, weil die Wiederaufnahme auch bei den Fachgerichten beantragt werden könnte, bedürfte es keiner Wiederaufnahme des verfassungsgerichtlichen Verfahrens.

So wird zum Rechtsweg zwar das Wiederaufnahmeverfahren nicht gezählt[606]. Das Subsidiaritätsprinzip verlangt aber, dass der Beschwerdeführer alle möglichen, zumutbaren[607] und effektiven Grundrechtsschutz gewährenden Mittel[608] ergreift, um die geltend gemachte Verfassungsverletzung zu korrigieren[609]. Daher könnte von ihm die erneute Anrufung der Fachgerichte verlangt werden[610]. Es kommt also darauf an, ob auch mit Hilfe der Wiederaufnahme des Verfahrens vor den Fachgerichten ein konventionskonformer Zustand wiederhergestellt werden kann. Bejahendenfalls wäre eine Wiederaufnahme des Verfassungsprozesses wegen fehlenden Rechtsschutzbedürfnisses unzulässig.

Bei Urteilsverfassungsbeschwerden sind die Fachgerichte selbst kompetent, bei erneuter Befassung mit der Sache eine nunmehr konventions- und verfassungskonforme Entscheidung zu treffen[611]. Da es sich bei der EMRK um ein Bundesgesetz handelt, sind sie ohnehin in erster Linie gefragt, schließlich kann das BVerfG nur mittelbar über die Grundrechte auf die EMRK zurückgreifen.

Fraglich ist, ob gleiches auch für eine Rechtssatzverfassungsbeschwerde gilt. Hier ist bei der Prüfung der Zulässigkeit einer Verfassungsbeschwerde zur Wahrung des Subsidiaritätsprinzips grundsätzlich eine inzidente fachgerichtliche Kontrolle vorzunehmen, damit das BVerfG einen in tatsächlicher und rechtlicher Hinsicht umfassend geprüften Fall vorgelegt bekommt und die Fachgerichte gegebenenfalls eine verfassungskonforme Auslegung der Norm vornehmen können[612]. Dies soll auch bei self-executing Normen, die den Fachgerichten noch einen Entscheidungsspielraum lassen, gelten[613]. Fehlt ein entsprechender Spielraum, wird in der fachgerichtlichen Prüfung

---

[606] *Sturm*, in: *Sachs*, Art. 94 Rn. 16.

[607] *BVerfG*, Beschl. v. 19.09.2003, 1 BvR 1557/03, Rz. 4, Juris-Nr. KVRE 317970301.

[608] *BVerfG*, Urt. v. 16.02.2000, 1 BvR 420/97, E 102,26(32); Beschl. v. 02.12.1986, 1 BvR 1509/83, E 74,69(75).

[609] Vgl. *BVerfG*, Beschl. v. 09.10.2001, 1 BvR 622/01, E 104,65(70); Beschl. v. 18.12.1996, 1 BvR 748/93, 616, 1228/95, E 95,163(171); Beschl. v. 03.10.1989, 1 BvR 1245/88, E 81,22(27).

[610] Vgl. *BVerfG*, Kammerbeschl. v. 22.01.1992, 2 BvR 40/92, NJW 1992,1030(1030).

[611] Vgl. *BVerfG*, Beschl. v. 27.09.2005, 2 BvR 172/04, Rz. 13, Juris-Nr. KVRE 331570501.

[612] Vgl. *BVerfG*, Beschl. v. 04.08.2004, 1 BvR 1076/04, Rz. 5, Juris-Nr. 323970401; Urt. v. 16.02.2000, 1 BvR 420/97, E 102,26(32); Beschl. v. 14.01.1998, 1 BvR 1995, 2248/94, E 97,157(166); vgl. ausführlich *Hövel*, Zulässigkeits- und Zulassungsprobleme der Verfassungsbeschwerde gegen Gesetze, S. 124.

[613] *BVerfG*, Beschl. v. 19.09.2003, 1 BvR 1557/03, Rz. 4, Juris-Nr. KVRE 317970301.

teilweise ein unzulässige verdeckte prinzipale[614] und nicht nur inzidente Normenprüfung[615] gesehen. Diese Frage könnte im hier interessierenden Fall aber irrelevant sein:

Sofern der fachgerichtliche Rechtsschutz nämlich von vornherein offensichtlich ungeeignet ist, die unmittelbaren Normwirkungen einer gerichtlichen Prüfung zu unterziehen, mithin effektiver Rechtsschutz nicht möglich ist, ist unmittelbar das BVerfG anzurufen[616]. Dann wäre der Verweis auf die fachgerichtliche Prüfung unzumutbar[617]. Letzteres könnte hier anzunehmen sein[618]. In tatsächlicher und rechtlicher Hinsicht ist der Fall bereits bewertet worden, als der Instanzenzug durchschritten wurde. Hat der EGMR jetzt die Konventionswidrigkeit festgestellt, geht es nur noch um die Frage, wie sein Urteil befolgt werden kann. Lässt das Gesetz einen hinreichenden Auslegungsspielraum, so können und müssen die Fachgerichte eine konventionskonforme Auslegung vornehmen. Ergibt sich aus dem EGMR-Urteil aber, dass die Norm keinen hinreichenden Auslegungsspielraum belässt, müssten die Fachgerichte das BVerfG über Art. 100 I GG anrufen, weil sie gültige Gesetze anwenden müssen[619]. Hier ist es offensichtlich, dass ein Wiederaufnahmeantrag bei den Fachgerichten erfolglos verlaufen wird. Immer dann also, wenn es um eine Norm geht, die keinen Spielraum für eine konventionskonforme Auslegung lässt, wird man einem Antrag auf Wiederaufnahme des verfassungsgerichtlichen Verfahrens nicht das Rechtsschutzbedürfnis absprechen dürfen.

Trotzdem könnte mit Blick auf das Rangverhältnis GG – EMRK die Notwendigkeit eines Wiederaufnahmeverfahrens vor dem BVerfG abzulehnen sein. Dagegen spricht aber, dass die EMRK-Freiheiten und die EGMR-Rechtsprechung zur Auslegung von Inhalt und Schranken der Grundrechte heranzuziehen sind[620]. Zudem sieht sich das BVerfG wegen der Völkerrechtsfreundlichkeit des GG und insbesondere dem Bekenntnis zum Kernbestand internationaler Menschenrechte in Art. 1 II GG dazu berufen, eine völkerrechtliche Verantwortlichkeit der Bundesrepublik zu verhindern und zu beseitigen[621]. Ist daher für alle Beteiligten endgültig und verbindlich ein Verstoß gegen die EMRK festgestellt worden, besteht genauso wie in den anderen Verfahren im konkreten Fall[622] die Notwendigkeit einer Wiederaufnahme des Verfahrens. Insoweit ist auch hier der Gesetzgeber gefordert.

---

[614] So *Bethge*, in: MSKB, § 90 Rn. 407.
[615] So *BVerfG*, Beschl. v. 02.12.1986, 1 BvR 1509/83, E 74,69(75); *Hövel*, Zulässigkeits- und Zulassungsprobleme der Verfassungsbeschwerde gegen Gesetze, S. 122.
[616] Vgl. *BVerfG*, Urt. v. 16.02.2000, 1 BvR 420/97, E 102,26(32).
[617] *Voßkuhle*, in: MKS, Art. 93 I Nr. 4a, Rn. 191.
[618] So *Schaffarzik*, DÖV 2005,860(866).
[619] Siehe Kap. IV B. I. a) cc) (1).
[620] Siehe Kapitel III B III.
[621] *BVerfG*, Beschl. v. 14.10.2004, 2 BvR 1481/04, NJW 2004,3407(3410).
[622] Siehe dazu Kap. IV B II. 1. b) aa) (5).

bb) Analoge Anwendung der zivilprozessualen Wiederaufnahmetatbestände?

Darüber hinaus könnte – wie in den anderen Verfahrensordnungen auch[623] – § 580 Nr. 6 ZPO zur Anwendung kommen müssen. Dies ließe sich nur über eine doppelte Analogie bewerkstelligen. Denn unmittelbar ist § 580 Nr. 6 ZPO selbst im Zivilprozess nicht anwendbar, wenn ein Urteil auf einem vom EGMR für konventionswidrig befundenen Urteil beruht[624].

Es könnte aber auch § 61 I 1 BVerfGG analog anzuwenden sein. Dies wird jedenfalls für die Präsidentenanklage (Art. 61 GG), das Parteiverbots- (Art. 21 II GG) und das Grundrechtsverwirkungsverfahren (Art. 18 GG) in Erwägung gezogen[625]. Indem § 61 I 1 BVerfGG auf § 359 StPO verweist, könnte mit § 359 Nr. 6 StPO so sogar dem vor dem EGMR siegreichen Beschwerdeführer selbst geholfen werden. Durch diesen Verweis auf § 359 StPO erhält § 61 I 1 BVerfGG aber strafprozessualen Charakter. Eine vergleichbare Interessenlage ließe sich damit nur für die Verfahen begründen, die ebenso von strafprozessualem Charakter sind. Dies ließe sich für die Präsidentenanklage oder das Parteiverbotsverfahren begründen[626], nicht jedoch für die hier interessierende Verfassungsbeschwerde, die keinen Sanktionscharakter erkennen lässt. Aus gleichen Gründen muss eine analoge Anwendung des § 359 Nr. 6 StPO scheitern.

In Betracht kommt also nur die doppelt analoge Anwendung des § 580 Nr. 6 ZPO. Dass § 580 Nr. 6 ZPO im Zivilprozess analog anzuwenden ist, ist bereits festgestellt worden[627]. Zu untersuchen bleibt damit, ob auch für den Verfassungsbeschwerdeprozess eine Analogie, also eine planwidrige Regelungslücke und eine vergleichbare Interessenlage auszumachen ist.

Das BVerfG hat bisher offengelassen, ob unter Heranziehung der Grundsätze für die Wiederaufnahme von Verfahren in den Verfahrensordnungen anderer Gerichtsbarkeiten, insbesondere der §§ 578 ff. ZPO, eine Wiederaufnahme statthaft sein könnte[628]. Und ohne § 579 I Nr. 1 ZPO ausdrücklich analog anzuwenden, hat es entschieden, dass auch im Verfassungsprozess eine nicht ordnungsgemäß besetzte Richterbank immer einen wesentlichen Verfahrensmangel darstellt[629].

(1) Planwidrige Regelungslücke

Ob eine planwidrige Regelungslücke für die analoge Anwendung zivilprozessualer Vorschriften besteht, ist umstritten.

---

[623] Siehe Kapitel IV B II 1. b) bb) (3) (c).
[624] Siehe Kapitel IV B II 1. b).
[625] *Vogel*, in: Bundesverfassungsgericht und Grundgesetz, S. 569(623).
[626] *Sachs*, Die Bindung des Bundesverfassungsgerichts an seine Entscheidungen, S. 145; *ders.*, BayVBl. 1979,385(389).
[627] Siehe Kapitel IV B II. 1. b) bb).
[628] *BVerfG*, Urt. v. 30.05.1983, 2 BvR 409/83, Rz. 1, Juris-Nr. BVRE 101008309.
[629] *BVerfG*, Urt. v. 23.10.1952, 1 BvR 1/51, E 2,1(9).

Einerseits wird eine planwidrige Regelungslücke und damit ein ungeschriebenes Wiederaufnahmeverfahren abgelehnt[630]: Wegen der Bedeutung der Rechtskraft könne nicht von einem unbewußten Außerachtlassen des Gesetzgebers ausgegangen werden, zumal in § 61 BVerfGG ausnahmesweise ein Wiederaufnahmetatbestand geschaffen worden sei[631]. Auch die mögliche Aufhebung nach § 40 BVerfGG sei ein systematischer Hinweis darauf, dass der Gesetzgeber sich mit der grundsätzlichen Unabänderlichkeit rechtskräftiger Entscheidungen des BVerfG gedanklich auseinandergesetzt habe[632]. Ein Fehlen von Wiederaufnahmetatbeständen lasse sich zudem mit einer erhöhten Gewähr für die Richtigkeit der Entscheidungen des BVerfG rechtfertigen[633]. Das Fehlen von Wiederaufnahmetatbeständen könne somit nicht planwidrig sein.

Dem wird entgegnet, dass den §§ 40 und 61 BVerfGG keine abschließende Entscheidung des Gesetzgebers entnommen werden könne[634]. Sie beträfen spezielle Aufhebungsmöglichkeiten mit insbesondere strafprozessualem Charakter[635]. Ein Umkehrschluss, der auf ein Aufhebungsverbot in sämtlichen anderen verfassungsgerichtlichen Verfahren schließe lasse, sei somit nicht anzunehmen[636].

Für den hier interessierenden Fall, dass der EGMR eine Entscheidung des BVerfG für konventionswidrig befunden hat, ist davon auszugehen, dass sich der Gesetzgeber keine Gedanken über eine mögliche Wiederaufnahme gemacht haben wird. Denn bislang ist er noch nicht von einer grundsätzlichen Verpflichtung zur Wiederaufnahme ausgegangen[637]. Folglich ist auch hier von einer planwidrigen Regelungslücke auszugehen.

(2) Vergleichbare Interessenlage

Schließlich bedürfte es noch einer vergleichbaren Interessenlage. Im Verfassungsprozess müsste es dazu ebenso wie in den anderen Verfahrensordnungen um einen Konflikt zwischen materieller Gerechtigkeit auf der einen Seite und Rechtssicherheit und –frieden auf der anderen Seite gehen[638]. Dies wird auch sowohl von Befürwortern als auch Gegnern einer analogen Anwendung angenommen[639]. Dem Argument aber, bei Entscheidungen des BVerfG sei von einer erhöhten Richtigkeitsgewähr ausgehen[640], wird jedoch entgegengesetzt, dass die Bedeutung der BVerfG-Entscheidung lediglich

---

630 *Klein*, in: *Benda/Klein*, Rn. 1306 f.; *Lechner/Zuck*, § 31 Rn. 10; *Pestalozza*, § 20 Rn. 53; *Umbach/Clemens/Dollinger*, § 61 Rn. 2.

631 *Klein*, in: *Benda/Klein*, Rn. 1306.

632 *Klein*, in: *Benda/Klein*, Rn. 1307.

633 *Klein*, in: *Benda/Klein*, Rn. 1306.

634 *Sachs*, Die Bindung des Bundesverfassungsgerichts an seine Entscheidungen, S. 141.

635 *Sachs*, Die Bindung des Bundesverfassungsgerichts an seine Entscheidungen, S. 145; *ders.*, BayVBl. 1979,385(389).

636 *Sachs*, Die Bindung des Bundesverfassungsgerichts an seine Entscheidungen, S. 145; *ders.*, BayVBl. 1979,385(389).

637 Vgl. Kapitel IV B II. 1. b) bb) (3) (b).

638 Vgl. dazu Kapitel IV B II. 1. b) aa) (4).

639 *Geiger*, Gesetz über das BVerfG, § 33 Anm. 8; *Klein*, in: *Benda/Klein*, Rn. 1306; *Sachs*, Die Bindung des Bundesverfassungsgerichts an seine Entscheidungen, S. 143; *ders.*, BayVBl. 1979,385(388).

640 *Klein*, in: *Benda/Klein*, Rn. 1306.

dazu führe, dass der Konflikt zwischen den widerstreitenden Interessen auf eine höhere Eben gehoben werde[641]. Eine Entscheidung zugunsten der Befriedungsfunktion sei damit nicht getroffen. Sofern die Grundlage des Urteils erschüttert sei, gebe es auch hier keine Rechtfertigung mehr für ein unbedingtes Festhalten an der Entscheidung im Namen der Rechtssicherheit[642]. Und dass auch im Verfassungsprozess die gleiche Fallkonstellation wie in § 580 Nr. 6 ZPO auftreten könne, sei § 33 BVerfGG zu entnehmen[643]: Gemäß § 33 I BVerfGG kann das BVerfG sein Verfahren bis zur Erledigung eines bei einem anderen Gericht anhängigen Verfahrens aussetzen, wenn für seine Entscheidung die Feststellungen oder die Entscheidung dieses anderen Gerichts von Bedeutung sein können.

Für ein Überwiegen der Befriedungsfunktion gegenüber der materiellen Gerechtigkeit spricht, dass ein Verfahren aus Gründen der Rechtssicherheit irgendwann einmal abgeschlossen sein muss. Ist aber für jedermann erkennbar die Grundlage der Entscheidung des BVerfG erschüttert, weil entweder eine ihr zugrunde liegende Entscheidung des BVerfG selbst oder ein Urteil eines anderen Gerichts vom EGMR endgültig für konventionswidrig befunden wurde, könnte die BVerfG-Entscheidung nicht mehr geeignet sein, ihre Befriedungsfunktion zu erfüllen. Ein anderes könnte nur dann gelten, wenn die EGMR-Entscheidungen für das BVerfG unbeachtlich wären. Wegen der aber schon mehrfach erwähnten Heranziehung der EMRK-Freiheiten und EGMR-Rechtsprechung zur Auslegung von Inhalt und Schranken der Grundrechte[644], ist das aber nicht der Fall. Indem das BVerfG ebenso wie alle anderen Gerichte verpflichtet ist, die völkerrechtliche Verantwortlichkeit der Bundesrepublik nach Möglichkeit zu verhindern oder zu beseitigen[645], kann die Grundlage eines seiner Urteile jedenfalls dann erschüttert werden, wenn der EGMR eine dem BVerfG widersprechende Entscheidung trifft. In dieser Fallkonstellation ist von einer vergleichbaren Interessenlage auszugehen.

cc) Zwischenergebnis

Wegen der vergleichbaren Interesenlage ist § 580 Nr. 6 ZPO doppelt analog im Verfassungsprozess anzuwenden. Folglich ist immer dann, wenn ein Urteil des BVerfG oder eines anderen Gerichtes, das zur Grundlage der zu korrigierenden Entscheidung geworden ist, vom EGMR für konventionswidrig befunden wurde, eine Wiederaufnahme auch im Verfassungsprozess statthaft.

---

641 Vgl. *Kriele*, Theorie der Rechtsgewinnung, S. 296; *Sachs*, Die Bindung des Bundesverfassungsgerichts an seine Entscheidungen, S. 143; *ders.*, BayVBl. 1979,385(388).
642 *Sachs*, Die Bindung des Bundesverfassungsgerichts an seine Entscheidungen, S. 144.
643 *Sachs*, Die Bindung des Bundesverfassungsgerichts an seine Entscheidungen, S. 149; *ders.*, BayVBl. 1979,385(389).
644 Vgl. Kapitel III B III.
645 *BVerfG*, Beschl. v. 14.10.2004, 2 BvR 1481/04, NJW 2004,3407(3411).

2. Ergebnis

Trotz der analogen Anwendbarkeit des § 580 Nr. 6 ZPO besteht noch eine Umsetzungspflicht des Gesetzgebers. Denn demjenigen, der konkret vor dem EGMR einen Sieg errungen hat, ist damit noch nicht geholfen. Schließlich erfaßt § 580 Nr. 6 ZPO analog nur den Fall, dass ein der wiederaufzunehmenden Entscheidung zugrunde liegendes Urteil für konventionswidrig befunden wurde. Ist festgestellt worden, dass das wiederaufzunehmende Urteil selbst konventionswidrig ist, liefert auch die analoge Anwendung von § 580 Nr. 6 ZPO keinen Wiederaufnahmetatbestand. Für diesen Fall ist aber die EMRK-rechtliche Wiederaufnahmeverpflichtung primär festgestellt worden. Insoweit bleibt der Gesetzgeber zur Einführung eines Wiederaufnahmetatbestandes in allen Verfahrensordnungen verpflichtet. Sofern demgegenüber aus dem die effektive Urteilsbefolgung verlangenden Art. 46 I EMRK unmittelbar die Wiederaufnahme auch ohne vorheriges gesetzgeberisches Tätigwerden abgeleitet wird[646], ist dem entgegenzuhalten, dass der EGMR die Konventionsverletzung nur feststellt und sich die Befolgung nach dem nach innerstaatlichem Recht Möglichen richtet (arg. e Art. 41 EMRK). Andernfalls käme dem EGMR-Urteil quasi-kassatorische Wirkung zu. Dies sieht die EMRK aber nicht vor. Folglich muss der Gesetzgeber hier erst tätig werden.

III. Verwaltungsakt

Ist ein Verwaltungsakt bestandskräftig geworden und liegt der Konventionsverstoß in seinem Erlass, könnte der Betroffene ein Wiederaufgreifen des Verfahrens beantragen. Darüber hinaus könnte die Behörde von sich aus eine Aufhebung gemäß §§ 48 oder 49 VwVfG betreiben, um den Konventionsverstoß abzustellen. Inwieweit diese verschiedenen Maßnahmen Erfolg versprechen, soll im Folgenden geklärt werden.

1. Wiederaufgreifen des Verfahrens

Beim Wiederaufgreifen des Verfahrens ist zwischen dem Wiederaufgreifen im engeren Sinne und dem im weiteren Sinne zu unterscheiden.

Beim **Wiederaufgreifen im engeren Sinne gemäß § 51 I – III VwVfG** muss es wieder aufgegriffen werden. Im Anschluss erfolgt dann eine neue Entscheidung nach dem jeweils einschlägigen materiellen Recht[647]. Dies ist zwar nicht ganz unumstritten. Einer Mindermeinung nach hat eine Verknüpfung mit §§ 48, 49 VwVfG zu erfolgen. Die nach der positiven Wiederaufnahmeentscheidung zu treffende Sachentscheidung soll dann nur nach Maßgabe der §§ 48, 49 VwVfG erfolgen[648]. Da hier die Auswirkungen eines Verstoßes gegen die EMRK auf die deutsche Rechtsordnung untersucht werden sollen, soll mit der herrschenden Meinung davon ausgegangen werden, dass eine

---

[646] So *Schaffarzik*, DÖV 2005,860(867).
[647] Vgl. *Ehlers*, Verw 2004,255(284) m.w.N.; *ders.*, Verw 1998,53(75) m.w.N. *Sachs*, in: *Stelkens/Bonk/Sachs*, § 51 Rn. 32 m.w.N.
[648] Vgl. *Maurer*, Allgemeines Verwaltungsrecht, § 11 Rn. 61 m.w.N.

Sachentscheidung nach Maßgabe des jeweils einschlägigen materiellen Rechts zu erfolgen hat.

Erst beim **Wiederaufgreifen im weiteren Sinne gemäß § 51 V in Verbindung mit §§ 48, 49 VwVfG** kommt es nach der grundsätzlich im Ermessen der Behörde stehenden Wiederaufnahmeentscheidung zur Aufhebungsentscheidung als Sachentscheidung[649].

a) Wiederaufgreifen im engeren Sinne

Als zwingender Wiederaufnahmegrund im engeren Sinne kommen hier nur § 51 I Nr. 1 und Nr. 3 VwVfG in Betracht. Für einen Wiederaufnahmegrund im Sinne von § 51 I Nr. 3 VwVfG in Verbindung mit § 580 Nr. 6 ZPO ist auf oben gemachte Ausführungen zu § 580 Nr. 6 ZPO verweisen. Alos bleibt hier zu klären, ob ein Urteil des EGMR einer Änderung der dem Verwaltungsakt zugrunde liegenden Rechtslage gleichzustellen ist.

Einhellig wird eine Änderung der Rechtslage angenommen, wenn die Ermächtigungsgrundlage für den Erlass des Verwaltungsaktes nachträglich aufgehoben oder geändert worden ist[650]. Uneinigkeit besteht aber darüber, ob eine Rechtsprechungsänderung und damit ein Wandel in der Auslegung der EMRK durch den EGMR einer Rechtslagenänderung gleichzustellen ist.

aa) Keine Gleichstellung von Rechtsprechungs- und Rechtslagenänderung

In Rechtsprechung und Literatur wird überwiegend angenommen, dass die Änderung der Rechtsprechung oder eine Entscheidung über die Gültigkeit einer Rechtsnorm[651] keine Rechtslagenänderung bedeute[652].

Wandle sich die Rechtsprechung, bedeute das, dass das Recht bis dahin nicht richtig erkannt wurde[653] und sich lediglich die rechtliche Beurteilung eines Falles ändere[654].

---

[649] Vgl. *Baumeister*, VerwA 1992,374(378); *Ehlers*, Verw 2004,255(284) m.w.N.
[650] Vgl. nur *Ule/Laubinger* § 51 Rn. 19 m.w.N.
[651] *Sachs*,in: *Stelkens/Bonk/Sachs*, § 51 Rn. 102.
[652] *BVerwG*, Beschl. v. 03.05.1996, 6 B 82/95, Juris Dok. Nr. WBRE410002994, S. 1; ausdrücklich für die EGMR-Rechtsprechung: *BVerwG*, Beschl. v. 25.04.1995, 1 B 60/95, NVwZ 1995,1096(1097); *BayVGH*, Urt. v. 10.01.2002, 23 B 01.31238, Juris Dok.Nr. MWRE101250200, S. 6; *ThürOVG*, Urt. v. 13.11.1997, 2 KO 60/96, ThürVBl. 1997,106(107); *VG Berlin*, Urt. v. 14.04.1981, 16 A 26/81, NJW 1981,2595(2596); *BVerfG*, Beschl. v. 11.12.1990, 1 BvR 1170/90, NVwZ 1991,258(259), worin offengelassen wurde, ob nicht jedenfalls die Änderung der Rspr. des BVerfG als Änderung i.S.v. § 51 I Nr. 1 VwVfG angesehen werden müsste;
Badura, in: *Erichsen/Ehlers*, § 38 Rn. 57; *Bettermann*, in: FS Wolff, 486; *Ehlers*, Verw 2004,255(284); *Erichsen*, Jura 1997,424(427); *Meyer*, in: *Knack*, § 51 Rn. 37; *Rüfner*, in: FS Krasney, 1997,401(405); *Sachs*, in: *Stelkens/Bonk/Sachs*, § 51 Rn. 107; *Schenke* – DÖV 1983,320(322); *Ule/Laubinger* § 65 Rn. 19; *Weides*, S. 336.
[653] *BayVGH*, Urt. v. 10.01.2002, 23 B 01.31238, Juris Dok.Nr. MWRE101250200, S. 6; *BVerwG*, Beschl. v. 25.04.1995, 1 B 60/95, NVwZ 1995,1096(1097); *ThürOVG*, Urt. v. 13.11.1997, 2 KO60/96,

Zwar könne sowohl nach dem offenen Wortlaut der Vorschrift als auch nach historischer Auslegung, wonach eben diese Frage von den Gerichten geklärt werden sollte[655], in der Rechtsprechungsänderung eine Rechtslagenänderung gesehen werden[656]. Bei systematischer Betrachtungsweise stelle § 51 VwVfG aber eine Ausnahmeregelung dar[657]: Nur ausnahmsweise werde dem Betroffenen anstelle einer Ermessensentscheidung ein Wiederaufgreifensanspruch eingeräumt. Nur wenn entsprechend schwere Gründe wie neue Beweismittel im Sinne von § 580 ZPO vorlägen, genieße die Individualgerechtigkeit Vorrang vor der Rechtssicherheit. Wegen dieses Ausnahmecharakters sei § 51 VwVfG restriktiv auszulegen[658].

Dass die Gerichte nur Recht erkennen könnten, ergebe sich auch aus ihrer Bindung an Recht und Gesetz gemäß Art. 20 III GG sowie der daraus resultierenden Gewaltenteilung[659]. Mangels einer hiervon abweichenden expliziten Gleichstellung von Rechtsprechungs- und Rechtslagenänderung durch den Gesetzgeber, müsse eine Gleichbehandlung unterbleiben[660]. Eine Gleichstellung von einer rechtsfortbildenden höchstrichterlichen Entscheidung mit einer Rechtslagenänderung führe im Übrigen zu unüberwindbaren Schwierigkeiten: Es sei praktisch unmöglich, zwischen nur rechtsbestätigenden und bereits rechtsfortbildenden Entscheidungen zu unterscheiden[661]. Diese Abgrenzungsschwierigkeiten schadeten der durch die Bestandskraft zum Ausdruck kommenden Rechtssicherheit[662].

Und ebenso wenig wie Rechtsprechungsänderungen zur Rechtsetzung durch die Gerichte führten, bewirke dies eine Entscheidung über die Gültigkeit einer Norm[663]: Verstoße eine Norm gegen höherrangiges Recht, so sei die Nichtigkeit lediglich die Folge des Vorranges der Verfassung beziehungsweise anderer Kollisionsnormen. Nur dies könnten die Gerichte erkennen.

Und da der EGMR nicht einmal über die Gültigkeit einer Norm, sondern nur über ihre Konventionswidrigkeit feststellend entscheiden kann, wird bei Zugrundelegung dieser Auffassung eine Entscheidung des EGMR nicht der Rechtslagenänderung im Sinne von § 51 I Nr. 1 VwVfG gleichgestellt werden dürfen.

ThürVBl. 1997,106(107); *Erichsen/Ebber* – Jura 1997,424(427); *Sachs*, in: *Stenkens/Bonk/Sachs*, § 51 Rn. 108; *Schenke*, DÖV 1973,320(322); *Weides*, S. 336.

[654] *Bettermann*, in: FS Wolff, S. 486.

[655] BT-Drucks. 7/910, S. 75.

[656] *VG Berlin*, Urt. v. 14.04.1981, 16 A 26/81, NJW 1981,2595(2596).

[657] *VG Berlin*, Urt. v. 14.04.1981, 16 A 26/81, NJW 1981,2595(2596).

[658] *VG Berlin*, Urt. v. 14.04.1981, 16 A 26/81, NJW 1981,2595(2596).

[659] *Ule/Laubinger*, § 65, S. 715.

[660] *Ule/Laubinger*, § 65, S. 715.

[661] *Meyer*, in: *Knack*, § 51 Rn. 37.

[662] *Meyer*, in: *Knack*, § 51 Rn. 37.

[663] *Sachs*, in: *Stelkens/Bonk/Sachs*, § 51 Rn. 102.

bb) Änderung der höchstrichterlichen Rechtsprechung als Rechtslagenänderung

Anderer Auffassung nach ist die Änderung der höchstrichterlichen Rechtsprechung der Änderung der Rechtslage im Sinne von § 51 I Nr. 1 VwVfG gleichzustellen[664].

Voraussetzung dafür sei, dass es sich um Richterrecht[665] oder Rechtsfortbildung[666] handle. An solchen Entscheidungen hätten sich untere Instanzen und Verwaltungsbehörden zu halten[667]. Hätte nun die neue höchstrichterliche Entscheidung bereits vor Erlass des in Rede stehenden Verwaltungsaktes vorgelegen, wäre sie von ihnen berücksichtigt worden[668]. Ob sie berücksichtigt werde, hänge damit vom bloßen Zufall der Länge der Verfahrensdauer ab. Dies sei unangemessen[669]. Außerdem sei die Gleichstellung die Konsequenz aus der Anerkennung der Rechtsetzungsfunktion höchstrichterlicher Entscheidungen[670]. Da höchstrichterliche Entscheidungen zur Gestaltung des Rechts beitrügen, wirkten sie wie Normenänderungen und müssten auch wie solche behandelt werden[671].

cc) Stellungnahme und eigener Ansatz

Wegen der Anlehnung des § 51 VwVfG an das gerichtliche Wiederaufnahmeverfahren gemäß §§ 580, 581 ZPO[672] geht es auch bei § 51 VwVfG um eine Abwägung zwischen den Rechten des Einzelnen und der durch die Bestandskraft verkörperten Rechtssicherheit. Bevor darauf näher eingegangen werden kann, ist aber zu klären, ob Gesetz und Verfassung wirklich Vorgaben machen, die zu einer bestimmten Auslegung zwingen.

Soweit aus Art. 20 III GG abgeleitet wird, dass die Rechtsprechung nur Recht erkennen kann, ist dem entgegenzuhalten, dass die Vorschrift so eindeutig nicht ist. Gemäß Art. 20 III GG ist die Rechtsprechung an „Recht *und* Gesetz" gebunden. Der Unterscheidung zwischen „Gesetz" einerseits und „Recht" andererseits könnte zu entnehmen sein, dass neben dem formellen Gesetz weitere Rechtsnormen von der Verfassung anerkannt werden[673]. Neben dem Gewohnheitsrecht und dem ungeschriebenen höchstrangigen Recht könnte darunter auch die Rechtsfortbildung betreibende Rechtsprechung verstanden werden[674]. Wenn auch grundsätzlich nur der Gesetzgeber zur Rechtsetzung berufen ist (vgl. Art. 20 II, III, 92 und 97 I GG), ist nachgewiesen worden,

---

664 *Martens*, JuS 1979,114(119); *Meyer/Borgs*, § 51 Rn. 15; *v. Oertzen*, in: *Redeker/v. Oertzen*, § 42 Rn. 129; *Redeker*, DVBl. 1973,744(746); *Maurer*, JuS 1976,25(29); *Sachs*, JuS 1982,264(266); *Stelkens*, NVwZ 1982,492(494); *BSG*, Urt. v. 16.08.1973, 3 RK 94/72, E 36,120(123).
665 *Sachs*, JuS 1982,264(266).
666 *Maurer*, JuS 1976,25(29); *Sachs*, JuS 1982,264(266).
667 *BSG*, Urt. v. 16.08.1973, 3 RK 94/72, E 36,120(123).
668 *BSG*, Urt. v. 16.08.1973, 3 RK 94/72, E 36,120(123).
669 *BSG*, Urt. v. 16.08.1973, 3 RK 94/72, E 36,120(123).
670 *Redeker*, DVBl. 1973,744(746);.
671 *Martens*, JuS 1979,114(119); *Meyer/Borgs*, § 51 Rn. 15.
672 Vgl. *Kopp/Ramsauer*, § 51 Rn. 1.
673 Vgl. *Stern* II, S. 582.
674 Vgl. *Stern* II, S. 582.

dass gleichwohl gesetzeskorrigierendes, -konkurrierendes und -vertretendes Richterrecht existiert[675]. So führt das BVerfG aus „Die Aufgabe und Befugnis zu ‚schöpferischer Rechtsfindung' ist dem Richter – jedenfalls unter Geltung des Grundgesetzes nie bestritten worden ... Die obersten Gerichtshöfe haben sie von Anfang an in Anspruch genommen. Das BVerfG hat sie stets anerkannt. Den Großen Senaten der obersten Gerichtshöfe des Bundes hat der Gesetzgeber selbst die Aufgabe der Fortbildung des Rechts ausdrücklich zugewiesen (vgl. § 137 GVG). In manchen Rechtsgebieten, so im Arbeitsrecht, hat sie infolge des Zurückbleibens der Gesetzgebung hinter dem Fluß der sozialen Entwicklung besonderes Gewicht erlangt"[676].

Als Zwischenergebnis ist somit festzuhalten, dass grundsätzlich auch Richterrecht Recht im Sinne von Art. 20 III GG darstellen kann. Mithin lässt sich aus Art. 20 III GG eine kategorische Beschränkung der Gerichte auf eine bloße Rechtserkenntnisfunktion nicht ableiten.

Andererseits könnte es zu weit gehen, allein aufgrund der Orientierungsfunktion der höchstrichterlichen Entscheidungen für andere Gerichte und Behörden eine Gleichstellung von Rechtslagen- und Rechtsprechungsänderung anzunehmen. Soweit das BSG für eine Gleichbehandlung plädiert (hat)[677], kann dies auch auf sozialrechtliche Besonderheiten zurückzuführen sein[678]. Mittlerweile sieht zwar § 48 II SGB X, der auf die frühere Rechtsprechung des BSG zurückgeht, vor, dass ein Verwaltungsakt (mit Dauerwirkung) aufzuheben ist, wenn eine höchstrichterliche Rechtsprechungsänderung stattgefunden hat. Dann soll eine Wiederaufgreifenspflicht bestehen[679]. Die systematische Unterscheidung zwischen „rechtlichen Verhältnissen" in § 48 I 1 SGB X und der „anderen Rechtsauslegung" in § 48 II SGB X könnte aber ein Hinweis gerade darauf sein, dass der Gesetzgeber im Grundsatz davon ausgegangen ist, dass eine Rechtsprechungsänderung grundsätzlich eben keine Änderung der Rechtslage bedeuten sollte[680]. Und selbst bei gegenteiligem Verständnis[681] steht einer Übertragung des Rechtsgedankens aus § 48 II SGB X auf das allgemeine Verwaltungsverfahrensgesetz dessen Spezialcharakter entgegen. Ausnahmsweise ist hier wegen der regelmäßig existenzsichernden Funktion des Sozialrechts[682] zugunsten der „besonderen Schutzbelange des durch die Sozialgesetze geschützten Personenkreises"[683] der Vorrang der Individualrechte vor der Rechtssicherheit vorgegeben.

Mangels zwingender gesetzlicher oder verfassungsrechtlicher Vorgaben könnten die bei der Auslegung von Art. 51 I Nr. 1 VwVfG zu berücksichtigenden Vorgaben der EMRK eine Antwort auf die Frage geben, ob eine EGMR-Entscheidung als Rechtslagenänderung im Sinne von § 51 I Nr. 1 VwVfG angesehen werden kann.

---

675 Vgl. *Kirchhof*, in: Richterliche Rechtsfortbildung, S. 11(14 f.); *Stern* II, S. 583.
676 *BVerfG*, Beschl. v. 14.02.1973, 1 BvR 112/65, E 34,269(287/288).
677 *BSG*, Urt. v. 16.08.1973, 3 RK 94/72, E 36,120(123).
678 Vgl. *Stelkens*, NVwZ 1982,492(493).
679 *Wiesner*, in: *v. Wulffen*, SGB, § 44 Rn. 13.
680 So *Waschull*, in: LPK-SGB X, § 48 Rn. 75; vgl. *Rüfner*, in: FS Krasney, 401(405).
681 Vgl. *Wiesner*, in: *v. Wulffen*, § 48 Rn. 6, aber ohne Begründung.
682 Vgl. *Wiesner*, in: *v. Wulffen*, § 48 Rn. 17.
683 *Stelkens*, NVwZ 1982,492(493).

Aus Art. 1 und 46 EMRK folgt, dass die Konventionsstaaten und Behörden alle Anstrengungen unternehmen müssen, die Urteile zu befolgen und künftige Konventionsverletzungen zu vermeiden. Dies ist bei der Auslegung der Gesetze zu berücksichtigen[684]. Eine Anerkennung der EGMR-Entscheidung als Rechtslagenänderung bedeutete demgemäß eine sehr effektive Befolgung der Urteile, wäre die Behörde jetzt doch gezwungen, erneut eine Sachentscheidung zu treffen. Bei der Auslegung des nunmehr anzuwendenden materiellen Rechts könnte sie die EGMR-Entscheidung berücksichtigen.

Fraglich ist aber, ob die Formulierung „Rechtslage" wirklich so eine extensive Auslegung zulässt. Geht man davon aus, dass die Rechtsetzungsfunktion der Gerichte darauf beschränkt ist, Lücken im Recht durch Rechtsfortbildung zu schließen[685], es im Übrigen aber wegen der Gewaltenteilung dem Richter versagt ist, beliebig Recht zu setzen, kann nicht jede Rechtsprechungsänderung des EGMR der Rechtslagenänderung gleichgestellt werden. Schließlich stellt der EGMR lediglich die Konventionsverletzung fest. Wie dem konventionswidrigen Zustand abgeholfen wird – zum Beispiel durch Gesetzesänderung –, ist und bleibt Sache der Vertragsstaaten[686]. Danach scheint eine Gleichstellung ausgeschlossen. Andererseits wird die EMRK durch die feststellende Entscheidung des EGMR zugleich konkretisiert[687]. Insoweit kann von Richterrecht ausgegangen werden[688]. Nur soweit hier bestehende Lücken geschlossen werden, kann von einer Rechtslagenänderung im Sinne von § 51 I Nr. 1 VwVfG ausgegangen werden.

Im Übrigen ist die Ermessensentscheidung im Rahmen der Entscheidung über das Wiederaufgreifen des Verfahrens im weiteren Sinne besser geeignet, eine Abwägung zwischen der Individualgerechtigkeit und der Rechtssicherheit zu gewährleisten. Denn hier hat der Antragsteller lediglich einen Anspruch auf fehlerfreie Ermessensausübung und nicht einen Anspruch auf Wiederaufgreifen. Das Ergebnis ist somit nicht von vornherein vorgegeben. Außerdem ist auch auf diese Art und Weise eine Wiedergutmachung im Sinne von Art. 46 I EMRK erzielbar. Die EMRK verpflichtet also nicht, die Rechtsprechung des EGMR als Rechtslagenänderung zu verstehen. In der Regel wird also das Wiederaufgreifen nach Maßgabe von § 51 V in Verbindung mit §§ 48, 49 VwVfG zu prüfen sein[689]. Ob unter bestimmten Voraussetzungen eine Ermessensreduzierung auf Null stattzufinden hat, ist dort noch zu entscheiden.

b) Wiederaufgreifen im weiteren Sinne

Gemäß § 51 V VwVfG bleiben die Vorschriften des § 48 I 1 und 49 I VwVfG unberührt. Fraglich ist, ob dieser Formulierung auch ein Anspruch des Bürgers auf fehler-

---

[684] Vgl. *EGMR*, Urt. v. 18.02.1999, 26083/94, NJW 1999,1173(1175).
[685] Vgl. *Stern* II, S. 582.
[686] Vgl. *EGMR*, Urt. v. 08.04.2004, 71503/01, EuGRZ 2004,268(275).
[687] Vgl. *BVerfG*, Beschl. v. 16.10.2004, 2 BvR 1481/04, NJW 2004,3407(3408).
[688] Vgl. *Meyer-Ladewig*, Handkommentar EMRK, Art. 46 Rn. 5.
[689] So auch *Ehlers*, DVBl. 2004,1441(1451).

freie Ermessensausübung und dann gegebenenfalls ein Wiederaufgreifensanspruch wegen einer Ermessensreduzierung auf Null zu entnehmen ist[690].

Befürchtet man, die Einräumung eines solchen Anspruchs könnte zur Umgehung der Anfechtungsfristen und der damit einhergehenden Bestandskraft führen, müsste sogar ein Anspruch auf fehlerfreie Ermessensausübung versagt werden[691]. § 51 V VwVfG stellte dann nur einen Hinweis auf die Befugnis der Behörde da, einen Verwaltungsakt von Amts wegen aufzuheben[692]. Ein solches Ergebnis wäre aber mit dem aus Art. 2 I in Verbindung mit Art. 1 I GG abgeleiteten formellen subjektiv-öffentlichen Recht, wonach der Einzelne die Beachtung der Gesetze durch den Staat verlangen kann[693], unvereinbar[694]. Wenn die Behörde kraft Gesetzes jedenfalls zu einer Ermessensentscheidung verpflichtet ist, muss der Bürger dies auch beanspruchen können. Damit wird die wegen §§ 48, 49 VwVfG ohnehin bestehende Durchbrechung der Bestandskraft lediglich in subjektiv-rechtlicher Hinsicht ergänzt, nicht aber erweitert[695]. Auch ist nicht ersichtlich, dass sich aus der die Rechte des Einzelnen garantierenden EMRK eine Einschränkung ihrer Geltendmachung ergeben könnte. Indem Art. 1 EMRK eine effektive und wirksame Durchsetzung der Rechte und Freiheiten der EMRK und Art. 13 EMRK eine wirksame Beschwerde verlangt[696], ist vielmehr vom Gegenteil auszugehen. Sofern nach innerstaatlichem Recht die Möglichkeit besteht, EMRK-Verstöße durch die sie verursachenden Behörden rückgängig zu machen, sind diese Mittel auch auszuschöpfen. Folglich wird hier – wie auch überwiegend sonst[697] – jedenfalls von einem Anspruch auf fehlerfreie Ermessensausübung ausgegangen.

aa) Ermessensreduzierung auf Null?

Welche Auswirkung eine vom EGMR festgestellte Konventionsverletzung hat – sei es, dass der konkrete Verwaltungsakt, sei es, dass seine Ermächtigungsgrundlage für konventionswidrig befunden wurde – ist damit noch nicht geklärt. So könnte wegen der Befolgungspflicht der deutschen Behörden eine Ermessensreduzierung auf Null stattfinden, weil sie zwecks effektiver Gewährleistung der EMRK-Freiheiten verpflichtet sind, alles zu tun, was erforderlich und möglich ist, um die Verletzung abzustellen[698]. Dann müsste die Behörde nach Maßgabe der §§ 48, 49 VwVfG über die Aufhebung des Verwaltungsaktes entscheiden.

---

690 Vgl. *Benda/Klein* Rn. 1255; *Maurer*, Allgemeines Verwaltungsrecht, § 11 Rn. 63 m.w.N.
691 So nur noch *Selmer*, JuS 1987,363(365).
692 *Selmer*, JuS 1987,363(365
693 Vgl. *Maurer*, Allgemeines Verwaltungsrecht, § 8 Rn. 4.
694 Vgl. *Erichsen/Ebber*, Jura 1997,424(432).
695 *Maurer*, Allgemeines Verwaltungsrecht, § 11 Rn. 63.
696 *EGMR*, Urt. v. 18.02.1999, 26083/94, NJW 1999,1173(1175).
697 Vgl. *BVerwG*, Urt. v. 20.10.2004, 1 C 15.03, DVBl. 2005,317(318); Beschl. v. 03.12.2003, 1 B 492/02, NVwZ 2003,868(869); Urt. v. 07.09.1999, 1 C 6.99, DVBl. 2000,417(418); Beschl. v. 15.09.1992, 9 B 18/92, NVwZ-RR 1993,667(667); *Arndt*, DVBl. 1971,252(253); *Baumeister*, VerwA 1992,374(378); *Ehlers*, Verw 2004,255(284); *Erichsen/Ebber*, Jura 1997,424(432); *Kopp/Ramsauer*, VwVfG, § 51 Rn. 16a; *Maurer*, Allgemeines Verwaltungsrecht, § 11 Rn. 63.
698 Vgl. zuletzt *EGMR*, Urt. v. 08.04.2004, 71503/01, EuGRZ 2004,268(275).

(1) Anerkannte Fallgruppen

Bislang wird in folgenden anerkannten Fallgruppen ein Wiederaufgreifensanspruch bejaht: Die Aufrechterhaltung des bestandskräftigen Verwaltungsaktes müsste entweder unerträglich sein[699]. Oder die Berufung auf die Bestandskraft müsste gegen Treu und Glauben verstoßen[700] beziehungsweise die Aufrechterhaltung des Verwaltungsaktes zu einem Verfassungsverstoß führen[701]. Schließlich kann aufgrund einer früheren Verwaltungsübung wegen der Selbstbindung der Verwaltung eine Ermessensreduzierung stattfinden müssen[702]. Gleiches soll immer dann gelten, wenn nach materiellem Recht eine Aufhebungsanspruch besteht[703] (vgl. §§ 15 I GastG, 33 d IV 1 GewO, 45 WaffG, 12 I BBG); stünde die Entscheidung über das Wiederaufgreifen des Verfahrens hier nur im Ermessen der Behörde, könnte die gesetzliche Aufhebungsverpflichtung unterlaufen werden[704].

Auch eine EGMR-Entscheidung könnte unter eine dieser Fallgruppen fallen.

Für eine Ermessensreduzierung wegen eines **gebundenen Anspruchs nach materiellem Recht** müsste sich aus der EMRK ein solcher ergeben. Gemäß Art. 41 EMRK stellt der EGMR die Konventionsverletzung aber lediglich fest. Wie die EMRK-Vertragsstaaten das Urteil befolgen, ist ihnen überlassen. Nach innerstaatlichem deutschen Recht ist auf §§ 48, 49 VwVfG zurückzugreifen. Hiernach steht die Aufhebungsentscheidung grundsätzlich im Ermessen der Behörde. Sie hat sämtliche relevanten rechtlichen Interessen zur Abwägung zu bringen. Zwar kann es hier grundsätzlich auch zu einer Ermessensreduzierung auf Null kommen, wenn jede andere Entscheidung als ermessensfehlerhaft einzustufen wäre[705]. Dass aber in allen Fällen das Interesse an der Wiederherstellung des konventionsgemäßen Zustandes gegenüber der Rechtssicherheit und dem Vertrauensschutz überwiegt, ist nicht zwingend[706]. Von einem immer EMRK-rechtlich vorgegebenen Aufhebungsanspruch wird man deshalb nicht ausgehen können.

Wenn sich aus der EMRK kein zwingender Aufhebungsanspruch herleiten lässt, kann es auch nicht zu einem – mittelbar hergeleiteten[707] – **Verstoß gegen die Verfassung** kommen.

---

[699] *BVerwG*, Urt. v. 20.10.2004, 1 C 15.03, DVBl. 2005,317(318); Urt. v. 07.09.1999, 1 C 6.99, DVBl. 2000,417(419); Beschl. v. 29.03.1999, 1 DB 7.97, E 113,322(328).
[700] *BVerwG*, Beschl. v. 29.03.1999, 1 DB 7.97, E 113,322(328).
[701] *BVerfG*, Beschl. v. 21.06.2000, 1 BvR 1989/97, NVwZ 2000,907(909); *BVerwG*, Urt. v. 20.10.2004, 1 C 15.03, DVBl. 2005,317(318).
[702] Vgl. *Badura*, in: *Erichsen/Ehlers* § 38 Rn. 54; *Baumeister*, VerwA 1992,374(378); *Maurer*, JuS 1976, 1(29); *Stelkens*, StBS § 51 Rn. 13, *BVerwG*, Urt. v. 14.04.1981, 16 A 26/81, NJW 1981,2595(2596).
[703] Vgl. *BVerwG*, Urt. v. 20.10.2004, 1 C 15.03, DVBl. 2005,317(318) zu § 53 AuslG.
[704] *Knoke*, Rechtsfragen der Rücknahme von Verwaltungsakten, S. 112.
[705] Vgl. *Maurer*, Allgemeines Verwaltungsrecht, § 7 Rn. 24; *Wolff/Bachof/Stober*, § 31 Rn. 56.
[706] Vgl. Kapitel IV B. II. 1. b) aa) (4).
[707] Vgl. dazu Kapitel III, B. III.

Und für eine **Selbstbindung der Verwaltung** müsste erst eine entsprechende Verwaltungspraxis existieren, wonach zwingend nach EGMR-Entscheidungen ein Verfahren wieder aufgegriffen wird.

Übrig bleibt somit nur noch die Unerträglichkeit der Aufrechterhaltung des Verwaltungsaktes und der Rückgriff auf Treu und Glauben.

Bezüglich der **Unerträglichkeit der Aufrechterhaltung** ist festzustellen, dass mit der Entscheidung über das Wiederaufgreifen noch nicht über die Aufhebung des Verwaltungsaktes entschieden ist. Da ohne eine Wiederaufgreifensentscheidung aber auch keine Aufhebungsentscheidung erfolgt, kann an dieser Fallgruppe festgehalten werden. Für ein schlechthin unerträgliches Ergebnis müsste jedoch ein hoher Grad an individueller Unzumutbarkeit erzielt werden. So wird zum Beispiel in extremen individuellen Gefahrensituationen eine solche Unzumutbarkeit bejaht[708]. Ob auch eine Ermessensentscheidung der Behörde entsprechend unzumutbar ist, ist fraglich. Erstens ist damit das Wiederaufgreifen des Verfahrens nicht von vornherein ausgeschlossen. Zweitens ist für den Fall, dass eine Wiedergutmachung nach innerstaatlichem Recht nicht möglich ist, gemäß Art. 41 EMRK eine gerechte Entschädigung vorgesehen. Sollte die Behörde im Rahmen ihrer Ermessensentscheidung also zu einem Überwiegen des öffentlichen Interesses an der Rechtssicherheit und –klarheit kommen, stünde der Betroffene nicht vollkommen entschädigungslos dar. Eine im Ermessen der Behörde stehende Wiederaufgreifensentscheidung kann hier also nicht unerträglich sein.

Nur noch aus dem unbestimmten Rechtsbegriff „**Treu und Glauben**" könnte eine Ermessensreduzierung folgen. Der genaue Inhalt dieses Begriffs lässt sich aber nicht in einer Definition umfassend klären[709], ist der Grundsatz von Treu und Glauben doch das Produkt einer 100jährigen Rechtsentwicklung, konkretisiert durch Funktionskreise und Fallgruppen[710]. Eine Verletzung des Grundsatzes wird jedenfalls dann angenommen, wenn Vertrauen in Anspruch genommen wurde oder eine gegenseitige Rücksichtnahme im Verhältnis der Betroffenen zueinander geboten ist[711]. Nur wird durch die einseitige Erhebung der Individualbeschwerde beim EGMR das Verhältnis des Betroffenen zur Behörde nicht berührt. Weder ruft die Behörde dadurch schutzwürdiges Vertrauen hervor, noch entsteht dadurch ein Verhältnis gegenseitiger Rücksichtnahme, schließlich geht es nach der Konvention um die völkerrechtliche Verantwortlichkeit des Staates[712]. Außerdem kann im öffentlichen Recht der Vorrang des öffentlichen Interesses und das Gebot der Rechtssicherheit zu einer Verdrängung des Rechtsgedankens von Treu und Glauben führen[713].

Als **Zwischenergebnis** ist somit festzuhalten, dass die Entscheidung des EGMR über die Konventionswidrigkeit des Verwaltungsaktes oder dessen Ermächtigungsgrundla-

---

[708] Vgl. *BVerwG*, Urt. v. 20.10.2004, 1 C 15.03, DVBl. 2005,317(318).
[709] Vgl. *Larenz*, Methodenlehre der Rechtswissenschaft, S. 292.
[710] *Heinrichs*, in: *Palandt*, § 242 Rn. 2 m.w.N.
[711] Vgl. *Larenz*, Methodenlehre der Rechtswissenschaft, S. 292.
[712] Vgl. *EGMR*, Urt. v. 08.04.2004, 71503/01, NJW 2005,2207(2210).
[713] Vgl. *Heinrichs*, in: Palandt, § 242 Rn. 17.

ge ebenso wie die Entscheidung eines anderen Gerichts[714] unter keine der bisher anerkannten Fallgruppen fällt. Eine Ermessensreduzierung auf Null findet insoweit nicht statt.

(2) Anspruch auf Wiederaufgreifen bei objektiv neuen Anhaltspunkten für die Rechtswidrigkeit

Ein anderes könnte sich dann ergeben, wenn bereits bei neuen Anhaltspunkten für die Rechtswidrigkeit ein Wiederaufgreifensanspruch bestünde[715].

Begründet wird diese Ausdehnung der Ermessensreduzierung folgendermaßen: Zwar bezwecke die zur Bestandskraft führende Anfechtungsfrist die Gewährleistung der Rechtssicherheit und Funktionsfähigkeit der Verwaltung. Irgendwann müsse ein Verfahren abgeschlossen sein. Dies gehe dann zwangsläufig zulasten der materiellen Gerechtigkeit[716].

Beim Vorliegen neuer objektiver Anhaltspunkte für die Rechtswidrigkeit eines Verwaltungsaktes werde diese Funktion aber gar nicht in Frage gestellt: Erstens werde der Grundsatz der Rechtssicherheit durch die Lehre vom subjektiv-öffentlichen Recht und die Amtshaftung bei Erlass rechtswidriger Verwaltungsakte ohnehin eingeschränkt[717]. Zweitens dürfe die Grundentscheidung zugunsten des Vorranges der Rechtssicherheit nicht der konkreten Einzelfallentscheidung gleichgestellt werden[718]. Um jedem Einzelfall Rechnung zu tragen, bedürfe es bei neuen Anhaltspunkten einer neuen Aufhebensentscheidung[719].

Anderer Auffassung nach wird eine Wiederaufgreifensverpflichtung jedenfalls bei einem noch nicht abgeschlossenen Verwaltungsrechtsverhältnis[720], beispielsweise bei Verwaltungsakten mit Dauerwirkung[721] bejaht. Wegen des dann noch gegenwärtigen Eingriffs in subjektiv-öffentliche Rechte müsse das Prinzip der Gesetzmäßigkeit der Verwaltung vor dem der Rechtssicherheit Vorrang haben[722].

(3) Eigener Ansatz: Differenzierung

Wie bei der Frage nach der Wiederaufnahmeverpflichtung im gerichtlichen Verfahren geht es auch hier um eine Abwägung zwischen dem Grundsatz der Rechtssicherheit und der materiellen Individualgerechtigkeit.

---

[714] Vgl. hierzu: *Badura*, in: *Erichsen/Ehlers*, § 38 Rn. 54 m.w.N.
[715] So *Baumeister*, VerwA 1992,374(381).
[716] *Baumeister*, VerwA 1992,374(381).
[717] *Baumeister*, VerwA 1992,374(382).
[718] *Baumeister*, VerwA 1992,374(383).
[719] *Baumeister*, VerwA 1992,374(383).
[720] *Arndt*, DVBl. 1971,252(258).
[721] *Pietzner*, in: *Schoch/Schmidt-Aßmann/Pietzner*, § 183 Rn. 56.
[722] *Arndt*, DVBl. 1971,252(258).

Bei der hier zu beantwortenden Frage nach einer Ermessensreduzierung auf Null müsste also wiederum versucht werden, einen optimalen Ausgleich zwischen einerseits der Befolgungspflicht aus Art. 46 EMRK sowie der Verpflichtung aus Art. 1 EMRK, die EMRK-Freiheiten zu sichern, und andererseits dem Prinzip der Rechtssicherheit zu schaffen. Eine Ermessensreduzierung könnte nur dann angenommen werden, wenn das Ergebnis dieser Abwägung dazu führt, dass jede andere Entscheidung als die für das Wiederaufgreifen ermessensfehlerhaft wäre[723].

Ist im **konkreten Beschwerdeverfahren** ein Verwaltungsakt für konventionswidrig erklärt worden, so kann wegen der Endgültigkeit der Entscheidung des EGMR niemand mehr behaupten, der Verwaltungsakt sei konventionskonform zustande gekommen[724]. Und aus der Befolgungs- und Wiedergutmachungspflicht (vgl. Art. 46, 1 EMRK) folgt, dass alle möglichen Anstrengungen zur Beseitigung des konventionswidrigen Zustandes unternommen werden müssen[725]. Deshalb könnte es für den Betroffenen unzumutbar sein, wenn die Wiederaufnahmeentscheidung noch im Ermessen der zuständigen Behörde stünde. Nähme die Behörde bereits im Rahmen der Wiederaufgreifensentscheidung eine Ermessenserwägung vor, bestünde zumindest die Gefahr einer negativen Wiederaufgreifensentscheidung zugunsten der Rechtssicherheit. Diese negative Entscheidung könnte stets ermessensfehlerhaft sein: Erstens ist mit der Entscheidung zugunsten des Wiederaufgreifens noch keine Entscheidung über die tatsächliche Aufhebung getroffen. Im Rahmen der §§ 48, 49 VwVfG können die Rechtssicherheit und etwaige subjektiv-öffentliche Rechte Dritter bei Verwaltungsakten mit Drittwirkung noch hinreichend berücksichtigt werden. Zweitens dürfte durch ein einzelnes Verfahren die Funktionsfähigkeit der Verwaltung noch nicht tangiert werden. Und wenn bei einem gerichtlichen Verfahren eine Wiederaufnahmeverpflichtung bejaht wird, wenn der Beschwerdeführer vor dem EGMR erfolgreich war, muss das erst recht hier für das Wiederaufgreifen im weiteren Sinne gelten: Denn im Vergleich zu einem Gerichtsurteil ist ein Verwaltungsakt kaum in der Lage, für einen in der Vergangenheit liegenden Sachverhalt Rechtsfrieden zu schaffen[726]. Mangels eines entsprechenden förmlichen Verfahrens kann nämlich keine entsprechende Gewähr für die Rechtsrichtigkeit des Verwaltungsaktes angenommen werden[727]. Und im Europarecht wird ohnehin angenommen, dass abgelaufene Fristen nach nationalem Recht dann unberücksichtigt bleiben müssen, wenn andernfalls die sogenannte praktische Wirksamkeit des EG-Rechts vereitelt werden würde[728]. Zwar ist diese nicht ganz unumstrittene

---

[723] Vgl. *Maurer*, Allgemeines Verwaltungsrecht, § 7 Rn. 24.

[724] Vgl. *BVerfG*, Beschl. v. 14.10.2004, 2 BvR 1481/04, NJW 2004,3407(3409); Beschl. v. 11.10.1985, 2 BvR 336/85, EuGRZ 1985,654(656); *EGMR*, Urt. v. 26.02.2004, 74969/01, NJW 2004,3397(3400) und Urt. v. 08.04.2004, 11057/02, NJW 2004,3401(3406); *Cremer*, EuGRZ 2004,683(689); *Frowein*, HdBStR VII, § 180 Rn. 19; *Häde/Jachmann*, ZBR 1997,8(11); *Hofmann*, GYIL 2004,9(32); *Mayer-Ladewig/Petzold*, NJW 2005,15(16); *Polakiewicz*, ZaöRV 52(1992),804(817); *Schlaich/Korioth*, Rn. 367; *Schindler*, in: FS Guldener, S. 285.

[725] Vgl. *EGMR*, Urt. v. 08.04.2004, 71503/01, NJW 2005,2207(2210).

[726] Vgl. *Bullinger*, JZ 1999,905(912).

[727] Vgl. *Bullinger*, JZ 1999,905(912).

[728] Vgl. *Bullinger*, JZ 1999,905(912); *EuGH*, Urt. v. 20.03.1997, C – 24/95 – Rs. „Alcan", JZ 1997,722(723) und Urt. v. 09.02.1999, Rs. C-343/96, EuGH-Slg. 1999 I, 611 Rn. 24.

Ansicht[729] mit dem Anwendungsvorrang des EG-Rechts und Art. 10 EG zu begründen und damit nicht unmittelbar auf die EMRK übertragbar. Dadurch wird aber verdeutlicht, dass der Grundsatz der Rechtssicherheit hier ohnehin eine schwächere Position besitzt. Dies darf dann aber auch bei der ERMK- und völkerfreundlichen Auslegung des deutschen Rechts nicht unberücksichtigt bleiben.

Damit ist die Möglichkeit, dass das Prinzip der Rechtssicherheit hier überwiegen kann, ausgeschlossen. Dem vor dem EGMR erfolgreichen Beschwerdeführer das Wiederaufgreifen des Verfahrens zu verweigern, muss als eine ermessensfehlerhafte Entscheidung angesehen werden.

Diese konventionskonforme Auslegung müsste aber dann scheitern, wenn sie unvereinbar wäre mit anderen Rechtsvorschriften. Dann wäre der Gesetzgeber zu einer Gesetzesänderung verpflichtet, um gemäß Art. 1 EMRK künftige Konventionsverstöße zu vermeiden.

So könnte **§ 51 VwVfG** für Wiederaufgreifensansprüche **abschließend** sein[730]. Es ließe sich argumentieren, dass selbst die sichere Erkenntnis der Rechtswidrigkeit eine Behörde nicht zum Wiederaufgreifen und gegebenenfalls zur Aufhebung zwingen könnte, weil es sonst im Ergebnis keinen bestandskräftigen Verwaltungsakt gäbe[731].

Wäre die Annahme einer abschließenden Regelung zutreffend, dürfte aber auch in den oben genannten Ausnahmefällen ein Anspruch nicht angenommen werden[732]. Auch bestünde die Gefahr, dass tatsächlich bestehende Aufhebungsansprüche vereitelt würden[733] – denn ohne erneutes Wiederaufgreifen keine Sachentscheidung. Außerdem wird nach dem Wiederaufgreifen im engeren Sinne eine erneute Sachentscheidung nach dem jeweils maßgeblichen materiellen Recht getroffen, wohingegen beim Wiederaufgreifen im weiteren Sinne nur nach §§ 48, 49 VwVfG entschieden wird. Hier ist grundsätzlich nur eine Ermessensentscheidung zu treffen. Bei jeder Ermessensentscheidung kann es aber grundsätzlich zu einer Ermessensreduzierung kommen[734]. Wegen dieses Unterschiedes kann § 51 nur für die Fälle abschließend sein, in denen eine neue Sachentscheidung nach Maßgabe des ursprünglich maßgeblichen materiellen Rechts getroffen wird[735].

Schließlich könnte der **Rechtsgedanke aus den §§ 79 II BVerfGG, 183, 47 V 3 VwGO in Verbindung mit 183 VwGO und 157 FGO** der Annahme eines gebundenen Anspruchs entgegenstehen. Danach sollen nicht mehr anfechtbare Entscheidungen *unberührt* bleiben. Unmittelbar beziehen sich diese Vorschriften zwar nur auf die Nichtigklärung einer Norm und sind damit auf eine bloße Feststellungsentscheidung durch den EGMR unanwendbar. Ihnen wird aber der allgemeine Rechtsgedanke ent-

[729] Siehe *Erichsen*, in: *Ehlers/Erichsen*, Allgemeines Verwaltungsrecht, § 17 Rn. 48 Fn. 154 m.w.N.
[730] Vgl. *Ipsen*, Rechtfolgen der Verfassungswidrigkeit von Norm und Einzelakt, S. 284.
[731] *VGH BW*, Urt. v. 30.10.1991, 4 S 1597/91, VBlBW 1992,253(256).
[732] So auch *Baumeister*, VerwA 1992,374(388).
[733] So auch *Baumeister*, VerwA 1992,374(388); *Knoke*, Rechtsfragen der Rücknahme von Verwaltungsakten, S. 112.
[734] Vgl. *Maurer*, Allgemeines Verwaltungsrecht, § 7 Rn. 24.
[735] So auch *Baumeister*, VerwA 1992,374(388).

nommen, dass unanfechtbar gewordene fehlerhafte Entscheidungen der öffentlichen Gewalt und damit auch Verwaltungsakte rückwirkend nicht aufgehoben werden[736]. Was für auf nichtigen Normen beruhende Entscheidungen gilt, muss erst recht für „lediglich" für konventionswidrig befundene Normen gelten. Folglich ist dieser Rechtsgedanke auf Feststellungsurteile des EGMR übertragbar.

Es fragt sich aber, ob dieser Rechtsgedanke einem Wiederaufgreifen entgegenstehen kann, wenn der Beschwerdeführer im konkreten Fall vor dem EGMR einen Sieg errungen hat, wenn also der konkrete Verwaltungsakt für konventionswidrig befunden wurde. Ist die Ermächtigungsgrundlage des Verwaltungsaktes selbst nicht für konventionswidrig befunden worden, hat die Individualbeschwerde nicht die Wirkung einer Normenkontrollentscheidung. Allenfalls für den Fall, dass die Ermächtigungsgrundlage selbst konventionswidrig ist, könnte von einem Wiederaufgreifenshindernis ausgegangen werden. Wenn aber der Sinn und Zweck der oben genannten Vorschriften darin besteht, zugunsten der Rechtssicherheit zu verhindern, dass es zu massenhaften Wiederaufnahmeverfahren kommt[737], steht die Wiederaufnahme zugunsten des erfolgreichen Beschwerdeführers diesem Prinzip nicht entgegen. Davon geht auch das BVerfGG für den Fall der Nichtigkeitserklärung einer Norm aus, wenn in § 79 II auf § 95 II BVerfGG verwiesen wird. Danach muss das BVerfG sämtliche verfassungswidrigen belastenden Einzelfallentscheidungen aufheben[738].

Als **Zwischenergebnis** ist damit festzuhalten, dass eine Ermessensreduzierung auf Null immer dann stattfindet, wenn der Beschwerdeführer vor dem EGMR einen Sieg errungen hat. Sein Verfahren ist wieder aufzugreifen.

Anders könnte die Fallkonstellation zu beurteilen sein, dass der EGMR die **Ermächtigungsgrundlage** eines Verwaltungsaktes für konventionswidrig befunden hat und nunmehr auch diejenigen, die **keine Individualbeschwerde vor dem EGMR erhoben** haben, das Wiederaufgreifen des Verfahrens begehren. Denn mit der EGMR-Entscheidung ist noch nicht für jeden Einzelfall unangreifbar festgestellt worden, dass jeder – nunmehr bestandskräftige Verwaltungsakt – mit der EMRK unvereinbar ist.

Je nach Anzahl der erlassenen und nunmehr bestandskräftigen Verwaltungsakte könnte die Funktionsfähigkeit der Verwaltung in Gefahr sein, müsste die Behörde in jedem Fall eine Sachprüfung nach §§ 48, 49 VwVfG vornehmen. Je weiter der Erlass der Verwaltungsakte zeitlich zurückliegt, desto größer könnte der Faktor der Rechtsunsicherheit werden. Folglich kann der materiellen Individualgerechtigkeit in dieser Konstellation nicht prinzipiell der Vorrang vor der Rechtssicherheit eingeräumt werden[739].

Daher kann nicht von einer Ermessensreduzierung auf Null ausgegangen werden. Mangels eines konventionsrechtlich bedingten Anspruchs auf Wiederaufgreifen muss

---

[736] Vgl. *Bethge*, in: MSKB, § 79 Rn. 9 m.w.N.

[737] *Ipsen*, Rechtsfolgen der Verfassungswidrigkeit von Norm und Einzelakt, S. 281; *Steiner*, in: Festgabe BVerfG, Bd. 1 S. 628(646).

[738] Vgl. *Schmidt-Bleibtreu*, in: MSKB, § 95 Rn. 23.

[739] Vgl. *Meyer*, in: *Knack*, § 51 Rn. 17; *VGH BW* Urt. v. 30.10.1991, 4 S 1597/91, VBlBW 1992,253(256); bestätigt durch *BVerwG*, Beschl. v. 04.03.1992, 2 B 18.91, DVBl. 1992,917(917).

auch nicht entschieden werden, ob diesmal der Rechtsgedanke aus § 79 II, 183, 47 V 3 VwGO und 157 FGO einem solchen Anspruch entgegensteht.

Fraglich ist, ob sich für mittlerweile bestandskräftig gewordene **Dauerverwaltungsakte** ein anderes ergibt.

Dauerverwaltungsakte führen zu auf Dauer angelegten Rechtsverhältnissen, wie wenn einzelne Verwaltungsakte ständig aufs Neue aktualisiert werden würden[740]. Es kann also nicht davon ausgegangen werden, dass das Rechtsverhältnis ein für alle Mal abgeschlossen ist. Bejahte man deswegen zugunsten der Individualgerechtigkeit aber pauschal einen Anspruch auf Wiederaufgreifen, würde außer Acht gelassen, dass jedenfalls für die Vergangenheit der Grundsatz der Rechtssicherheit besteht. Die Behörde wäre dann gezwungen, auch unter Umständen weit zurückliegende Sachverhalte zu überprüfen, um eine Aufhebungsentscheidung treffen zu können. Verneinte man deshalb aber undifferenziert den Wiederaufgreifensanspruch, würde nicht beachtet werden, dass gemäß Art. 1 EMRK alle Anstrengungen zur Beseitigung und Vermeidung von andauernden und sich wiederholenden Konventionsverletzungen unternommen werden müssen[741]. Versucht man, beiden im Konflikt zueinander stehenden Interessen zu jeweils optimaler Wirksamkeit zu verhelfen, ist eine Ermessensreduzierung, die zu einem Wiederaufgreifensanspruch führt, nur für die Zukunft anzunehmen. Ob die Behörde auch noch in die Sachprüfung bezüglich bereits abgeschlossener Rechtsverhältnisse einsteigen möchte, bleibt dann eine Frage pflichtgemäßen Ermessens.

Für dieses Ergebnis spricht auch der §§ 79 II BVerfGG, 183, 47 V 3 VwGO in Verbindung mit 183 VwGO und 157 FGO zu entnehmende Rechtsgedanke, wonach der Rechtssicherheit nur grundsätzlich der Vorrang eingeräumt wird. Denn § 79 II 2 BVerfGG erklärt die Vollstreckung einer Entscheidung, die auf einer für nichtig erklärten Norm beruht, für unzulässig. Wenn nun aber kein Unterschied zwischen der Vollstreckung eines einmaligen Verwaltungsaktes und der Aufrechterhaltung eines Verwaltungsaktes mit Dauerwirkung erkannt werden kann[742], kann dem Betroffenen nicht die Möglichkeit versagt werden, eine Anpassung an die klargestellte Rechtslage zu erzwingen[743]. Da dies sicher nur gelingen kann, wenn die Behörde zum Einstieg in eine Sachentscheidung gezwungen wird, ist für die Zukunft von einer konventionsrechtlich bedingten Ermessensreduzierung auf Null auszugehen.

bb) Ergebnis

Nur bei dem, der eine Individualbeschwerde vor dem EGMR erfolgreich erhoben hat, findet eine Ermessensreduzierung auf Null statt, so dass die Behörde das Verfahren wiederaufgreifen muss. Diejenigen, die keine Individualbeschwerde erhoben haben,

---

[740] Vgl. *Erichsen*, in: *Erichsen/Ehlers*, § 15 Rn. 2.
[741] *Ress*, EuGRZ 1996,351(352); *Weigend*, StV 2000,386(389).
[742] Vgl. *Schaarschmidt*, Wiederaufgreifen auf Antrag des Betroffenen, S. 76.
[743] Vgl. *Bethge*, in: MSKB, § 79 Rn. 53; *Frohn*, VerwA 22,337(347); *Gosch*, Die Wiederaufnahme unanfechtbar abgeschlossener Verwaltungsvefahren, S: 125; *Pietzner*, in: *Schoch/Schmidt-Aßmann/Pietzner*, § 183 Rn. 56; *Steiner*, Festgabe BVerfG, Band 1 S. 628(653).

deren Fälle aber gleichgelagert sind, haben nur einen Anspruch auf fehlerfreie Ermessensausübung. Sie müssen also damit rechnen, dass die Behörde zugunsten der Rechtssicherheit das Wiederaufgreifen des Verfahrens ablehnt. Handelt es sich bei den in Rede stehenden Verwaltungsakten hingegen um solche mit Dauerwirkung, ist ein Wiederaufgreifensanspruch für die Zukunft anzunehmen.

2. Aufhebung eines Verwaltungsaktes nach Maßgabe der §§ 48, 49 VwVfG

Mit der Entscheidung für ein Wiederaufgreifen des Verfahrens im weiteren Sinne selbst ist aber noch keine Sachentscheidung nach Maßgabe von §§ 48, 49 VwVfG getroffen. Im Folgenden soll daher untersucht werden, ob und inwieweit die Aufhebungsentscheidung durch die EGMR-Entscheidung beeinflusst wird.

a) Verhältnis zu § 51 VwVfG

Gemäß § 51 V VwVfG bleiben die Vorschriften des § 48 I 1 VwVfG und des § 49 I VwVfG unberührt. Dementsprechend könnte die Behörde unabhängig von einem Verfahren nach § 51 VwVfG den in Rede stehenden Verwaltungsakt zurücknehmen oder widerrufen[744]. Selbst für den Fall, dass man hier anderer Auffassung sein sollte und den Verweis des § 51 V VwVfG so versteht, dass §§ 48, 49 VwVfG auch für die Entscheidung nach § 51 VwVfG gelten sollen[745], stellt sich auch hier die Frage, wie die Aufhebung eines konventionswidrigen Verwaltungsaktes nach Maßgaben der §§ 48, 49 VwVfG zu erfolgen hat. Insoweit braucht der Streit hier nicht entschieden zu werden.

b) Rücknahme eines rechtswidrigen Verwaltungsaktes nach § 48 VwVfG

Für die Rücknahme nach § 48 VwVfG müsste der Verwaltungsakt **rechtswidrig** sein. Hat der EGMR endgültig festgestellt, dass die EMRK durch den Erlass eines **konkreten Verwaltungsaktes** verletzt wurde, kann niemand mehr dessen Konventionswidrigkeit bestreiten[746]. Folglich ist § 48 VwVfG einschlägig[747].

---

[744] Vgl. *Kopp/Ramsauer*, § 51 Rn. 50 m.w.N.

[745] *Maurer*, Allgemeines Verwaltungsrecht, § 11 Rn. 61; *Wallerath* 7 VI 6 Rn. 216; *Weides*, Verwaltungsverfahren und Widerspruchsverfahren S. 339; Meyer/Borgs § 51 Rn. 3.

[746] F/P, in: F/P, Art. 53 Rn. 2; vgl. auch *BVerfG*, Beschl. v. 14.10.2004, 2 BvR 1481/04, NJW 2004,3407(3409); Beschl. v. 11.10.1985, 2 BvR 336/85, EuGRZ 1985,654(656); *EGMR*, Urt. v. 26.02.2004, 74969/01, NJW 2004,3397(3400) und Urt. v. 08.04.2004, 11057/02, NJW 2004,3401(3406); *Cremer*, EuGRZ 2004,683(689); *Frowein*, HdBStR VII, § 180 Rn. 19; *Häde/Jachmann*, ZBR 1997,8(11); *Hofmann*, GYIL 2004,9(32); *Mayer-Ladewig/Petzold*, NJW 2005,15(16); *Mückl*, Der Staat 2005,403(417); *Polakiewicz*, ZaöRV 52(1992),804(817); *Schlaich/Korioth*, Rn. 367; *Schindler*, in: FS Guldener, S. 285.

[747] Vgl. *BVerfG*, Beschl. v. 14.10.2004, 2 BvR 1481/04, NJW 2004,3407(3410). Für die Lit. vgl.: *Ehlers*, Jura 2000,372(382); *Hoffmeister*, Der Staat 40, 349(375); *Pache*, EuR 2004,393(403); *Polakiewicz*, Die Verpflichtungen der Staaten aus den Urteilen des Europäischen Gerichtshofs für Menschenrechte, S. 109.

Für alle anderen Verwaltungsakte, die nicht zum Gegenstand der Individualbeschwerde beim EGMR gemacht wurden, ist für die Beurteilung ihrer Rechtswidrigkeit der Zeitpunkt ihres Erlasses maßgeblich[748]. Hat der EGMR die Ermächtigungsgrundlage für konventionswidrig befunden und handelt es sich dabei nicht um die Änderung der Rechtslage, sondern lediglich um die **verbesserte Erkenntnis** einer unverändert gebliebenen Rechtslage, ist die Frage der Rechtswidrigkeit nur noch nach Maßgabe der neuesten Rechtsprechung zu beurteilen[749]. Auch dann muss die Rücknahme nach § 48 VwVfG erfolgen.

Sollte die EGMR-Entscheidung ausnahmsweise doch einer **Rechtslagenänderung** gleichzustellen sein[750], fragt sich, welche Auswirkungen das auf die Beurteilung der Rechtswidrigkeit hat. Sollte es sich um eine rückwirkende Änderung handeln, würde einhellig die Rechtswidrigkeit bejaht werden[751]. Weil die generelle Annahme einer Rückwirkung der EGMR-Entscheidungen aber dem auch der EMRK immanenten Grundsatz der Rechtssicherheit zuwiderliefe, entfalten die Urteile grundsätzlich nur Wirkung ex nunc für die Zukunft[752]. Somit stellt sich hier die Frage, ob ein zunächst rechtmäßiger Verwaltungsakt auch als solcher zu behandeln ist, oder ob er – als Verwaltungsakt mit Dauerwirkung – rechtswidrig wird and damit nach § 48 VwVfG zurückzunehmen ist.

Letzteres wird nur teilweise angenommen[753]. Systemtisch wird dies mit einem Vergleich mit § 113 I 1 VwGO erklärt. Danach sei die Aufhebung eines Verwaltungsaktes nur zulässig, wenn er rechtswidrig sei[754]. Wiese man eine Anfechtungsklage gegen einen Verwaltungsakt mit Dauerwirkung, der sich ständig aktualisiere, nur deshalb ab, weil er im Zeitpunkt seines Erlasses einmal rechtmäßig gewesen sei, widerspräche das dem Gerechtigkeitsempfinden[755]. Für die gerichtliche Aufhebung des Verwaltungsaktes sei daher für die Beurteilung der Rechtswidrigkeit nicht der Zeitpunkt seines Erlasses, sondern der der gerichtlichen Entscheidung maßgeblich[756]. Die Vermutung für einen einheitlichen Sprachgebrauch des Gesetzgebers spreche somit dafür, einen rechtswidrig gewordenen Verwaltungsakt dann auch nach § 48 VwVfG zurückzunehmen[757]. Zudem sei § 48 II 4 VwVfG der allgemeine Rechtsgedanke zu entnehmen, dass eine Behörde grundsätzlich einen durch Verwaltungsakt herbeigeführten rechts-

---

[748] Vgl. *Kopp/Ramsauer* § 48 Rn. 57.
[749] Vgl. *Kopp/Ramsauer* § 48 Rn 60; *Sachs*, in: StBS § 44 Rn. 31.
[750] Vgl. dazu Kapitel IV B. III. 1. a) cc).
[751] Vgl. *Ehlers*, Verw 1998,52(70); *Erichsen*, in: *Erichsen/Ehlers* § 17 Rn. 6; *Mauer*, Allgemeines Verwaltungsrecht, § 10 Rn 3; *BVerwG*, Urt. v. 16.11.1989, 2 C 43.87, E 84, 111(113).
[752] *EGMR*, EuGRZ 1979,454(460) – Marckx ./. Belgien; vgl. auch Polakiewicz, Die Verpflichtung der Staaten aus den Urteilen des Europäischen Gerichtshofs für Menschenrechte, S. 185.
[753] *Kleinlein*, VerwA 1990,149(160); *Schenke*, DVBl. 1989,433(434); *ders.*, BayVBl. 1990,107(109); *VGH BW* Urt. v. 04.09.2001, 8 S 641/01, NVwZ-RR 2002,621(623); *OVG NRW*, Urt. v. 26.08.1987, 6 A 1910/84, NVwZ-RR 1988,1(2).
[754] Vgl. *Schenke*, DVBl. 1989,433(434).
[755] *VGH BW*, Urt. v. 04.09.2001, 8 S 641/01, NVwZ-RR 2002,621(623).
[756] *VGH BW*, Urt. v. 04.09.2001, 8 S 641/01, NVwZ-RR 2002,621(623).
[757] *VGH BW*, Urt. v. 04.09.2001, 8 S 641/01, NVwZ-RR 2002,621(623).

widrigen Zustand auch rückwirkend beseitigen können solle[758]. Stellte man auf den Zeitpunkt des Erlasses ab, ließe sich dieser Grundsatz für einen erst später rechtswidrig gewordenen Verwaltungsakt mit Dauerwirkung nicht mehr verwirklichen[759].

Dieser Argumentation wird jedoch überwiegend entgegengetreten. Nähme man einen Fall des § 48 VwVfG an, so wäre § 49 II Nr. 4 VwVfG nur noch auf solche Fälle beschränkt, in denen die Änderung der Rechtslage nicht zum Wegfall der Rechtmäßigkeitsvoraussetzungen führte, sondern der Behörde lediglich die in ihrem Ermessen stehende Befugnis eingeräumt würde, von dem Erlass eines entsprechenden Verwaltungsaktes abzusehen[760]. Dies sei aber weder dem Wortlaut – „geänderte Rechtsvorschrift" – noch der Entstehungsgeschichte, wonach Nr. 4 die Fälle erfassen soll, in denen sich das bestehende Recht geändert hat[761], zu entnehmen[762]. Vielmehr wird der Versuch, § 48 VwVfG anzuwenden, als historisch überholt angesehen[763]: Vor Erlass des § 49 III VwVfG habe wegen der ausschließlichen ex-nunc-Wirkung des Widerrufs (§ 49 II a.F.) keine Möglichkeit bestanden, Subventionsleistungen, die aufgrund eines rechtmäßig bewilligten Verwaltungsaktes ausgezahlt wurden, aber vom Empfänger zweckentfremdend verwandt wurden, zurückzufordern. Dies habe sich mit § 49 III VwVfG n.F. geändert, so dass auch kein praktisches Bedürfnis für eine Ausdehnung des § 48 VwVfG bestehe[764]. Und in den übrigen Fällen, in denen ein Widerruf grundsätzlich nur mit Wirkung für die Zukunft erfolgen könne, dürfe nicht mit Hilfe der Auslegung der ausdrückliche Wille des Gesetzgebers konterkariert werden[765]. Außerdem bestehe auch keine (rechtspolitische) Notwendigkeit für weitere Rücknahmemöglichkeiten mit Wirkung für die Vergangenheit: Dies liefe auf eine einseitige Besserstellung der Behörde hinaus, die es versäumt habe, sich rechtzeitig den geänderten rechtlichen Verhältnisse anzupassen[766]. Wenn auch nicht ausgeschlossen werde, dass materiell-rechtlich gesehen ein ursprünglich rechtmäßiger Verwaltungsakt rechtswidrig werden könne, bleibe für §§ 48, 49 VwVfG maßgeblich, ob der Verwaltungsakt ursprünglich rechtswidrig gewesen ist[767]. Hiernach wäre also § 49 VwVfG einschlägig.

Diese Streitfrage könnte mit einer bisher noch nicht berücksichtigten konventionskonformen Auslegung entschieden werden.

Da der Widerruf eines rechtmäßigen Verwaltungsaktes regelmäßig schwieriger als die Rücknahme eines rechtswidrigen Verwaltungsaktes sein wird[768], spräche jedenfalls auf den ersten Blick die Annahme, dass die Durchsetzung der EMRK praktisch, effektiv

---

[758] *OVG NRW*, Urt. v. 26.08.1987, 6 A 1910/84, NVwZ-RR 1988,1(2).
[759] *OVG NRW*, Urt. v. 26.08.1987, 6 A 1910/84, NVwZ-RR 1988,1(2).
[760] *Erichsen*, in: *Erichsen/Ehlers* § 17 Rn. 6.
[761] BT-Drucks. 7/910 S. 68(73).
[762] *Erichsen*, in: *Erichsen/Ehlers* § 17 Rn. 6.
[763] *Ehlers*, Verw 1998,52(70); *Maurer*, Allgemeines Verwaltungsrecht § 11 Rn. 11.
[764] Vgl. *Maurer*, Allgemeines Verwaltungsrecht, § 11 Rn. 11.
[765] Vgl. *Ehlers*, Verw 2004, 255(279).
[766] *Erichsen*, in: *Erichsen/Ehlers*, § 17 Rn. 11.
[767] *Ehlers*, Verw 1998,52(70); *Maurer*, Allgemeines Verwaltungsrecht § 11 Rn. 11.
[768] Vgl. *Sachs*, in: StBS § 49 Rn. 2.

und nicht lediglich illusorisch sein soll[769], dafür, bei konventionskonformer Auslegung die Rücknahme zu bejahen. Stellte man sich nämlich anstelle eines Verwaltungsaktes (mit Dauerwirkung) eine Vielzahl von Einzelverwaltungsakten vor, müsste nämlich jedenfalls vom Zeitpunkt der EGMR-Entscheidung an von der Rechtswidrigkeit ausgegangen werden. Es fragt sich aber, ob dies so undifferenziert angegangen werden kann.

Bei ursprünglich rechtmäßigen Verwaltungsakten dient die Aufhebung in erster Linie dem öffentlichen Interesse an der Gesetzmäßigkeit und der Effizienz der Verwaltung[770]. Die EMRK bezweckt aber nur einen effektiven Menschenrechtsschutz (vgl. Präambel: „kollektive Garantie"/ Art. 1)[771]. Insbesondere bei lediglich begünstigenden Verwaltungsakten besteht aus EMRK-Sicht damit kein Grund, das schutzwürdige Vertrauen des Begünstigten zu beeinträchtigen.

Bei Verwaltungsakten mit Drittwirkung könnten demgegenüber auch Dritte in ihren EMRK-Grundrechten verletzt sein. Hier könnte es aus Gründen der Effektivität und Wirksamkeit der EMRK-Rechte geboten sein, dass eine Aufhebung nicht nur unter den erschwerten Voraussetzungen des § 49 VwVfG oder ex nunc erfolgen kann. Auf der anderen Seite ist bereits festgestellt worden, dass der EMRK der Grundsatz der Rechtssicherheit nicht fremd ist[772]. Aus diesem Grundsatz folgt, dass sich der Bürger sowohl auf begünstigende als auch belastende Zustände einstellen und verlassen können muss[773]. Ist ein Zustand aber einmal als rechtmäßig einzustufen gewesen, müsste der Begünstigte grundsätzlich auch auf den Bestand vertrauen dürfen[774]. Dieses auch von der EMRK anerkannte rechtliche Interesse des Begünstigten muss bei der Beseitigung des konventionswidrigen Zustandes gleichermaßen berücksichtigt werden. Zwar ließe sich sein schützwürdiges Vertrauen auch noch im Rahmen der Abwägung des § 48 VwVfG – zum Beispiel im Rahmen der Ermessensentscheidung – berücksichtigen[775]. § 49 VwVfG geht aber von einem grundsätzlich schützenswerten Vertrauen aus[776]. Das wird daran deutlich, dass gemäß § 49 I der Widerruf nur mit Wirkung für die Zukunft erfolgen kann und gemäß § 49 II Nr. 4 VwVfG verlangt wird, dass ohne den Widerruf das öffentliche Interesse gefährdet würde. Dass diese vom deutschen Gesetzgeber vorgenommene Wertung auch mit der EMRK vereinbar ist, zeigt sich daran, dass die Entscheidungen des EGMR eben grundsätzlich nur Wirkung für die Zukunft[777] entfalten.

Aufgrund dieser Wertungsentscheidung muss ein etwaiges schutzwürdiges Vertrauen vorrangig berücksichtigt werden. Bei einer erleichterten Aufhebung nach § 48

[769] Vgl. *EGMR*, Urt. v. 18.02.1999, 26083/94, NJW 1999,1173(1175).
[770] *Kopp/Ramsauer* § 49 Rn. 1.
[771] *Meyer-Ladewig*, Handkommentar EMRK, Art. 1 Rn. 11.
[772] Siehe Kapitel IV B. II. b) aa) (4).
[773] Vgl. *Schmidt-Aßmann*, in: HdBStR I § 24 Rn. 81 m.w.N.
[774] Vgl. *Lehner*, Verw 1993,183(202).
[775] So *Lehner*,Verw 1993,183(205).
[776] Vgl. *Lehner*, Verw 1993,183(205).
[777] *EGMR*, EuGRZ 1979,454(460) – Marckx ./. Belgien; vgl. auch *Polakiewicz*, Die Verpflichtung der Staaten aus den Urteilen des Europäischen Gerichtshofs für Menschenrechte, S. 185.

VwVfG bestünde aber die Gefahr, dass dies nicht geschieht. Somit ist davon auszugehen, dass auch EMRK-bedingt die Aufhebung eines „rechtswidrig gewordenen" Dauerverwaltungsaktes nur nach § 49 VwVfG zu erfolgen hat.

aa) Rücknahme eines belastenden Verwaltungsaktes

Sollte es sich bei dem als rechtswidrig anzusehenden Verwaltungsakt um einen belastenden handeln, erfolgt die Rücknahme nach § 48 I 1 VwVfG. Hier gilt der Grundsatz der „freien Rücknehmbarkeit", wonach die Entscheidung über die Rücknahme grundsätzlich sowohl bezüglich des „Ob" als auch des „Wie" im Ermessen der Behörde steht[778].

Wegen der endgültigen EGMR-Entscheidung und ihrer innerstaatlichen Beachtlichkeit könnte es aber zu einer Ermessensreduzierung auf Null kommen[779].

Das Ermessen reduziert sich auf Null, wenn jede andere Entscheidung rechtswidrig wäre[780]. Dem Feststellungsurteil des EGMR ist aber nur die Konventionswidrigkeit und damit Rechtswidrigkeit des Verwaltungsaktes zu entnehmen. Und aus der Rechtswidrigkeit als solcher wird man nicht generell auf eine Ermessensreduzierung auf Null und damit auf eine praktische Entwertung der Bestandskraft schließen können[781]. Schon der Wortlaut, wonach im Fall der Rechtswidrigkeit des Verwaltungsaktes die Rücknahme erfolgen „kann", spricht dafür, in diesen Fällen grundsätzlich eine Abwägung zwischen der materiellen Gerechtigkeit, der Rechtssicherheit und der Gesetzmäßigkeit der Verwaltung vorzunehmen[782]. Eine Ermessensreduzierung wird infolgedessen auch erst dann bejaht, wenn die Aufrechterhaltung des Verwaltungsaktes schlechthin unerträglich wäre[783] beziehungsweise wenn die für die Rücknahme sprechenden Gründe überwiegen[784]: Hierfür gilt es, die Schwere des Fehlers, die Belastung für den Betroffenen und die Auswirkungen für die Allgemeinheit zu berücksichtigen.

Die Befolgungspflicht aus Art. 46 I EMR könnte nun zum Überwiegen des Interesses an der Rücknahme führen. Auch hier wird man aber – wie bereits bei der Entscheidung über das Wiederaufgreifen im weiteren Sinne[785] – zu differenzieren haben:

Sollte ein Beschwerdeführer vor dem EGMR obsiegt haben, wäre es ihm gegenüber unzumutbar, wenn sich die Behörde auf die Rechtssicherheit berufen könnte, obwohl wegen der Endgültigkeit der Urteile des EGMR niemand mehr behaupten kann, die in

---

[778] Vgl. *Kopp/Ramsauer*, § 48 Rn. 48 m.w.N.

[779] Davon gehen – allerdings ohne weitere Begründung – aus: *Hoffmeister*, Der Staat 40,349(374); *Mückl*. Der Staat 2005,403(417) und *Pache*, EuR 2004,393(403) sowie *Sauer*, ZaöRV 2005,35(57) unter Hinweis auf eine verfassungsrechtliche Umsetzungspflicht.

[780] Vgl. *Wolff/Bachof/Stober* § 31 Rn. 56.

[781] So auch *Sachs*, in: StBS, § 48 Rn. 96.

[782] Vgl. *BVerwG*, Urt. v. 20.01.1974, VIII C 20.72, E 44,333(336).

[783] *BVerwG*, Urt. v. 20.01.1974, VIII C 20.72, E 44,333(336); *Kopp/Ramsauer*, § 48 Rn. 83; *Meyer*, in: *Knack*, § 48 Rn. 46.

[784] *Maurer*, Allgemeines Verwaltungsrecht, § 11 Rn. 48.

[785] Siehe Kapitel IV B III. 1. b) (3).

Rede stehende Entscheidung sei konventionsgemäß gewesen[786]. Dies muss umso mehr gelten, als die Vertragsstaaten und damit auch die Behörden aus Art. 1 EMRK heraus verpflichtet sind, die EMRK-Freiheiten nicht illusorische werden zu lassen[787]. Vielmehr müssen sie alle möglichen Anstrengungen unternehmen, um den konventionswidrigen Zustand abzustellen[788]. Die konventionskonforme Auslegung des § 48 I 1 VwVfG lässt hier also keinen Spielraum mehr für eine andere Entscheidung als die Rücknahme.

Anders muss die Entscheidung hingegen ausfallen, wenn der EGMR im Rahmen seiner Einzelfallentscheidung die Ermächtigungsgrundlage für konventionswidrig befunden hat. Würde jetzt in sämtlichen gleich gelagerten Fällen eine Ermessensreduzierung auf Null stattfinden, könnte – je nach Anzahl der Betroffenen – die Funktionsfähigkeit der Verwaltung in Gefahr sein. Infolgedessen muss es hier bei einer Ermessensentscheidung der Behörde bleiben. Und bei Verwaltungsakten mit Dauerwirkung wird man wegen der noch gegenwärtigen Beeinträchtigung der in Rede stehenden EMRK-Freiheit von einer Ermessensreduzierung mit Wirkung für die Zukunft auszugehen haben. Bezüglich einer Rücknahme auch mit Wirkung für die Vergangenheit kommt es dann wieder auf eine Abwägungsentscheidung der Behörde an, je nachdem wie viele Verwaltungsakte betroffen wären und wie weit die Rücknahme in die Vergangenheit zurückreicht.

bb) Rücknahme eines begünstigenden Verwaltungsaktes

Ein rechtswidriger Verwaltungsakt, der ein Recht oder einen rechtlich erheblichen Vorteil begründet oder bestätigt hat, darf gemäß § 48 I 2 VwVfG nur unter den Einschränkungen der Absätze II bis IV zurückgenommen werden.

Hier stellen sich drei Probleme. Erstens könnte die **Ausschlussfrist** des § 48 IV VwVfG die Wiedergutmachung praktisch ausschließen. Zweitens ist bei begünstigenden Verwaltungsakten nur dann mit einer Anrufung des EGMR zu rechnen, wenn es sich um **begünstigende Verwaltungsakte mit belastender Drittwirkung** handelt. Bei einem einseitig begünstigenden Verwaltungsakt wäre es nämlich unwahrscheinlich, dass der Begünstigte seine Begünstigung angreift. Bei diesen drittbelastenden Verwaltungsakten stellt sich dann die Frage, ob und – falls ja – wie die Interessen des Begünstigten im Rahmen von § 48 II VwVfG zu berücksichtigen sind. Vorweg ist aber zu klären, ob **§ 50 VwVfG** zur Anwendung kommt. Bejahenden Falles würden die §§ 48 I 2 und II bis IV VwVfG nicht gelten. Es käme zu einer einfachen Ermessenserwä-

---

[786] Vgl. *BVerfG*, Beschl. v. 14.10.2004, 2 BvR 1481/04, NJW 2004,3407(3409); Beschl. v. 11.10.1985, 2 BvR 336/85, EuGRZ 1985,654(656); *EGMR*, Urt. v. 26.02.2004, 74969/01, NJW 2004,3397(3400) und Urt. v. 08.04.2004, 11057/02, NJW 2004,3401(3406); *Cremer*, EuGRZ 2004,683(689); *Frowein*, HdBStR VII, § 180 Rn. 19; *Häde/Jachmann*, ZBR 1997,8(11); *Hofmann*, GYIL 2004,9(32); *Mayer-Ladewig/Petzold*, NJW 2005,15(16); *Polakiewicz*, ZaöRV 52(1992),804(817); *Schlaich/Korioth*, Rn. 367; *Schindler*, in: FS Guldener, S. 285.

[787] *EGMR*, Urt. v. 18.02.1999, 26083/94, NJW 1999,1173(1175).

[788] *EGMR*, Urt. v. 08.04.2004, 71503/01, EuGRZ 2004,268(275).

gung nach § 48 I 1 VwVfG[789]. Zu beantworten bliebe dann nur noch die Frage, ob dann sämtliche Vertrauenserwägungen außer Acht zu lassen sind[790] oder ob Aspekte des Bestandsschutzes weiterhin in die Abwägung mit einfließen müssen[791].

(1) Ausschluss des Vertrauensschutzes über § 50 VwVfG?

Gemäß § 50 VwVfG gelten die §§ 48 I 2 und II bis IV VwVfG nur dann nicht, wenn ein begünstigender Verwaltungsakt, der von einem Dritten angefochten worden ist, während des Vorverfahrens oder während des verwaltungsgerichtlichen Verfahrens aufgehoben wird, soweit dadurch dem Widerspruch oder der Klage abgeholfen wird.

Dem Wortlaut folgend ließe sich der Vertrauensschutz nicht über § 50 VwVfG einschränken, schließlich wird die Rücknahme nach Abschluss des Verfahrens vor dem EGMR niemals während des Vorverfahrens oder des verwaltungsgerichtlichen Verfahrens stattfinden[792]. Wegen der notwendigen Erschöpfung sämtlicher innerstaatlicher Rechtsbehelfe (Art. 35 I EMRK) und des Fehlens einer die formelle Rechtskraft hindernde Wirkung der Individualbeschwerde[793] wird das verwaltungsgerichtliche Verfahren regelmäßig bereits rechtskräftig abgeschlossen sein. Dann aber ist die Unanfechtbarkeit und damit die Unanwendbarkeit von § 50 VwVfG eingetreten[794].

Fraglich ist, ob dieses Ergebnis mit dem Sinn und Zweck der Vorschrift vereinbar ist. Neben der ökonomischen Verfahrensgestaltung[795] ist § 50 VwVfG Ausdruck einer gesetzlichen Risikoverteilung: Der Begünstigte soll nicht mehr auf den Bestand des Verwaltungsaktes vertrauen dürfen, wenn er jederzeit mit seiner Aufhebung rechnen muss[796]. Dies ist Ausdruck eines allgemeinen Rechtsgedankens[797]. Solange der Begünstigte wegen der Einlegung der Individualbeschwerde vor dem EGMR noch mit der Aufhebung rechnen musste, könnte eine EMRK-konforme Auslegung die (analoge) Anwendung der Vorschrift bedingen.

Der EGMR trifft aber keine kassatorischen Entscheidungen, hebt den Verwaltungsakt selbst also nicht auf. Und die Einlegung der Individualbeschwerde hindert den rechts-

---

[789] *Kopp/Ramsauer*, VwVfG, § 50 Rn. 8; *Schäfer*, in: *Obermayer*, § 50 Rn. 24; *Ule/Laubinger*, § 64 Rn. 11.

[790] So *VGH München*, Urt. v. 10.12.1996, 20 B 95.3349, NVwZ 1997,701(703); *OVG NRW*, Urt. v. 13.07.1982, 11 A 2432/81, BRS 39 Nr. 157; Knoke, Rechtsfragen der Rücknahme von Verwaltungsakten, S. 313; *Remmert*, VerwA 2000,209(222).

[791] *BVerwG*, Beschl. v. 10.02.1994, 4 B 26/94, NVwZ 1994,896(896); *Kopp/Ramsauer*, § 50 Rn. 8; *Meyer*, in: *Knack*, § 50 Rn. 12; *Neumann*, NVwZ 2000,1244(1254); *Sachs*, in: StBS, § 50 Rn. 2; *Ule/Becker*, Verwaltungsverfahren im Rechtsstaat, S. 63; *Ule/Laubinger*, § 64 Rn. 2.

[792] So *Polakiewicz*, Die Verpflichtungen der Staaten aus den Urteilen des Europäischen Gerichtshofs für Menschenrechte, S. 109.

[793] Vgl. *Lechner/Zuck*, § 31 Rn. 9; *Peukert*, in: F/P, Art. 25 Rn. 2.

[794] Vgl. *Kopp/Ramsauer*, § 50 Rn. 4; *Schäfer*, in: *Obermayer*, § 50 Rn. 22.

[795] *Maurer*, Allgemeines Verwaltungsrecht, § 11 Rn. 69; *Schäfer*, in: *Obermayer*, § 50 Rn. 1.

[796] *BVerwG*, Urt. v. 19.05.1965, V C 143.63, E 21,142(145); *Erichsen*, in: *ders./Ehlers*, § 19 Rn. 2; *Kopp/Ramsauer*, § 50 Rn. 1; *Polley*, EuZW 1996,300(304); *Schäfer*, in: *Obermayer*, § 50 Rn. 2.

[797] *Kopp/Ramsauer*, § 50 Rn. 5.

kräftigen Abschluss eines innerstaatlichen gerichtlichen Verfahrens[798] und damit auch den Eintritt der Bestandskraft des Verwaltungsaktes nicht. Außerdem ist der EMRK der Gedanke der Rechtssicherheit und des Vertrauensschutzes nicht fremd[799]. Deshalb ist es grundsätzlich mit der EMRK vereinbar, dass an den rechtskräftigen Abschluss gerichtlicher Verfahren erhöhter Vertrauensschutz genküpft wird. Damit die von den Vertragsstaaten geschuldete Befolgung der EGMR-Urteile trotzdem effektiv erfolgt, sind die den Vertrauensschutz gewährenden Vorschriften gegebenenfalls EMRK-konform auszulegen. Ob und wie das zu geschehen hat, soll im Folgenden geklärt werden.

(2) Unanwendbarkeit der Ausschlussfrist?

Sollte durch die Ausschlussfrist die Rücknahme des Verwaltungsaktes und damit die nach Art. 46 I EMRK notwendige Wiedergutmachung vereitelt werden, könnte die Unanwendbarkeit der Ausschlussfrist geboten sein.

So wird im Rahmen des europäischen Gemeinschaftsrechts jedenfalls dann von der Unanwendbarkeit ausgegangen, wenn eine mittlerweile bestandskräftige Kommissionsentscheidung vorliegt. Dann soll eine Berufung auf etwaigen Vertrauensschutz ausgeschlossen sein. Erstens sei – jedenfalls bei Subventionen wegen des dafür erforderlichen Notifizierungsverfahrens gemäß Art. 88 EG – das Entstehen schutzwürdigen Vertrauens von vornherein ausgeschlossen. Zweitens habe der Betroffene auch die Möglichkeit, die Kommissionsentscheidung vor dem EuGH anzufechten; mithin würden die Fragen des Vertrauensschutzes bereits dort hinreichend berücksichtigt[800]. Begründet wird die Unanwendbarkeit des § 48 IV VwVfG letztlich mit dem effet utile (Art. 10 EG)[801]: Eine Berufung auf die Ausschlussfrist machte die Rückforderung zu Unrecht gezahlter Beiträge praktisch unmöglich, so dass den Gemeinschaftsvorschriften jede praktische Wirksamkeit entzogen werde[802].

Wegen der Endgültigkeit der Urteile des EGMR und der mit dem effet utile vergleichbaren geforderten Wirksamkeit der EMRK-Freiheiten[803] ließe sich diese Argumentation hier übertragen. Allerdings beruht die Annahme der Nichtanwendung der Ausschlussfrist im erst genannten Fall auf dem Anwendungsvorrang des EG-Rechts[804]. Ein solcher lässt sich für die EMRK als einfaches Bundesgesetz aber gerade nicht konstruieren[805]. Von der Unanwendbarkeit kann nur dann ausgegangen werden, wenn es

---

[798] Vgl. *Bethge*, in: MSKB, § 31 Rn. 41; *Lechner/Zuck*, § 31 Rn. 9; *Peukert*, in: F/P, Art. 25 Rn. 2.
[799] Vgl. *EGMR*, Urt. v. 13.06.1979, Marckx ./. Belgien, EuGRZ 1979,454(460); *Ress*, in: *Maier*, S. 237.
[800] *EuGH*, Urt. v. 10.07.1993, Slg. 1993 I, 3131(3150); *BVerwG*, Urt. v. 23.04.1998, 3 C 15.97, E 106,328(335); *Ehlers*, Verw 2004,255(258); *ders.*, in: GewA 1999,305(308); *Kopp/Ramsauer*, § 48 Rn. 151.
[801] *Schwarze*, in: *ders.*, Das Verwaltungsrecht unter europäischem Einfluss, S. 123(162).
[802] *EuGH*, Urt. v. 20.03.1997, RS. C-24/95, Slg. 1997 I-1591 Rn. 37 – Alcan.
[803] Vgl. *EGMR*, Urt. v. 18.02.1999, 26083/94, NJW 1999,1173(1175).
[804] *BVerfG*, Beschl. v. 17.02.2000, 2 BvR 1210/98, NJW 2000,2015(2016).
[805] Vgl. ausführlich oben Kapitel III B.

sich um die Ausschlussfrist des VwVfG eines Bundeslandes handelt. Dann wird es nämlich durch die EMRK als Bundesrecht gemäß Art. 31 GG gebrochen. Allerdings liegt hier gemäß Art. 100 I 2 GG die Verwerfungskompetenz beim BVerfG[806]. Im Übrigen muss es bei der Einhaltung der Jahresfrist bleiben. Dann ist der Betroffene auf die Möglichkeit einer gerechten Entschädigung nach Art. 41 EMRK zu verweisen. Allerdings ist eine Änderung de lege ferenda hier geboten, schließlich soll die Entschädigung nur dann zum Ziel kommen, wenn ausnahmsweise eine Wiedergutmachung nach innerstaatlichem Recht nicht möglich ist. Um zukünftige Fälle zu verhindern, ist der Gesetzgeber qua Art. 1 EMRK gefordert, entsprechende Vorkehrungen zu treffen.

Vor diesem Hintergrund fragt sich, ob nicht mit Hilfe konventionskonformer Auslegung eine **Fristverlängerung** vorgenommen werden könnte. Grundsätzlich müsste dies gemäß § 31 I VwVfG in Verbindung mit § 190 BGB möglich sein. Allerdings unterscheidet § 31 VwVfG nicht zwischen Ausschlussfristen, also zwingend einzuhaltenden, und solchen, die zur Disposition der Behörde stehen (vgl. § 31 VII VwVfG). Da es sich bei der Frist in § 48 IV VwVfG aber um eine Ausschlussfrist handelt[807], kommt eine Verlängerung nach Maßgabe von § 190 BGB nicht in Betracht.

Es könnte aber eine **Hemmung** der Ausschlussfrist stattfinden müssen. So wird die Frist durch die Anfechtung des Verwaltungsaktes gehemmt. Sie läuft erst dann weiter, wenn der Rücknahmebescheid aufgehoben wurde[808]. Entsprechend könnte durch die Einlegung der Individualbeschwerde beim EGMR die Frist gehemmt werden. Zwar kommt dem Feststellungsurteil des EGMR keine kassatorische Wirkung zu. Gleichwohl folgt aus ihnen eine grundsätzliche Rücknahmeverpflichtung. Ließe man vor diesem Hintergrund die Frist weiterlaufen, obwohl der EGMR gerade im Rahmen der Individualbeschwerde über die Konventionswidrigkeit des in Rede stehenden Verwaltungsaktes entscheidet, ließe man sehenden Auges eine Vereitelung der Befolgungspflicht aus Art. 46 I EMRK zu. Diese kann durch eine konventionskonforme Auslegung mit der Hemmung verhindert werden. Sollte allerdings danach die Frist abgelaufen sein, bleibt es bei der nicht mehr möglichen Rücknahme. Insoweit ist und bleibt der Gesetzgeber gefordert. Er muss für derartige Fallkonstellationen die Jahresfrist aufheben. Sollte dem nun entgegengehalten werden, dass die Behörde dann ad infinitum eine Entscheidung hinauszögern könnte, ist dem zu entgegnen, dass zeitliche Beschränkungen aufgrund des Rechtsinstituts der **Verwirkung** weiterhin bestehen[809]. Zwar ist streitig, auf welche Rechtsgrundlage sie zurückzuführen ist. So wird auf das Verbot des venire contra factum proprium und damit die Grundsätze von Treu und Glauben, den Vertrauensschutz oder das Rechtsstaatsprinzip abgestellt[810]. Dies braucht

[806] Vgl. ausführlich Kapitel IV B. I 1. b) (2).

[807] Vgl. *Sachs*, in: StBS, § 48 Rn. 208.

[808] Vgl. *OVG NRW*, Urt. v. 28.04.1994, 24 A 313/92, NWVBl. 1994,390(390).

[809] Vgl. *BVerwG*, Beschl. v. 04.08.1993, 3 B 7/93, NVwZ-RR 1994,388(388) für den Fall, dass § 48 IV VwVfG nicht zur Anwendung kommt; *OVG NRW*, Urt. v. 01.06.1989, 9 A 1297/87; E 41,144(148).

[810] Vgl. ausführlich m.w.N. *de Wall*, Die Anwendbarkeit privatrechtlicher Vorschriften im Verwaltungsrecht, S. 247.

hier aber nicht entschieden zu werden, denn darüber hinaus ist die Verwirkung auch gewohnheitsrechtlich anerkannt[811].

Voraussetzung für eine Verwirkung ist, dass ein längerer Zeitraum verstrichen ist (Vertrauensgrundlage), dass der Verpflichtete darauf vertraut hat, es werde nicht mehr von dem Recht Gebrauch gemacht werden (Vertrauenstatbestand) und deshalb die verspätete Geltendmachung des Rechts als eine unzumutbare Härte anzusehen wäre[812]. Grundsätzlich genügt der bloße Zeitablauf damit nicht[813]. Ein anderes gilt ausnahmsweise dann, wenn das Vertrauen des Betroffen in besonderem Maße schutzwürdig ist. Dazu müsste auf Seiten der Behörde eine besondere Handlungspflicht bestanden haben, oder sie müsste untätig geblieben sein, obwohl der Betroffene vernünftigerweise hätte erwarten dürfen, die Behörde werde den Zustand der Rechtmäßigkeit zeitnah wiederherstellen[814].

Wegen der aus Art. 46 I EMRK folgenden Verpflichtung zur Beendigung des konventionswidrigen Zustandes ist von einer entsprechenden Handlungspflicht auszugehen. Auch ist es für den Dritten nicht verständlich, warum eine Befolgung, wenn sie denn rechtlich möglich gewesen ist, nicht zeitnah erfolgt sein sollte. Somit ist von einer möglichen Verwirkung auszugehen.

Auf den ersten Anschein mag dieses Ergebnis befremden, würde damit letztlich doch die Wiederherstellung eines konventionsgemäßen Zustandes vereitelt werden. Da aber auch der EMRK die Grundsätze der Rechtssicherheit, -klarheit und des Vertrauensschutzes immanent sind[815], ist dieses Ergebnis auch aus EMRK-rechtlicher Sicht hinzunehmen.

(3) § 48 II VwVfG

Bei einem Verwaltungsakt, der eine einmalige oder laufende Geldleistung oder eine teilbare Sachleistung gewährt, wird nach § 48 II VwVfG der Ermessensrahmen durch die Schutzwürdigkeit, die Ermessensausübung durch das Abwägungsprinzip konkretisiert. Mithin findet die Bestimmung und Beschränkung der Ermessensentscheidung durch die Prüfung der Schutzwürdigkeit des Vertrauens statt[816]. Grundsätzlich darf der Verwaltungsakt nicht zurückgenommen werden, soweit der Begünstigte auf seinen Bestand vertraut hat und sein Vertrauen unter Abwägung des öffentlichen Interesses an der Rücknahme schutzwürdig ist[817]. Allerdings kann sich der Begünstigte gemäß § 48 II 3 Nr. 3 VwVfG auf Vertrauen nicht berufen, wenn er die Rechtswidrigkeit des Verwaltungsaktes kannte oder in grob fahrlässiger Unkenntnis nicht kannte.

---

[811] Vgl. *de Wall*, Die Anwendbarkeit privatrechtlicher Vorschriften im Verwaltungsrecht, S. 247 m.w.N.

[812] *BVerwG*, Urt. v. 30.01.1974, VIII C 20.72, E 44,333(344).

[813] So auch *Henneke*, in: *Knack*, Vor § 53 Rn. 7.

[814] Vgl. *Stelkens/Sachs*, in: StBS § 53 Rn. 15; *de Wall*, Die Anwendbarkeit privatrechtlicher Vorschriften im Verwaltungsrecht, S. 257.

[815] Vgl. Kapitel IV B II b) aa) (4).

[816] Vgl. *Meyer*, in: *Knack*, § 48 Rn. 47; *Sachs*, in: StBS, § 48 Rn. 91+141.

[817] Vgl. *Meyer*, in: *Knack*, § 48 Rn. 47; *Sachs*, in: StBS, § 48 Rn. 91+141.

Sollte es um die festgestellte Konventionswidrigkeit des konkreten Verwaltungsaktes gehen, ist es zeitlich unmöglich, Kenntnis oder grobe Fahrlässigkeit anzunehmen. Wegen der ex nunc-Wirkung der EGMR-Entscheidung[818] und dem Erfordernis der innerstaatlichen Rechtswegerschöpfung[819], konnte niemand die Entscheidung zuvor kennen noch kennen müssen.

Ein anderes könnte sich aber nach der festgestellten Konventionsverletzung in vergleichbaren Fällen ergeben. Die Unkenntnis von der entsprechenden Entscheidung könnte grob fahrlässig sein. Dazu müsste die verkehrserforderliche Sorgfalt in besonders schwerem Maß verletzt worden sein[820]. Es müssten bereits einfache, sich jedermann aufdrängende Überlegungen außer Acht gelassen worden sein[821]. Es müsste aber zur verkehrserforderlichen Sorgfalt gehören, sich über EGMR-Entscheidungen zu informieren. Für die Behörden ließe sich diese Verpflichtung gegebenenfalls herausarbeiten. Der Private ist aber nicht an die EMRK gebunden, schließlich richten sich sowohl Art. 1 EMRK als auch Art. 46 EMRK nur an die Vertragsstaaten. Dann kann es aber auch keine entsprechende Informationsverpflichtung für ihn geben. Ein Ausschluss etwaigen schutzwürdigen Vertrauens nach § 48 II Nr. 3 VwVfG kommt damit nicht in Betracht.

Hier hat also eine Abwägung zwischen dem öffentlichen Interesse an der Herstellung des EMRK-konformen Zustandes und dem schutzwürdigen Vertrauen des Begünstigten zu erfolgen[822].

Es fragt sich, ob auch hier aus Art. 46 I EMRK folgt, dass die Abwägung automatisch zugunsten des Beschwerdeführers und damit zulasten des Begünstigten ausfallen muss. Dies könnte zu verneinen sein: Das öffentliche Interesse an der Herstellung eines konventionsgemäßen Zustandes könnte gegenüber dem Vertrauen des Begünstigten nicht überwiegen. Nähme man nämlich an, dass dann dem ursprünglich Begünstigten der erlittene Vermögensnachteil auszugleichen wäre, stünde dies einem entsprechenden Ausgleich gegenüber dem Beschwerdeführer gleich[823].

Ob unter Hinweis auf einen etwaigen Vermögensausgleich das Überwiegen des öffentlichen Interesses generell abgelehnt werden kann, erscheint fraglich. Erstens muss der eventuell entstehende Vermögensnachteil sowohl auf Seiten des Beschwerdeführers als auch auf Seiten des Begünstigten nicht immer identisch sein. Und zweitens bedeutete dies letztlich eine „Patt-Situation". Durch die EGMR-Entscheidung wäre kein bestimmtes Ergebnis vorgegeben. Vielmehr wäre eine „herkömmliche" Abwägungsentscheidung zu treffen. Und da zum öffentlichen Interesse auch die kollidierenden Ein-

---

[818] Vgl. *EGMR*, Urt. v. 13.06.1979, Marckx ./. Belgien, EuGRZ 1979,454(460).
[819] Vgl. bereits *EKMR*, Entscheidung v. 31.05.1956, NJW 1956,1376(1376); *EGMR*, Urt. v. 08.04.2004, 11057/02, NJW 2004,3401(3403); vgl. *Bernhardt*, EuGRZ 1996,339(341) m.w.N.
[820] BVerwG, Urt. v. 17.02.1993, 11 C 47.92, E 92,81(84); *Heinrichs*, in: *Palandt*, § 277 Rn. 5 m.w.N.
[821] *Heinrichs*, in: *Palandt*, § 277 Rn. 5 m.w.N.
[822] Vgl. *Polakiewicz*, Die Verpflichtungen der Staaten aus den Urteilen des Europäischen Gerichtshofs für Menschenrechte, S. 108.
[823] So *Ress*, in: Maier, S. 240.

zelinteressen zu zählen sind[824], müsste die Behörde neben dem staatlichen Interesse, eine Verantwortlichkeit der Bundesrepublik wegen Nichtbefolgung des Urteils zu verhindern, auch das Interesse und das schutzwürdige Vertrauen des Begünstigten mit einbeziehen. Maßgeblich blieben – wie auch sonst – die Besonderheiten des Einzelfalles wie zum Beispiel die Auswirkungen der Rücknahme für den Begünstigten, die Folgen für die Allgemeinheit oder Dritte sowie die Schwere der Rechtswidrigkeit[825].

Dies könnte mit der Endgültigkeit und der innerstaatlichen Wirkung der Entscheidungen des EGMR unvereinbar sein. Im Rahmen der Untersuchung der Bindungswirkungen der Entscheidungen des EGMR wurde bei dem Sonderproblem der mehrpoligen Grundrechtsverhältnisse festgestellt, dass es als gewährleistet anzusehen ist, dass der EGMR auch die subjektiven Rechtsposition Dritter, nicht unmittelbar am Verfahren Beteiligter hinreichend berücksichtigt[826]. Folglich ist mit dem endgültigen Feststellungsurteil vorgegeben, dass das öffentliche Interesse an der Rücknahme im vom EGMR konkret entschiedenen Fall überwiegt. Mithin ist auch hier – trotz des grundsätzlich schutzwürdigen Interesses am Bestand des Verwaltungsaktes – von einer Ermessensreduzierung auf Null auszugehen. In nur vergleichbaren Fällen hingegen bleibt es bei einer Ermessensentscheidung der Behörde[827].

c) Widerruf eines rechtmäßigen Verwaltungsaktes nach § 49 VwVfG

Auch für § 49 VwVfG fragt sich, welche Auswirkungen die Befolgungspflicht aus Art. 46 I EMRK nach festgestellter EMRK-Verletzung auf den Widerruf hat.

aa) Widerruf nach § 49 I VwVfG

Für § 49 I VwVfG müsste es sich bei dem in Rede stehenden Verwaltungsakt um einen nicht begünstigenden im Zeitpunkt seines Erlasses[828] rechtmäßigen Verwaltungsakt handeln. Ursprünglich rechtmäßig ist er aber nur dann, wenn der EGMR keine Konventionsverletzung festgestellt hat. Der EGMR müsste also die Klage abgewiesen haben. Dann aber erzeugt das Urteil auch keine Bindungswirkungen, die die Behörde zum Widerruf des Verwaltungsaktes veranlassen könnten.

bb) Widerruf nach § 49 II Nr. 4 und 5 VwVfG

Übrig bleiben nur noch § 49 II Nr. 4 und 5 VwVfG, wenn ein Dritter durch den begünstigenden Verwaltungsakt in seinen EMRK-Rechten verletzt wurde und entweder die EGMR-Entscheidung einer Rechtslagenänderung gleichzustellen ist oder es sich

---

[824] Vgl. *Wolff/Bachof/Stober*, § 29 Rn. 8.
[825] Vgl. *Maurer*, Allgemeines Verwaltungsrecht, § 11 Rn. 33.
[826] Siehe oben Kapitel IV A. II. 6.
[827] Vgl. insoweit Kapitel IV B 2. b) aa).
[828] Vgl. *Kopp/Ramsauer*, § 48 Rn. 34 m.w.N.

um einen Verwaltungsakt mit Dauerwirkung handelt[829]. Bezüglich der Unanwendbarkeit des § 50 VwVfG ist nach oben zu verweisen[830].

(1) § 49 II Nr. 4 VwVfG

Für einen Widerruf nach Nr. 4 müsste eine Rechtsvorschrift geändert worden sein. Dass eine EGMR-Entscheidung nur in Ausnahmefällen einer Rechtsänderung gleichzustellen ist, ist oben bereits festgestellt worden[831]. Allerdings wird immer dann, wenn eine Norm für ungültig erklärt worden ist, eine analoge Anwendung erwogen, weil die Auswirkungen der Nichtigerklärung einer Norm mit ihrer Aufhebung durch den Gesetzgeber vergleichbar sei[832]. Der EGMR stellt indes nur die Konventionsverletzung fest. Er ist nicht kompetent, eine Norm zu kassieren. Außerdem folgt aus der endgültigen Feststellungsentscheidung nicht einmal ein sofortiges Anwendungsverbot der Norm – jedenfalls soweit es sich um ein Bundesgesetz oder Landesgesetz handelt – für Gerichte und Behörden[833]. Die Frage einer analogen Anwendung stellt sich hier somit nicht. Der Anwendungsbereich bleibt als gering einzustufen.

Sollte § 49 II Nr. 4 VwVfG trotzdem zur Anwendung kommen, müsste die Behörde berechtigt sein, den Verwaltungsakt nicht zu erlassen. Da aus der Befolgungspflicht des Art. 46 I EMRK und der Verpflichtung zur effektiven Sicherung der EMRK-Freiheiten gemäß Art. 1 EMRK folgt, dass Konventionsverletzungen in künftigen, gleich gelagerten Fällen vermieden werden müssen[834], ist die Behörde nicht nur berechtigt, sondern sogar verpflichtet, den Verwaltungsakt nicht erneut zu erlassen.

Sollte der Begünstigte von dem Verwaltungsakt auch noch keinen Gebrauch gemacht haben, müsste schließlich ohne den Widerruf das öffentliche Interesse gefährdet werden. Zwecks Vermeidung der völkerrechtlichen Verantwortlichkeit der Bundesrepublik läge der Widerruf zwar im öffentlichen Interesse. Eine Gefährdung tritt aber erst dann ein, wenn der Widerruf der Abwehr eines drohenden Schadens für wichtige Gemeinschaftsgüter oder Schutzgüter dient[835]. Rein finanzielle Interessen[836] und damit die Vermeidung einer Verurteilung zur Zahlung einer gerechten Entschädigung dürften somit nicht ausreichen. Zu diesen öffentlichen Interessen gehören aber auch die einzelner Mitglieder der Gesellschaft, sofern sie für die Allgemeinheit von Bedeutung sind oder um deren Schutz willen die öffentliche Ordnung besteht[837]. Auch ursprünglich private Interessen werden somit wegen ihrer Bedeutung zum Gegenstand des öf-

---

[829] Vgl. Kapitel IV B III 2. b).
[830] Siehe Kapitel B III 2. b) bb) (1).
[831] Siehe Kapitel IV B III 1. a).
[832] *Baumeister*, Das Rechtswidrigwerden von Normen, S. 230; *Erichsen*, in: *Erichsen/Ehlers*, § 18 Rn. 22; *Meyer*, in: *Knack*, § 49 rn. 56; *Sachs*, in: StBS, § 49 Rn. 78.
[833] Vgl. Kapitel IV B I 1.
[834] Vgl. *Frowein*, in: F/P, Art. 53 Rn. 10.
[835] Vgl. *BVerwG*, Urt. v. 24.01.1992, 7 C 38/90, NVwZ 1992,565(566); *VGH Kassel*, Beschl. v. 25.06.1998, 7 UE 4200/96, NVwZ-RR 1999,798(800); *VGH Mannheim*, Beschl. v. 26.07.1993, 14 S 1311/93, NVwZ-RR 1994,20(21).
[836] Vgl. *Sachs*, in: StBS, § 49 Rn. 69.
[837] *Wolff/Bachof/Stober*, § 29 Rn. 10.

fentlichen Interesses[838]. Deshalb könnte der Widerruf nach festgestellter Konventionsverletzung im öffentlichen Interesse liegen. Erstens hat der EGMR wegen der Endgültigkeit seiner Entscheidungen verbindlich festgestellt, dass eine EMRK-Freiheit und damit Individualinteressen verletzt wurden. Dass dies inhaltlich nicht mehr in Frage gestellt werden kann, ist bereits im Rahmen des Sonderproblems der mehrpoligen Grundrechtsverhältnisse festgestellt worden[839]. Und indem sich die Bundesrepublik wegen der Transformation der EMRK ins innerstaatliche Recht als einfaches Bundesgesetz gemäß Art. 1 EMRK zur Sicherung der Rechte und Freiheiten der EMRK auch innerstaatlich verpflichtet hat, ist bewiesen, dass die öffentliche Ordnung dem Schutz der EMRK-Freiheiten dienen muss. Mithin liegt der Widerruf auch im öffentlichen Interesse

(2) § 49 II Nr. 5 VwVfG

Sollte trotz der Gefährdung des öffentlichen Interesses im Sinne von Nr. 4 ein Widerruf scheitern, weil der Begünstigte etwa bereits von dem Verwaltungsakt Gebrauch gemacht hat, könnte der Verwaltungsakt nur noch widerrufen werden, um schwere Nachteile für das Gemeinwohl zu verhüten oder zu beseitigen. Dazu müsste die Nichtbefolgung des Urteils des EGMR ein entsprechend schwerer Nachteil sein.
Wegen des Ausnahmecharakters[840] des § 49 II Nr. 5 VwVfG sind hierfür höhere Anforderungen als an die Gefährdung des öffentlichen Interesses zu stellen[841]. Andernfalls bestünde die Gefahr der Beliebigkeit und damit der Umgehung des Ausnahmecharakters der Vorschrift.

Mangels Definition im VwVfG werden die dafür erforderlichen besonderen, erheblichen und überragenden Interessen der Allgemeinheit[842] dem materiellen Verfassungsrecht entnommen[843]. Hier lässt sich auf die im Rahmen der verfassungsrechtlichen Rechtfertigung subjektiver Berufszulassungsschranken zu Art. 12 GG entwickelte Gemeinwohlbelangdefinition zurückgreifen[844]. Schutzwürdig sind daher nicht nur absolute, d.h. allgemein anerkannte und von der jeweiligen politischen Auffassung des Gemeinwesens unabhängige Gemeinschaftswerte (zum Beispiel die Volksgesundheit), sondern auch vom Gesetzgeber definierte wirtschafts-, sozial- und gesellschaftspolitische Ziele[845].

---

[838] *Wolff/Bachof/Stober*, § 29 Rn. 10.
[839] Siehe Kapitel IV A II. 6.
[840] Vgl. *Maurer*, Allgemeines Verwaltungsrecht, § 11 Rn. 44a; *Meyer*, in: *Knack* § 49 Rn. 61; *Ule/Laubinger* § 63 Rn. 21.
[841] *BVerwG*, Urt. v. 21.05.1997, 11 C 1.96, DVBl. 1998,38(49); *OVG Berlin*, Urt. v. 27.11.1987, 2 B 106/85, NVwZ-RR 1988,6(9).
[842] *Bonk*, in: StBS, § 60 Rn. 28.
[843] *Häberle*, in: FS Boorberg, S. 47(89).
[844] So *Erichsen*, in: *Erichsen/Ehlers*, § 18 RN. 26; *Erichsen/Brügge* – Jura 1999,496(500); *Häberle*, in: FS Boorberg, S: 47(89); *Kopp/Ramsauer*, § 49 Rn. 56; *Meyer*, in: *Knack*, § 49 Rn. 61; *Winkler*, DVBl. 1979,263(265).
[845] Vgl. *BVerfG*, Beschl. v. 17.07.1961, 1 BvL 44/55, E 13,97(107); zustimmend: *Kopp/Ramsauer*, § 49 Rn. 56; *Winkler*, DVBl. 1979,263(265).

Indem sich die Bundesrepublik mit Art. 1 EMRK zur effektiven Sicherung der EMRK-Rechte und –Freiheiten bekannt und verpflichtet hat, könnte genau dies geschehen sein. Außerdem sollen auch die grundrechtlich geschützten Rechtsgüter und damit auch die individuellen Rechtsgüter zum Schutz des § 49 II Nr. 5 VwVfG gehören[846]. Da die EMRK zur Konkretisierung von deren Inhalten und Schranken heranzuziehen ist, lässt sich der Schutz auch auf die EMRK-Freiheiten ausdehnen.

Dagegen könnte sprechen, dass die Verpflichtung zur Sicherung der EMRK-Freiheiten über Art. 1 EMRK bereits als öffentliches Interesse im Sinne von § 49 II Nr. 4 VwVfG bezeichnet wurde. Es könnte mithin an der notwendigen Steigerung der Bedeutung der schützenswerten Belange fehlen. Aber erstens zeigen das Bekenntnis in Art. 1 II GG zu den unverletzlichen und unveräußerlichen Menschenrechten und die Völkerrechtsfreundlichkeit des GG, welche besondere Bedeutung den EMRK-Freiheiten beizumessen ist. Daher ist davon auszugehen, dass es im Verhältnis zum öffentlichen Interesse keiner Steigerung bedarf. Anders formuliert: Wenn es sich bei der Verpflichtung aus Art. 1 EMRK um einen schützenswerten Gemeinwohlbelang im Sinne von § 49 II Nr. 5 VwVfG handelt, muss erst recht in der Nichtbefolgung der EGMR-Entscheidung eine Gefährdung des öffentlichen Interesses im Sinne von § 49 II Nr. 4 VwVfG zu sehen sein. Und zweitens muss die EMRK wegen der Völkerrechtsfreundlichkeit der deutschen Rechtsordnung auch bei der Auslegung ihrer Vorschriften beachtet werden[847]. Die allgemeine und weit gefasste Formulierung „Nachteile für das Gemeinwohl" liefert demgemäß einen hinreichenden Auslegungsspielraum, um die Rechte und Freiheiten der EMRK effektiv und nicht nur illusorisch[848] zu gestalten.

Somit kommt auch ein Widerruf nach § 49 II Nr. 5 VwVfG in Betracht.

(3) Ermessensreduzierung auf Null?

Liegen die Voraussetzungen von § 49 II VwVfG vor, so „darf" der Verwaltungsakt widerrufen werden. Grundsätzlich liegt die Entscheidung damit im Ermessen der Behörde. Auch hier könnte es aber zu einer Ermessensreduzierung auf Null kommen.

Sollte man in den Fällen des § 49 II Nr. 4 und 5 VwVfG ohnehin von einem intendierten Ermessen ausgehen, weil das schutzwürdige Vertrauen des Betroffenen hier bereits hinreichend vom Gesetzgeber berücksichtigt worden sei[849], stellt sich die Frage nach einer Ermessensreduzierung nicht.

Geht man hingegen – wie es der Wortlaut nahe legt – davon aus, dass es wegen der allgemeinen Formulierung der Tatbestände unmöglich sei, damit alle Vertrauensschutzerwägungen zu erfassen[850], müsste es sich um eine herkömmliche Ermessensvorschrift handeln. Der Widerruf nach § 49 II VwVfG erfolgt aber nur mit Wirkung für die Zukunft. Mithin stellt sich die im Rahmen von § 48 VwVfG diskutierte Gefahr

---

[846] *BVerwG*, Urt. v. 21.05.1997, 11 C 1.96, DVBl. 1998,38(49).
[847] Vgl. Kapitel III C.
[848] Vgl. *EGMR*, Urt. v. 18.02.1999, 26083/94, NJW 1999,1173(1175).
[849] So *BVerwG*, Urt. v. 24,01.1992, 7 C 38/90, NVwZ 1992,565(566).
[850] So *Kopp/Ramsauer*, § 49 Rn. 30; *BVerwG*, Urt. v. 13.07.1994, 6 C 39/92, NVwZ-RR 1995,43(44).

der Funktionsunfähigkeit und der Rechtssicherheit so nicht. Folglich ist wegen der Befolgungspflicht aus Art. 46 I EMRK hier ebenso von einer Ermessensreduzierung auf Null auszugehen.

IV. Verwaltungsvertrag

Auch mit der weiteren Handlungsform der Verwaltung, dem Verwaltungsvertrag, kann gegen die EMRK verstoßen werden. Da in der Verwaltung zunehmend typisierte Verträge verwendet werden, mithin die Mitwirkungsmöglichkeiten des Bürgers als Vertragspartner gering sind[851], ist der Unterschied zwischen Verwaltungsvertrag und Verwaltungsakt gar nicht mehr so groß[852]. Deshalb könnte einmal der Bürger als Vertragspartner selbst in seinen EMRK-Rechten verletzt sein. Vorstellbar ist aber auch, dass der Verwaltungsvertrag EMRK-rechtlich gewährte Rechtspositionen Dritter beeinträchtigt. Dann wäre allerdings zur Wirksamkeit des Vertrages die schriftliche Zustimmung des Dritten erforderlich (vgl. § 58 I VwVfG). Bis dahin wäre der Vertrag schwebend unwirksam[853].

Hat der EGMR also die Konventionswidrigkeit eines Verwaltungsvertrages festgestellt, könnte die Rechtsfolge in seiner Nichtigkeit bestehen. Hilfsweise könnte es zu Vertragsanpassung oder Kündigung nach § 60 VwVfG kommen.

1. Nichtigkeit gemäß § 59 II Nr. 2 VwVfG

Begonnen werden soll die Untersuchung mit den besonderen Nichtigkeitsgründen für subordinationsrechtliche Verträge. Ein solcher könnte gemäß § 59 II Nr. 2 VwVfG nichtig sein. Dazu müsste ein anstelle eines Verwaltungsvertrages erlassener Verwaltungsakt nicht nur wegen eines Verfahrens- oder Formfehlers nichtig sein. Dies müsste den Vertragsschließenden bekannt gewesen sein.

Bezüglich des rechtswidrigen Veraltungsaktes kann nach oben verwiesen werden[854]. Die darüber hinaus erforderliche Kenntnis der Vertragsschließenden könnte aber bewirken, dass nur in den seltensten Fällen die Rechtsfolge der Nichtigkeit eintreten kann. Dem Wortlaut entsprechend – „bekannt war" – bedarf es der positiven Kenntnis von den die Rechtswidrigkeit begründenden Umständen mindestens in Gestalt der sogenannten Parallelwertung in der Laiensphäre[855]. Ein Kennenmüssen und damit bereits

---

[851] Vgl. *Schilling*, VerwA 1996,191(200).
[852] Vgl. *Maurer*, Allgemeines Verwaltungsrecht, § 14 Rn. 24.
[853] Vgl. *VGH* Mannheim, Urt.v. 08.10.1996, 10 S 3/96, NuR 1997,245(245); *OVG NRW*, Urt. v. 22.09.1982, 4 A 989/81, NVwZ 1984,522(524); *VG* Leipzig, Urt. v. 25.06.2003, 6 K 1600/01, Rz. 31, JURIS-Nr. MWRE 114630300; *Bonk*, in: StBS, § 58 Rn. 19; *Erichsen*, in: *Erichsen/Ehlers*, § 26 Rn. 8; *Kopp/Ramsauer*, § 58 Rn. 19; *Tiedemann*, in: *Obermayer*, § 58 Rn. 16; *Wallerath*, Allgemeines Verwaltungsrecht, § 8 Rn. 48; *Müller-Ibold*, Die Begründungspflicht im europäischen Gemeinschaftsrecht und deutschen Recht, 167.
[854] Siehe Kapitel IV B III.
[855] Vgl. *Bonk*, in: StBS, § 59 Rn. 34; *Henneke*, in: *Knack*, § 59 Rn. 19; *Kopp/Ramsauer*, § 59 Rn. 24.

grobe Fahrlässigkeit genügen nicht[856]. Da im Zeitpunkt des Vertragsschlusses für den Fall, dass der in Rede stehende Vertrag vom EGMR für konventionswidrig befunden wurde, niemand die EGMR-Entscheidung voraussehen und damit kennen konnte, können die Vertragsschließenden nur in späteren vergleichbaren Fällen die EGMR-Entscheidung kennen. Die positive Kenntnis wird jedoch schwer nachzuweisen sein. Für eine effektive und wirksame Sicherung der EMRK-Freiheiten[857] könnte deshalb die grobfahrlässige Unkenntnis von der EGMR-Entscheidung der positiven Kenntnis gleichzustellen sein.

Aber erstens könnte mit dem Wortlaut „Kenntnis" die Grenze des Auslegungsspielraumes für so eine konventionskonforme Auslegung erreicht sein. Und zweitens ist bereits im Rahmen von § 48 II 3 Nr. 3 VwVfG festgestellt worden, dass die Unkenntnis von der Entscheidung des EGMR auf Seiten des Bürgers nicht grob fahrlässig ist[858]. Ist aber bereits einem Vertragsschließenden die Rechtswidrigkeit nicht bekannt, ist Nr. 2 nicht mehr anwendbar[859]. Dies entspricht im Übrigen auch den Sinn der Nr. 2, ein kollusives Zusammenwirken von Behörde und Bürger zwecks Umgehung der öffentlich-rechtlichen Vorschriften zu verhindern[860].

2. Zwischenergebnis

Ein Vertrag ist damit nur dann nichtig im Sinne von § 59 II Nr. 2 VwVfG, wenn sowohl die Behörde als auch der Bürger positive Kenntnis von einer EGMR-Entscheidung haben.

3. Nichtigkeit gemäß § 59 I VwVfG in Verbindung mit § 134 BGB

Die Nichtigkeit könnte sich weiter aus § 59 I VwVfG in Verbindung mit § 134 BGB ergeben. Mit dem konventionswidrigen Vertragsabschluss könnte gegen das Verbot, konventionswidrig zu handeln, verstoßen worden sein.

a) Verhältnis von § 59 II zu § 59 I VwVfG

§ 59 I VwVfG bezieht sich auf öffentlich-rechtliche Verträge. Damit auch der spezielle subordinationsrechtliche Vertrag von der Nichtigkeitsfolge des § 59 I VwVfG erfasst ist, müsste auch er ein öffentlich-rechtlicher im Sinne von § 59 I VwVfG sein. Sollte es sich demgegenüber bei § 59 II VwVfG um eine abschließende Sonderregelung für die subordinationsrechtlichen Verträge handeln, bliebe § 59 I VwVfG nur noch für die übrigen Verwaltungsverträge anwendbar.

---

[856] Vgl. *Bonk*, in: StBS, § 59 Rn. 34; *Henneke*, in: *Knack*, § 59 Rn. 19; *Kopp/Ramsauer*, § 59 Rn. 24.
[857] So verlangt von *EGMR*, Urt. v. 18.02.1999, 26083/94, NJW 1999,1173(1175).
[858] Siehe Kapitel IV B III 2. b) bb) (2).
[859] Vgl. *Bonk*, in: StBS, § 59 Rn. 31; *Henneke*, in: *Knack*, § 59 Rn. 19; *Kopp/Ramsauer*, § 59 Rn. 25; *Bernsdorff*, in: *Obermayer* § 59 Rn. 80.
[860] Vgl. *Kopp/Ramsauer*, § 59 Rn. 23 a.

aa) § 59 II VwVfG als lex specialis

Teilweise wird letzteres vertreten[861]. Nähme man bereits bei der Aufhebbarkeit eines entsprechenden Verwaltungsaktes die Nichtigkeit des subordinationsrechtlichen Vertrages an, bliebe seine Bestandskraft weit hinter der des Verwaltungsaktes zurück[862]. Damit entfiele der Sinn für die Verwaltung, anstelle eines Verwaltungsaktes zu erlassen einen Vertrag zu schließen[863]. Diese mehr praktischen Erwägungen verfolgten auch die Gesetzesmaterialien[864]: Durch die Regelung des § 59 II VwVfG sollte einerseits die Möglichkeit der Umgehung der öffentlich-rechtlichen Vorschriften und damit des Gesetzmäßigkeitsprinzips (Art. 20 III GG) eingeschränkt werden. Andererseits aber sollte das Wesen des Vertrags gewahrt werden. Die Lösung wurde in der abschließenden Wirkung eng umgrenzter Nichtigkeitsgründe gesehen. In allen anderen Fällen als denen des § 59 II VwVfG sollte der Vertrag wirksam bleiben. Ein weiteres Argument wird nunmehr der Schuldrechtsreform entnommen. Die über § 59 I VwVfG in Verbindung mit § 306 BGB a.F. erzielte Nichtigkeit des Vertrages bei anfänglicher Unmöglichkeit sei mit Einführung des § 311 a I BGB entfallen[865]. Bei subordinationsrechtlichen Verträgen gelange man über § 59 II Nr. 1 in Verbindung mit § 44 II Nr. 4 VwVfG aber nach wie vor zur Nichtigkeit bei anfänglicher Unmöglichkeit[866]. Dieser Normwiderspruch lasse sich nur über die Annahme eines Spezialitätsverhältnisses lösen[867].

bb) Nebeneinander von § 59 I und II VwVfG

Überwiegend wird allerdings der Nichtigkeitsgrund des § 59 I VwVfG auch für subordinationsrechtliche Verträge herangezogen[868].

Zur Begründung wird auf den Wortlaut[869] „ferner" und die Systematik abgestellt. Wenn § 59 II nicht nur Fälle der Nichtigkeit des Verwaltungsaktes, sondern auch deren Anfechtbarkeit behandle, die Anfechtungsgründe beim öffentlich-rechtlichen Vertrag aber dessen Gültigkeit unberührt ließen, müsse § 59 I VwVfG als Auffangtatbestand die Nichtigkeitsgründe erweitern[870]. Dies sei auch § 54 VwVfG zu entnehmen.

---

[861] *Geis*, NVwZ 2002,385(388); *Schleicher*, DÖV 1976,550(555).
[862] *Schleicher*, DÖV 1976,550(555).
[863] *Schleicher*, DÖV 1976,550(555).
[864] BT-Drucks. 7/910, S. 81.
[865] *Geis*, NVwZ 2002,385(388).
[866] *Geis*, NVwZ 2002,385(388).
[867] *Geis*, NVwZ 2002,385(388).
[868] *BVerwG*, Urt. V. 16.05.2000, 4 C 4.99, NVwZ 2000,1285(1286); Urt. v. 23.08.1991, 8 C 61.90, E 89,7(10); *VGH Mannheim*, Urt. v. 18.10.1990, 2 S 2098/89, NVwZ 1991,583(585); *Bernsdorff*, in: *Obermayer*, § 59 Rn. 65; *Bonk*, in: StBS, § 59 Rn. 14; *Erichsen*, in: *Erichsen/Ehlers*, § 26 Rn. 18; *Henneke*, in: *Knack*, § 59 Rn. 5; *Kopp/Ramsauer*, § 59 Rn. 4,8,18; *Maurer*, Allgemeines Verwaltungsrecht, § 14 Rn. 38; *ders.*, JuS 1976,485(496).
[869] *VGH Mannheim*, Urt. v. 18.10.1990, 2 S 2098/89, NVwZ 1991,583(585); *Bernsdorff*, in: *Obermayer*, § 59 Rn. 65; *Henneke*, in: *Knack*, § 59 Rn. 5; *Maurer*, Allgemeines Verwaltungsrecht, § 14 Rn. 38.
[870] *Henneke*, in: *Knack*, § 59 Rn. 5; *Kopp/Ramsauer*, VwVfG, § 59 Rn. 18; *Maurer*, Allgemeines Verwaltungsrecht, § 14 Rn. 38.

Wenn dessen S. 1 für sämtliche öffentlich-rechtliche Verträge gelte, weil S. 2 nur die Hervorhebung eines typischen Falles im Über-Unterordnungsverhältnis Staat-Bürger darstelle[871], müssten auch die Nichtigkeitsgründe des § 59 I VwVfG für sämtliche Verträge gelten[872]. Andernfalls sei § 59 II VwVfG wegen der Möglichkeit der Umgehung des Gesetzmäßigkeitsprinzips mit dem Rechtsstaatsprinzip unvereinbar und damit verfassungswidrig[873]. Nur durch diese Erweiterung lasse sich eine „Flucht ins Vertragsrecht" verhindern[874].

cc) Eigener Ansatz

Die bisherigen Argumente haben sich noch nicht mit der Notwendigkeit der EMRK-konformen Auslegung des nationalen Rechts beschäftigt[875]. Danach ist der Befolgungspflicht aus Art. 46 I EMRK und der Verpflichtung zur Sicherung der Rechte und Freiheiten der EMRK so weit wie möglich nachzukommen. So hält die Ablehnung einer abschließenden Sonderregelung zumindest die Möglichkeit offen, dass ein mit der EMRK unvereinbarer Verwaltungsvertrag nichtig ist. Zwar ließe sich die Befolgung auch über eine Vertragsanpassung oder Kündigung nach § 60 VwVfG bewerkstelligen. Die Rechtsfolge Nichtigkeit stellt aber die effektivere Form der Befolgung und Beseitigung von Konventionsverstößen dar, bedarf es dann doch keiner entsprechenden Vertragsanpassungs- beziehungsweise Kündigungserklärung. Für eine entsprechend konventionskonforme Auslegung muss aber auch ein hinreichender Auslegungsspielraum vorhanden sein. Indem § 59 I VwVfG von „öffentlich-rechtlichen Verträgen" spricht und in § 54 S. 2 VwVfG der subordinationsrechtliche Vertrag aufgrund der Formulierung „insbesondere" gerade als ein solcher angesehen wird, steht dieser Auslegung der Wortlaut nicht entgegen.

Ob dann tatsächlich die Rechtsfolge der Nichtigkeit eintritt, darüber gibt § 59 I VwVfG keine Auskunft[876]. Das ist dann vielmehr die Frage des Verbotsgesetzes im Sinne von § 134 BGB und soll im Folgenden geklärt werden.

b) Anforderungen an das Verbotsgesetz im Sinne von § 134 BGB in Verbindung mit § 59 I VwVfG

Damit die Rechtsfolge der Nichtigkeit eintritt, müsste es sich bei dem Verbot, konventionswidrig zu handeln, um ein Verbotsgesetz im Sinne von § 134 BGB handeln. Die Nichtigkeit tritt danach nur ein, wenn sich aus dem Gesetz nicht ein anderes ergibt.

---

[871] *BVerwG*, Urt. v. 16.05.2000, 4 C 4.99, NVwZ 2000,1285(1286).
[872] *Bonk*, in: StBS, § 59 Rn. 14.
[873] *Maurer*, JuS 1976,485(496).
[874] *Bonk*, in: StBS, § 59 Rn. 14.
[875] Vgl. dazu Kapitel III C.
[876] *Erichsen*, in: *Erichsen/Ehlers*, § 26 Rn. 24 spricht insoweit von einer „Leerformel".

aa) Verstoß gegen ein gesetzliches Verbot bei Unvereinbarkeit mit dem Gesetzmäßigkeitsprinzip?

Indem die EMRK durch den EGMR konkretisiert wird und die so konkretisierte EMRK Bestandteil des Bundesrechts ist, könnte bereits ein Verstoß gegen ein gesetzliches Verbot vorliegen, wenn der allgemeine Gesetzesvorbehalt (Art. 20 IIIGG) als Verbotsgesetz angesehen werden könnte.

(1) Allgemeiner Gesetzesvorbehalt als Verbotsgesetz

So wird teilweise vertreten, dass jeder öffentlich-rechtliche Vertrag, der gegen das Gesetzmäßigkeitsprinzip verstoße, nichtig sei[877]. Begründet wird dies mit der vom Zivilrecht abweichenden Bedeutung des Nichtigkeitsgrundes für den öffentlich-rechtlichen Vertrag. Hier gehe es nicht um die Beschränkung der Privatautonomie, sondern darum, dass die Verwaltung ihre Gestaltungsfreiheit nur innerhalb des gesetzlich zulässigen Rahmens wahrnehme[878]. Andernfalls ermögliche es der Verwaltungsvertrag der Verwaltung, ihre Bindung an Recht und Gesetz zu überwinden[879].

(2) Erfordernis eines „qualifizierten" Falles der Rechtswidrigkeit

Überwiegend wird der Rückgriff auf den allgemeinen Gesetzesvorbehalt als zu weitgehend angesehen. Führte jeder Verstoß zur Nichtigkeit, hätte § 59 II VwVfG keine Funktion mehr[880]. Außerdem sei der allgemeine Gesetzesvorbehalt viel zu allgemein, um als ein Verbot im Sinne von § 134 BGB angesehen werden zu können[881]. Ein Verbot im Sinne von § 134 BGB führe schließlich nur dann zur Nichtigkeit, wenn dem Verbot, wenn nicht ausdrücklich, so doch zumindest durch Auslegung, zu entnehmen sei, dass die vertragliche Regelung oder ihr Inhalt verboten sei[882].

Dieser Auffassung ist sich nicht nur aus oben genannten systematischen Erwägungen anzuschließen. Auch die EMRK gibt nicht zwingend vor, dass jedem Verstoß mit der Nichtigkeitsfolge abgeholfen werden muss. Vielmehr liegt die Abhilfe in der Hand der Vertragsstaaten, es sei denn, es ist keine andere Maßnahme mehr denkbar[883]. Insoweit könnte auch noch über § 60 VwVfG Abhilfe geschaffen werden.

---

877 *Obermayer*, in: FS BayVGH, S. 282; *Götz*, NJW 1976,1425(1429).
878 *Obermayer*, in: FS BayVGH, S. 282.
879 *Götz*, NJW 1976,1425(1429).
880 *BVerwG*, Urt. v. 08.03.1995, 8 C 32.93, E 98,58(63); *OVG NRW*, NVwZ 1984,522(524); Urt. v. 12.12.1991, 11 A 2717/89, NVwZ 1992,988(989); *Erichsen*, in: *Erichsen/Ehlers*, § 26 RN. 23; *Maurer*, JuS 1976,485(494); *ders.*, Allgemeines Verwaltungsrecht, § 14 Rn. 42.
881 *BVerwG*, Urt. v. 08.03.1995, 8 C 32.93, E 98,58(63); *OVG NRW*, NVwZ 1984,522(524); Urt. v. 12.12.1991, 11 A 2717/89, NVwZ 1992,988(989); *Erichsen*, in: *Erichsen/Ehlers*, § 26 RN. 23; *Maurer*, JuS 1976,485(494); *ders.*, Allgemeines Verwaltungsrecht, § 14 Rn. 42.
882 *OVG NRW*, NVwZ 1984,522(524).
883 Vgl. *EGMR*, Urt. v. 08.04.2004, 71503/01, EuGRZ 2004,268(275); Urt. v. 12.05.2005, 46221/99, www.echr.coe.int, Rn. 210; vgl. auch *Breuer*, EuGRZ 2004,257(261) und *Kühne*, JZ 2005,653(655).

(3) Zwischenergebnis

Der Verstoß gegen den Gesetzesvorbehalt reicht für die Annahme eines Verstoßes gegen ein gesetzliches Verbot im Sinne von § 134 BGB nicht aus.

bb) Verbot, konventionswidrig zu handeln, als Verbot im Sinne von § 134 BGB

Ausdrücklich formuliert die EMRK nirgends, dass der Abschluss konventionswidriger Verträge verboten ist. Sollte es sich insoweit bei dem Verbot um einen allgemeinen Rechtsgrundsatz handeln, fragt sich, ob auch ein solcher ein Verbotsgesetz im Sinne von § 134 BGB sein kann. Soweit verlangt wird, dass sich ein Verbot nur aus zwingenden Rechtsnormen – sei es ausdrücklich, sei es durch Auslegung – ergeben kann[884], könnte dies zu verneinen sein. Sollte unter Bezugnahme auf Art. 2 EGBGB als Verbotsgesetz jede Rechtsnorm und damit sogar Gewohnheitsrecht ausreichen[885], könnte ohne weiteres von einem Verbot ausgegangen werden.

Diese Streitfrage braucht aber gar nicht entschieden zu werden. Bei dem Verbot, konventionswidrig zu handeln, dürfte es sich nämlich nicht um ein ungeschriebenes handeln. Art. 1 EMRK verpflichtet alle staatlichen Organe zur Sicherung der EMRK-Freiheiten. Dies soll möglichst effektiv geschehen[886]. Das wäre aber dann nicht der Fall, wenn öffentlich-rechtliche Verträge, die mit der EMRK unvereinbar sind, generell wirksam blieben.

Grundsätzlich kommt damit das Verbot, konventionswidrig zu handeln, als Verbot im Sinne von § 134 BGB in Betracht.

Fraglich ist aber, ob jeder Verstoß gegen die EMRK zur Nichtigkeit führt. Weil nicht jeder Verstoß gegen das Gesetzmäßigkeitsprinzip ausreicht, bedarf es eines qualifizierten Verstoßes[887]. Es müsste gerade das erkennbare Ziel des Gesetzgebers sein, einen bestimmten Erfolg zu versagen[888]. Anhaltspunkte hierfür können sein die Erheblichkeit des Verstoßes sowie die das öffentliche Interesse an der Erhaltung der durch den Vertrag verletzten Rechtsordnung[889]. Umgekehrt gilt es aber auch etwaige rechtliche Interessen am Fortbestand des Vertrages zu berücksichtigen[890]. Letztlich geht es um eine Abwägungsentscheidung[891].

---

[884] *OVG NRW*, Urt. v. 12.12.1991, 11 A 2717/89, NVwZ 1992,988(989); *Henneke*, in *Knack*, § 59 Rn. 9.

[885] *Meyer*, in: *Meyer/Borgs*, § 59 Rn. 21; *Schmidt-Aßmann*, in FS Gelzer,117(125); *Ule/Laubinger*, § 70 Rn. 22.

[886] Vgl. *EGMR*, Urt. v. 18.02.1999, 26083/94, NJW 1999,1173(1175).

[887] Siehe Kapitel IV B IV. 3. b) aa) (2).

[888] *BVerwG*, Urt. v. 08.03.1995, 8 C 32.93, E 98,58(63); *OVG NRW*, Urt. v. 12.12.1991, 11 A 2717/89, NVwZ 1992,988(989).

[889] *Maurer*, Allgemeines Verwaltungsrecht, § 14 Rn. 41.

[890] *Maurer*, Allgemeines Verwaltungsrecht, § 14 Rn. 41.

[891] *Maurer*, Allgemeines Verwaltungsrecht, § 14 Rn. 41.

Insoweit könnte wiederum eine Differenzierung erforderlich sein. Ist ein konkreter Verwaltungsvertrag für konventionswidrig befunden worden, wäre es wegen der Endgültigkeit der Entscheidungen, aufgrund derer niemand mehr behauten kann, der Verwaltungsvertrag sei konventionsgemäß gewesen[892], für den Betroffenen unzumutbar, am Vertrag festgehalten zu werden beziehungsweise erst noch eine Vertragsanpassung oder Kündigung nach Maßgabe von § 60 VwVfG abzuwarten. Denn erstens bedürfte es dazu noch einer entsprechenden Erklärung. Und zweitens wirken Vertragsanpassung Kündigung nur ex nunc. Und soweit es sich um subordinationsrechtliche Verträge im Sinne von § 54 S. 2 VwVfG handeln sollte, könnte wie bei der Rücknahme eines rechtswidrigen Verwaltungsaktes argumentiert werden. Weil subordinationsrechtliche Verträge anstelle des Erlasses eines Verwaltungsaktes geschlossen werden, kann sich die Verwaltung im konkreten Fall ebenso wenig auf die Rechtssicherheit und ihre Funktionsfähigkeit berufen[893]. Weil das Interesse an der Gewährleistung der EMRK-Freiheiten hier überwiegt, ist der vom EGMR für konventionswidrig befundene Verwaltungsvertrag nichtig.

Ein anderes könnte sich in nur vergleichbaren Fällen ergeben. Auch insoweit kann auf die Überlegungen zurückgegriffen werden, die bereits beim Wiederaufgreifen des Verfahrens und der Aufhebung des Verwaltungsaktes angestellt worden sind[894]. Weil die Verwaltung hier – je nach Anzahl der geschlossenen Verwaltungsverträge – mit einer Vielzahl von nichtigen Verträgen und damit einer Vielzahl von Rückabwicklungen rechnen müsste, wäre die Funktionsfähigkeit der Verwaltung in Gefahr. Daher wird in diesen Fällen nur eine Kündigung beziehungsweise Vertragsanpassung mit Wirkung für die Zukunft in Betracht kommen.

4. Vertragsanpassung und Kündigung nach § 60 VwVfG

Sollte der Verwaltungsvertrag nicht nichtig sein, bleibt die Möglichkeit der Vertragsanpassung gemäß § 60 I 1 Alt. 1 VwVfG und der Kündigung gemäß § 60 I 2 VwVfG.

a) Vertragsanpassung gemäß § 60 I 1 Alt. 1 VwVfG

Für eine Vertragsanpassung müssten sich die Verhältnisse, die für die Festsetzung des Vertragsinhaltes maßgebend gewesen sind, seit Abschluss des Vertrages wesentlich geändert haben. Die EGMR-Entscheidung müsste also eine Änderung dieser Verhältnisse darstellen.

---

[892] Vgl. *BVerfG*, Beschl. v. 14.10.2004, 2 BvR 1481/04, NJW 2004,3407(3409); Beschl. v. 11.10.1985, 2 BvR 336/85, EuGRZ 1985,654(656); *EGMR*, Urt. v. 26.02.2004, 74969/01, NJW 2004,3397(3400) und Urt. v. 08.04.2004, 11057/02, NJW 2004,3401(3406); *Cremer*, EuGRZ 2004,683(689); *Frowein*, HdBStR VII, § 180 Rn. 19; *Häde/Jachmann*, ZBR 1997,8(11); *Hofmann*, GYIL 2004,9(32); *Mayer-Ladewig/Petzold*, NJW 2005,15(16); *Polakiewicz*, ZaöRV 52(1992),804(817); *Schlaich/Korioth*, Rn. 367; *Schindler*, in: FS Guldener, S. 285.

[893] Vgl. Kapitel IV B III. 2. b).

[894] Vgl. Kapitel IV B III.

Unter den Verhältnissen sind sowohl rechtliche als auch tatsächliche Verhältnisse zu verstehen[895]. Jedenfalls für den (seltenen) Fall, dass die EGMR-Entscheidung einer Rechtslagenänderung gleichzustellen ist[896], ist von einer entsprechenden Änderung der Verhältnisse auszugehen.

Für die meisten Fälle, in denen die Rechtsprechung lediglich als eine Frage der aktuell richtigen Rechtserkenntnis anzusehen ist[897], stellt sich die Frage, ob eine EGMR-Entscheidung tatsächlich als Änderung der Verhältnisse im Sinne von § 60 I 1 Alt. 1 VwVfG angesehen werden kann.

Die Fallkonstellation, dass ein Gesetz, auf dessen Grundlage der Verwaltungsvertrag geschlossen wurde, vom BVerfG für verfassungswidrig erklärt wird, wird teilweise als ein Anwendungsfall des § 60 I 1 Alt. 1 VwVfG angesehen[898]. Mangels einer kassatorischen Wirkung der Entscheidung des EGMR und wegen des Fehlens eines Nichtanwendungsverbots der konventionswidrigen Norm nach Feststellung der Konventionswidrigkeit durch den EGMR[899] fehlt es aber hier an einer Vergleichbarkeit, so dass die Argumente hier nicht übertragbar sind[900].

Damit reduziert sich die Frage darauf, ob eine Änderung der höchstrichterlichen Rechtsprechung und damit auch eine Entscheidung des EGMR ausreicht, um von einer Änderung der Verhältnisse auszugehen.

Auch dies ist umstritten. Bejaht wird die Frage, wenn eine im Vertrag als feststehend angenommene Rechtsprechung durch Aufgabe der bisherigen Rechtsprechung geändert wird[901]. Verneint wird sie unter Hinweis auf entstehende Rechtsunsicherheiten[902]. Es sei nicht genau klärbar, wann von einer Rechtsprechungsänderung ausgegangen werden könne[903]. Zudem liege es in der Hand der Vertragsparteien, entsprechende An-

---

895 Vgl. bereits *Kawalla*, Der subordinationsrechtliche Vertrag und seine Abwicklung, S. 123; vgl. auch *Bonk*, in StBS, § 60 Rn. 14 m.w.N.

896 Vgl. Kapitel IV B. III. 1. a).

897 Vgl. Kapitel IV B. III. 1. a).

898 Dafür: *BayVGH*, Urt. v. 10.06.1970, Nr. 186 IV 67, DVBl. 1970,977(979); *BVerwG*, Urt. v. 18.10.2001, 3 C 1/01, NVwZ 2002,486(488); *Henneke*, in: *Knack*, § 60 RN. 6; *Kawalla*, Der subordinationsrechtliche Verwaltungsvertrag und seine Abwicklung, S. 128; *Thieme* – NJW 1974,2201(2203); offen gelassen: *BVerwG*, Urt. v. 18.12.1973, I C 34/72, NJW 1974,2247(2248); Urt. v. 18.12.1973, I C 29/73, NJW 1974,2250(2251); dagegen: *OVG NRW*, Urt. v. 24.5.1972, IV A 210/70, DB 1972,2010(2011) zum Vergleichsvertrag, der über verfassungsrechtliche Zweifel hinweghelfen sollte, so dass die Verfassungsmäßigkeit der Norm nicht Grundlage sondern Inhalt des Vertrages geworden sein sollte. Kritisch auch *Littbarski*, Der Wegfall der Geschäftsgrundlage im öffentlichen Recht, S. 42.

899 Siehe Kapitel IV B I. 1.

900 Vgl. insoweit auch die Ausführung zur analogen Anwendung des § 49 II Nr. 4 VwVfG, Kapitel IV B III. 2. c) bb) (1).

901 *Henneke*, in: StBS, § 60 Rn. 4; ohne Begründung: *Bernsdorff*, in: *Obermayer*, § 60 Rn. 19; *Ule/Laubinger*, § 71 Rn. 11.

902 *Littbarski*, Der Wegfall der Geschäftsgrundlage im öffentlichen Recht, S. 42; *Lorenz*, DVBl. 1997,864(866).

903 *Littbarski*, Der Wegfall der Geschäftsgrundlage im öffentlichen Recht, S. 42.

passungs- und Kündigungsklauseln in den Vertrag bei Vertragsschluss aufzunehmen[904].

Der Wortlaut „Verhältnisse" spricht zunächst dafür, dass die Argumentation zur Frage der Gleichstellung der Rechtslagenänderung im Sinne von § 51 I Nr. 1 VwVfG mit der Rechtsprechungsänderung hier nicht übertragbar ist. Darüber hinaus handelt es sich bei § 60 I 1 Alt. 1 VwVfG um die Kodifikation eines allgemeinen Rechtsgrundsatzes[905]. Zwar besteht Uneinigkeit darüber, ob es sich hier um die gesetzliche Fixierung der clausula rebus sic stantibus[906] oder des Wegfalls der Geschäftsgrundlage handelt[907]. Während es bei letzterem auf die subjektiven Vorstellungen der Parteien ankäme, käme es bei ersterer auf objektive Gesichtspunkte an[908]. Teilweise werden die Kriterien aber auch kumulativ geprüft[909]. Fest steht damit, dass der Begriff der Verhältnisse weiter ist als der der Rechtslagenänderung. Ein Urteil des EGMR ist mithin grundsätzlich als Änderung der Verhältnisse einstufbar. Und wegen des Gebots EMRK-konformer Auslegung des deutschen Rechts muss dies auch geschehen.

Erkennt man in den Verhältnissen die subjektive Geschäftsgrundlage, ist es entscheidend, ob die Verhältnisse und damit die Rechtsprechung des EGMR nach der gemeinsamen Vorstellung der Vertragsparteien zur Geschäftsgrundlage gemacht werden sollten oder ob sie zumindest für eine Vertragspartei von Bedeutung gewesen sind und dies für die andere Partei erkennbar war[910]. Da die Behörden gemäß Art. 1 EMRK zur Sicherung der Freiheiten der EMRK verpflichtet sind und sie gemäß Art. 46 I EMRK – jedenfalls solange dies nach innerstaatlichem Recht möglich ist – die Urteile des EGMR befolgen müssen, wird jedenfalls die Behörde keine Verträge abschließen wollen, die zu einem Verstoß gegen die EMRK führen. Dies wird auch für die andere (private) Partei erkennbar sein, so dass von der Behörde nicht ausdrücklich darauf hingewiesen werden muss. Entscheidet der EGMR also später, dass die EMRK durch einen vergleichbaren Verwaltungsvertrag verletzt wurde, ist dies als wesentliche Änderung der Verhältnisse im Sinne von § 60 I 1 Alt. 1 VwVfG anzusehen.

Wendet man hingegen objektive Maßstäbe an, kommt es nur darauf an, ob sich nachträglich objektiv, also unabhängig vom gegebenenfalls auszulegenden Willen der Ver-

---

904 *Littbarski*, Der Wegfall der Geschäftsgrundlage im öffentlichen Recht, S. 42.

905 Vgl. *Kawalla*, Der subordinationsrechtliche Verwaltungsvertrag und seine Abwicklung, S. 123; *Schwerdtner*, VBlBW 1998,9(10); *Erichsen*, in: *Erichsen/Ehlers*, § 26 Rn. 30; *Maurer*, Allgemeines Verwaltungsrecht, § 14 Rn. 53.

906 So *Schwerdtner*, VBlBW 1998,9(10); *Stern*, in: FS Mikat, S. 775(782+786).

907 So *Bonk*, in: StBS, § 60 Rn. 10; *Kawalla*, Der subordinationsrechtliche Verwaltungsvertrag und seine Abwicklung, S. 123; *Lorenz*, DVBl. 1997,864(866); *OVG RP*, Urt. v. 13.11.2003, 8 A 10878/03, JURIS Nr. MVRE 119680300 Rn. 32 = NVwZ-RR 2004,243(244); *OVG Lüneburg*, Beschl. v. 14.02.2003, 7 LA 1302, JURIS Nr. MWRE 006320300 = NVwZ 2003,629(629); *BVerwG*, Urt. v. 26.01.1995, 3 C 21.95, E 97,331(343).

908 Vgl. *Stern*, in: FS Mikat, S. 775(784).

909 Vgl. *BVerwG*, Urt. v. 25.11.1966, III C 35.65, E 25,299(303).

910 *Bonk*, in: StBS, § 60 Rn. 10; *Ehlers* – Verw 2004,255(292); *Kawalla*, Der subordinationsrechtliche Verwaltungsvertrag und seine Abwicklung, S. 123; *BVerwG*, Urt. v. 26.01.1995, 3 C 21.95, E 97,331(340); Urt. v. 09.11.1990, NVwZ 1991,1096(1097); *OVG NRW*, Urt. v. 06.12.1990 NVwZ 1991,1106(1106); *VGH Mannheim*, Urt. v. 09.03.1999, 8 S 2877/98, NVwZ-RR 2000,206(206).

tragsparteien, Umstände grundlegend geändert haben[911]. Da eine subjektive Komponente aber mit der Zumutbarkeit zutage tritt, müssen die Ergebnisse hier identisch sein[912]. So wird die Unzumutbarkeit bejaht, sobald die unveränderte Fortsetzung des öffentlich-rechtlichen Vertrages zur Rechtswidrigkeit des Vertragsverhältnisses führte[913]. Hielte man die Behörde am Vertrag fest, käme es gegebenenfalls zu einer weiteren Verurteilung der Bundesrepublik durch den EGMR. Untermauert wird dieses Ergebnis wiederum durch die Notwendigkeit EMRK-konformer Auslegung. Denn hält man das Festhalten für unzumutbar, wird die Befolgung der Urteile des EGMR ermöglicht, so dass nicht auf die insoweit subsidiäre gerechte Entschädigung nach Art. 41 EMRK zurückgegriffen werden muss.

Liegen demnach die Voraussetzungen für eine Vertragsanpassung vor, stellt sich die Frage, welche Auswirkungen die festgestellte Konventionsverletzung auf der Rechtsfolgenseite hat.

Grundsätzlich liegt das Anpassungsverlangen im Ermessen der Behörde[914]. Auch hier könnte zwecks Herstellung eines konventionskonformen Zustandes eine Ermessensreduzierung stattfinden müssen. Dazu müsste jede andere Entscheidung ermessenfehlerhaft sein[915]. So könnte sich die Behörde darauf berufen, zulasten des EMRK-Berechtigten die Rechte und Interessen ihres Vertragspartners wahren zu müssen. Indem die Anpassung – ebenso wie die Kündigung – aber nur für die Zukunft verlangt werden kann[916], eine Rückabwicklung also nicht stattfindet und damit nur gegenwärtige Rechtsverhältnisse betroffen sind, sind Fragen des Vertrauensschutzes und der Funktionsfähigkeit der Verwaltung nicht berührt. Vielmehr ist wegen der Zukunftsbezogenheit eines solchen Vertrages davon auszugehen, dass keine Partei davon ausgehen durfte, der ursprünglich geschlossene Vertrag sei überhaupt nie einer Änderung zugänglich[917]. Außerdem stellt das von der Behörde abzugebende Anpassungsverlangen eine öffentlich-rechtliche Willenserklärung da. Mithin kommt ihm keine rechtsgestaltende Wirkung zu[918]. Es muss dann versucht werden, eine einvernehmliche Lösung zu finden[919].

Die Interessen der Rechtssicherheit und des Vertrauensschutzes treten somit zurück. Es überwiegt die Verpflichtung der Behörde, einen konventionsgemäßen Zustand herzustellen. Folglich wäre jede andere Entscheidung ermessensfehlerhaft. Mithin kommt

---

[911] *Schwerdtner*, VBlBW 1997,9(10).

[912] Vgl. *Bernsdorff*, in: *Obermayer*, § 60 Rn. 23; *Stern*, in: FS Mikat, S. 775(789).

[913] Vgl. *Lorenz*, DVBl. 1997,864(872); *BayVGH*, Urt. v. 29.05.1995, 4 B 94.2586, BayVBl. 1995,659(660).

[914] Vgl. *Kopp/Ramsauer*, § 60 Rn. 14.

[915] Vgl. *Wolff/Bachof/Stober* § 31 Rn. 56.

[916] Vgl. *BVerwG*, Urt. v. 18.10.2001, 3 C 1.01, DVBl. 2002,843(845); Urt. v. 26.01.1995, 3 C 21.93, E 97,331(343); *Bernsdorff*, in: *Obermayer*, § 60 Rn. 39; *Bonk*, in: StBS 60,24; *Henneke*, in: *Knack*, 60,11.

[917] Vgl. *Lorenz*, DVBl. 1997,864(865).

[918] So auch *Lorenz*, DVBl. 1997,864(869).

[919] Vgl. statt aller: *Kopp/Ramsauer*, § 60 Rn. 14 m.w.N.

es zu einer Ermessenreduzierung auf Null. Die Behörde muss auf eine Vertragsanpassung hinwirken.

b) Kündigung nach § 60 I 1 Alt. 2 beziehungsweise § 60 I 2 VwVfG

Sollte die gebotene Vertragsanpassung nicht möglich oder einer Vertragspartei nicht zuzumuten sein (§ 60 I 1 Alt. 2 VwVfG), könnte die Vertragspartei den Vertrag kündigen. Darüber hinaus könnte die Behörde den Vertrag kündigen, um schwere Nachteile für das Gemeinwohl zu verhüten oder zu beseitigen (§ 60 I 2 VwVfG). Ob es sich dabei in systematischer Hinsicht um ein eigenständiges Abkoppelungsrecht oder um einen besonderen Fall der Störung der Geschäftsgrundlage handelt[920], braucht hier nicht entschieden zu werden. Als ultima ratio müsste es sich bei den schweren Nachteilen für das Gemeinwohl jedenfalls um eine Gefährdung oder Störung besonders wichtiger, überragender Interessen der Allgemeinheit handeln[921]. Da es sich hierbei wie bei § 49 II Nr. 5 VwVfG um ein Notrecht zur Wahrung des Gemeinwohls handelt[922], sind die Überlegungen hier identisch[923]. Und im Rahmen der Untersuchung von § 49 II Nr. 5 VwVfG ist bereits festgestellt worden, dass die Nichtbefolgung des Urteils beziehungsweise Nichtbeendigung des Konventionsverstoßes als so ein Nachteil angesehen werden kann[924].

Entsprechend der Formulierung „kann" steht es grundsätzlich im Ermessen der Behörde, ob sie durch Aussprechen der Kündigung das Rechtsverhältnis ex nunc zum Erlöschen bringt. Auch hier könnte eine Ermessensreduzierung auf Null stattfinden müssen. Aus dem Kündigungsrecht könnte eine Kündigungspflicht werden. In welchen Fällen eine entsprechende Kündigungspflicht besteht, könnte sich aus einer analogen Anwendung der §§ 48 f. VwVfG ergeben[925]. Die Notwendigkeit einer analogen Anwendung ergebe sich daraus, dass mit dem Gemeinwohlbelang allein die rechtsstaatlich gebotene Berücksichtigung der Interessen des Bürgers nicht hinreichend berücksichtigt werden könne[926]. Wäre dem so, könnte für die Ermessenreduzierung auf die dort gewonnenen Erkenntnisse verwiesen werden. Die Kündigung gemäß § 60 I 2 VwVfG hat indes nur eine ex-nunc-Wirkung. Demgegenüber erfolgt die Rücknahme gemäß § 48 VwVfG auch mit Wirkung für die Vergangenheit. Die Vergleichbarkeit der Interessenlage ist so nicht auszumachen. Allerdings müssen wie im Rahmen jeder Ermessensentscheidung die öffentlichen und privaten Interessen miteinander in Ausgleich gebracht werden. Auch hier geht es um die Pflicht der Behörde, einen konventionswidrigen Zustand zu beseitigen. Die zu berücksichtigen Interessen sind damit mit denen, die im Rahmen der §§ 48 ff. VwVfG zu berücksichtigen waren, identisch. Es geht um Rechtssicherheit, Vertrauensschutz und materielle Gerechtigkeit. Dies kann

[920] Hierzu ausführlich *Schlette*, Die Verwaltung als Vertragspartner, S. 621.
[921] Vgl. *Kopp/Ramsauer*, § 60 Rn. 19.
[922] *Kawalla*, Der subordinationsrechtliche Vertrag und seine Abwicklung, S. 144.
[923] So auch *Kopp/Ramsauer*, § 60 Rn. 19.
[924] Siehe Kapitel IV B III. 2. c) bb) (2).
[925] So *Bleckmann*, NVwZ 1990,601(607); sich dem anschließend: *Kopp/Ramsauer*, § 60 Rn. 18.
[926] *Bleckmann*, NVwZ 1990,601(607).

dann in einer eigenständigen Abwägung im Rahmen der Ermessensentscheidung berücksichtigt werden, ohne dass es eines Rückgriffs auf §§ 48 f. VwVfG bedarf.

Da die Kündigung lediglich ex-nunc-Wirkung entfaltet, kann der konventionsrechtlichen Verpflichtung zur Beendigung des konventionswidrigen Zustandes und zur Sicherung der Rechte und Freiheiten der EMRK nicht entgegengehalten werden, eine Kündigung dürfe aus Gründen der Rechtssicherheit und des Vertrauensschutzes nicht erfolgen[927]. Mithin ist von einer Kündigungspflicht auszugehen.

5. § 49 a VwVfG und allgemeiner öffentlich-rechtlicher Erstattungsanspruch

Sollte ein Verwaltungsakt aus oben genannten Gründen aufgehoben worden sein beziehungsweise ein öffentlich-rechtlicher Vertrag nichtig sein, und sollte es dadurch wegen zuvor erbrachter Leistungen zu nunmehr rechtsgrundlosen Vermögensverschiebungen gekommen sein, könnten diese über § 49 a VwVfG oder den öffentlich-rechtlichen Erstattungsanspruch zurückzugewähren sein.

a) § 49 a VwVfG

Gemäß § 49 a I 1 VwVfG sind bereits erbrachte Leistungen zurückzugewähren, soweit ein Verwaltungsakt mit Wirkung für die Vergangenheit zurückgenommen oder widerrufen worden ist. Diese Regelung scheint auch nicht im Widerspruch zur Wiedergutmachungs- und Beendigungspflicht aus Art. 46 EMRK zu stehen.

aa) Kein allgemeiner öffentlich-rechtlicher Erstattungsanspruch bei Aufhebung mit ex nunc-Wirkung?

Ein Widerspruch könnte aber dann aufkommen, wenn § 49 a VwVfG abschließend eine Rückgewähr nur für die Aufhebung des Verwaltungsaktes mit Wirkung für die Vergangenheit zulassen sollte. Bei einem Widerruf mit Wirkung für die Zukunft könnte dann weder eine analoge Anwendung des § 49 a VwVfG[928] noch ein Rückgriff auf den allgemeinen öffentlich-rechtlichen Erstattungsanspruch[929] erfolgen. Die Wiedergutmachung im Sinne von Art. 46 EMRK könnte vereitelt werden.

Soweit allerdings umstritten ist, ob § 49 a VwVfG nur die Rückerstattung des Staates gegenüber dem Bürger und nicht die des Bürgers gegenüber dem Staat erfasst[930], braucht das hier nicht entschieden zu werden. Denn wie eine Wiedergutmachung zu

---

[927] Vgl. hierzu Kapitel IV B III. 2. c) bb) (3).

[928] Hierfür spricht sich aus *Sachs*, in: StBS § 49a Rn. 16+19.

[929] Hierfür spricht sich aus *Kopp/Ramsauer*, § 49a Rn. 6.

[930] Dafür: *Baumeister*, NVwZ 1997,19(22). Dagegen: *BVerwG*, Urt. v. 27.10.1998, 1 C 38/97, NJW 1999,1201(1201); *Detterbeck/Windhorst/Sproll*, § 26 Rn. 5; *Erichsen*, in: *Erichsen/Ehlers*, § 29 Rn. 21; *Schäfer*, in: *Obermayer*, § 49a Rn. 2; *Ossenbühl*, Staatshaftungsrecht, S. 436; *Sachs*, in: StBS § 49a Rn. 12; *Suerbaum*, VerwA 1999,361(381); BT-Drucks. 13/1534, S.6.

erfolgen hat, dass überlässt die EMRK den Vertragsstaaten[931]. Mithin ist es ausreichend, wenn eine Rückabwicklung dann über den dann noch möglichen allgemeinen öffentlich-rechtlichen Erstattungsanspruch[932] stattfindet.

(1) Keine abschließende Regelung des § 49 a VwVfG

Einer Ansicht nach soll § 49 a I 1 VwVfG entgegen seinem Wortlaut keine Aussage über das Schicksal der Rückerstattung im Falle der Aufhebung eines Verwaltungsaktes mit ex-nunc-Wirkung treffen[933]. Wie schon vor der Einführung des § 49 a VwVfG[934] sei immer dann, wenn der Fortbestand des Verwaltungsaktes Bedingung für das Behaltendürfen der Leistung gewesen ist, eine Rückforderung möglich. Eine anders lautende Regelungsabsicht des Gesetzgebers sei nicht erkennbar[935]. Vielmehr sei der Gesetzgeber bewusst von der Unvollständigkeit der Regelung ausgegangen, indem er hervorgehoben habe, dass § 49 a VwVfG nicht für die Aufhebung des Verwaltungsaktes im Verwaltungsstreitverfahren gelten solle[936]. Daraus sei zu schließen, dass in den Fällen der ex-nunc-Aufhebung des Verwaltungsaktes ebenso wie der anfänglichen Nichtigkeit des Verwaltungsaktes auf den allgemeinen öffentlich-rechtlichen Erstattungsanspruch zurückzugreifen sei[937].

(2) Abschließende Wirkung

Letzteres (historisches) Argument wird von der Gegenauffassung für wenig aufschlussreich gehalten, weil davon auszugehen sei, dass sich der Gesetzgeber mangels Auseinandersetzung mit dieser Frage gar keine Gedanken über diese Problematik gemacht habe[938]. Insoweit könne nur auf die übrigen Auslegungsmethoden zurückgegriffen werden, wonach nur von einer abschließenden Wirkung des § 49 a VwVfG ausgegangen werden könne[939]:

So stelle der Wortlaut ausdrücklich nur auf die Aufhebung des Verwaltungsaktes mit Wirkung für die Vergangenheit ab. Und wegen der systematischen Nähe zu den §§ 48, 49 VwVfG müsse berücksichtigt werden, dass in § 49 II und III VwVfG ebenso klar zwischen dem Widerruf mit Wirkung für die Vergangenheit und die Zukunft unter-

---

[931] Vgl. *EGMR*, Urt. v. 08.04.2004, 71503/01, EuGRZ 2004,268(275); Urt. v. 12.05.2005, 46221/99, www.echr.coe.int, Rn. 210.

[932] Vgl. zur Anwendbarkeit des öffentlich-rechtlichen Erstattungsanspruchs: *BVerwG*, Urt. v. 30.11.1995, 7 C 56.93, E 100,56(60); *Detterbeck/Windhorst/Sproll*, §§ 23 Rn. 1 + 26 Rn. 5.

[933] *Kopp/Ramsauer*, § 49a Rn. 6; *Suerbaum*, VerwA 1999,361(381).

[934] Siehe hierzu *BVerwG*, Urt. v. 30.10.1992, 7 C 24/92, NJW 1993,1610(1610); Urt. v. 11.02.1983, 7 C 70.80, DVBl. 1983,810(812); *OVG NRW*, Urt. v. 04.11.1993, 4 A 3488/92, Städte- und Gemeinderat 1994,285(285).

[935] So *Sachs*, in: StBS § 49a Rn. 9; *Suerbaum*, VerwA 1999,361(386).

[936] Vgl. BT-Drucks. 11/1534, S.6; BR-Drucks. 652/91, S. 13.

[937] *Suerbaum*, VerwA 1999,361(381).

[938] *Baumeister*, NVwZ 1997,19(23).

[939] *Baumeister*, NVwZ 1997,19(23).

schieden werde[940]. Zudem knüpfe § 49 a I Var. 2 VwVfG an § 49 III VwVfG an[941]. Damit habe der Gesetzgeber bestätigt, dass mangels rückwirkender Beseitigung des Verwaltungsaktes durch die Aufhebung mit Wirkung für die Zukunft ein Erstattungsanspruch ausgeschlossen sein müsse, weil nach wie vor ein Rechtsgrund für das Behaltendürfen der Leistung existiere[942]. Schließlich entspreche die abschließende Wirkung des § 49 a VwVfG dem objektivierten Zweck des § 49 III VwVfG, der nunmehr auf für begünstigende Verwaltungsakte eine Widerrufsmöglichkeit mit Wirkung für die Vergangenheit vorsehe[943].

(3) Eigener Ansatz

Die bisherigen Begründungsversuche haben die Auswirkungen der EMRK und die Bindungswirkungen der Urteile des EGMR noch nicht berücksichtigt. Zwar mag sich der Gesetzgeber keine expliziten Gedanken über die Frage der abschließenden Wirkung des § 49 a VwVfG gemacht haben. Der Verpflichtung aus Art. 1 EMRK folgend wird er seine Rechtsordnung aber so gestalten wollen, dass EMRK-Verstöße vermieden werden[944]. Dann wird er aber nicht eine Regelung geschafft haben wollen, die in bestimmten Fallkonstellationen von vornherein die Herstellung eines konventionskonformen Zustandes ausschließt. Wegen des Gebots der EMRK-freundlichen Auslegung sämtlicher Vorschriften[945] ist § 49 a VwVfG so auszulegen, dass ihm eine abschließende Wirkung nur bezüglich der Aufhebung von Verwaltungsakten mit ex-tunc-Wirkung zukommt. Im Übrigen muss der Rückgriff auf den allgemeinen öffentlich-rechtlichen Erstattungsanspruch weiterhin möglich sein.

bb) Entreicherungseinwand des § 49 a II 2 VwVfG

Soweit § 49 a I 1 VwVfG einschlägig ist, weil ein Verwaltungsakt mit Wirkung für die Vergangenheit aufgehoben worden ist, sind gemäß § 49 a I 1 VwVfG bereits erbrachte Leistungen zu erstatten.

Gemäß § 49a II 1 VwVfG gilt § 818 III BGB entsprechend. Grundsätzlich könnte sich der Begünstigte auf Entreicherung berufen. Gemäß § 49a II 2 VwVfG kann sich der Begünstigte allerdings nicht auf die Entreicherung berufen, soweit er die Umstände kannte oder in Folge grober Fahrlässigkeit nicht kannte, die zur Aufhebung des Verwaltungsaktes geführt haben[946]. Dies könnte einer Wiedergutmachung im Sinne von Art. 46 I EMRK entgegenstehen. Bereits im Rahmen von § 48 II 3 Nr. 3 VwVfG wurde aber festgestellt, dass mangels einer entsprechenden Erkundigungspflicht auf Seiten des Bürgers, sich über EGMR-Entscheidungen zu informieren, der Vorwurf grober

---

[940] *Baumeister*, NVwZ 1997,19(23).
[941] *Erichsen*, in: *Erichsen/Ehlers*, § 29 Rn. 28; *Gröpl*, VerwA 1997,23(37).
[942] *Erichsen*, in: *Erichsen/Ehlers*, § 29 Rn. 28.
[943] *Baumeister*, NVwZ 1997,19(23).
[944] Vgl. F/P, Art. 53 Rn. 7; *Kokott*, in: Festgabe 50 Jahre Bundesverwaltungsgericht, S. 411(418).
[945] Vgl. dazu Kapitel III C.
[946] Vgl. *Sachs*, in: StBS, § 49a Rn. 57 m.w.N.

Fahrlässigkeit hier nicht gemacht werden kann[947]. Da dieses Ergebens wegen des auch der EMRK immanenten Grundsatzes der Rechtssicherheit EMRK-rechtlich nicht zu beanstanden ist, ist also nur im Fall positiver Kenntnis der Einwand der Entreicherung nicht beachtlich.

b) Allgemeiner öffentlich-rechtlicher Erstattungsanspruch

Liegt kein Fall des § 49 a VwVfG vor – wenn also der Bürger Erstattungsansprüche gegen den Staat erhebt, der Verwaltungsakt als Rechtsgrundlage mit Wirkung ex nunc aufgehoben wurde, sein Bestand aber Voraussetzung für das Behaltendürfen der empfangenen Leistung war, oder der zugrunde liegende Verwaltungsvertrag nichtig ist – hat grundsätzlich eine Rückabwicklung über den allgemeinen öffentlich-rechtlichen Erstattungsanspruch zu erfolgen.

Welches die **Rechtsgrundlage** hierfür ist, ist umstritten. Ob hierfür auf den Grundsatz der Gesetzmäßigkeit der Verwaltung, der eine Rückgängigmachung von nicht mehr mit der Rechtsordnung übereinstimmenden Vermögensverschiebungen verlangt, auf die Grundrechte oder §§ 812 ff. BGB analog abzustellen ist, muss im Ergebnis nicht entschieden werden. Jedenfalls ist er gewohnheitsrechtlich als allgemeiner Grundsatz des Verwaltungsrechts anerkannt[948].

Sollte es also aufgrund des Verwaltungsaktes oder des öffentlich-rechtlichen Vertrags zu einer Vermögensverschiebung gekommen sein, deren Rechtsgrund in direkter oder indirekter Folge des EGMR-Urteils weggefallen ist, stellt sich auf der Rechtsfolgenseite auch hier die Frage des Wegfalls der Bereicherung.

Sollte beim Staat oder einem sonstigen Verwaltungsträger die Entreicherung eingetreten sein, könnte sich dieser ohnehin nicht darauf berufen: Dem stünde der Grundsatz der Gesetzmäßigkeit der Verwaltung und die Annahme der Leistungsfähigkeit der Verwaltung entgegen[949]. Ein möglicher Konflikt zu Art. 46 I und 1 EMRK kann somit gar nicht erst auftreten.

Sieht sich der Bürger einem Erstattungsanspruch ausgesetzt, könnte er sich auf den Einwand der Entreicherung berufen.

Überwiegend werden zur Begründung des Entreicherungseinwandes §§ 818 II, IV, 819 BGB weder direkt noch analog für anwendbar gehalten, weil die zivilrechtlichen Vorschrift nur einen Ausgleich privater Interessenkonflikt bewirken könnten[950]. Sondern es wird auf das aus dem Rechtsstaatsprinzip folgende Vertrauensschutzprinzip abge-

---

[947] Siehe Seite Kapitel IV B III. 2. b) bb) (2).

[948] Vgl. *Detterbeck/Windthorst/Sproll*, § 23 Rn. 3 m.w.N.

[949] *BVerwG*, Urt. v. 18.01.2001, 3 C 7.00, E 112,351(358); Urt. v. 24.01.1992, 3 C 33.86, E 89,345(353); Urt. v. 07.12.1985, 7 C 48.82, E 71,85(89); *Detterbeck/Windthorst/Sproll*, § 25 Rn. 11; *Lorenz* in: FS für Lerche, S. 929(947); *Ossenbühl*, S. 433; *Windthorst*, JuS 1996,894(899);

[950] *BVerwG*, Urt. v. 24.01.1992, 3 C 33.86, E 89,345(353); Urt. v. 07.12.1985, 7 C 48.82, E 71,85(89); *OVG NRW*, Urt. v. 27.02.1993, 13 A 1860/90, NJW 1992,2245(2245); *VGH Kassel*, Urt. v. 17.07.1990, 11 UE 1487/89, NJW 1991,511(512); *Detterbeck/Windthorst/Sproll*, § 25 Rn. 14; *Lorenz* in: FS für Lerche, S. 947; *Ossenbühl*, S. 433; *Windthorst*, JuS 1996,894(899);

stellt, das eine differenzierte Abwägung der widerstreitenden Interessen ermögliche. Danach sei der Bürger bereits bei groß fahrlässiger Unkenntnis nicht mehr als schutzwürdig anzusehen. Insoweit wird teilweise auch auf eine analoge Anwendung des § 49a VwVfG auf Rechtsfolgenseite abgestellt[951].

Wer demgegenüber wegen des Rückgriffs auf Vertrauensschutzgesichtspunkte das Entstehen unvorhersehbarer und willkürlicher Billigkeitsrechtsprechung fürchtet und deshalb §§ 818, 819 IV BGB analog anwendet[952], ließe den Einwand der Entreicherung nur bei positiver Kenntnis entfallen.

Indem in der hier zu diskutierenden Fallkonstellation aber die Möglichkeit grob fahrlässiger Unkenntnis von vornherein ausgeschlossen ist[953], braucht dieser Streit nicht entschieden zu werden. Insoweit ist der Einwand – wie bei § 49 a II 2 VwVfG auch – nur bei positiver Kenntnis der Konventionswidrigkeit ausgeschlossen.

---

[951] *Detterbeck/Windthorst/Sproll*, § 25 Rn. 21; *Sachs*, in: StBS § 49a Rn. 9.
[952] So *Maurer*, Allgemeines Verwaltungsrecht, § 29 Rn. 28.
[953] Siehe Kapitel IV B IV. 5. a) bb).

Kapitel V – Verpflichtung der Bundesrepublik zum Schutze vor EMRK-Verletzungen

Nachdem die rechtliche Wirkung der Entscheidungen des EGMR auf die innerstaatliche Rechtsordnung untersucht wurde, soll nun der Frage nachgegangen werden, inwieweit die Bundesrepublik wegen eines Verstoßes gegen die EMRK verurteilt werden kann, wenn sie selbst unmittelbar nicht gehandelt hat. Unter dem Aspekt der Schutzpflichten sollen drei unterschiedliche Konstellationen beleuchtet werden. Zunächst wird die Verpflichtung zum Schutze vor EMRK-Verletzungen durch Private in Augenschein genommen. Dann wird untersucht werden, inwieweit der Bund auf ein Bundesland, das in Ausübung seiner Kompetenzen gegen die EMRK verstößt, einwirken kann und muss. Anschließend wird der Frage nachgegangen, ob und wie die Bundesrepublik für Konventionsverletzungen durch Organe internationaler beziehungsweise supranationaler Organisationen einzustehen hat.

Sollte eine Verantwortlichkeit zu bejahen sein, stellt sich dann die Frage, welche Schritte sie zur geschuldeten Befolgung (Art. 46 I EMRK) und zur effektiven Sicherung der EMRK-Freiheiten (Art. 1 EMRK) unternehmen muss.

A. Verpflichtung der Bundesrepublik zum Schutz vor Verletzungen durch Private

So könnte die Bundesrepublik für Verletzungen der Rechte und Freiheiten der EMRK und ihrer Zusatzprotokolle durch private Dritte verantwortlich zu machen sein.

I. Ausgangslage

Diese Frage stellt sich umso mehr, wenn unmittelbar eine Bindung Privater an die EMRK verneint werden muss, mithin die EMRK-Rechte und –Freiheiten keine **unmittelbare Drittwirkung** entfalten. Gegen eine unmittelbare Drittwirkung spricht, dass in Art. 1 EMRK nur die Vertragsstaaten zur Sicherung der Rechte und Freiheiten verpflichtet werden[954]. Trotzdem ist diese Frage nicht ganz unumstritten[955]. Auf diesen Streitpunkt braucht aber nicht näher eingegangen zu werden, weil im Rahmen dieser Arbeit nur die Rechtsfolgen für die Bundesrepublik wegen eines Verstoßes gegen die EMRK untersucht werden sollen. Entscheidend ist damit, dass nur die Bundesrepublik vom EGMR verurteilt werden kann. Dazu müsste die EMRK entsprechende Schutzpflichten vorsehen. Denn nur dann könnte sie vom EGMR dafür verurteilt werden, einen hinreichenden Schutz vor Verletzungen durch private Dritte in ihrer Rechtsordnung unterlassen zu haben.

---

[954] So auch *Grabenwarter*, § 19 Rn. 14.

[955] Vgl. ausführlich: *Wiesbrock*, Internationaler Schutz der Menschenrechte vor Verletzungen durch Private, S. 38 ff. m.w.N.

II. Positive Schutzpflicht vor Verletzungen durch Private

Dass die Vertragsstaaten nicht nur die negative Verpflichtung trifft, nicht gegen die EMRK-Freiheiten zu verstoßen, sondern – ähnlich wie in der deutschen Grundrechtsdogmatik[956] – auch die positive Verpflichtung, ihre Rechtsordnung so auszugestalten, dass es gar nicht erst zu entsprechenden Verletzungen kommt, kann mittlerweile als gesichert angesehen werden[957].

Fraglich ist aber, ob auch eine Verpflichtung besteht, nicht nur vor staatlichen Eingriffen zu schützen, sondern auch vor Eingriffen durch private Dritte.

1. Keine Schutzpflicht

Teilweise wird die Annahme einer solchen Schutzpflicht verneint[958]. Weder der Wortlaut des Art. 1 EMRK noch der der einzelnen Rechte und Freiheiten lasse auf eine entsprechende Verpflichtung schließen[959]. Dies entspreche auch dem historischen Willen der Vertragsschließenden. Zum Zeitpunkt des Vertragsschlusses sei die Frage einer eventuellen Drittwirkung der Grundrechte unbekannt gewesen, so dass nur an den Schutz vor staatlichen Eingriffen gedacht worden sei[960]. Soweit in den Vertragsstaaten später entsprechende Ansätze entwickelt worden seien, sei es über den Gedanken der objektiven Werteordnung, sei es über die Lehre von der Drittwirkung der Grundrechte, lasse sich dies nicht auf die EMRK-Ebene übertragen. Denn bei völkerrechtlichen Verträgen dürfe nicht der Wille der Vertragsschließenden außer Acht gelassen werden[961].

Danach wäre die Verantwortlichkeit der Bundesrepublik für die EMRK-Verletzungen durch Private abzulehnen.

2. Spruchpraxis des EGMR

Dem widerspricht jedoch die ständige Spruchpraxis des EGMR[962]. Danach soll ein Konventionsstaat verpflichtet sein, Betroffene auch vor konventionswidrigen Handlungen zu schützen, die weder in die unmittelbare noch mittelbare Verantwortlichkeit des Staates fallen[963]. So soll Art. 2 I EMRK den Vertragsstaat positiv dazu verpflichten, präventive Maßnahmen zum Schutz des Einzelnen vor kriminellen Handlungen

---

[956] Vgl. hierzu *Dietlein*, Die Lehre von den grundrechtlichen Schutzpflichten; *Szczekalla*, Die sogenannten grundrechtlichen Schutzpflichten im deutschen und europäischen Recht, S. 92 ff.

[957] Dies wurde bereits ausführlich untersucht von *Streuer*, Die positiven Verpflichtungen des Staates, S. 223; *Szczekalla*, Die sogenannten grundrechtlichen Schutzpflichten im deutschen und europäischen Recht, S. 729 ff; vgl. zuletzt *EGMR*, Urt. v. 08.04.2004, 71503/01, NJW 2005,2207(2209).

[958] *Guradze*, S. 22; jetzt wieder *Wiesbrock*, Internationaler Schutz der Menschenrechte vor Verletzungen durch Private, S. 88+97.

[959] *Wiesbrock*, Internationaler Schutz der Menschenrechte vor Verletzungen durch Private, S. 88.

[960] So *Guradze*, S. 22.

[961] So *Guradze*, S. 22 und *Wiesbrock*, Internationaler Schutz der Menschenrechte vor Verletzungen durch Private, S.97.

[962] Zuletzt *EGMR*, Urt. v. 08.04.2004, 11057/02, NJW 2004,3401(3406).

[963] *EGMR*, Urt. v. 06.02.2001, 44599/99, NVwZ 2002,453(454).

anderer zu ergreifen[964]. Art. 3 EMRK verpflichte den Staat zu verhindern, dass ein Einzelner unmenschlichen oder erniedrigenden Handlungen privater Dritter ausgesetzt werde[965]. Aus der Unschuldsvermutung des Art. 6 II EMRK folge die Verpflichtung zum Schutz vor vorverurteilenden Medienkampagnen[966]. Wegen des Rechts auf Achtung des Privat- und Familienlebens sei der Staat verpflichtet, Maßnahmen zu ergreifen, die die Privatsphäre des Einzelnen auch im Verhältnis der Privaten untereinander schützen[967]. So seien zum Beispiel geeignete und wirksame Maßnahmen zu treffen, wenn schwerwiegende Umweltverschmutzungen, verursacht durch private Unternehmen, das Wohlbefinden des Einzelnen derart beeinträchtigen, dass auch sein Privat- und Familienleben in Mitleidenschaft gezogen werde[968]. Und schließlich verpflichte Art. 10 EMRK wegen der besonderen Bedeutung der Freiheit der Meinungsäußerung für eine funktionierende Demokratie zum Schutze vor Eingriffen Privater in die Pressefreiheit[969].

3. Dogmatische Herleitung der Schutzpflicht

Dieser Auffassung wird auch überwiegend in der Literatur gefolgt[970]. Uneinigkeit besteht allerdings über die dogmatische Herleitung der Schutzpflicht vor Eingriffen in die Rechte und Freiheiten der EMRK durch Private.

Während einerseits auf die Verpflichtung zur Sicherung der Rechte und Freiheiten der EMRK (vor Verletzungen jeder Art) gemäß **Art. 1 EMRK** in Verbindung mit dem jeweils betroffenen Grundrecht abgestellt wird[971], wird andererseits auf das **Effektivitätsprinzip** zurückgegriffen[972]. Oder es wird davon ausgegangen, dass mit der EMRK eine **objektive Ordnung** geschaffen worden sei, weswegen es nicht mehr ausreichend sei, wenn der Staat selbst Verletzungen vermeide, weil eine öffentliche Ordnung mehr als nur ein Verbot vor hoheitlichen Eingriffen beinhalte[973]. Ein anderer Ansatz stellt

---

[964] *EGMR*, Urt. v. 28.10.1998, RD 1998-III, 3124, Rn. 115; Urt. v. 03.04.2001, 27229/95, Rn. 89, www.echr.coe.int – Keenan ./. U.K.

[965] *EGMR*, Urt. v. 29.04.1997, RD 1997-III, 755, Rn. 30.

[966] *EGMR*, Urt. v. 10.02.1995, Rn. 5, www.echr.coe.int – Allenet de Ribemont ./. Frankreich.

[967] *EGMR*, Urt. v. 27.02.1985, Rn. 23, www.echr.coe.int – X. und Y. ./. Niederlande.

[968] *EGMR*, Urt. v. 09.12.1994, EuGRZ 1995,530(533).

[969] *EGMR*, Urt. v. 16.03.2000, Rn. 43, www.echr.coe.int – Özgür Gündem ./. Türkei.

[970] *Bleckmann*, in: FS Bernhardt, 309(310); *Dröge*, Positive Verpflichtungen der Staaten in der Europäischen Menschenrechtskonvention, S. 223; *Grabenwarter*, § 19 Rn. 7; *Kokott*, BDGV 38,71(80); *Malinverni*, in: FS für Schindler, 539(560); *Meyer-Ladewig*, EMRK, Art. 1 Rn. 6,7; *Peters*, S. 15; *Peukert*, in: F/P, Art. 1 ZP 1 Rn. 42; *Szczekalla*, Die sogenannten grundrechtlichen Schutzpflichten im deutschen und europäischen Recht, 726; *Villiger*, Rn. 177f.

[971] *Dröge*, Positive Verpflichtungen der Staaten in der Europäischen Menschenrechtskonvention, S. 223; *Grabenwarter*, § 19 Rn. 7; *Meyer-Ladewig*, EMRK, Art. 1 Rn. 6+7; *Peukert*, in: F/P, Art. 1 ZP 1, Rn. 42; *Streuer*, Die positiven Verpflichtungen des Staates, S. 223; kritisch: *Szczekalla*, Die sogenannten grundrechtlichen Schutzpflichten im deutschen und europäischen Recht, 895.

[972] *Dröge*, Positive Verpflichtungen der Staaten in der Europäischen Menschenrechtskonvention, S. 223; *Malinverni*, in: FS für Schindler, 539(560); für die Rspr. des EGMR zuletzt: *EGMR*, Urt. v. 08.04.2004, 11057/02, NJW 2004,3401(3406).

[973] *Kokott*, BDGV 38,71(80); *Peters*, S. 15.

eine Verknüpfung mit der – allerdings ebenfalls umstrittenen[974] – **mittelbaren Drittwirkung** der Grundrechte her[975]. Wenn die EMRK mittelbar über die Generalklauseln und unbestimmten Rechtsbegriffe Wirkung auch gegenüber Privaten entfalte, müsse den Vertragsstaat bereits bei der Ausgestaltung seiner Rechtsordnung die Verpflichtung zur konventionskonformen Ausgestaltung und damit auch eine Schutzpflicht treffen[976]. Schließlich wird eine **Gleichstellung** von Eingriff und Schutzpflicht erwogen, weil es letztlich nicht darauf ankommen könne, ob der Staat selbst in die Rechte eingreife oder ob er Dritteingriffe gestatte[977].

Neben diesen materiell-rechtlichen Kriterien wird **formell** auf Art. 2 I EMRK und die Absätze 2 von Art. 8 bis 11 EMRK zurückgegriffen[978]: Art. 2 I EMRK schütze das Recht jedes Menschen (und damit Privaten) auf Leben. Und in den jeweils zweiten Absätzen der Art. 8 bis 11 EMRK werde eine Einschränkung auch zum Schutze der Rechte Dritter ermöglicht. Daraus ließen sich entsprechende Schutzpflichten ableiten. Aus der Stellung am Anfang der EMRK sei insoweit auf ein **allgemeines Rechtsprinzip** zu schließen.

4. Stellungnahme

Die einzelnen Lösungsversuche mögen jeweils für sich Kritik ausgesetzt sein. Formell auf Art. 2 I EMRK abzustellen, könnte im Einzelfall zu einem Widerspruch zu Wertungen der anderen Einzelfreiheiten führen[979]. Und wenn Art. 8 II bis 11 II EMRK eine Einschränkung der Freiheiten zugunsten von Rechten Dritter zulassen, muss diese Berechtigung noch keine Verpflichtung zu deren Schutz bedeuten[980]. Eine Gleichstellung von Eingriff und Schutzpflicht könnte dem Staat seinen relativ weiten Beurteilungsspielraum bei der Ausgestaltung seiner Rechtsordnung nehmen[981]. Denn bei der Beseitigung eines festgestellten konventionswidrigen Eingriffs geht es um die Wiedergutmachung im konkreten Fall. Sobald der Vertragsstaat seiner Schutzpflicht nachkommen muss, ist die Facette von Möglichkeiten weiter[982]: Der Staat kann – je nach

---

[974] Vgl. *Szczekalla*, Die sogenannten grundrechtlichen Schutzpflichten im deutschen und europäischen Recht, 900 ff.; *Wiesbrock*, Internationaler Schutz der Menschenrechte vor Verletzungen durch Private, 38 ff.

[975] *Bleckmann*, in: FS für Bernhardt,309(311);*Villiger*, Rn. 177 f.

[976] *Bleckmann*, in: FS für Bernhardt, 309(311); *Villiger*, Rn. 177f.

[977] *Szczekalla*, Die sogenannten grundrechtlichen Schutzpflichten im deutschen und europäischen Recht, 726.

[978] *Bleckmann*, in: FS für Bernhardt,309(310); kritisch: *Szczekalla*, Die sogenannten grundrechtlichen Schutzpflichten im deutschen und europäischen Recht, 892.

[979] Vgl. *Szczekalla*, Die sogenannten grundrechtlichen Schutzpflichten im deutschen und europäischen Recht, 892.

[980] So auch *Szczekalla*, Die sogenannten grundrechtlichen Schutzpflichten im deutschen und europäischen Recht, 892.

[981] Vgl. *EGMR*, Urt. v. 08.04.2004, 11057/02, NJW 2004,3401(3406); *Dröge*, Positive Verpflichtungen der Staaten in der Europäischen Menschenrechtskonvention, 56 ff.; *Grabenwarter*, § 19 Rn. 12+13.

[982] Vgl. *Dröge*, Positive Verpflichtungen der Staaten in der Europäischen Menschenrechtskonvention, S. 315, 325, 331.

Fallkonstellation – bereits durch die Schaffung abstrakt-genereller Regelungen, die es dem Einzelnen ermöglichen, sich im Rahmen von Verfahrens- und Organisationsrechten selbst zur Wehr zu setzen, reagieren. Es kann aber auch die Schaffung eines Verbotstatbestandes beziehungsweise die Setzung von Mindeststandards oder sogar die Einführung von Strafsanktionen erforderlich sein.

Und auf Art. 1 EMRK oder das Effektivitätsprinzip allein zurückzugreifen, führte unter Umständen zu einem Widerspruch zu den in den einzelnen Freiheiten getroffenen Wertungen. Insoweit sind die speziellen Freiheiten mit heranzuziehen[983].

Aber die Annahme einer Schutzpflicht vor Eingriffen Dritter generell abzulehnen, weil dies nicht dem ursprünglichen Willen der Vertragsstaaten entsprochen haben soll, könnte mit dem Prinzip der evolutiven beziehungsweise dynamischen Auslegung unvereinbar sein. Danach ist die EMRK als „living instrument" im Lichte der aktuellen gesellschaftlichen Verhältnisse auszulegen[984]. So besagt der auch auf die EMRK anwendbare[985] Art. 31 III lit. b) WVK, dass für die Auslegung eines Vertrages jede spätere Übung bei seiner Anwendung, aus der die Übereinstimmung der Vertragsparteien über seine Auslegung hervorgeht, heranzuziehen ist. Diese Auslegung müsste zumindest von einigen Vertragsstaaten praktiziert werden[986]. Nun ließe sich argumentieren, dass praktisch nur der EGMR unter Rückgriff auf das Effektivitätsprinzip eine entsprechende evolutive Auslegung vornimmt, weil nur er gemäß Art. 32 I EMRK für die verbindliche Auslegung und Anwendung der EMRK-Freiheiten zuständig ist. Aber erstens befolgen die Vertragsstaaten in der Regel[987] dessen Urteile, weil sie dazu gemäß Art. 46 I EMRK verpflichtet sind. Und zweitens haben die Vertragsstaaten in der im Verhältnis zur WVK spezielleren – wenn auch nicht verbindlichen, aber für die Auslegung heranzuziehenden[988] – Präambel der EMRK vereinbart, dass es das Ziel des Europarates ist, eine engere Verbindung zwischen seinen Mitgliedern herzustellen. Ein Mittel zur Erreichung dieses Ziels ist laut der Präambel die Wahrung und *Fortentwicklung* der Menschenrechte. Diesem Ziel widerspräche eine Auslegung des Art. 1 EMRK in Verbindung mit den jeweiligen Rechten und Freiheiten der EMRK, die eine Schutzpflicht vor Eingriffen privater Dritter nur deshalb ablehnte, weil die Vertragsschließenden ursprünglich nicht an so eine Fallkonstellation gedacht hatten.

Folglich ist davon auszugehen, dass die Vertragsstaaten ihre Rechtsordnung so gestalten müssen, dass die Rechte und Freiheiten der EMRK auch durch Eingriffe privater Dritter nicht verletzt werden.

---

[983] So auch auch *Szczekalla*, Die sogenannten grundrechtlichen Schutzpflichten im deutschen und europäischen Recht, 897 m.w.N.

[984] Vgl. *EGMR*, Urt. v. 08.07.2004, 53949/00, NJW 2005,727(730); Urt. v. 04.02.2005, 46827/99, 46951/99, EuGRZ 2005,357(361).

[985] Vgl. *Dröge*, Positive Verpflichtungen der Staaten in der Europäischen Menschenrechtskonvention, 232; *Villiger*, in: FS Ress, S. 317(318+321); *EGMR*, Urt. v. 23.02.1995, www.echr.coe.int, Rn. 73 – Loizidou ./. Turkey.

[986] Vgl. *Villiger*, in: FS Ress, S. 317(326).

[987] Vgl. *Keller/Bertschi*, EuGRZ 2005,204(207) m.w.N.

[988] Vgl. *EGMR*, Urt. v. 22.12.2004, 54082/00, Androna ./. Romania, Rn. 44.

III. Umsetzung der Schutzpflicht

Hat ein Vertragsstaat seine Rechtsordnung nicht hinreichend „sicher“ ausgestaltet, stellt dies der EGMR fest, indem er ihn wegen Unterlassens verurteilt.

Grundsätzlich wird dem Staat nun ein weiter Ermessensspielraum eingeräumt, der sich allerdings durch konkrete Vorgaben des EGMR verengen kann, wenn nur noch eine Maßnahme als effektive Wiedergutmachung denkbar ist[989]. Bei der Formulierung abstrakt-genereller Regelungen für eine Vielzahl von Sachverhalten wird dies aber in der Regel nicht der Fall sein.

Auch die dabei zutage tretenden und zu beachtenden Grenzen sind bereits ausführlich untersucht worden[990], so dass hier nur eine kurze Zusammenstellung vorzunehmen ist.

Unmittelbare Grenzen ergeben sich aus der Leistungsfähigkeit des Staates[991]. Auch wenn das Schutzbedürfnis entfallen ist, muss eine Umsetzung nicht mehr erfolgen[992]. Soweit aber eine unmittelbare Grenze in der „Ableitung gänzlich ungeschützter Rechte“ gesehen wird[993], fehlt es hier m.A. nach bereits an einer Schutzpflicht überhaupt.

Mittelbare Grenzen folgen aus der Kollision rechtlich geschützter Interessen. Indem durch den Schutz bestimmter rechtlich geschützter Interessen zugleich in andere eingegriffen werden kann und darüber hinaus die Interessen der Gemeinschaft berücksichtigt werden müssen, bedarf es hier eines Ausgleichs[994]. Dieser wird mit Hilfe des Verhältnismäßigkeitsprinzips gewonnen[995]. Die äußerste Grenze stellt hier der Wesensgehalt der jeweiligen Grundrechte dar[996].

Soweit allerdings angenommen werden sollte, dem Staat komme bereits bei der Prüfung, ob eine positive Pflicht besteht, ein Beurteilungsspielraum zu[997], ist dem entgegenzutreten. Hat der EGMR eine Konventionsverletzung durch Unterlassen des Vertragsstaates festgestellt, kann der Staat wegen der Verpflichtung aus Art. 46 I EMRK, die endgültigen Urteile des EGMR zu befolgen, nicht mehr das Gegenteil behaup-

---

[989] Vgl. *EGMR*, Urt. v. 08.04.2004, 71503/01, EuGRZ 2004,268(275); Urt. v. 12.05.2005, 46221/99, www.echr.coe.int, Rn. 210; vgl. auch *Breuer*, EuGRZ 2004,257(261), der in diesen Fällen einer Ermessensreduzierung auf Null eine Annexkompetenz zur Feststellungsbefugnis des EGMR annimmt und *Kühne*, JZ 2005,653(655).

[990] Vgl. die ausführlichen Darstellungen von: *Dröge*, Positive Verpflichtungen der Staaten in der Europäischen Menschenrechtskonvention, S. 56 ff; *Streuer*, Die positiven Verpflichtungen des Staates, S. 254 ff.

[991] *Streuer*, Die positiven Verpflichtungen des Staates, S. 255.

[992] *Streuer*, Die positiven Verpflichtungen des Staates, S. 257.

[993] So *Streuer*, Die positiven Verpflichtungen des Staates, S. 256.

[994] Vgl. *EGMR*, Urt. v. 08.04.2004, 11057/02, NJW 2004,3401(3404).

[995] *Dröge*, Positive Verpflichtungen der Staaten in der Europäischen Menschenrechtskonvention, S. 311; *Grabenwarter*, § 19 Rn. 12+13; *Streuer*, Die positiven Verpflichtungen des Staates, S. 263.

[996] *Dröge*, Positive Verpflichtungen der Staaten in der Europäischen Menschenrechtskonvention, S. 56; *Streuer*, Die positiven Verpflichtungen des Staates, S. 265.

[997] So *Streuer*, Die positiven Verpflichtungen des Staaten, S. 258.

ten[998]. Nur noch die Frage der Art und Weise der Umsetzung kann in die Einschätzungsprärogative des Staates fallen.

B. Verpflichtung zur Einwirkung auf ein Bundesland

Auch wenn einem Bundesland die Verletzung einer EMRK-Freiheit zuzurechen ist, wird als Hohe Vertragspartei im Sinne von Art. 46 I EMRK nur die Bundesrepublik verurteilt. Denn aus EMRK-völkerrechtlicher Sicht stellt sie eine Einheit dar[999]. Die innerstaatlichen Kompetenzverteilungen sind insoweit ohne Belang. Auch könnte ein Bundesstaat sich nicht von der Haftung wegen der Verletzung der EMRK durch einen Gliedstaat befreien, weil die EMRK keine Art. 28 AMRK entsprechende Bundesstaatsklausel kennt[1000].

Aus der Befolgungspflicht des Art. 46 I EMRK sowie aus der den jeweiligen EMRK-Freiheiten abzuleitenden Schutzpflichten könnte die Bundesrepublik daher verpflichtet sein, auf das Bundesland einzuwirken. Ob und wie das zu bewerkstelligen ist, soll im Folgenden untersucht werden.

Außerdem soll untersucht werden, ob und wie der Bund die Länder in Regress nehmen kann, wenn die Bundesrepublik zur Zahlung einer gerechten Entschädigung verurteilt wurde oder in Folge der Verurteilung zur Erstattung der Verfahrenskosten[1001] (vgl. Art. 74 I lit. j VerfO EGMR) herangezogen wird.

I. Ausgangslage

Anders als Private[1002] sind die Bundesländer selbst an die EMRK gebunden: Typisches Merkmal des Bundesstaates ist es, dass die Länder und deren Behörden gültiges Bundesrecht nicht nur beachten, sondern es auch befolgen. Dementsprechend müssten sie die Urteile gemäß Art. 46 I EMRK im oben beschriebenen Sinne[1003] befolgen. Bejahenden Falles stellt sich die aufgeworfene Frage nicht, weil dann eine hinreichende Wiedergutmachung erfolgt ist.

---

[998] Vgl. *BVerfG*, Beschl. v. 14.10.2004, 2 BvR 1481/04, NJW 2004,3407(3409); Beschl. v. 11.10.1985, 2 BvR 336/85, EuGRZ 1985,654(656); *EGMR*, Urt. v. 26.02.2004, 74969/01, NJW 2004,3397(3400) und Urt. v. 08.04.2004, 11057/02, NJW 2004,3401(3406); *Cremer*, EuGRZ 2004,683(689); *Frowein*, HdBStR VII, § 180 Rn. 19; *Häde/Jachmann*, ZBR 1997,8(11); *Hofmann*, GYIL 2004,9(32); *Mayer-Ladewig/Petzold*, NJW 2005,15(16); *Polakiewicz*, ZaöRV 52(1992),804(817); *Schlaich/Korioth*, Rn. 367; *Schindler*, in: FS Guldener, S. 285.

[999] Vgl. *Kössinger*, Die Durchführung des Europäischen Gemeinschaftsrechts im Bundesstaat, S. 37; *Polakiewicz*, Die Verpflichtungen der Staaten aus den Urteilen des Europäischen Gerichtshofs für Menschenrechte, S. 227.

[1000] Vgl. *EGMR*, Urt. v. 08.04.2004, 71503/01, NJW 2005,2207(2209).

[1001] Vgl. *Schwenke*, NVwZ 2003,1430(1432).

[1002] Siehe Kapitel V A I.

[1003] Siehe Kapitel IV.

Von diesem Idealfall abgesehen könne ein Bundesland aber auch nicht Willens oder mangels Leistungsfähigkeit[1004] nicht in der Lage sein, das Urteil zu befolgen. Beispielsweise könnte es sich außer Stande sehen, eine vom EGMR für zu lang befundene Verfahrensdauer vor den Gerichten eines Landes zu verkürzen oder konventionswidrige Haftbedingungen abzustellen.

Da die Bundesrepublik verpflichtet ist, alle ihr möglichen Maßnahmen zu ergreifen, um die EGMR-Urteile zu befolgen und so die effektive Wirksamkeit der EMRK-Freiheiten zu sichern[1005], müsste der Bund sämtliche ihm zur Verfügung stehenden Einwirkungsmittel ausschöpfen.

II. Einwirkungsmöglichkeiten

Hier stehen ihm folgende Instrumente zur Verfügung: Er könnte die Bundesaufsicht beim Gesetzesvollzug nach Maßgabe von Art. 84 und 85 GG ausüben. Soweit die Tätigkeit der Bundesländer von Art. 84, 85 GG noch nicht erfasst worden ist oder ein Land der Bundesaufsicht nicht Folge leistet, könnte der Bund Bundeszwang gemäß Art. 37 GG ausüben[1006]. Schließlich könnte eine Bundesintervention (Art. 35 II, III, 91 GG) erfolgen.

1. Bundesaufsicht

Gemäß Art. 83 GG führen grundsätzlich die Länder die Bundesgesetze aus. Zwar ist umstritten, ob zu diesen Bundesgesetzen alle sowohl geschriebenen als auch ungeschriebenen Rechtssätze gehören[1007]. Jedenfalls gehören aber formelle Bundesgesetze und damit die EMRK dazu. Insoweit kommen die präventiven (Art. 84 II, V GG) und repressiven (Art. 84 III, IV GG) Maßnahmen in Betracht. Für den Gegenstand der Bundesauftragsverwaltung und die damit verbundenen weitergehenden Maßnahmen bedürfte es einer ausdrücklichen Nennung im GG (vgl. Art. 83 a.E. – Enumerativprinzip). Dies ist für die Ausführung der EMRK nicht vorgesehen. Mithin hat Art. 85 GG hier außer Betracht zu bleiben.

a) Präventive Maßnahmen nach Art. 84 II, V GG

Gemäß Art. 84 II GG kann die Bundesregierung mit Zustimmung des Bundesrates allgemeine Verwaltungsvorschriften erlassen. Und gemäß Art. 84 V 1 GG kann ihr durch Bundesgesetz, das der Zustimmung des Bundesrates bedarf, zur Ausführung von Bundesgesetzen die Befugnis verliehen werden, für besondere Fälle Einzelweisungen zu treffen. Der Formulierung entsprechend handelt es sich hier um grundsätzlich im Er-

---

[1004] Vgl. *BVerfG*, Urt. v. 10.12.1980, 2 BvF 3/77, E 55,274(318); *BVerwG*, Beschl. v. 21.07.2000, 11 BN 3/00, NJW 2000,3151; *Pieroth*, in: J/P, Art. 83 Rn. 10.

[1005] *EGMR*, Urt. v. 08.04.2004, 71503/01, EuGRZ 2004,268(275) und Urt. v. 18.02.1999, 26083/94, NJW 1999,1173(1175).

[1006] Vgl. *Gubelt*, in: MüK, Art. 37 Rn. 2; *Stern* I, S. 714.

[1007] *Pieroth*, in: J/P, Art. 83 Rn. 5 m.w.N.

messen stehende Ermächtigungen[1008]. Diese können sich zwar zu einer Verpflichtung verdichten, wenn andernfalls eine hinreichend effektive Ausführung des Bundesgesetzes unmöglich sein sollte[1009]. So verpflichten die EMRK-Freiheiten den Staat auch zum Schutz vor ihrer Beeinträchtigung[1010]. Wenn die Länder diesen Schutzpflichten nicht rechtzeitig und hinreichend nachkämen, könnte beispielsweise eine Ermessensreduzierung stattfinden müssen[1011]. In der Regel werden aber die Länder die Urteile des EGMR befolgen und die EMRK einhalten. Daher ist nicht ersichtlich, dass es entsprechender präventiver Maßnahmen nach Art. 84 II, V GG bedarf.

b) Repressive Maßnahmen nach Art. 84 III, IV GG

Hat ein Land (wegen einer endgültigen Entscheidung des EGMR gemäß Art. 46 EMRK erwiesener Maßen) gegen die ERMK verstoßen, könnte aber auf die repressiven Maßnahmen zurückzugreifen sein.

Gemäß **Art. 84 III 2 GG** kann die Bundesregierung zum Zwecke der Bundes(rechts)aufsicht Beauftragte entsenden. Diese sind aber nur zur Kontrolle durch Informationsbeschaffung, wie etwa der Auskunftseinholung, Akteneinsicht oder Zeugenvernehmung, befugt[1012]. Hat der EGMR aber bereits endgültig den EMRK-Verstoß festgestellt, bedarf es dieser Mittel nicht mehr.

Übrig bleibt das Verfahren gemäß **Art. 84 IV 1 GG**. Werden Mängel, die die Bundesregierung bei der Ausführung der Bundesgesetze (und damit der EMRK) durch die Länder festgestellt hat, nicht beseitigt, beschließt der Bundesrat auf Antrag der Bundesregierung (oder eines Landes), ob das Land das Recht verletzt hat. Dieser Beschluss könnte entbehrlich sein. Da der EGMR für alle Beteiligten, also die Bundesrepublik Deutschland und damit alle ihre Organe, endgültig die EMRK-Verletzung festgestellt hat[1013], dürfte auch der Bundesrat nicht mehr zu einem gegenteiligen Ergebnis kommen. Somit ist bei EMRK-konformer Auslegung von vornherein zu unterstellen, dass der Bundesrat die Mängel bestätigt hat.

Dann gibt es üblicherweise drei Fallkonstellationen:

Erstens beseitigt das Land den Mangel. Das Verfahren ist als beendet anzusehen.

[1008] *BVerfG*, Beschl. v. 15.03.1960, 2 BvG 1/57, E 11,6(18).

[1009] *Lerche*, in: MD, Art. 84 Rn. 91.

[1010] Siehe Kapitel V A.

[1011] Vgl. zu grundrechtlichen Schutzpflichten: *Lerche*, in: MD, Art. 84 Rn. 91.

[1012] Vgl. *Bull*, in: AK, Art. 84 Rn. 59f.; *Hermes*, in: *Dreier*, Art. 84 Rn. 80; *Pieroth*, in: J/P, Art. 84 Rn. 13; *Stern* II, 805 Fn. 362.

[1013] Vgl. *BVerfG*, Beschl. v. 14.10.2004, 2 BvR 1481/04, NJW 2004,3407(3409); Beschl. v. 11.10.1985, 2 BvR 336/85, EuGRZ 1985,654(656); *EGMR*, Urt. v. 26.02.2004, 74969/01, NJW 2004,3397(3400) und Urt. v. 08.04.2004, 11057/02, NJW 2004,3401(3406); *Cremer*, EuGRZ 2004,683(689); *Frowein*, HdBStR VII, § 180 Rn. 19; *Häde/Jachmann*, ZBR 1997,8(11); *Hofmann*, GYIL 2004,9(32); *Mayer-Ladewig/Petzold*, NJW 2005,15(16); *Polakiewicz*, ZaöRV 52(1992),804(817); *Schlaich/Korioth*, Rn. 367; *Schindler*, in: FS Guldener, S. 285.

Zweitens hat das Land grundsätzlich die Möglichkeit, gemäß Art. 84 IV 2 GG gegen den Beschluss des Bundesrates das BVerfG im Wege des sogenannten Mängelrügeverfahrens anzurufen. Hier würde das BVerfG unmittelbar die Gesetzes- und damit EMRK-Widrigkeit prüfen, auch wenn es sich bei dem Verfahren nach Art. 84 IV 2 GG in Verbindung mit §§ 13 Nr. 7, 68 ff. BVerfGG um einen Unterfall der Bund-Länder-Streitigkeit handelt[1014]. Aber auch hier könnte in anbetracht der endgültigen und verbindlichen EGMR-Entscheidung eine Klärung durch das BVerfG entbehrlich sein. Insoweit könnte es dem Land am Rechtsschutzbedürfnis fehlen. Dieses besteht grundsätzlich nur dann, wenn es noch einer gerichtlichen Klärung bedarf[1015]. Es entfällt, wenn das Verhalten des Antragstellers rechtsmissbräuchlich ist[1016]. Da nun aber eine verbindliche Klärung mit dem EGMR-Urteil erzielt ist, bedarf es keiner weiteren Klärung, ob die EMRK verletzt wurde. Zudem wäre es rechtsmissbräuchlich, wenn das Land auf diese Weise die geschuldete Befolgung des Urteils hinauszögern könnte. Dementsprechend findet in diesen Fällen ein Mängelrügeverfahren nicht statt.

Drittens kann die Bundesregierung, wenn das Land den Mangel nicht beseitigt, grundsätzlich ebenfalls das BVerfG anrufen oder Bundeszwang ausüben. Mangels Klärungsbedarfs wird aber auch ein Bund-Länder-Streit entbehrlich sein. Somit ist sofort auf die Ausübung von Bundeszwang zurückzugreifen.

2. Bundeszwang

Gemäß Art. 37 I GG kann die Bundesregierung mit Zustimmung des Bundesrates die notwendigen Maßnahmen ergreifen, um das Bundesland im Wege des Bundeszwanges zur Erfüllung seiner Pflichten anzuhalten.

a) Voraussetzungen

Dazu müsste ein Land die ihm nach dem GG oder einem anderen Bundesgesetz obliegenden Pflichten nicht erfüllt haben. Die Nichtbefolgung eines Urteils des EGMR könnte die Verletzung einer solchen Pflicht darstellen.

Da es sich bei der EMRK um ein **Bundesgesetz** handelt, braucht hier nicht entschieden zu werden, ob unter dem Bundesgesetz im Sinne von Art. 37 I GG nur ein Gesetz im formellen Sinne[1017] oder auch ein Gesetz im materiellen Sinne[1018] zu verstehen ist.

Weitere Voraussetzung ist, dass eine **Bundespflicht** nicht erfüllt wurde. Wegen der Funktion des Art. 37 GG, das Bundesstaatsprinzip zu sichern, kann es sich dabei nur um solche Pflichten handeln, die das Land als Gliedstaat aufgrund des bundesstaatli-

---

[1014] Vgl. *Bethge*, in: MSKB, § 70 Rn. 15; *Geiger*, BVerfGG, § 70 Anm. 3; *Lerche*, in: MD Art. 84 Rn. 154; *Pestalozza*, S. 139; *Pieroth*, in: J/P, Art. 84 Rn. 15.

[1015] Vgl. *BVerfG*, Urt. v. 17.12.2001, 2 BvE 2/00, E 104,310(331); Beschl. v. 14.10.1992, 2 BvE 14/90, E 87,207(209); *Pestalozza*, S. 133.

[1016] *Voßkuhle*, in: MKS, Art. 93, Rn. 114.

[1017] So *Erbguth*, in: *Sachs*, Art. 37 Rn. 8; *Gubelt*, in: MüK, Art. 37 Rn. 6; *Pieroth*, in: J/P, Art. 37 Rn. 2.

[1018] So *Sannwald*, in: *Schmidt-Bleibtreu/Klein*, Art. 37 Rn. 7.

chen Prinzips treffen[1019]. Die EMRK dient aber der Sicherung der Rechte und Freiheiten der Bürger (Art. 1 EMRK). Bei der Urteilsbefolgungspflicht handelt es sich somit in erster Linie um eine Verpflichtung gegenüber den Trägern dieser Freiheiten und nicht gegenüber dem Bund.

In solchen Fällen wird überwiegend eine bundesstaatliche Pflicht abgelehnt[1020]. Stellt man demgegenüber darauf ab, dass ein Bundesland als Gliedstaat das Bundesrecht befolgen und die eigene Staatsgewalt gegenüber seinen Bürgern nach Maßgabe des Bundesrechts ausüben muss[1021], könnte die aus dem Bundesgesetz folgende Pflicht gegenüber dem Bürger als Bundespflicht im Sinne von Art. 37 I GG angesehen werden[1022].

Für eine entsprechend weite Auslegung spricht aus EMRK-rechtlicher Sicht die Verpflichtung aus Art. 1 EMRK, die Rechte und Freiheiten effektiv zu sichern. Und wenn sogar die Verpflichtung zur Sicherung der Freiheiten vor Eingriffen privater Dritter besteht, dann könnte das erst recht gelten müssen für Eingriffe durch die Länder.

Dagegen spricht aber die systematische Stellung im Abschnitt II „Der Bund und die Länder" sowie der Sinn und Zweck der Vorschrift, das Bundesstaatsprinzip zu sichern. Danach wäre eine Beschränkung auf das Rechtsverhältnis Bund – Länder und damit hier keine bundesstaatliche Pflicht anzunehmen.

Aus EMRK-rechtlicher Sicht braucht diese Frage aber dann nicht entschieden zu werden, wenn eine Bundespflicht auf anderem Wege hergeleitet werden kann. Dann zwingt jedenfalls die EMRK nicht zu einem weiten Verständnis des Art. 37 I GG, weil sich die Rechte und Freiheiten der EMRK auf anderem Wege sichern lassen.

Aufgrund der **Pflicht zum bundesfreundlichen Verhalten** könnten die Länder bei der Ausübung ihrer Kompetenzen die Belange des Bundes zu wahren haben[1023]. Mit Rücksicht auf das Gesamtinteresse des Bundesstaates könnten die Länder verpflichtet sein, völkerrechtliche Verträge zu beachten[1024]. Wenn der Bund ohne Mitwirkung der Länder seine Verpflichtungen nicht erfüllen kann, könnte das Prinzip der Bundestreue die Länder zur Mitwirkung zwingen[1025].

Übertragen auf den Fall einer EMRK-Verletzung durch ein Bundesland bedeutete dies folgendes: Befolgt es die EMRK nicht, wird die Bundesrepublik durch den EGMR

[1019] Vgl. *Bauer*, in: *Dreier*, Art. 37 Rn. 9; *Erbguth*, in: *Sachs*, Art. 37 Rn. 3; *Gubelt*, in: MüK Art. 37 Rn. 5; *Jarass*, in: J/P, Art. 37 Rn. 2; *Maunz*, in: MD, Art. 20 Rn. 21; *Sannwald*, in: *Schmidt-Bleibreu/Klein*, Art. 37 Rn. 8; *Stern* I S. 715.

[1020] *Bauer*, in: *Dreier*, Art. 37 Rn. 9; *Erbguth*, in: *Sachs*, Art. 37 Rn. 8; *Gubelt*, in: MüK, Art. 37 Rn. 5; *Pieroth*, in: J/P, Art. 37 Rn. 2.

[1021] Vgl. *Isensee* – HdBStR IV, § 98 Rn. 121; *v. Danwitz*, in: MKS, Art. 37 Rn. 15, die von Vollzugs- und Befolgungspflicht sprechen.

[1022] So *Bothe*, in: AK, Art. 37 Rn. 11 und *Schwarz*, in: *ders.* Das Verwaltungsrecht unter europäischem Einfluss, S. 123(150) (für einen Verstoß gegen EG-Recht), die selbst aber keine Begründung liefern.

[1023] Vgl. *BVerfG*, Urt. v. 22.03.1995, 2 BvG 1/89, E 92,203(230).

[1024] So *BVerfG*, Urt. v. 25.03.1957, 2 BvG 1/55, E 6,309(361).

[1025] Vgl. zur Umsetzung des EG-Gemeinschaftsrecht *Kössinger*, Die Durchführung des Europäischen Gemeinschaftsrechts im Bundesstaat, S. 77, 154 und *Stüer/Spreen*, Verw 2005,174(185).

verurteilt. Dies liegt nicht im Interesse des Bundes. Insoweit wäre über den Rückgriff auf die Bundestreue eine Verpflichtung im Bund-Länder-Verhältnis begründet.

Aus dem Gebot zum bundesfreundlichen Verhalten allein Bundespflichten im Sinne von Art. 37 I GG herzuleiten[1026], könnte jedoch wegen der Gefahr der Aushebelung der verfassungsmäßigen Zuständigkeitsordnung und der Notwendigkeit einer Rechtsgrundlage im Grundgesetz oder einem anderen Bundesgesetz zu verneinen sein[1027]. Gewohnheitsrecht oder ungeschriebenes Bundesrecht könnten als Rechtsquelle nicht herangezogen werden[1028]. Als Rechtsgrundlage für die Bundestreue werden alternativ oder kumulativ neben einer Gesamtschau von „Einzelaspekten“[1029] die rechtsstaatlichen Grundsätze Rechtsstaatsprinzip, Bundesstaatsprinzip, Übermaßverbot und Verhältnismäßigkeitsgrundsatz[1030] sowie Treu und Glauben[1031] als auch Gewohnheitsrecht[1032] bemüht. Auch wenn die Existenz der Bundestreue damit heute als selbstverständlich angesehen werden kann[1033], eine positive Rechtsgrundlage existiert nicht. Deshalb könnte sie nicht zur Begründung selbständiger Bundespflichten, sondern nur akzessorisch im Wege der Auslegung positiver Rechtsnormen herangezogen werden[1034]. Im hier interessierenden Fall geht es aber um die Befolgungspflicht aus Art. 46 I EMRK. Es geht also um ein Bundesgesetz. Die Verpflichtung zum bundesfreundlichen Verhalten bewirkt lediglich eine Konkretisierung der Art und Weise der Befolgungspflicht durch die Länder. Mithin muss auf keine selbständig durch die Bundestreue begründete Bundespflicht zurückgegriffen werden. Die Bundstreue wird – lediglich akzessorisch – im Wege der Auslegung herangezogen.

Folglich bedeutet die Nichtbefolgung eines Urteils des EGMR durch die Länder eine Nichterfüllung einer ihnen obliegenden Bundespflicht im Sinne von Art. 37 I GG.

b) Rechtsfolgen

Gemäß Art. 37 I GG „kann“ die Bundesregierung mit Zustimmung des Bundesrates die „notwendigen Maßnahmen“ treffen, um das Land zur Einhaltung seiner Pflichten anzuhalten.

[1026] So *Bothe*, in: AK, Art. 37 Rn. 12; *Erbguth*, in: Sachs, Art. 37 Rn. 8; *v. Danwitz*, in: MKS, Art. 37 Rn. 16; *Kössinger*, Die Durchführung des Europäischen Gemeinschaftsrechts im Bundesstaat, S. 76+154; *Stern* I, S. 715.

[1027] *Bauer*, in: DR, Art. 37 Rn. 10; *Maurer*, Staatsrecht, § 10 Rn. 53; *Pieroth*, in: J/P, Art. 37 Rn. 2.

[1028] So *Bauer*, in: DR, Art. 37 Rn. 10; *Erbguth*, in: *Sachs*, Art. 37 Rn. 8; *Pieroth*, in: J/P, Art. 37 Rn. 2.

[1029] Vgl. ausführlich: *Bauer*, die Bundestreue, S. 236. m.w.N.

[1030] Vgl. ausführlich: *Bauer*, die Bundestreue, S. 241 f. m.w.N.

[1031] Vgl. ausführlich: *Bauer*, die Bundestreue, S. 243 ff.

[1032] Vgl. ausführlich: *Bauer*, die Bundestreue, S. 237 m.w.N.

[1033] So *Bauer*, die Bundestreue, S. 234.

[1034] So *BVerfG*, Beschl. v. 24.01.2001, 2 BvE 1/00, E 103,81(88) und Beschl. v. 11.03.1997, 2 BvG 3,4/95, E 95,250(266) – st.Rspr.; *BVerwG*, Urt. v. 08.05.2002, 3 A 1.01, E 116,234(240); *Bauer*, in: DR, Art. 37 Rn. 10; *Pieroth*, in: J/P, Art. 37 Rn. 2.

Grundsätzlich wird es damit ins Ermessen der Bundesregierung gestellt, ob – und falls ja – welche Maßnahmen sie ergreift[1035]. Bezüglich des Entschließungsermessens könnte sich aber aus der Befolgungspflicht des Art. 46 I EMRK eine Ermessensreduzierung auf Null ergeben. Bisher wird eine Ermessensreduzierung auf Null allenfalls dann angenommen, wenn die verfassungsmäßige Ordnung gemäß Art. 28 III GG nicht mehr den Grundrechten und den Bestimmungen des Art. 28 I, II GG entspricht, zu deren Gewährleistung der Bund verpflichtet ist[1036]. Andererseits könnte im Bereich des Bundeszwanges auch generell die Möglichkeit einer Ermessensreduzierung auszuschließen sein[1037]. Letzteres wird begründet mit der aus der Anwendung von Bundeszwang drohenden Gefahr schwerwiegender Konflikte im Bund-Länder-Verhältnis[1038]. Deshalb müsse der Bundesregierung immer ein Entscheidungsspielraum auch bezüglich des „Ob" des Eingreifens bleiben. So sei sie nicht dazu zu zwingen, auf Bundeszwangsmittel zurückzugreifen, wenn es dadurch zum Ausbruch eines Bürgerkrieges oder zum Auseinanderfallen des Gliedstaates kommen könnte[1039]. Gleiches gelte bei einer Gefährdung der Rechts- und Sozialstaatlichkeit[1040].

Die generelle Ablehnung einer Ermessensreduzierung liefe darauf hinaus, dass die Bundesregierung trotz endgültig festgestellter Konventionsverletzung durch den EGMR nicht gezwungen wäre, überhaupt Maßnahmen zu ergreifen. Es bliebe dann nur die Möglichkeit einer gerechten Entschädigung im Sinne von Art. 41 EMRK. Diese ist von Art. 41 EMRK aber nur vorgesehen, wenn das innerstaatliche Recht eine nur unvollkommene Wiedergutmachung zulässt. Solange das nicht der Fall ist, muss der Vertragsstaat jede mögliche und geeignete Maßnahme zur Wiedergutmachung treffen[1041]. Mit dieser auch aus Art. 1 EMRK folgenden Verpflichtung zur effektiven Sicherung der EMRK-Freiheiten[1042] wäre es unvereinbar, wenn mit der Verneinung der Ermessensreduzierung bereits der Weg zur Prüfung, welche Maßnahmen geeignet sein könnten, um eine Wiedergutmachung durch die nach der Kompetenzordnung zuständigen Länder zu erzwingen, abgeschnitten würde.

Zwar zeigen die Absätze 2 der Art. 8 bis 11 EMRK mit der Einschränkungsmöglichkeit dieser Freiheiten zugunsten der öffentlichen Sicherheit sowie der Aufrechterhaltung der Ordnung in einer demokratischen Gesellschaft sowie Art. 6 I 2 EMRK, dass es auch nicht im Interesse der EMRK liegt, durch ihre Anwendung gravierende innerstaatliche Konflikte aufkommen zu lassen[1043]. Dieser Gefahr wird aber mit der Auswahl der Mittel zu begegnen sein. Bei Ausübung des Auswahlermessens dürfen gemäß

1035 *Bauer*, in: DR, Art. 37 Rn. 12; *Bothe*, AK, Art. 37 Rn. 16; *Erbguth*, in: *Sachs*, Art. 37 Rn. 16; *v. Danwitz*, MKS, Art. 37 Rn. 29; *Pieroth*, in: J/P, Art. 37 Rn. 3.

1036 Vgl. *Bothe*, AK, Art. 37 Rn. 16; *Ergbuth*, in: *Sachs*, Art. 37 Rn. 16; *Isensee* – HdBStR IV, § 98 Rn. 125; *Stern* I, S. 711.

1037 So *Gubelt*, in: MüK, Art. 37 Rn. 11; *Maunz*, in: MD, Art. 47 Rn. 8,31,32 und 46.

1038 So *Gubelt*, in: MüK, Art. 37 Rn. 11; *Maunz*, in: MD, Art. 47 Rn. 46.

1039 *Maunz*, in: MD, Art. 37 Rn. 46.

1040 *Maunz*, in: MD, Art. 37 Rn. 46.

1041 Vgl. *EGMR*, Urt. v. 08.04.2004,71503/01, EuGRZ 2004,268(275).

1042 Vgl. *EGMR*, Urt. v. 18.02.1999, 26083/94, NJW 1999,1173(1175).

1043 Vgl. *Grabenwarter*, EMRK, § 23 Rn. 21 und § 24 Rn. 80.

Art. 37 I GG nur „notwendige“ Maßnahmen ergriffen werden. Sie dürfen also – sei es wegen der Anwendung des Übermaßverbots[1044], sei es wegen des aus der Bundestreue folgenden Verbots rechtsmissbräuchlichen Verhaltens[1045] – nicht völlig außer Verhältnis zu dem mit ihnen verfolgtem Zweck, hier der Befolgung der EMRK, stehen. Dies gilt es zu beachten, wenn die Bundesregierung in Erwägung zieht, beispielsweise finanzielle und wirtschaftliche Sanktionen zu ergreifen, eine Ersatzvornahme durchführen zu lassen oder treuhänderisch administrative oder legislative Landesfunktionen wahrzunehmen[1046]. Und soweit befürchtet werden sollte, durch die Ausübung des Bundeszwanges werde wegen des hohen Konfliktpotentials das künftige Verhältnis von Bund und Ländern beeinträchtigt[1047], ist dem entgegenzuhalten, dass sich der Bund im Falle einer aus Art. 46 I EMRK folgenden Ermessensreduzierung auf seine völkervertraglichen Verpflichtungen berufen kann. Die befürchteten nachhaltigen Konflikte im Bund-Länder-Verhältnis treten somit nicht auf.

Zusammenfassend ist damit festzuhalten, dass bezüglich des Entschließungsermessens wegen EMRK-konformer Auslegung aus der Befolgungspflicht des Art. 46 I EMRK eine Ermessensreduzierung auf Null stattfindet. Bezüglich der Wahl der Mittel verbleibt es beim Auswahlermessen. Wegen der Zustimmungspflicht des Bundesrates gemäß Art. 37 I GG stößt das Mittel aber dann an seine praktischen Grenzen, wenn mehrer Länder ihren Verpflichtungen nicht nachkommen können und wollen[1048].

3. Bundesintervention

Der Vollständigkeit halber sei noch die letzte Form der Einwirkungsmöglichkeit erwähnt – die Bundesintervention.

Gemäß Art. 91 II GG bedürfte es einer Gefahr für den Bestand oder die freiheitliche demokratische Grundordnung des Bundes oder eines Landes. Bestand bedeutet territoriale Unversehrtheit[1049]. Es könnte also allenfalls die Grundordnung, mit der die Strukturprinzipien der Bundesrepublik geschützt werden[1050], betroffen sein, wenn eine EGMR-Entscheidung nicht befolgt wird. Zu diesen Strukturprinzipien gehört zwar auch die Achtung der vor den im Grundgesetz konkretisierten Menschenrechten[1051]. Und da die EMRK zu deren Auslegung herangezogen wird[1052], könnte auch ihre Missachtung einen Verstoß gegen die Grundordnung bedeuten. Ein einzelner Verstoß gegen die EMRK oder die ausnahmsweise Nichtbefolgung des Urteils des EGMR kann

---

[1044] *Kössinger*, Die Durchführung des Europäischen Gemeinschaftsrechts im Bundesstaat, S. 154; *Pieroth*, in: J/P, Art. 37 Rn. 3; *Sannwald*, in: *Schmidt-Bleibtreu/Klein*, Art. 37 Rn. 12, 17; *Stern* I, S. 716.

[1045] *BVerfG*, Urt. v. 22.05.1990, 2 BvG 1/88, E 81,310(338); *Bauer*, in: DR, Art. 37 Rn. 12; *v. Danwitz*, in: MKS, Art. 37 Rn. 30; *Isensee* – HdBStR IV, § 98 Rn. 118; *Ossenbühl*, in: *ders.* Freiheit, Verantwortung, Kompetenz, S. 441(452).

[1046] Vgl. statt vieler die Zusammenstellung möglicher Maßnahmen von *Stern* I, S. 716 f.

[1047] Vgl. *Stüer/Spreen*, Verw 2005,174(180).

[1048] Ähnlich *Stüer/Spreen*, Verw 2005,174(180).

[1049] *Pieroth*, in: J/P, Art. 21 Rn. 34.

[1050] *Pieroth*, in: J/P, Art. 21 Rn. 33.

[1051] Grundlegend *BVerfG*, Urt. v. 23.10.1952, 1 BvV 1/51, E 2,1(13).

[1052] Siehe Kapitel III B III.

jedoch nicht als generelle Missachtung dieser Strukturprinzipien angesehen werden. Und eine Intervention nach Art. 35 II GG kommt nur bei Naturkatastrophen und Unglücksfällen in Betracht. Auf das Mittel der Bundesintervention ist also nicht zurückzugreifen.

III. Regressmöglichkeiten des Bundes

Sollte eine Wiedergutmachung nach innerstaatlichem Recht einmal nicht möglich sein, so wird die Bundesrepublik Deutschland zur Zahlung einer gerechten Entschädigung verurteilt (Art. 41 EMRK). Und selbst wenn eine Wiedergutmachung möglich ist, wird die Bundesrepublik zur Erstattung der Verfahrenskosten herangezogen[1053] (vgl. Art. 74 I lit. j VerfO EGMR).

Und zwar wird die Bundesrepublik als Unterzeichnerstaat auch dann verurteilt, wenn die EMRK-Verletzung durch ein Bundesland erfolgt ist[1054]. Für den Bund wird sich dann die Frage stellen, ob er dieses Bundesland in Regress nehmen kann. Nach dem von der Föderalismuskommission vorgeschlagenen Art. 104a VI GG tragen der Bund und die Länder nach Maßgabe der innerstaatlichen Zuständigkeits- und Aufgabenverteilung die Lasten einer Verletzung von supranationalen oder völkerrechtlichen Verpflichtungen Deutschlands[1055]. Damit würde der Bund über eine unmittelbare Anspruchsgrundlage im GG verfügen. Aber bereits nach geltender Rechtslage könnte er die Länder in Regress nehmen.

1. Art. 104a V 1 Hs. 2 GG

Eine unmittelbare Anspruchsgrundlage könnte Art. 104a V 1 Hs. 2 GG liefern. Danach haften der Bund und die Länder im Verhältnis zueinander für eine ordnungsgemäße Verwaltung.

a) Unmittelbare Anspruchsgrundlage oder Gesetzgebungsauftrag?

Dazu müsste es sich bei Art. 104a V 1 Hs. 2 GG unmittelbar um eine Anspruchsgrundlage handeln. Gemäß Art. 104a V 2 GG bestimmt aber das Nähere ein Bundesgesetz, das der Zustimmung des Bundesrates bedarf. Sähe man deshalb in Art. 104a V 1 Hs. 2 GG lediglich einen Auftrag an den Gesetzgeber, käme eine Regressnahme der Länder nicht in Betracht, weil der Gesetzgeber bislang untätig geblieben ist. Diese Frage ist umstritten.

[1053] *Schwenke*, NVwZ 2003,1430(1432).
[1054] Siehe Kapitel V B.
[1055] Kommissionsdrucksache 0054 v. 04.06.2004, www.bundesrat.de.

aa) Verfassungsrechtlicher Auftrag an den Gesetzgeber

Teilweise wird darin nur ein Verfassungsauftrag gesehen[1056].
Der Wortlaut „Die Länder haften" sei viel zu mehrdeutig, als dass ihm die Bedeutung einer unmittelbaren Haftungsgrundlage entnommen werden könnte[1057]. Das Präsens könne auch bedeuten, dass die Länder erst haften „werden"[1058]. Dann bezöge er sich aber auf ein erst künftiges Ereignis[1059]. Alternativ könne der Indikativ Präsens auch die Bedeutung eines Indikativ Imperativ haben, so dass die Länder nur haften „sollen"[1060]. Außerdem sei Art. 104a V 1 Hs. 2 GG keine Auskunft über den Haftungsumfang zu entnehmen: Es könne Schadensersatz in Geld, eine Wiedergutmachung oder auch eine Sanktionierung gemeint sein[1061]. Die Länder als Schuldner könnten die Konsequenzen eines Verstoßes im Vorhinein nicht erkennen und sich entsprechend darauf einrichten. Dementsprechend führe ein unmittelbarer Rückgriff auf Art. 104a V 1 Hs. 2 GG zu einem Verstoß gegen das auch gegenüber Gebietskörperschaften geltende Bestimmtheitsgebot[1062]. Sollte Art. 104a V 1 Hs. 2 GG deshalb durch die Gerichte konkretisiert werden, müssten sie sich als Ersatzgesetzgeber aufspielen und damit gegen das Gewaltenteilungsgebot verstoßen[1063]. Und dass der Bundesrat gemäß Art. 79 II GG dem Art. 104a V GG zugestimmt habe, lass sich nicht als gleichzeitige Einwilligung der Länder in die Beschneidung ihrer Kompetenzen verstehen, schließlich habe der Bundesrat hier als Bundesorgan zugestimmt[1064].

Ein unmittelbarer Rückgriff auf Art. 104a V 1 Hs. 2 GG stünde zudem im Widerspruch zur Systematik des X. Abschnitts des GG. Die Vorschriften der Finanzverfassung seien im Gegensatz zu Art. 104a V 1 Hs. 2 GG sehr detailreich ausgefallen. Letzterer könne daher nur einen Gesetzgebungsauftrag darstellen[1065]. Außerdem folge aus der notwendigen Zustimmung des Bundesrates in S. 2, dass es einer Konkretisierung

---

[1056] *Böhmer*, JZ 2000,382(386); *Erichsen*, Zur Haftung im Bund-Länder-Verhältnis, S. 33; *Hatje*, NJ 1997, 285(289); *Hellermann*, in: MKS, Art. 104a Rn. 216; *Kirchhof*, NVwZ 1994,105(106); *Littwin*, DVBl. 1997,151(156); *Nopper*, Bund-Länder-Haftung beim fehlerhaften Verwaltungsvollzug von Gemeinschaftsrecht durch die deutschen Länder, S. 81.

[1057] *Erichsen*, Zur Haftung im Bund-Länder-Verhältnis, S. 10; *Nopper*, Bund-Länder-Haftung beim fehlerhaften Verwaltungsvollzug von Gemeinschaftsrecht durch die deutschen Länder, S.85.

[1058] *Erichsen*, Zur Haftung im Bund-Länder-Verhältnis, S. 10.

[1059] *Erichsen*, Zur Haftung im Bund-Länder-Verhältnis, S. 10.

[1060] *Erichsen*, Zur Haftung im Bund-Länder-Verhältnis, S. 10.

[1061] *Böhmer*, JZ 2000,382(386); *Erichsen*, Zur Haftung im Bund-Länder-Verhältnis, S. 11, 14; *Hatje*, NJ 1997,285(287); *Hellermann*, in: MKS, Art. 104a Rn. 216; *Kirchhof*, NVwZ 1994,105(106); *Littwin*, DVBl. 1997,151(157); *Nopper*, Bund-Länder-Haftung beim fehlerhaften Verwaltungsvollzug von Gemeinschaftsrecht durch die deutschen Länder, S. 81.

[1062] *Kirchhof*, NVwZ 1994,105(107); *Nopper*, Bund-Länder-Haftung beim fehlerhaften Verwaltungsvollzug von Gemeinschaftsrecht durch die deutschen Länder, S. 83.

[1063] *Hatje* – NJ 1997,285(289); *Hellermann*, in: MKS, Art. 104a Rn. 216.

[1064] *Ukrow*, in: Europäische Integration und nationalstaatliche Verwaltung, S. 231(238).

[1065] *Kirchhof*, NVwZ 1994,105(106); *Nopper*, Bund-Länder-Haftung beim fehlerhaften Verwaltungsvollzug von Gemeinschaftsrecht durch die deutschen Länder, S. 81.

durch ein Bundesgesetz zwingend bedürfe, um die Interessen der Länder als wegen der Art. 30, 83 GG primär für die Ausführung der Gesetze Zuständigen zu wahren[1066].

Auch zwinge der Sinn und Zweck der Norm klarzustellen, dass ein Verwaltungsträger grundsätzlich für sein Verwaltungshandeln verantwortlich sei, nicht zu einer anderen Auslegung: Aus dem (rechtspolitischen) Bedürfnis nach einer Haftungsgrundlage allein könne jedenfalls nicht auf ihr tatsächliches Bestehen geschlossen werden[1067].

Schließlich sei es auch nicht möglich, wegen überlanger Untätigkeit des Gesetzgebers auf Art. 104a V 1 Hs. 2 GG zurückzugreifen: Für so einen Rückgriff auf den Verfassungsauftrag müsse dieser hinreichend konkret sein, so dass es nur noch um die Durchsetzung der Regelung und nicht um ihre Erschaffung selbst ginge. Außerdem müsse die Untätigkeit des Gesetzgebers eine unerträgliche Verzögerung und damit eine Verfassungsverletzung bedeuten. Beide Voraussetzungen seien hier nicht erfüllt. Die hinreichende Bestimmtheit wird hier ohnehin nicht angenommen. Außerdem sei der Gesetzgeber mit den §§ 102-114 SGB X (Ersatz fehlerhaft erbrachter Sozialleistungen) und § 55 III BGSG (Ersatzanspruch der Bundesrepublik gegen ein Land, dessen Polizeivollzugsbeamte im Zuständigkeitsbereich des BGS Amtshandlungen vorgenommen haben und so einen Ausgleichsanspruch gegen den Bund herbeigeführt haben) sowie den Regelungen über die Ersatzansprüche wegen zweckverfehlender Aufwendungen im Rahmen der Gemeinschaftsaufgaben des Art. 91 a GG zumindest fragmentarisch tätig geworden[1068]. Deshalb könne nicht von einer kompletten Untätigkeit gesprochen werden[1069].

bb) Taugliche Anspruchsgrundlage

Überwiegend wird demgegenüber von der Tauglichkeit des Art. 104a V 1 Hs. 2 GG als Anspruchsgrundlage ausgegangen[1070].

Der Wortlaut gebe keinen Hinweis darauf, dass eine Haftung erst vom Inkrafttreten eines Ausführungsgesetzes nach S. 2 abhängig gemacht werden sollte[1071]. Das Gegen-

---

[1066] *Hatje*, NJ 1997,285(289); *Hellermann*, in: MKS, Art. 104a Rn. 216; *Kirchhof*, NVwZ 1994,105(108).
[1067] *Kirchhof*, NVwZ 1994,105(105).
[1068] Vgl. *Prokisch*, in: BK, Art. 104a Rn. 314.
[1069] *Littwin*, DVBl. 1997,151(156).
[1070] *BVerwG*, Urt. v. 18.05.1994, 11 A 1.92, E 96,45(53 f.); bestätigt mit Urt. v. 02.02.1995, 2 A 5/92, NVwZ 1995,991(992) und Urt. v. 16.01.1997, 4 A 12.94, DÖV 1997,596(597); offen gelassen von *BVerfG*, Beschl. v. 07.10.2003, 2 BvG 1/02, www.bverfg.de, Rn. 18; *Brockmeyer*, in: *Schmidt-Bleibtreu/Klein*, Art. 104a Rn. 28; *Dederer* – NVwZ 2001,258(260); *Durner*, BayVBl. 2002,745(751); *Heitsch*, Die Ausführung der Bundesgesetze durch die Länder, S. 400; *König/Braun*, NJ 2004,97(99); *Maunz*, in: MD, Art. 104a Rn. 67; *Papier*, in: FS Blümel, S. 436; *Schwenke*, NVwZ 2003,1430(1433); *Stern* II, 1139; *Pieroth*, in: J/P, Art. 104a Rn. 13; *Prokisch*, in: BK, Art. 104a Rn. 317 ff.; *Schuppert*, in: *Umbach/Clemens*, Art. 104a Rn. 32; *Storr*, in: Föderalismus – Auflösung oder Zukunft der Staatlichkeit?, S. 279; *Wollgast*, Das haftende Subjekt der gemeinschaftsrechtlich gebotenen Staatshaftung in der Bundesrepublik Deutschland, S. 177.

teil werde durch die Gesetzesmaterialien nahegelegt, wonach nach Aufhebung des Art. 108 IV 2 Hs. 1 GG a.F. mit Art. 104a V 1 GG n.F. die grundsätzliche Verantwortlichkeit des jeweiligen Verwaltungsträgers festgeschrieben wurde[1072]. Eine Grundsatznorm ohne unmittelbar rechtlichen Gehalt könne diesem Ziel nicht gerecht werden[1073]. Trotz der notwendigen Zustimmung des Bundesrates gemäß S. 2 sei daher nicht von einem „verwaltungshaftungslosen Zustand" auszugehen[1074]. Die gegenteilige Auffassung führe dazu, dass der Bundesrat durch Verweigerung seiner Zustimmung die Verantwortlichkeit der Länder treuwidrig vereiteln könnte[1075]. Auch führe die Annahme einer unmittelbaren Anspruchsgrundlage nicht zur Außerachtlassung der Länderinteressen, schließlich habe der Bundesrat gemäß Art. 79 II GG dem Art. 104a V GG bereits seine Zustimmung erteilt[1076].

Systematisch folge die unmittelbare Anwendbarkeit des Hs. 2 aus der Verknüpfung mit Hs. 1[1077]: Dass der Bund und die Länder die bei ihren Behörden anfallenden Verwaltungsausgaben zu tragen hätten, sei Folge des Konnexitätsgrundsatzes. Wenn aber der Hs. 1 deshalb unmittelbar anwendbar sei, müsse das auch für den Hs. 2 gelten. Außerdem weise der Auftrag an den Gesetzgeber in S. 2, das Nähere zu regeln, darauf hin, dass mit S. 1 die wesentlichen Haftungsfragen bereits beantwortet seien[1078].

Schließlich spreche auch der Sinn und Zweck der Vorschrift, Klarheit über eine bis zu ihrem Erlass streitige Haftungsfrage zu schaffen. Dieses Ziel werde verfehlt, wenn sich die Vorschrift in einem Auftrag an den Gesetzgeber erschöpfe[1079].

[1071] *BVerwG*, Urt. v. 18.05.1994, 11 A 1.92, E 96,45(51); *Papier*, in: FS Blümel, S. 436; *Wollgast*, Das haftende Subjekt der gemeinschaftsrechtlich gebotenen Staatshaftung in der Bundesrepublik Deutschland, S. 171.

[1072] *BVerwG*, Urt. v. 18.05.1994, 11 A 1.92, E 96,45(53); Urt. v. 16.01.1997, 4 A 12.94, DÖV 1997,596(597); *Heitsch*, Die Ausführung der Bundesgesetze durch die Länder, S. 401; *Storr*, in: Föderalismus – Auflösung oder Zukunft der Staatlichkeit?, S. 279; *Wollgast*, Das haftende Subjekt der gemeinschaftsrechtlich gebotenen Staatshaftung in der Bundesrepublik Deutschland, S. 172.

[1073] *Prokisch*, in: BK, Art. 104a Rn. 318.

[1074] *BVerwG*, Urt. v. 18.05.1994, 11 A 1.92, E 96,45(53); *Papier*, in: FS Blümel, S. 436; *Wollgast*, Das haftende Subjekt der gemeinschaftsrechtlich gebotenen Staatshaftung in der Bundesrepublik Deutschland, S. 172.

[1075] *V. Armin*, HdBStR IV, § 103 Rn. 24; *Papier*, in: FS Blümel, S. 437, *Schneider*, in: AK, Art. 104a Rn. 28.

[1076] *Nopper*, Bund-Länder-Haftung beim fehlerhaften Verwaltungsvollzug von Gemeinschaftsrecht durch die deutschen Länder, S. 85; *Storr*, in: Föderalismus – Auflösung oder Zukunft der Staatlichkeit?, S. 278.

[1077] *BVerwG*, Urt. v. 18.05.1994, 11 A 1.92, E 96,45(51); *Papier*, in: FS Blümel, S. 436; *Prokisch*, in: BK, Art. 104a Rn. 318; *Storr*, in: Föderalismus – Auflösung oder Zukunft der Staatlichkeit?, S. 279; *Wollgast*, Das haftende Subjekt der gemeinschaftsrechtlich gebotenen Staatshaftung in der Bundesrepublik Deutschland, S. 174.

[1078] *Heitsch*, Die Ausführung der Bundesgesetze durch die Länder, S. 400; *Storr*, in: Föderalismus – Auflösung oder Zukunft der Staatlichkeit?, S. 279; *Wollgast*, Das haftende Subjekt der gemeinschaftsrechtlich gebotenen Staatshaftung in der Bundesrepublik Deutschland, S. 173.

[1079] *Wollgast*, Das haftende Subjekt der gemeinschaftsrechtlich gebotenen Staatshaftung in der Bundesrepublik Deutschland, S. 172.

Auch dem Vorwurf mangelnder Bestimmtheit könne begegnet werden. Nur weil eine Vorschrift auslegungsbedürftig sei, werde sie nicht automatisch zu unbestimmt[1080]. Beschränke man die Haftung auf einen Kernbereich, sei einerseits der Wille des Verfassungsgesetzgebers, für eine grundsätzliche Haftung zu sorgen, gewahrt. Um andererseits die Länderinteressen zu wahren, sei jede Haftung darüber hinaus erst durch ein Ausführungsgesetz zu bewerkstelligen[1081].

cc) Stellungnahme

Die Gesetzesbegründung, wonach mit S. 1 Hs. 2 für das Einstehenmüssen des Verwaltungsträgers für Mängel seiner Verwaltung und das Tragenmüssen der dadurch entstandenen Mehrkosten gesorgt werden sollte[1082], spricht eher für die Annahme einer unmittelbaren Anspruchsgrundlage. Bestätigt wird das durch die Arbeit der Föderalismuskommission. Mit dem neu einzuführenden Art. 104a VI GG, wonach Bund und Länder nach Maßgabe der innerstaatlichen Zuständigkeits- und Aufgabenverteilung die Lasten einer Verletzung von supranationalen oder völkerrechtlichen Verpflichtungen tragen, sollte eine Klarstellung im bisherigen Streit über die Regressmöglichkeit des Bundes geschaffen werden[1083]. Von der historischen Auslegung abgesehen, werden aber mit den übrigen klassischen Auslegungsmethoden – Wortlaut, Systematik, Sinn und Zweck – sowohl für als auch gegen die Annahme einer unmittelbaren Anspruchsgrundlage nachvollziehbare Argumente vorgetragen. Ein eindeutiges Ergebnis lässt sich so nicht erzielen. Insbesondere zeigen die Schwierigkeiten bei einer Abgrenzung zwischen Haftungskern- und Randbereich, dass dem Vorwurf der Unbestimmtheit nur schwer zu begegnen ist[1084].

Die bisher stattgefundene umfangreiche Auseinandersetzung könnte aber um den Aspekt EMRK-konformer Auslegung[1085] ergänzt und damit entschieden werden. So verlangt Art. 1 EMRK eine praktisch effektive und wirksame Sicherung der Rechte und Freiheiten der EMRK[1086]. Zwar mag der effektiven Sicherung der EMRK-Freiheiten auf den ersten Blick hinreichend Rechnung getragen worden sein, wenn dem vor dem EGMR erfolgreichen Beschwerdeführer eine gerechte Entschädigung durch den Bund gezahlt wird oder der Bund die Kosten des Verfahrens trägt. Wie und ob der Bund als völkerrechtlich Verantwortlicher Regress beim tatsächlichen Schädiger im Innenverhältnis nehmen kann, könnte aus EMRK-rechtlicher Sicht ohne Belang sein. Hierfür spräche, dass aus völkerrechtlicher Sicht der Staat ohnehin als eine Einheit anzusehen

---

[1080] *BVerwG*, Urt. v. 18.05.1994, 11 A 1.92, E 96,45(54).
[1081] *BVerwG*, Urt. v. 18.05.1994, 11 A 1.92, E 96,45(54).
[1082] BT-Drucks. V 2861, S. 52.
[1083] Kommissionsdrucks. 0054 v. 04.06.2004, Ziff. 2.
[1084] So auch *Heitsch*, Die Ausführung der Bundesgesetze durch die Länder, S. 400 und *Storr*, in: Föderalismus – Auflösung oder Zukunft der Staatlichkeit?, S. 281.
[1085] Siehe dazu Kapitel III B III.
[1086] Vgl. *EGMR*, Urt. v. 18.02.1999, 26083/94, NJW 1999,1173(1175).

ist[1087]. Andererseits dürfte die Regressnahme auf die Länder sanktionierend wirken. Wenn sie mit einer nachträglichen Inanspruchnahme durch den Bund rechnen müssen, könnten sie gehalten sein, von vornherein EMRK-Verletzungen in ihrem Zuständigkeits- und Verantwortungsbereich zu unterbinden und zu vermeiden. Dies trüge zu einer präventiven[1088] und damit wirksameren Sicherung der Rechte und Freiheiten der EMRK bei[1089].

Mit der Bezugnahme auf Art. 41 EMRK und Art. 74 I lit. j VerfO EGMR könnte dann auch dem Einwand fehlender Bestimmtheit begegnet werden. Aus der – hier interessierenden – EMRK-rechtlichen Sicht beschränkte sich die Haftung dann auf den Umfang der gerechten Entschädigung und der Verfahrenskosten.

Deshalb ist in Art. 104a V 1 Hs. 2 GG eine unmittelbare Anspruchsgrundlage zu sehen.

b) Voraussetzungen im Einzelnen

Die zu erfüllenden Voraussetzungen im Einzelnen sollen folgend untersucht werden.

aa) Anwendungsbereich

Gemäß Art. 104a V 1 Hs. 2 GG haften der Bund und die Länder „im Verhältnis zueinander". Sie müssten in einem funktionellen Verhältnis zueinander stehen[1090]. Deshalb müsste die Verpflichtung der Länder gegenüber dem Bund bestehen. Eine Verpflichtung der Länder gegenüber supranationalen Organisationen[1091] oder Privaten[1092] kann damit grundsätzlich nicht den Haftungstatbestand eröffnen. Da Träger der Rechte und Freiheiten aber nur die Bürger sind, die Länder also nur ihnen gegenüber zur Sicherung der EMRK-Freiheiten gemäß Art. 1 EMRK verpflichtet sind, kann unmittelbar aus der EMRK ein Bund-Länder-Verhältnis nicht hergeleitet werden.

Es könnte aber mit Hilfe der Bundestreue begründet werden[1093]. Insoweit ist bereits festgestellt worden, dass die Befolgungspflicht der Länder aus Art. 46 I EMRK dahin konkretisiert wird, dass sie bei der Befolgung die Interessen des Bundes mit zu wahren

---

[1087] Vgl. *Kössinger*, Die Durchführung des Europäischen Gemeinschaftsrechts im Bundesstaat, S. 37; *Polakiewicz*, Die Verpflichtungen der Staaten aus den Urteilen des Europäischen Gerichtshofs für Menschenrechte, S. 227.

[1088] Vgl. *Koenig/Braun*, NJ 2004,97(103).

[1089] So auch Kommissionsdrucksache 0054 v. 04.06.2004, Ziff. 3; vgl. zur Auswirkung des effet utile gemäß Art. 10 EG: *Durner*, BayVBl. 2002,745(749).

[1090] *Prokisch*, in: BK, Art. 104a Rn. 328.

[1091] Vgl. zum Verhältnis Bund – Land – EG: *BVerwG*, Beschl. v. 08.05.2002, 3 A 1.01, E 116,234(241).

[1092] Vgl. *Hallermann*, in: MKS, Art. 104a Rn. 191, der aus der Funktion des Art. 104a V 1 HS 2 GG herleitet, dass sich Bund und Länder in ihrer „spezifischen Funktion als Hoheitsträger gegenüberstehen" müssen.

[1093] So *Koenig/Braun*, NJ 2004,97(100); *Littwin*, DVBl. 1997,151(157) zu Verstößen der Bundesländer gegen EG-Gemeinschaftsrecht.

haben[1094]. Weil die Interessen des Bundes berührt sind, ist auch die Befolgung der EMRK eine Verpflichtung der Länder gegenüber dem Bund. Somit ist der Anwendungsbereich des Art. 104a V 1 Hs. 2 GG auch dann eröffnet, wenn die Länder in ihrem Zuständigkeitsbereich die EMRK-Rechte verletzt haben.

bb) Ordnungsgemäße Verwaltung

Eine Haftung besteht aber nur für eine „ordnungsgemäße Verwaltung".

(1) Definition(en) von Verwaltung

Eine genaue und abschließende Definition von Verwaltung ist wegen der unzähligen Erscheinungsformen von Verwaltung nicht möglich[1095]. Da die EMRK mangels entsprechender Vorschriften auch keine Auswirkungen auf die Definitionsbestimmung der Verwaltung im Sinne von Art. 104a V 1 Hs. 2 GG haben kann, soll hier auch nicht der Versuch einer allumfassenden Definition unternommen werden, sondern nur kurz ein Lösungsansatz geboten werden.

Verstünde man unter der Verwaltung die im formellen Sinne, so umfasste sie jede von einer Verwaltungsbehörde ausgeübte Tätigkeit, unabhängig davon, ob sie auch materiell der Verwaltungstätigkeit zuzurechnen ist[1096].

Die Verwaltung im materiellen Sinne, also die Staatstätigkeit, die in der Wahrnehmung von Verwaltungsangelegenheiten besteht[1097], wird sowohl positiv als auch negativ definiert. Negativ ist sie alles, was nicht Rechtsprechung und nicht Gesetzgebung ist[1098]. Teilweise werden außerdem Regierung, staatsleitende Planung und militärische Verteidigung ausgegrenzt[1099]. Positiv ist sie die „mannigfaltige, zweckbestimmte, in der Regel organisierte, fremdnützige und verantwortliche, nur teilplanende, selbstbeteiligt ausführende und gestaltende Wahrnehmung von Angelegenheiten, insbesondere durch Herstellung diesbezüglicher Entscheidungen"[1100]. Teilweise wird auch eine Kombination beider Definitionen erwogen[1101].
Es fragt sich, welche Definition für die Verwaltung im Sinne von Art. 104a V 1 Hs. 2 GG brauchbar zu machen ist.

[1094] Siehe Kapitel V B II. 2. a).

[1095] So *Ehlers*, in: *Erichsen/Ehlers*, § 1 Rn. 6; *Forsthoff*, Verwaltungsrecht, § 1 S. 1; *Maurer*, Allgemeines Verwaltungsrecht, § 1 Rn. 8; *v. Unruh/Greve/Schliesky*, Rn. 335.

[1096] Vgl. *Maurer*, Allgemeines Verwaltungsrecht, § 1 Rn. 2; Wolff/Bachof/Stober, Verwaltungsrecht I, § 2 Rn. 30.

[1097] Vgl. *Ehlers*, in: *Erichsen/Ehlers*, § 1 Rn. 5; *Maurer*, Allgemeines Verwaltungsrecht, § 1 Rn. 2.

[1098] Vgl. bereits *Jellinek*, Verwaltungsrecht, S. 6.

[1099] *Ehlers*, in: *Erichsen/Ehlers* § 1 Rn. 9; *Stern* II, S. 736.

[1100] *Wolff/Bachof/Stober*, VerwR, § 2 Rn. 12.

[1101] So *Stern* II, S. 738 und *Ehlers*, in: *Erichsen/Ehlers*, § 1 Rn. 11.

Versteht man Art. 104a V 1 Hs. 2 GG als „Eckpfeiler der bundesstaatlichen Ordnung" als Lastenverteilungsvorschrift zwischen Bund und Ländern[1102] und nicht als Kostentragungspflichtregelung für ihre Organe, müsste es darauf ankommen, ob Verwaltungskompetenzen im Sinne des GG wahrgenommen wurden und Bund oder Land dadurch ein Schaden entstanden ist[1103]. Für das Abstellen auf die Wahrnehmung von Verwaltungs*kompetenzen* im Sinne des GG und nicht die einzelnen Handlungsformen der Verwaltung spricht die Formulierung „im Verhältnis zueinander" sowie die systematische Stellung des Art. 104a V GG im Abschnitt über das Finanzwesen. Denn hier wird – wie auch sonst im GG (vgl. Art. 70 ff. und 83 ff. GG) zwischen Gesetzgebungskompetenz (Art. 105 GG) und Verwaltungskompetenz (Art. 108 GG) unterschieden[1104]. Eine zumindest grundsätzliche Unterscheidung zwischen Gesetzgebung, vollziehender Gewalt und Rechtsprechung verlangt zudem der Grundsatz der Gewaltenteilung (Art. 20 II 2 GG). Wenn auch zahlreiche Überschneidungen stattfinden und eine strikte Trennung nicht immer möglich ist[1105], wird die Staatsgewalt vom GG so aber in unterschiedliche Staatsfunktionen unterteilt[1106]. Um diese näher zu konkretisieren, kann es nicht darauf ankommen, dass eine Behörde – wie nach dem formellen Verwaltungsbegriff – irgendwie tätig geworden ist[1107]. Für eine funktionale Differenzierung[1108] müsste auf materielle Kriterien zurückgegriffen werden. Wegen der vom GG vorgegebenen Gewaltenteilung ist die Verwaltung im Sinne von Art. 104a V 1 Hs. 2 GG daher im Wege der Substraktionsmethode zu bestimmen[1109]. Dies ermöglicht eindeutigere Ergebnisse als eine abstrakte positive Defintion[1110]. Verwaltung im Sinne von Art. 104a V 1 Hs. 2 GG ist demnach alles, was nicht Gegenstand der Gesetzgebungs- beziehungsweise Rechtsprechungskompetenz ist[1111].

Fraglich ist, ob der Anwendungsbereich dadurch weiter verengt werden muss, dass auch die Wahrnehmung von Regierungskompetenzen sowie die Ausübung militärischer Gewalt, für die die Länder allerdings ohnehin nicht zuständig sind (vgl. Art. 87a, 115 b GG) nicht als Verwaltungstätigkeit anzusehen ist. Dies könnte sich aus Wortlaut, Entstehungsgeschichte und Systematik ergeben. Der Begriff der vollziehenden

---

1102 Vgl. *BVerfG*, Urt. v. 19.03.2003, 2 BvL 9/98, NVwZ 2003,716; Urt. v. 28.03.2002, 2 BvG 1,2/01, E 105,185(194).

1103 So auch *Stelkens*, Schadensersatzhaftung zwischen Bund, Ländern, Gemeinden, Sozialversicherungsträgern und sonstigen juristischen Personen des öffentlichen Rechts, S. 284.

1104 Vgl. *Pieroth*, in: J/P, Art. 104a Rn. 1.

1105 Vgl. *BVerfG*, Beschl. v. 17.07.1996, 2 BvB 2/93, E 95,1(15).

1106 Vgl. *Degenhart*, Staatsrecht I, Rn. 243.

1107 Vgl. *BVerwG*, Urt. v. 17.10.1996, 3 A 1.95, E 102,119(126) und *BVerfG*, Urt. v. 28.02.1961, 2 BvG 1,2/60, E 12,205(244).

1108 Vgl. *BVerfG*, Beschl. v. 17.07.1996, 2 BvB 2/93, E 95,1(15).

1109 So auch *Hellermann*, in: MKS, Art. 104a Rn. 201; *Koenig/Braun*, NJ 2004,97(101); *Stelkens*, Schadensersatzhaftung zwischen Bund, Ländern, Gemeinden, Sozialversicherungsträgern und sonstigen juristischen Personen des öffentlichen Rechts, S. 285.

1110 So *Maurer*, Allgemeines Verwaltungsrecht, § 1 Rn. 2; *v. Unruh/Greve/Schliesky*, Rn. 336.

1111 Vgl. zur näheren Konkretisierung: *Stelkens*, Schadensersatzhaftung zwischen Bund, Ländern, Gemeinden, Sozialversicherungsträgern und sonstigen juristischen Personen des öffentlichen Rechts, S. 286 ff. und 289 ff.

Gewalt (vgl. Art. 20 II 2 GG) ist nicht identisch mit dem der Verwaltung[1112]. Unter den weiteren Begriff der vollziehenden Gewalt fällt auch die Wahrnehmung von Regierungskompetenzen sowie die militärische Gewalt[1113]. Hätte aber die gesamte vollziehende Gewalt als Verwaltung im Sinne von Art. 104a V 1 Hs. 2 GG angesehen werden sollen, hätte anstelle von Verwaltung von vollziehender Gewalt gesprochen werden müssen. Unterstützend ist der Wille des historischen Gesetzgebers heranzuziehen. Wenn der Verfassungsgeber nur Haftungsfälle in Folge der Wahrnehmung von Verwaltungskompetenzen kannte, wollte er auch nur diese zum Gegenstand von Art. 104a V 1 Hs. 2 GG machen[1114]. Und wenn die Wahrnehmung von Gesetzgebungskompetenzen nicht zur Haftung nach Art. 104a V 1 Hs. 2 GG führen soll, müssen auch sämtliche Regierungsakte im Zusammenhang mit dem Gesetzgebungsverfahren ausgeschlossen sein[1115]. Diese Systematik spricht dafür, sämtliche Regierungsakte vom Haftungstatbestand auszunehmen[1116].

Nur wenn die Wahrnehmung von Verwaltungskompetenzen durch die Länder Anlass für eine Verurteilung der Bundesrepublik durch den EGMR gewesen ist, müsste eine Inanspruchnahme der Länder über Art. 104a V 1 Hs. 2 GG möglich sein.

Aber auch dies wird für den hier interessierenden Fall bestritten, dass der Bund Leistungen an Verfahrensbeteiligte vor dem EGMR erbringen muss[1117]. Das Gewaltenteilungsprinzip erlaube es nicht, die Verwaltung im Sinne von Art. 104a V 1 Hs. 2 GG anders auszulegen als die vollziehende Gewalt[1118]. Hierfür bedürfe es erst eines Aufführungsgesetzes, das eine Haftung auch für gerichtliche Spruchtätigkeit ermögliche[1119].

Dem könnte nur dann zuzustimmen sein, wenn Gegenstand der Individualbeschwerde vor dem EGMR ausschließlich eine Gerichtsentscheidung wäre. Dann würde die Verurteilung nicht auf die Wahrnehmung von Verwaltungskompetenzen sondern auf die Rechtsprechungstätigkeit zurückzuführen sein.

[1112] Vgl. BGBl. 1956 I, S. 111.

[1113] Vgl. *Stelkens*, Schadensersatzhaftung zwischen Bund, Ländern und Gemeinden, Sozialversicherungsträgern und sonstigen juristischen Personen des öffentlichen Rechts, S. 292; *Stern* II, S. 694 + 853.

[1114] Vgl. *Stelkens*, Schadensersatzhaftung zwischen Bund, Ländern und Gemeinden, Sozialversicherungsträgern und sonstigen juristischen Personen des öffentlichen Rechts, S. 292.

[1115] Vgl. *Stelkens*, Schadensersatzhaftung zwischen Bund, Ländern und Gemeinden, Sozialversicherungsträgern und sonstigen juristischen Personen des öffentlichen Rechts, S. 292.

[1116] So auch *Hellermann*, in: MKS, Art. 104a Rn. 201; *Stelkens*, Schadensersatzhaftung zwischen Bund, Ländern, Gemeinden, Sozialversicherungsträgern und sonstigen juristischen Personen des öffentlichen Rechts, S.292.

[1117] *Schwenke*, NVwZ 2003,1430(1434).

[1118] *Schwenke*, NVwZ 2003,1430(1434).

[1119] *Schwenke*, NVwZ 2003,1430(1434).

Zwar ist vor Einlegung der Individualbeschwerde der gesamte innerstaatliche Rechtsweg, inklusive dem BVerfG[1120], auszuschöpfen (vgl. Art. 35 I EMRK). Aus dem Urteil des EGMR kann sich aber auch ergeben, dass die Verwaltung konventionswidrig tätig geworden ist und die nationalen Gerichte dies nicht richtig erkannt haben. So ist anerkannt, dass der Beschwerdeführer durch jedes staatliche Verhalten in seinen Rechten verletzt sein kann und damit auch jede staatliche Handlung oder Unterlassung vom EGMR überprüft werden kann[1121]. Andernfalls wäre es auch nicht zu erklären, warum gegebenenfalls die Verpflichtung der Verwaltung bestehen sollte, einen konventionswidrigen Verwaltungsakt aufzuheben[1122]. Ebenso wie im Rahmen der Verfassungsbeschwerde vor dem BVerfG[1123] wird man im Rahmen der Individualbeschwerde vor dem EGMR dem Beschwerdeführer bei mehreren Akten der öffentlichen Gewalt die Wahl lassen müssen, ob er nur die letztinstanzliche Entscheidung oder auch vorangegangene Akte angreifen möchte (vgl. Art. 47 I lit. g VerfO EGMR, der allgemein vom „Gegenstand der Beschwerde" und nicht nur von der Gerichtsentscheidung spricht).

Grundsätzlich kommt eine Haftung damit auch in der hier zu untersuchenden Fallkonstellation in Betracht.

(2) Definition(en) der Ordnungsmäßigkeit

Voraussetzung dafür ist, dass die Verwaltung nicht ordnungsgemäß gehandelt hat. Entsprechend der Weite des Wortlauts des Art. 104a V 1 Hs. 2 GG gibt es viele Definitionsversuche.

Am weitesten ist die Auffassung, die in **jedem Verstoß** gegen die Grundsätze ordnungsgemäßer Verwaltung eine nicht ordnungsgemäße Verwaltung sieht[1124]. Damit genügt die fehlerhafte Anwendung gesetzlicher Vorschriften[1125], mithin jeder zu einer Verurteilung der Bundesrepublik durch den EGMR führende Verstoß gegen die EMRK.

Wer wegen des Verhältnisses von S. 1 zu S. 2 die Notwendigkeit einer Beschränkung der Haftung auf das „Wesentliche" annimmt, verlangt als weitere Haftungsvoraussetzung entweder eine **schwerwiegende**[1126] beziehungsweise **evidente Pflichtverletzung**[1127] oder ein **grob fahrlässiges**[1128] beziehungsweise nur **vorsätzliches**[1129] **schädi-**

[1120] Vgl. bereits *EKMR*, Entscheidung v. 31.05.1956, NJW 1956,1376(1376); *EGMR*, Urt. v. 08.04.2004, 11057/02, NJW 2004,3401(3403); vgl. *Bernhardt*, EuGRZ 1996,339(341) m.w.N.; *Schlaich/Korioth*, Das Bundesverfassungsgericht, Rn. 367.

[1121] *Grabenwarter*, § 13 Rn. 14; *Peukert*, in: F/P, Art. 25 Rn. 21; *Villiger*, Rn. 149.

[1122] Siehe dazu Kapitel IV B III. 2.

[1123] Vgl. hierzu *Pieroth/Schlink*, Rn. 1127.

[1124] *Schuppert*, in: *Umbach/Clemens*, Art. 104a Rn. 32; *Storr*, in: Föderalismus – Auflösung oder Zukunft der Staatlichkeit?, S. 284.

[1125] So *Heitsch*, Die Ausführung der Bundesgesetze durch die Länder, S.404.

[1126] *Brockmeyer*, in: *Schmidt-Bleibtreu/Klein*, Art. 104a Rn. 28.

[1127] *Papier*, in: FS Blümel, S. 437; *Prokisch*, in: BK, Art. 104a Rn. 336; *Schneider*, in: AK-GG, Art. 104a Rn. 28.

gendes Verhalten. Alle Einschränkungen führten dazu, dass der Bund in den seltensten Fällen ein Land in Regress nehmen könnte. Soweit die in Rede stehende Verwaltungstätigkeit als noch vertretbar angesehen werden kann, wird sie jedenfalls nicht als vorsätzliche Schädigung eingestuft werden können. Und da bis zur Entscheidung des EGMR sämtliche Gerichte, inklusive das BVerfG, eine Konventionsverletzung nicht erkannt haben, dürfte schwer von einer sich jedermann aufdrängenden Fehlerhaftigkeit und damit evidenten oder grob fahrlässigen Pflichtverletzung ausgegangen werden können.

Und schließlich wird eine nicht ordnungsgemäße Verwaltung mit dem **Lenkungsversagen der Regierung beziehungsweise des Parlaments** gleichgesetzt[1130]. Gehaftet werde nur, wenn der Fehler bei Ausübung der Verwaltungskompetenz auf deren systematisches Lenkungsversagen zurückzuführen sei[1131]. Danach käme es darauf an, ob Regierung oder Parlament es versäumt haben, die Vorschriften für die Verwaltung so zu gestalten, dass ein EMRK-Verstoß vermieden werden konnte.

(3) Begründungsversuche

Auf das **Lenkungsversagen** könnte abgestellt werden, wenn in Art. 104a V 1 Hs. 2 GG primär der Sinn und Zweck läge, die politische Verantwortung effektiver zu gestalten[1132]. Verwirklichen ließe sich dieses Ziel durch die Ausübung von wirtschaftlichem Druck auf die Träger der Verwaltung[1133]. So wird auch angenommen, dass nur auf diese Art und Weise der Fehlerquelle für schädigende Verwaltungstätigkeit wirksam begegnet werden könne[1134]. Hierfür spricht zwar, dass Bund und Länder und damit die Träger der Verwaltung die Kosten tragen müssen. Der Wortlaut „ordnungsgemäße Verwaltung" legt aber eine andere Auslegung nahe. Außerdem ist in sämtlichen Staatshaftungsfällen der Träger der Verwaltung betroffen (vgl. Art. 34 S. 1 GG, wonach grundsätzlich den Staat oder die Körperschaft, in deren Dienst der Amtswalter steht[1135], die Verantwortlichkeit trifft).

[1128] So noch: *BVerwG*, Urt. v. 08.05.1994, 11 A 1.92, E 96,45(58); *Brockmeyer*, in: *Schmidt-Bleibtreu/Klein*, Art. 104a Rn. 28; *Maunz*, in: MD, Art. 104a Rn. 71. Offengelassen von *BVerwG*, Beschl. v. 08.05.2002, 3 A 1.01, E 116,234(242).

[1129] So jetzt: *BVerwG*, Urt. v. 16.01.1997, 4 A 12.94, E 104,29(34); *BGH*, Urt. v. 21.06.2001, III ZR 34/00, Z 148,139(151). Dem zustimmend: *Pieroth*, in: J/P, Art. 104a Rn. 14.

[1130] *Heitsch*, Die Ausführung der Bundesgesetze durch die Länder, S. 400; *Stelkens*, Schadensersatzhaftung zwischen Bund, Ländern, Gemeinden, Sozialversicherungsträgern und sonstigen juristischen Personen des öffentlichen Rechts, S. 309.

[1131] *Heitsch*, Die Ausführung der Bundesgesetze durch die Länder, S. 400; *Stelkens*, Schadensersatzhaftung zwischen Bund, Ländern, Gemeinden, Sozialversicherungsträgern und sonstigen juristischen Personen des öffentlichen Rechts, S. 309.

[1132] *Heitsch*, Die Ausführung der Bundesgesetze durch die Länder, S. 400; *Stelkens*, Schadensersatzhaftung zwischen Bund, Ländern, Gemeinden, Sozialversicherungsträgern und sonstigen juristischen Personen des öffentlichen Rechts, S. 309.

[1133] *Heitsch*, Die Ausführung der Bundesgesetze durch die Länder, S. 405.

[1134] *Heitsch*, Die Ausführung der Bundesgesetze durch die Länder, S. 405.

[1135] Vgl. *Jarass*, in: J/P, Art. 34 Rn. 23 m.w.N.

Stellt man deshalb unmittelbar auf die Verletzung der EMRK durch die **Wahrnehmung der Verwaltungskompetenz** ab, stellt sich die Frage, ob wirklich eine Haftungseinschränkung vorgenommen werden muss.

An der wortlautgemäßen Annahme, bereits **jeder Verstoß** führe zur Haftung, wird kritisiert, dass sie einen erheblichen Eingriff in die Kompetenz der Verwaltung bedeutete: Die Verwaltungen der Länder, die grundsätzlich für die Ausführung der Gesetze gemäß Art. 30, 83 GG zuständig seien, würden gerade bei Planungs- und Ermessensentscheidungen zu nicht nur am Ziel der Norm orientierten, sondern vor allem vom Haftungsrisiko gelenkten Entscheidungen gezwungen werden[1136]. Diese Belastung der Verwaltung der Länder stünde im Widerspruch zu dem Ziel des Art. 104a GG, die Selbstverantwortlichkeit der Länder zu stärken und die Notwendigkeit gegenseitiger Kontrollen zu reduzieren[1137]. Aus dieser hohen Belastung ließen sich zudem hohe Anforderungen an die Bestimmtheit der Norm ableiten, denen Art. 104a V 1 Alt. 2 GG wegen seiner unbestimmten Fassung nicht gerecht würde[1138]. Die Intensität des Eingriffs könnte mit Hilfe der einschränkenden Auslegung gemildert werden. Für den dann nicht mehr erfassten sensiblen Bereich innerhalb der Bund-Länder-Haftung bliebe dann auch ein hinreichender Spielraum für den Gesetzgeber, nach Maßgabe von Art. 104a V 2 GG das Nähere zu regeln[1139].

Für die **objektive erhebliche Pflichtwidrigkeit** werden angeführt der Wortlaut, der mit der Haftung nicht ein schuldhaftes Verhalten verlange[1140], und die Systematik, wonach Art. 104a GG Bestandteil der Vorschriften über das Bund-Länder-Verhältnis sei[1141]. Es handle sich hier eben nicht um einen Amtshaftungsanspruch[1142]. Mithin wird ein Verschulden hier als systemfremd angesehen.

Für die Notwendigkeit **subjektiver Verschuldensanforderungen** wird dem entgegengehalten, dass ein objektiv grober Verstoß nicht zwingend sei. So lasse sich eine entsprechende Haftung wegen grober Pflichtverstöße weder dem Zivilrecht noch dem öffentlichen Recht entnehmen; nur der Gesetzgeber könne entsprechende Haftungstatbestände schaffen[1143]. Die Notwendigkeit des Verschuldens sei hingegen aus den Amtshaftungsansprüchen bekannt. Um im Verhältnis hierzu Wertungswidersprüche zu vermeiden, sei auch bei grober Fahrlässigkeit und nicht nur bei Vorsatz eine Haftung anzunehmen. Andernfalls könnten die Länder zwar ihre Bediensteten nach Art. 34 S. 2 GG bei grob fahrlässigen Amtspflichtverletzungen in Anspruch nehmen, obwohl sie selbst wegen des Vorsatzerfordernisses nicht schadensersatzpflichtig wären[1144]. Zudem bliebe sonst für die unmittelbare Anspruchsgrundlage des Art. 104a V 1 HS 2 GG

[1136] *Kirchhof*, NVwZ 1994,105(107).
[1137] *Prokisch*, in: BK, Art. 104a Rn. 336.
[1138] So *Prokisch*, in: BK, Art. 104a Rn. 336.
[1139] Vgl. *BVerwG*, Urt. v. 08.05.1994, 11 A 1.92, E 96,45(57).
[1140] *Prokisch*, in: BK, Art. 104a Rn. 338.
[1141] *Papier*, in: FS Blümel, S. 437.
[1142] *Storr*, in: Föderalismus – Auflösung oder Zukunft der Staatlichkeit?, S. 287.
[1143] *Maunz*, in: MD, Art. 104a Rn. 71.
[1144] *Maunz*, in: MD, Art. 104a Rn. 71.

praktisch kein Anwendungsbereich mehr[1145]. Dem wird nun wiederum entgegengehalten, dass mit der Einbeziehung der groben Fahrlässigkeit gegen den Grundsatz der Gewaltenteilung verstoßen werde, weil die Schaffung eines Fahrlässigkeitstatbestandes dem Gesetzgeber vorbehalten bleiben müsse: Eine Haftung für vorsätzliches Verhalten hingegen führe bei allen denkbaren Haftungsmodellen im Ergebnis zu einer Haftung, so dass Kompetenzen des Gesetzgebers nicht tangiert werden könnten[1146].

(4) Eigener Ansatz

Jede Haftungsbeschränkung sieht sich Einwänden ausgesetzt. Es existiert kein Grundsatz, dass eine Haftung eher an subjektive oder objektive Kriterien geknüpft werden muss. Vielmehr ist der deutschen Rechtsordnung neben der Verschuldens- auch eine Gefährdungs- und Rechtswidrigkeitshaftung bekannt[1147]. Es kann zwischen Erfolgs- und Handlungshaftung unterschieden werden[1148]. Demnach sind sowohl subjektive als auch objektive Kriterien denkbar. Vor diesem Hintergrund läge es nahe, eine Haftung nur dann anzunehmen, wenn nach allen Haftungsmodellen eine Haftung bestünde, mithin nur bei vorsätzlichen Verletzungen, und die verbleibenden Fragen dem Gesetzgeber zu überlassen.

Ausschlaggebend könnte aber wiederum die EMRK-konforme Auslegung sein. Die bisherigen Konkretisierungsversuche spiegeln das der Vorschrift innewohnende Spannungsverhältnis zwischen den gegenläufigen Interessen des Bundes und der Länder wider[1149]. Mal wird mehr das Interesse des Bundes an weitgehenden Regressmöglichkeiten berücksichtigt. Mal wird mehr dem Interesse der Länder an einer Haftungsbegrenzung und der Abwehr einer mittelbaren Kontrolle durch den Bund und damit einem Verlust an Eigenstaatlichkeit Rechnung getragen.

Mit Blick auf diesen Interessenkonflikt könnte die EMRK-konforme eine restriktive Auslegung erübrigen. Denn im Falle eines hier interessierenden Verstoßes gegen die EMRK könnte ein gemeinsames Interesse von Bund und Ländern bestehen, so dass es keinen entsprechenden Interessenkonflikt zu lösen gäbe. Gemäß Art. 1 II GG hat sich das „Deutsche Volk zu unverletzlichen und unveräußerlichen Menschenrechten als Grundlage jeder menschlichen Gemeinschaft" bekannt. Zwar sind mit dem deutschen Volk die Staatsbürger gemeint[1150]. Als Grundlage jeder menschlichen Gemeinschaft dienen die Menschenrechte aber nicht nur ihrem Träger, sondern sind zur Grundlage des Staates erklärt worden[1151]. Sie dienen also auch der durch das GG geschaffenen Ordnung[1152].

[1145] *BVerwG*, Urt. v. 08.05.1994, 11 A 1.92, E 96,45(58).
[1146] *BVerwG*, Urt. v. 16.01.1997, 4 A 12.94, E 104,29(34).
[1147] Vgl. *Sprau*, in: *Palandt*, Einf v § 823 Rn. 6 m.w.N.
[1148] Vgl. *Heinrichs*, in: *Palandt*, § 276 Rn. 8, 9 m.w.N.
[1149] Vgl. hierzu *Hellermann*, in: MKS, Art. 104a Rn. 205.
[1150] Vgl. *Dreier*, in: DR, Art. 1 II Rn. 13.
[1151] Vgl. *Jarass*, in: J/P, Art. 1 Rn. 17; *Starck*, in: MKS, Art. 1 II Rn. 119.
[1152] Vgl. *Jarass*, in: J/P, Art. 1 Rn. 17.

Wenn dem so ist, müssen aber sowohl der Bund als auch die Länder als Gliedstaaten des Bundes (vgl. zum Beispiel Art. 1 I 1 Verf NRW) ein grundlegendes Interesse an ihrer Achtung haben. Dann aber verhielte sich ein Land widersprüchlich, wenn es sich mit Hilfe von Einschränkungen des Haftungstatbestandes der Verantwortlichkeit entzöge. Auch ein Land muss daher einen Regress hinnehmen, wenn dadurch die effektive Sicherung der Rechte und Freiheiten der EMRK gewährleistet wird.

Zwar werden gemäß Art. 1 II GG nicht sämtliche Rechte der EMRK inkorporiert[1153]. Gleichwohl ergibt sich daraus die Notwendigkeit der Achtung ihrer Rechte und Freiheiten bei Auslegung des Grundgesetzes. Folglich ist jedenfalls bei Verstößen gegen die EMRK bei der Wahrnehmung von Verwaltungskompetenzen von einer uneingeschränkten Regressmöglichkeit des Bundes auszugehen. Dem wird nun auch nicht entgegengehalten werden können, dass dann der Haftungskernbereich überschritten werde. In allen anderen Fällen, in denen der Bund durch ein Land geschädigt wurde, können oben genannte Differenzierungen beibehalten werden.

cc) Zwischenergebnis

Sobald ein Land bei Wahrnehmung von Verwaltungskompetenzen gegen die EMRK verstoßen hat, kann der Bund dieses Land in Regress nehmen, wenn ihm deswegen Kosten als völkerrechtlich Verantwortlichem durch den EGMR auferlegt worden sind. Werden hingegen durch Gesetzgebung, Rechtsprechung oder Regierungstätigkeit in einem Land die EMRK-Freiheiten verletzt, kommt eine Inregressnahme der Länder jedenfalls nach Maßgabe von Art. 104a V 1 Hs. 2 GG nicht in Betracht.

c) Rechtsfolgen

Entsprechend der Weite des Wortlauts „haften“ sind verschiedene Haftungsinhalte, vom vollen Schadensersatz bis hin zur bloßen Weiterleitung eines im Innenverhältnis zwischen Schädiger und Dienstherren bestehenden Haftungsanspruchs, denkbar[1154].

So wird eine Haftung auf Schadensersatz gemäß § 249 BGB angenommen, inklusive der Naturalrestitution gemäß § 249 I BGB[1155]. Dies ergebe sich aus dem Wortlaut „Haftung“: In sämtlichen Haftungsdefinitionen (vgl. § 1 UmwHaftG, § 1 ProdHaftG, § 32 GenTG, § 22 WHG, §§ 25, 28 AtomG) werde die Haftung mit der Schadensersatzpflicht gleichgesetzt[1156]. Systematisch folge diese Schlussfolgerung aus dem engen Zusammenhang zur Kostentragungspflicht in S. 1 HS 1[1157]. Sie entspreche zudem dem Willen des Gesetzgebers, wenn er für eine Verantwortlichkeit von Bund und Land für ihre fehlerhafte Verwaltung sorgen wollte[1158].

[1153] Siehe Kapitel III B V.
[1154] Vgl. *BVerwG*, Urt. v. 16.01.1997, 4 A 12.94, E 104,29(33).
[1155] *Storr*, in: Föderalismus – Auflösung oder Zukunft der Staatlichkeit?, S. 288.
[1156] *Storr*, in: Föderalismus – Auflösung oder Zukunft der Staatlichkeit?, S. 288.
[1157] *Storr*, in: Föderalismus – Auflösung oder Zukunft der Staatlichkeit?, S. 288.
[1158] *Storr*, in: Föderalismus – Auflösung oder Zukunft der Staatlichkeit?, S. 288.

Demgegenüber wird aber auch nur ein Schadensersatz in Geld anerkannt[1159]. Art. 104a V GG sei Bestandteil der Vorschriften über die Finanzlastenverteilung. Dann könne eine Naturalrestitution nicht angenommen werden[1160].

Oder es wird angenommen, dass die jeweils entstandenen Mehrkosten zu tragen seien[1161]: Die Finanzlastenverteilung gewährleiste, dass nur die Haushaltmittel desjenigen belastet werden[1162], der tatsächliche eine Kontroll- und Einwirkungsmöglichkeit gehabt hat und dementsprechend die eingetretenen Schäden hätte verhindern können[1163].

Um eine Risikohäufung zu vermeiden, wird der Haftungsumfang teilweise aber auch auf die Weitergabe eines im Innenverhältnis zwischen Schädiger und Dienstherren bestehenden Haftungsanspruchs begrenzt[1164]: Andernfalls bestünde die Gefahr, dass ein Land für deliktische Schädigungen von Bediensteten (zum Beispiel der Kommune als Körperschaft nichtstaatlicher Provenienz) einstehen müsste, deren Dienstherr das Land selbst gar nicht sei. In diese bereicherungsrechtliche Richtung geht auch der Vorschlag, unter Rückgriff auf die „allgemeinen Grundsätze" den allgemeinen öffentlich-rechtlichen Erstattungsanspruch heranzuziehen[1165].

Die verschiedenen Ausführungen zeigen, dass es abstrakt gerade nicht eindeutig bestimmbar ist, welchen Inhalt der Haftungsumfang haben könnte. Diese Vielzahl von Haftungsvarianten weist auf die Notwendigkeit einer konkretisierenden Regelung durch den Gesetzgeber hin. Solange das nicht geschehen ist, könnte der weit gefasste Begriff „haften" durch die Vorgaben der Art. 1, 41, 46 EMRK konkretisiert werden. Im Rahmen der Prüfung der Tauglichkeit des Art. 104a V 1 HS 2 GG als Anspruchsgrundlage ist herausgearbeitet worden, dass eine Effektuierung der Rechte und Freiheiten der EMRK bewirkt wird, wenn ein Land damit rechnen muss, im Falle eines Verstoßes gegen die EMRK die der Bundesrepublik dadurch entstehenden Kosten tragen zu müssen[1166]. Dieser Gedanke könnte auch auf der Rechtsfolgenseite fruchtbar gemacht werden. Beschränkte man den Haftungsumfang auf diesen Inhalt, könnte auch nicht mehr eingewandt werden, es mangle an einer hinreichenden Bestimmtheit. Was an Verfahrenskosten entsteht, ist sogar im Vorhinein genau auszurechnen. Und da auch die gerechte Entschädigung durch den EGMR nicht willkürlich, sondern nach objektiven Kriterien gewährt wird[1167], sind sämtliche Rechtsfolgen für das Land vorhersehbar. Im Übrigen muss man es dabei bewendet sein lassen, dass der Gesetzgeber

---

[1159] *Heitsch*, Die Ausführung der Bundesgesetze durch die Länder, S. 401.

[1160] *Heitsch*, Die Ausführung der Bundesgesetze durch die Länder, S. 401; so auch *Kirchhof*, NVwZ 1994,105(106).

[1161] *BVerwG*, Urt. v. 02.02.1995, 2 A 5/92, NVwZ 1995,991(992); *Henn*, in: DR, Art. 104a Rn. 48; *Prokisch*, in: BK, Art. 104a Rn. 344; *Siekmann*, in: *Sachs*, Art. 104a Rn. 62; *Stern* II, S. 1139.

[1162] *Prokisch*, in: BK, Art. 104a Rn. 344.

[1163] *BVerwG*, Urt. v. 02.02.1995, 2 A 5/92, NVwZ 1995,991(992); *Henn*, in: DR, Art. 104a Rn. 48; *Siekmann*, in: *Sachs*, Art. 104a Rn. 62; *Stern* II, S. 1139.

[1164] *Schwenke*, NVwZ 2003,1430(1436).

[1165] *Bauer/Zirbes*, JuS 1997,511(515).

[1166] Siehe Kapitel V B III. 1. a) cc).

[1167] Vgl. zuletzt EGMR, Urt. v. 08.04.2004, 71503/01, EuGRZ 2004,268(275). Auf die gerechte Entschädigung i.S.v. Art. 41 EMRK wird noch ausführlich eingegangen werden in Kapitel VI.

aktiv werden muss, soll ein Verstoß gegen den Grundsatz der Gewaltenteilung vermieden werden.

d) Ergebnis

Solange der Gesetzgeber noch keinen generellen Haftungstatbestand wie den von der Föderalismuskommission vorgeschlagenen Art. 104a VI GG geschaffen hat, sind die Regressmöglichkeiten des Bundes nach Art. 104a V 1 Hs. 2 GG beschränkt, weil Art. 104a V 1 Hs. 2 GG dem Bund nur einen Anspruch gegen ein Land für dessen konventionswidrig wahrgenommenen Verwaltungskompetenzen einräumt.

Zu untersuchen bleibt daher, ob der Bund noch mit Hilfe anderer Anspruchsgrundlagen ein Land in Regress nehmen kann – also auch für die konventionswidrig wahrgenommene Gesetzgebungs- und Rechtsprechungskompetenz.

2. Bundestreue

In den verbleibenden Fällen könnte der Bund einen Schadensersatzanspruch gegen ein Land auf das Prinzip der Bundestreue stützen[1168]: Der Grundsatz bundesfreundlichen Verhaltens verpflichte die Bundesländer in erster Linie zum ordnungsgemäßen Vollzug der Bundesgesetze[1169]. Deren Umsetzung werde aber erst dann effektiv gewährleistet, wenn ihre Verletzung mit einem sekundärrechtlichen Schadensersatzanspruch sanktioniert werden könne[1170].

Dem wird jedoch ganz überwiegend nicht gefolgt[1171]. Die Funktion der Bundestreue bestehe darin, das Zusammenwirken von Bund und Ländern im Gliedstaat zu verbessern[1172]. Diese integrative Funktion sei unvereinbar mit der Annahme eines sanktionierenden Schadensersatzanspruches[1173]. Außerdem folge aus der Akzessorietät der Bundestreue, dass sie lediglich zur Auslegung und Ergänzung von bereits bestehenden Rechtsverhältnissen herangezogen werden könne[1174]. Die Herleitung selbständiger

---

1168 So *Bartelt*, DÖV 2005,894(901); *Kölble*, DÖV 1959,807(812); *Schäfer*, DÖV 1960,641(649).
1169 *Schäfer*, DÖV 1960,641(649).
1170 *Kölble*, DÖV 1959,807(812); *Schäfer*, DÖV 1960,641(649).
1171 *BVerwG*, Urt. v. 08.05.2002, 3 A 1.01, E 116,234(240); Urt. v. 18.05.1994, 11 A 1.92, E 96,45(50); E 12,253(255); *Achterberg*, DVBl. 1970,125(128); *Bauer*, Die Bundestreue, S. 340 f.; *Böhm*, JZ 2000,382(386); *Dederer*, NVwZ 2001,258(262); *Durner*, BayVBl. 2002,745(752); *Groß*, DÖV 1961,404(406); *Koenig/Braun*, NJ 2004,97(102); *Nopper*, Bund-Länder-Haftung beim fehlerhaften Verwaltungsvollzug von Gemeinschaftsrecht durch die deutschen Länder, S. 88; *Stelkens*, Schadensersatzhaftung zwischen Bund, Ländern, Gemeinden, Sozialversicherungsträgern und sonstigen juristischen Personen des öffentlichen Rechts, S. 314; *Storr*, in: Föderalismus – Auflösung oder Zukunft der Staatlichkeit?, S. 276; *Sturm*, DÖV 1966,256(258 f.).
1172 *BVerwG*, Urt. v. 30.07.1958, BvG 1/58, E 8,122(140); E 12,253(255).
1173 *Groß* – DÖV 1961,404(406); *Jeddeloh*, Die Frage der Haftung bei fehlerhafter Ausführung der Bundesgesetze durch die Länder, S. 119.
1174 *BVerwG*, Urt. v. 08.05.2002, 3 A 1.01, E 116,234(240); Urt. v. 18.05.1994, 11 A 1.92, E 96,45(50); *Achterberg*, DVBl. 1970,125(128); *Bauer*, Die Bundestreue, S. 340 f.; *Böhm*, JZ 2000,382(386); *Koenig/Braun*, NJ 2004,97(102); *Isensee*, in: HdBStR IV, § 98 Rn. 157; *Nopper*,

Rechtsverhältnisse sei damit ausgeschlossen. Zudem sei das Bundestreueprinzip zu unbestimmt, als dass Voraussetzung und Umfang der Haftung bestimmt werden könnten[1175]. Ein Rückgriff auf die Bundestreue führe darüber hinaus zu einer Aushöhlung des Art. 104a V 2 GG, wonach die Haftungsfrage im sensiblen Bund-Länder-Verhältnis im Einzelnen gerade dem Gesetzgeber überlassen sei[1176].

Dem Argument, das Prinzip der Bundestreue sei zu unbestimmt, könnte wiederum mit Hilfe des Rückgriffs auf Art. 41 EMRK, 74 I lit. j VerfO EGMR begegnet werden. Im hier interessierenden Fall eines Verstoßes der Länder gegen die EMRK beschränkte sich die Schadensersatzpflicht auf die gerechte Entschädigung und die Verfahrenskosten. Die aus Art. 1 EMRK folgende Verpflichtung zur effektiven Sicherung der Rechte und Freiheiten der EMRK spräche dann zunächst auch für einen Rückgriff auf das Prinzip der Bundestreue.

Andererseits lässt die EMRK das Innenverhältnis Bund – Länder grundsätzlich unberührt, weil die Bundesrepublik als Unterzeichnerstaat insoweit als eine völkerrechtliche Einheit anzusehen ist[1177]. Die Verpflichtung zur Einführung eines entsprechenden Regressanspruches lässt sich aus der EMRK somit nicht ableiten[1178]. Die Möglichkeit einer Inanspruchnahme der Länder durch den Bund müsste jedenfalls im Grundsatz bereits in der innerstaatlichen Rechtsordnung existieren. Erst dann kann Art. 1 EMRK im Rahmen der EMRK-konformen Auslegung Wirkung entfalten. Da das Prinzip der Bundestreue selbst aber nur zur Auslegung und Ergänzung bestehender Vorschriften herangezogen wird[1179], ist es nicht geeignet, eine selbständige Anspruchsgrundlage darzustellen. Daran vermögen weder ein etwaiges rechtspolitisches Bedürfnis noch Art. 1 EMRK etwas zu ändern.

Somit kommt das Prinzip der Bundestreue nicht als Anspruchsgrundlage in Betracht.

3. Positive Forderungsverletzung

Das aus der Pflicht zum bundesfreundlichen Verhalten folgende Gebot der Länder zur Rücksichtnahme auf die gesamtstaatlichen Interessen der Bundesrepublik und damit die des Bundes[1180] weist deutliche Parallelen zur zivilrechtlichen Nebenpflicht im Sin-

---

Bund-Länder-Haftung beim fehlerhaften Verwaltungsvollzug von Gemeinschaftsrecht durch die deutschen Länder, S. 88; *Stelkens*, Schadensersatzhaftung zwischen Bund, Ländern, Gemeinden, Sozialversicherungsträgern und sonstigen juristischen Personen des öffentlichen Rechts, S. 314.

[1175] *Nopper*, Bund-Länder-Haftung beim fehlerhaften Verwaltungsvollzug von Gemeinschaftsrecht durch die deutschen Länder, S. 88; *Storr*, in: Föderalismus – Auflösung oder Zukunft der Staatlichkeit?, S. 276; *Sturm*, DÖV 1966,256(259).

[1176] *Dederer*, NVwZ 2001,258(261).

[1177] *Kössinger*, Die Durchführung des Europäischen Gemeinschaftsrechts im Bundesstaat, S. 37; *Polakiewicz*, Die Verpflichtungen der Staaten aus den Urteilen des Europäischen Gerichtshofs für Menschenrechte, S. 227

[1178] Vgl. Kapitel V B III. 1. a) cc).

[1179] *BVerfG*, Beschl. v. 24.01.2001, 2 BvE 1/00, E 103,81(88); Beschl. v. 11.03.1997, 2 BvG 3, 4/95, E 95,250(266) – st. Rspr.

[1180] Vgl. Kapitel V B II 2. a).

ne von § 241 II BGB auf. Die gerechte Entschädigung sowie die Verfahrenskosten könnten daher für den Bund einen Schaden darstellen, den er im Wege der positiven Forderungsverletzung (pVV) geltend machen könnte. Voraussetzung dafür ist, dass die Grundsätze der pVV im öffentlichen Recht und im Bund-Länder-Verhältnis anwendbar sind.

a) Bisher entwickelter Meinungsstand

So ist im Grundsatz anerkannt, dass die pVV, nunmehr §§ 280 I, 241 II BGB, auch im öffentlichen Recht – sei es analog, sei es als Ausdruck allgemeiner Rechtsgrundsätze – anwendbar ist[1181].

Als verwaltungsrechtliches Schuldverhältnis werden aber überwiegend nur solche öffentlich-rechtlichen Beziehungen verstanden, die sich zwischen Staat einerseits und Bürger andererseits abspielen und strukturell den bürgerlich-rechtlichen Schuldverhältnissen entsprechen[1182]. Dementsprechend wird die Anwendbarkeit der pVV im Bund-Länder-Verhältnis auch mit dem Argument abgelehnt, es mangele an einer vertraglichen oder vertragsähnlichen rechtlichen Beziehung[1183].

Unter Hinweis auf die pVV im bürgerlichen Recht wird demgegenüber auch weniger restriktiv angenommen, dass nicht nur vertragliche, sondern darüber hinaus auch gesetzliche Schuldverhältnisse[1184] und andere Sonderverbindungen[1185] ebenso im öffentlichen Recht ein Schuldverhältnis (im Sinne von § 280 I BGB) darstellen können. Wie im Privatrecht müssten sich aus einem Sonderverhältnis gegenseitige Leistungs- und Obhutsbeziehungen ableiten lassen[1186]. Dazu müsste eine Norm die eine Seite berech-

---

[1181] *BVerwG*, Urt. v. 29.04.2004, 2 C 2.03, www.bundesverwaltungsgericht.de, Rn. 9; Urt. v. 01.03.1995, 8 C 36/92, NJW 2303(2304); *OVG NRW*, Urt. v. 23.05.1997, 22 A 302/96, NWVBl. 1998,196(197); *BGH*, Urt. v. 15.05.1997, III ZR 250/95, Z 135,341(344); Urt. v. 09.07.1956, III ZR 320/54, Z 21,214(218); *Bamberger*, Jura 2002,35(35); *Ernst*, in: MüKo BGB, § 286 Rn. 10; *Maurer*, Allgemeines Verwaltungsrecht, § 28 Rn. 4; *Ossenbühl*, Staatshaftungsrecht, S. 356; *Heinrichs*, in: *Palandt*, § 280 Rn. 10; *Rüfner*, in: *Erichsen/Ehlers*, § 49 Rn. 9; *Schulze*, in: Hk-BGB, § 280 Rn. 3; *Stadler*, in: *Jauering*, § 280 Rn. 3; *de Wall*, Die Anwendbarkeit privatrechtlicher Vorschriften im Verwaltungsrecht, S. 411+415; *Westermann*, in: *Erman*, § 280 Rn. 6; *Wolff/Bachof/Stober*, Bd. 2, § 68 Rn. 19.

[1182] *BVerwG*, Urt. v. 29.04.2004, 2 C 2.03, www.bundesverwaltungsgericht.de, Rn. 9; Urt. v. 01.03.1995, 8 C 36/92, NJW 2303(2304); *OVG NRW*, Urt. v. 23.05.1997, 22 A 302/96, NWVBl. 1998,196(197); *BGH*, Urt. v. 15.05.1997, III ZR 250/95, Z 135,341(344); Urt. v. 09.07.1956, III ZR 320/54, Z 21,214(218); *Maurer*, Allgemeines Verwaltungsrecht, § 28 Rn. 2; *Ossenbühl*, Staatshaftungsrecht, S. 356; *Heinrichs*, in: *Palandt*, § 280 Rn. 10; *Rüfner*, in: *Erichsen/Ehlers*, § 49 Rn. 9; *de Wall*, Die Anwendbarkeit privatrechtlicher Vorschriften im Verwaltungsrecht, S. 411+415.

[1183] So *BVerwG*, Urt. v. 02.02.1995, 2 A 5/92, NVwZ 1995,991(992); Urt. v. 18.05.1994, 11 A 1.92, E 96,45(50).

[1184] *Dederer*, NVwZ 2001,258(263).

[1185] *BGH*, Urt. v. 15.05.1997, III ZR 250/95, Z 135,341(344); Urt. v. 09.07.1956, III ZR 320/54, Z 21,214(218); BVerwG, Urt. v. 01.03.1995, 8 C 36/92, NJW 1995,2303(2304); *Heinrichs*, in: *Palandt*, § 280 Rn. 10; *Hüttenbrink*, DVBl. 1981,989(990); *Koenig*, DÖV 1994,268(290).

[1186] *BGH*, Urt. v. 15.05.1997, III ZR 250/95, Z 135,341(344); Urt. v. 09.07.1956, III ZR 320/54, Z 21,214(218); *Heinrichs*, in: *Palandt*, § 280 Rn. 10; *Hüttenbrink*, DVBl. 1981,989(990).

tigen und die andere verpflichten[1187]. Welche Nebenpflichten sich aus diesen rechtlichen Beziehungen ergeben, könnte im Bund-Länder-Verhältnis dann dem Gebot zu bundesfreundlichem Verhalten entnommen werden[1188]. Aber auch bei einer derart weiten Interpretation des Schuldverhältnisses im Sinne von § 280 I BGB wird eine Haftung der Länder abgelehnt[1189]: Die Kompetenzordnung des GG stelle lediglich klar, wer die jeweilige Gesetzgebungs-, Rechtsprechungs- und Exekutivkompetenz innehabe. Ansprüche und Verpflichtungen würden nicht begründet. Zudem könne die Wahrnehmung dieser Kompetenzen nicht privatrechtlich ausgestaltet werden, so dass sich eine Haftung nach Privatrechtsgrundsätzen verbiete[1190].

Allerdings wird vereinzelt – wegen der Notwendigkeit, ein interessengerechtes Ergebnis zu erzielen – auch eine Haftung der Länder aus einem kraft Gesetzes oder Vereinbarung begründeten öffentlich-rechtlichen Schuldverhältnis angenommen[1191]. Ein solches könne sich beispielsweise aus den Vorschriften über die Bundesauftragsangelegenheiten ergeben[1192]. Auf diese seien dann die allgemeingültigen Rechtsgedanken des bürgerlichen Rechts anzuwenden, um den Haftungsmaßstab zu konkretisieren[1193].

b) Eigener Ansatz

Nur wegen eines rechtspolitischen Bedürfnisses eine Haftung anzunehmen[1194], müsste zu einem Konflikt mit dem Regelungsauftrag aus Art. 104a V 2 GG und zu einem Verstoß gegen das Gewaltenteilungsprinzip (Art. 20 II 2 GG) führen. Hiernach ist es eben dem Gesetzgeber überlassen, eine detaillierte Haftungsregelung im Bund-Länder-Verhältnis zu schaffen. Für eine Haftung müsste bereits das geltende Recht einen tauglichen Haftungstatbestand vorsehen. So könnte entgegen der überwiegenden Auffassung die grundsätzliche Anwendbarkeit der §§ 280 I, 241 II BGB im öffentlichen Recht doch zu einer Haftung der Länder führen.

Der Wortlaut ist jedenfalls sehr weit gefasst. Danach müsste lediglich eine Pflicht aus einem Schuldverhältnis, das seinem Inhalt nach jeden Teil zur Rücksichtnahme auf die Rechte, Rechtsgüter und Interessen des anderen Teils verpflichtet, verletzt worden sein.

Zwar wird man nicht aus den möglichen Rücksichtnahmepflichten, die sich aus gegenseitigen Berührungspunkten ergeben könnten, auf das Bestehen eines Schuldverhältnisses schließen können. Dies wäre ein Zirkelschluss, schließlich verlangt der Tatbestand des § 241 II BGB, dass das Schuldverhältnis seinem Inhalt nach entsprechende

---

[1187] *Koenig*, DÖV 1994,286(290).
[1188] *Dederer*, NVwZ 2001,258(263).
[1189] *Dederer*, NVwZ 2001,258(263); *Storr*, in: Föderalismus – Auflösung oder Zukunft der Staatlichkeit?, S. 274.
[1190] *De Wall*, Die Anwendbarkeit privatrechtlicher Vorschriften im Verwaltungsrecht, S. 350.
[1191] *Godschalk*, RiA 1959,232(233).
[1192] *Godschalk*, RiA 1959,232(233).
[1193] *Godschalk*, RiA 1959,232(233).
[1194] So wohl *Godschalk*, RiA 1959,232(233).

Pflichten begründet[1195]. Ein Rückgriff auf die Verpflichtung zum bundesfreundlichen Verhalten allein kann somit nicht ausreichen. Entscheidend ist die Existenz eines Schuldverhältnisses, das so ausgestaltet sein muss, dass eine Übertragung der privatrechtlichen pVV möglich ist[1196].

Im traditionellen Sinne wäre ein Schuldverhältnis in der Tat nur eine solche Sonderverbindung zwischen zwei Personen, die den einen Teil zu einer Leistung verpflichtet und den anderen zu deren Forderung berechtigt[1197]. Der Begriff des Schuldverhältnisses wird aber weiter als die Gesamtheit der Rechtsbeziehungen zwischen Gläubiger und Schuldner[1198] beziehungsweise als die „Gesamtheit aller Berechtigungen und Verpflichtungen in einer (rechtlichen) Beziehung[1199]" verstanden. Dementsprechend wird eine pVV angenommen, wenn der Bund Hoheitsbefugnisse bei verbleibender Verantwortlichkeit für die ordnungsgemäße Durchführung gesetzlicher Bestimmungen auf einen privaten Rechtsträger überträgt[1200]. Abstrakt ausgedrückt entsteht ein Schuldverhältnis im Sinne von § 280 I BGB immer dann, wenn zwei Parteien gemeinsam an der Verwirklichung eines Ziels zusammenwirken und dadurch gegenseitige Rechte und Pflichten entstehen[1201].

Diese Definition zugrunde gelegt, könnte es hier nur noch einen kleinen Schritt zur Anwendung der pVV-Grundsätze auf das Bund-Länder-Verhältnis bedeuten. Der Bund ist völkerrechtlich verantwortlich für die Sicherung der EMRK-Freiheiten (Art. 1 EMRK). Indem die EMRK innerstaatlich den Rang eines einfachen Bundesgesetzes genießt, sind ebenso die Länder zu deren Sicherung verpflichtet. Bund und Länder wirken also gemeinsam an der Verwirklichung eines Ziels zusammen. Aus EMRK-rechtlicher Sicht kann es daher keinen Unterschied machen, ob der Bund als völkerrechtlich Verantwortlicher seine Verpflichtungen durch private Dritte oder durch die Bundesländer ausführen lässt. Das erforderliche öffentlich-rechtliche Schuldverhältnis folgt also aus der gemeinsamen Verpflichtung sowohl des Bundes als auch der Länder zur Gewährleistung der EMRK-Rechte. Das Gebot zu bundesfreundlichem Verhalten bewirkt lediglich (akzessorisch), dass die Länder bei Ausführung der EMRK das Interesse der Bundesrepublik an ihrer völkerrechtlichen Verantwortlichkeit zu berücksichtigen haben[1202]. Die rechtliche Beziehung zwischen Bund und Ländern entspricht insoweit also der weiten Definition des Schuldverhältnisses.

Weitere Voraussetzung für die Anwendbarkeit der §§ 280 I, 241 II BGB im öffentlichen Recht ist, dass ihr die Eigenart des öffentlichen Rechts nicht entgegensteht[1203].

1195 So auch *de Wall*, Die Anwendbarkeit privatrechtlicher Vorschriften im Verwaltungsrecht, S. 416.
1196 Vgl. *de Wall*, Die Anwendbarkeit privatrechtlicher Vorschriften im Verwaltungsrecht, S. 416.
1197 Vgl. *Heinrichs*, in: *Palandt*, Einl v § 241 Rn. 3.
1198 Vgl. *Heinrichs*, in: *Palandt*, Einl v § 241 Rn. 3.
1199 *Larenz/Wolf*, § 13 Rn. 7.
1200 *BVerwG*, Urt. v. 29.04.2004, 2 C 2.03, www.bundesverwaltungsgericht.de, Rn. 8; *BGH*, Urt. v. 15.05.1997, III ZR 250/95, Z 135,341(346).
1201 *Bamberger*, Jura 2002,35(36).
1202 Siehe Kapitel V B II. 2. a).
1203 Vgl. *Heinrichs*, in: *Palandt*, § 280 Rn. 10; *Schulze*, in: Hk-BGB, § 280 Rn. 3; *Westermann*, in: *Erman*, § 280 Rn. 5.

Der Übertragung des allgemeinen Rechtsgedankens beziehungsweise der analogen Anwendung der §§ 280 I, 241 II BGB könnte gerade mit Blick auf den Regelungsauftrag des Gesetzgebers in Art. 104a V 2 GG entgegengehalten werden, dass dies einen Verstoß gegen das Bestimmtheitsgebot bedeuten könnte. Das träfe aber nur dann zu, wenn die allgemeinen Rechtsgrundsätze ungeeignet wären, einen Ausgleich zwischen unüberschaubaren Interessenlagen zu bewerkstelligen[1204]. So könnte die pVV ungeeignet sein, die vielschichtigen Konflikte im Bund-Länder-Verhältnis zu lösen: Wegen der Schwierigkeiten, im Rahmen von Art. 104a V 1 Hs. 2 GG zwischen Haftungskern- und Randbereich zu unterscheiden[1205], könnte beim Rückgriff auf die pVV Zurückhaltung geboten sein. Andernfalls könnte die Gefahr bestehen, dem Gesetzgeber den ihm mit Art. 104a V 2 GG verbliebenen und aufgetragenen Ausgestaltungsspielraum zu nehmen.

Diesem möglichen Einwand könnte mit Hilfe konventionskonformer Auslegung begegnet werden. Indem durch eine Haftung der Länder die Effektivität der Rechte und Freiheiten der EMRK gesteigert wird und deren Einhaltung sowohl im Interesse des Bundes als auch der Länder liegt, kann nicht mehr von einer unüberschaubaren Interessenlage ausgegangen werden[1206]. Und bezüglich der Bestimmtheit des Haftungsumfanges ist darauf hinzuweisen, dass der Haftungsumfang für alle Beteiligten genau vorhersehbar ist, vorausgesetzt man beschränkt die pVV-Haftung der Länder auf diesen engen Anwendungsbereich, in dem die Länder gegen die EMRK verstoßen haben[1207]: Gemäß § 249 I BGB ist auf der Rechtsfolgenseite der Zustand herzustellen, der bestehen würde, wenn der zum Ersatz verpflichtende Umstand nicht eingetreten wäre. Hätte das Land nicht gegen die EMRK verstoßen, wäre es nicht zur völkerrechtlichen Verantwortlichkeit der Bundesrepublik gekommen. Dann wäre der Bund nicht zur Zahlung der gerechten Entschädigung beziehungsweise der Verfahrenskosten verurteilt worden. Folglich ist auch hier – wie bereits bei der Haftung nach Art. 104a V 1 Hs. 2 GG – der Haftungsumfang hinreichend bestimmt.

c) Ergebnis

Mit der Anwendbarkeit der §§ 280 I, 241 II BGB auch im Bund-Länder-Verhältnis für den Fall eines Verstoßes der Länder gegen die EMRK, der zu einer völkerrechtlichen Verantwortlichkeit der Bundesrepublik geführt hat, ist dem Bund – neben Art. 104a V 1 Hs. 2 GG – eine weitere Regressmöglichkeit eröffnet. Zwar käme die pVV im öffentlichen Recht dann nicht zur Anwendung, wenn eine Sonderregelung bestünde[1208]. Wegen des auf die Wahrnehmung von Verwaltungskompetenzen beschränkten Anwendungsbereich des Art. 104a V 1 Hs. 2 GG ist das für die Wahrnehmung der übrigen Kompetenzen aber nicht der Fall. Hier haften sie entsprechend §§ 280 I, 241 II BGB.

[1204] Vgl. *BVerwG*, Urt. v. 03.04.1996, 6 C 5.94, E 101,51(55).
[1205] Vgl. Kapitel V B III. 1. a) bb).
[1206] Vgl. Kpaitel V B III. 1. b) bb) (4).
[1207] Vgl. Kapitel V B 1. c).
[1208] Vgl. *Bamberger*, Jura 2002,35(35); *Maurer*, Allgemeines Verwaltungsrecht, § 28 Rn. 4.

4. Öffentlich-rechtliche Geschäftsführung ohne Auftrag

Darüber hinaus könnte der Bund versuchen, im Wege der öffentlich-rechtlichen Geschäftsführung ohne Auftrag (GoA) die geleistete gerechte Entschädigung beziehungsweise die Verfahrenskosten als Aufwendungsersatz geltend zu machen.

Grundsätzlich ist die **Anwendbarkeit** der §§ 677, 683, 670 BGB, sei es analog[1209] oder als Ausdruck eines allgemeinen Rechtsgedankens[1210], im öffentlichen Recht anerkannt[1211].

Trotzdem sieht sich die Anwendung der GoA im öffentlichen Recht im hier interessierenden Fall erheblichen **Einwänden** ausgesetzt. So wird Art. 104a GG als eine bezüglich des finanziellen Verhältnisses zwischen dem Bund und den Ländern abschließende Regelung verstanden[1212]. Andere verneinen wegen der Sonderregelung des § 3 IV VwVfG betreffend die Notgeschäftsführung im öffentlichen Recht beziehungsweise der Notlagenkompetenz gemäß Art. 35 I GG die für die analoge Anwendung erforderliche planwidrige Regelungslücke[1213]. Oder es wird die Ausgleichsfunktion der öffentlich-rechtlichen GoA auf das Verhältnis der Verwaltungsträger zueinander für unübertragbar gehalten: Anders als bei der privatrechtlichen GoA gehe es nicht um den Schutz der Privatautonomie und der Handlungsfreiheit des Geschäftsherren einerseits und die altruistische Förderung der Hilfsbereitschaft des Geschäftsführers im Interesse der Rechtsgemeinschaft andererseits, sondern ausschließlich um die Frage der Kostenerstattung[1214]. Und ohne eine besondere Regelung zur Erstattung der Abgaben oder Kosten habe grundsätzlich jede staatliche Stelle die Kosten ihrer Aufgabenwarhnehmung selbst zu tragen[1215]. Für verbleibende ungerechtfertigte Vermögensverschiebungen stehe allein der allgemeine öffentlich-rechtliche Erstattungsanspruch bereit[1216]. Schließlich wird wegen der Bindung der Verwaltung an die verfassungsrechtliche Zuständigkeitsordnung beziehungsweise der Bindung an Recht und Gesetz eine GoA im

---

1209 Dafür: *Nedden*, Die Geschäftsführung ohne Auftrag im öffentlichen Recht, 1994, S. 199.

1210 Dafür: *RG*, Urt. v. 23.11.1924, VII 756/23 RGZ 108,391(394). So auch ausführlich *Blas*, Die Geschäftsführung ohne Auftrag im öffentlichen Recht, S. 45; *dies.*, BayVBl. 1989,648(649).

1211 *BVerwG*, Beschl. v. 28.03.2003, 6 B 22/03, JURIS Nr. WBRE 410009777, Rn. 4; *OVG Sachsen*, Urt. v. 20.02.2004, 2 B 794/02, JURIS Nr. MWRE 106120400; *OVG Hamburg*, Urt. v. 04.11.1993, VII 3/91, NVwZ-RR 1995,369(370); vgl. auch *Mansel*, in: *Jauerning*, Vor § 677 Rn. 7; *Schoch*, Verw 2005,91(93) m.w.N.; *Sprau*, in: *Palandt*, Einf v. § 677 Rn. 13; vgl. auch ausführlich *Ehlers*, Verwaltung in Privatrechtsform, S. 478.

1212 So *Prokisch*, in: BK, Art. 104a Rn. 311.

1213 So *Kischel*, VerwA 1999,391(396); *Nedden*, Die Geschäftsführung ohne Auftrag im öffentlichen Recht, S. 138.

1214 *Ehmann*, in: Erman BGB, Vor § 677 Rn. 17.

1215 *Schoch*, Verw. 2005,91(99).

1216 So bereits *Wollschläger*, Die Geschäftsführung ohne Auftrag im öffentlichen Recht, S. 98; jetzt auch *Ehmann*, in: Erman BGB, Vor § 677 Rn. 17; *Schoch*, Verw 2005,91(94+99); *Seiler*, in: MüKo BGB, Vor § 677 Rn. 24.

öffentlichen Recht allenfalls noch in gesetzlich nicht geregelten Ausnahme- und Notsituationen akzeptiert[1217].

Ob diese Einwände zu überzeugen vermögen, um der öffentlich-rechtlichen GoA die Anerkennung zu versagen, braucht im hier interessierenden Fall dann nicht entschieden zu werden, wenn ihre Voraussetzungen ohnehin nicht erfüllt sein sollten.

Da das Tatbestandsmerkmal „**Geschäft**" wie im Zivilrecht weit auszulegen ist[1218], stellt jede Handlungsform ein solches dar[1219]. Es fragt sich nur, ob die Erbringung der Leistung durch den Bund ein „fremdes Geschäft ohne Auftrag" sein kann.

Ein Geschäft ist **objektiv fremd**, wenn es in den Rechts- und Interessenkreis eines anderen fällt[1220]. Wenn aber der Bund nach außen hin zur Erbringung der Leistung verpflichtet war, ist er im eigenen Rechtskreis tätig geworden[1221]. Der Bund ist hier gemäß Art. 41 EMRK beziehungsweise Art. 74 I lit. j VerfO EGMR zur Zahlung verpflichtet gewesen. Es kann sich dabei nur noch um ein **auch fremdes Geschäft** handeln. Dazu dürfte der Bund nicht nur im eigenen Interesse tätig werden. Die Geschäftsübernahme müsste zugleich im rechtlichen Interesse des Bundeslandes liegen[1222]. Ob die Zahlung durch den Bund im Interesse des Bundeslandes liegt, ist jedoch fraglich. Das Land selbst könnte als Nichtvertragspartei nicht vom EGMR zur Zahlung der gerechten Entschädigung verurteilt werden[1223]. Zwar sind sowohl Bund als auch Land zur Befolgung der Urteile gemäß Art. 46 I EMRK verpflichtet[1224]. Hiervon zu trennen sein könnte aber die Zahlung einer gerechten Entschädigung im Sinne von Art. 41 EMRK. Diese erfolgt nur subsidiär im Verhältnis zur Wiedergutmachung[1225]. Da jedoch die gerechte Entschädigung untrennbar mit der EMRK-Verletzung verbunden ist und letztlich eine andere Form der Wiedergutmachung darstellt, wird sie im (EMRK-)rechtlichen Interesse der Länder an der Gewährleistung der EMRK-Freiheiten liegen.

Damit könnte ein auch fremdes Geschäft bejaht werden, wenn nicht umstritten wäre, ob diese Konstruktion auch im öffentlichen Recht anwendbar ist. Sollte zu vermuten sein, dass ein Verwaltungsträger ohnehin nur im eigenen Interesse zur Erfüllung seiner ihm übertragenen Aufgaben tätig wird[1226], wäre ein auch fremdes Geschäft generell zu

---

[1217] So *Blas*, Die Geschäftsführung im öffentlichen Recht, S. 77; *Maurer*, Allgemeines Verwaltungsrecht, § 29 Rn. 11; *Prokisch*, in: BK, Art. 104a Rn. 311; *Wolff/Bachof*/Stober, § 55 Rn. 12; kritisch *Schoch*, Verw 2005,91(99).

[1218] Vgl. statt vieler *Sprau*, in: Palandt, § 677 Rn. 2.

[1219] Vgl. *Bamberger*, JuS 1998,706(707).

[1220] *Sprau*, in: *Palandt*, § 677 Rn. 4.

[1221] Vgl. *BVerwG*, Urt. v. 08.05.2002, 3 A 1.01, E 116,234(240); *Dederer*, NVwZ 2001,261(264); *Prokisch*, in: BK, Art. 104a Rn. 311.

[1222] Vgl. *Sprau*, in: *Palandt*, § 677 Rn. 6.

[1223] *Koenig/Braun*, NJ 2004,97(102).

[1224] Siehe Kapitel V B I.

[1225] Vgl. *EGMR*, Urt. v. 08.04.2004, 71503/01, EuGRZ 2004,268(275).

[1226] So *Detterbeck/Windthorst/Sproll*, § 22 Rn. 63; *Schoch*, Verw 2005,91(108).

verneinen[1227]. Nun ist eine Vermutung in der Regel widerlegbar[1228]. Aber auch der nachgewiesene Wille, ein auch fremdes Geschäft zu besorgen, könnte für die Annahme einer öffentlich-rechtlichen GoA nicht ausreichen. Es sei nicht zwingend, das auch fremde Geschäft nur wegen der grundsätzlichen Anerkennung der Rechtsfigur der öffentlich-rechtlichen GoA im öffentlichen Recht zu übernehmen, weil das auch fremde Geschäft auch im Zivilrecht nicht unumstritten[1229] sei[1230]. Und sollte es als unbillig empfunden werden, dass ein Hoheitsträger allein die Kosten tragen müsse, obwohl die Übernahme auch im Interesse des andern lag[1231], könnte dies wegen der Struktur der öffentlich-rechtlichen GoA hinzunehmen sein, wenn hier eben gerade keine Zuständigkeit des Geschäftsführers bestehen dürfe[1232].

Selbst wenn man die Möglichkeit eines auch fremden Geschäfts im öffentlichen Recht grundsätzlich in Erwägung zieht[1233], könnte bezweifelt werden, ob die Übernahme dem **Interesse und Willen des Landes** entsprach. Weil es bei Trägern hoheitlicher Gewalt wegen der Bindung an Recht und Gesetz (Art. 20 III GG) nur auf die gesetzlichen Verpflichtungen und nicht auf die Verwirklichung von Privatautonomie ankommt, müsste die Geschäftsführung im öffentlichen Interesse des Geschäftsherren liegen[1234]. Da jedoch die Sicherung der EMRK-Freiheiten auch im (öffentlichen) Interesse der Länder liegt[1235], müssen sie ebenso ein rechtliches Interesse daran haben, dass gegebenenfalls eine gerechte Entschädigung gezahlt wird beziehungsweise die Verfahrenskosten erbracht werden, damit der EMGR auch finanziell in die Lage versetzt wird, Konventionsverletzungen festzustellen.

Indem der Bund aber gemäß Art. 41 EMRK zur Zahlung der gerechten Entschädigung beziehungsweise gemäß Art. 46 I EMRK, 74 I lit. j VerfO EGMR zur Erstattung der Verfahrenskosten verpflichtet ist und damit eine Legitimation zur Vornahme des Geschäfts bestand, wird es immer am Merkmal „**ohne Auftrag oder sonstige Berechtigung**" fehlen[1236]. Ein anderes könnte sich allenfalls dann ergeben, wenn ein Auftrag oder eine sonstige Berechtigung nur dann vorläge, wenn ein besonderes Rechtsverhältnis zwischen Geschäftsführer und –herr wie zum Beispiel beim Selbsteintritt einer übergeordneten Behörde oder bei der Amtshilfe ausfindig zu machen ist[1237]. Ein sol-

---

[1227] So *OVG NRW*, Urt. v. 21.04.1986, 7 A 634/84, DVBl. 1986,784(785); *Habermehl*, Jura 1987,199(204); dem OVG NRW zustimmend *Maurer*, Allgemeines Verwaltungsrecht, § 29 Rn. 11.

[1228] Vgl. *OVG Hamburg*, Urt. v. 04.11.1993, VII 3/91, NVwZ-RR 1995,369(373).

[1229] Vgl. dazu *Falk*, JuS 2003,833(835ff.), m.w.N.

[1230] *Bamberger*, JuS 1998,706(707).

[1231] So *Blas*, Geschäftsführung ohne Auftrag, S. 83; *dies.*, BayVBl. 1989,648(650).

[1232] *Bamberger*, JuS 1998,706(707); ähnlich *v. Einem*, NWVBl. 1992,384(386).

[1233] So *BVerwG*, Urt. v. 22.11.1985, 4 A 1.83, DÖV 1986,285(286); Koenig/*Braun*, NJ 2004,97(102). Vgl. auch *Ehlers*, Verwaltung in Privatrechtsform, S. 475.

[1234] Vgl. *Erichsen*, in: *Erichsen/Ehlers*, § 29 Rn. 11; *Habermehl*, Jura 1978,199(204).

[1235] Vgl. Kapitel V B III. 1. b) bb) (4).

[1236] Vgl. zu vom Bund an die EG erbrachten Leistungen: *Böhm*, JZ 2000,382(385); *Dederer*, NVwZ 2001,259(264); *Koenig/Braun*, NJ 2004,97(102); vgl. allgemein: *Ehlers*, Verwaltung in Privatrechtsform, S. 475; *Erichen*, in: *Erichsen/Ehlers*, § 29 Rn. 12; *Schoch*, Verw 2005,91(106); *VGH BW*, Beschl. v. 17.04.2004, 5 S 1460/03, VBlBW 2004,268(269).

[1237] So *Blas*, BayVBl. 1989,648(650).

ches lässt sich hier aber wiederum mit Hilfe der Bundestreue begründen. Aus der Pflicht zur gegenseitigen Rücksichtnahme folgt, dass die Länder die Einhaltung völkerrechtlicher Verträge durch den Bund nicht behindern oder vereiteln dürfen[1238]. Ebenso wie sie auf der Primärebene die Urteile des EGMR deshalb mitbefolgen müssen, muss der Bund ihnen gegenüber auf der Sekundärebene berechtigt sein, die durch sie verursachten Kosten zu erstatten. Damit kann sich der Bund auch auf die öffentlich-rechtliche GoA nicht berufen.

5. Allgemeiner öffentlich-rechtlicher Erstattungsanspruch

Schließlich könnte der Bund auf den allgemeinen öffentlich-rechtlichen Erstattungsanspruch zurückgreifen[1239].

Dazu müsste es zwischen Bund und Land zu rechtsgrundlosen Vermögensverschiebungen gekommen sein. Ein Land müsste auf Kosten des Bundes eine Bereicherung erlangt haben[1240]. Unmittelbar sind dem Land aber keine Vermögenswerte zugeflossen, wenn der Bund die gerechte Entschädigung an den Beschwerdeführer oder die Verfahrenskosten gezahlt hat. Zwar kann eine Bereicherung auch in der Ersparnis von Aufwendungen bestehen. So wird im Zivilrecht eine ungerechtfertigte Bereicherung angenommen bei der unbefugten Benutzung einer Sache, wenn der Bereicherungsschuldner bei ordnungsgemäßem Vorgehen für die Benutzung hätte Entschädigung zahlen müssen[1241]. Übertragen auf den hier interessierenden Fall müsste grundsätzlich also das Land primär in Anspruch genommen werden können. Unmittelbar haftet aber nur die Bundesrepublik Deutschland als Vertragspartei. Außerdem fehlt es wegen dieser Verpflichtung des Bundes zur Zahlung immer an der notwendigen Rechtsgrundlosigkeit[1242].

Folglich kann sich der Bund auch nicht auf den allgemeinen öffentlich-rechtlichen Erstattungsanspruch stützen.

6. Amtshaftung (Art. 34 S. 1 GG in Verbindung mit § 839 BGB)

Mit dem Amtshaftungsanspruch gemäß Art. 34 S. 1 GG in Verbindung mit § 839 BGB könnte dem Bund eine weitere Anspruchsgrundlage zur Verfügung stehen.

Gemäß Art. 34 S. 1 GG müsste jemand in Ausübung eines ihm anvertrauten öffentlichen Amtes die ihm einem Dritten gegenüber obliegende Amtspflicht verletzt haben, damit die Verantwortlichkeit den Staat oder die Körperschaft und damit das Land, in

---

[1238] Vgl. Kapitel V B II. 2. a).

[1239] Vgl. *BVerwG*, Urt. v. 30.11.1995, 7 C 56.93, E 100,56(60); *OVG Hamburg*, Urt. v. 04.11.1993, VII 3/91, NVwZ-RR 1995,369(374); *Böhm*, JZ 2000,382(385); *Dederer*, NVwZ 2001,258(264); *Detterbeck/Windthorst/Sproll*, § 23 Rn. 1; *Koenig/Braun*, NJ 2004,97(102); *Maurer*, Allgemeines Verwaltungsrecht, § 28 Rn. 20.

[1240] Vgl. *Maurer*, Allgemeines Verwaltungsrecht, § 28 Rn. 23.

[1241] Vgl. *Sprau*, in: *Palandt*, § 812 Rn. 28.

[1242] Vgl. *BVerwG*, Urt. v. 08.05.2002, 3 A 1.01, E 116,234(240) zur Zahlung des Bundes an die EG; sowie Urt. v. 30.11.1995, 7 C 56.93, E 100,56(60).

dessen Dienst er steht, treffen kann. Dritter im Sinne von Art. 34 S. 1 GG müsste der Bund sein.

Teilweise wird dem Bund diese Eigenschaft abgesprochen[1243]. Das dürfte daran liegen, dass der Amtshaftungsanspruch grundsätzlich auf einen Anspruch des Bürgers gegen den Staat angelegt ist[1244]. Noch grundlegender wird dem Amtshaftungsanspruch die Qualität als taugliche Anspruchsgrundlage sogar generell abgesprochen[1245]. Art. 34 S. 1 GG in Verbindung mit § 839 BGB sei die auf den Dienstherren übergegangene persönliche Haftung des Beamten und damit ungeeignet, als Haftungsregelung im Bund-Länder-Verhältnis zu dienen[1246]. Das komplizierte föderale Bund-Länder-Verhältnis lasse sich nicht auf Fragen des Verschuldens und der Amtspflichtverletzung reduzieren[1247].

Überwiegend wird demgegenüber grundsätzlich die Möglichkeit einer Haftung bejaht[1248]. Voraussetzung sei, dass das Verhältnis der Körperschaften des öffentlichen Rechts zueinander vergleichbar sei mit dem Verhältnis Staat – Bürger. Der Bund und die Länder dürften nicht „gleichsinnig" gemeinsame Interessen wahrgenommen haben und als Teil eines „einheitlichen Ganzen" aufgetreten sein[1249]. Anders formuliert: Die in Rede stehende Amtspflicht müsste gerade dem Schutz der anderen Körperschaft zu dienen bestimmt sein[1250].

Sollte das nicht der Fall sein, braucht die Streitfrage, ob der Amtshaftungsanspruch überhaupt als Anspruchsgrundlage in Betracht kommt, im hier interessierenden Fall nicht entschieden zu werden.

Unmittelbar schützt die EMRK nur die Träger ihrer Rechte und Freiheiten und damit nicht den Bund. Nur unter Rückgriff auf das Prinzip der Bundestreue könnte sich ein

---

1243 *BVerwG*, Urt. v. 18.05.1994, 11 A 1.92, E 96,45(50) – jedoch ohne Begründung.

1244 Vgl. *Koenig/Braun*, NJ 2004,97(102); *Wollgast*, Das haftende Subjekt der gemeinschaftsrechtlich gebotenen Staatshaftung in der Bundesrepublik Deutschland, S. 162.

1245 *Storr*, in: Föderalismus – Auflösung oder Zukunft der Staatlichkeit?, S. 273.

1246 *Storr*, in: Föderalismus – Auflösung oder Zukunft der Staatlichkeit?, S. 273.

1247 *Storr*, in: Föderalismus – Auflösung oder Zukunft der Staatlichkeit?, S. 273.

1248 *BGH*, Urt. v. 12.12.2002, III ZR 201/01, Z 153,198(203f.); Urt. v. 21.06.2001, III ZR 34/00, Z 148,139/147; Urt. v. 12.12.1991, III ZR 18.91, Z 116,312(315); *Achterberg*, DVBl. 1970,925(929); *Bauer/Zirbes*, JuS 1997,511(513); *Böhm*, JZ 2000,382(384); *Geldhauser*, BayVBl. 1995,714(715); *Koenig/Braun*, NJ 2004,97(102); *Nopper*, Bund-Länder-Haftung beim fehlerhaften Verwaltungsvollzug von Gemeinschaftsrecht durch die deutschen Länder, S.89; *Ossenbühl*, Staatshaftungsrecht, S. 70; *Prokisch*, in: BK, Art. 104a Rn. 308; *Sprau*, in: *Palandt*, § 839 Rn. 48; *Wollgast*, Das haftende Subjekt der gemeinschaftsrechtlich gebotenen Staatshaftung in der Bundesrepublik Deutschland, S. 162.

1249 *BGH*, Urt. v. 21.06.2001, III ZR 34/00, Z 148,139/147; Urt. v. 12.12.1991, III ZR 18/91, NJW 1992,972(973); Urt. v. 12.12.1991, III ZR 18.91, Z 116,312(315); *Bauer/Zirbes*, JuS 1997,511(513); *Böhm*, JZ 2000,382(384); *Geldhauser*, BayVBl. 1995,714(715); *Koenig/Braun*, NJ 2004,97(102); *Nopper*, Bund-Länder-Haftung beim fehlerhaften Verwaltungsvollzug von Gemeinschaftsrecht durch die deutschen Länder, S.89; *Ossenbühl*, Staatshaftungsrecht, S. 70; *Prokisch*, in: BK, Art. 104a Rn. 308; *Sprau*, in: *Palandt*, § 839 Rn. 48; *Wollgast*, Das haftende Subjekt der gemeinschaftsrechtlich gebotenen Staatshaftung in der Bundesrepublik Deutschland, S. 162.

1250 *Geldhauser*, BayVBl. 1995,714(715); ebenso: *BGH*, Urt. v. 12.12.2002, III ZR 201/01, Z 153,198(204).

anderes ergeben. Aus Art. 1, 46 I EMRK in Verbindung mit dem Bundestreueprinzip folgt aber, dass Bund und Länder gemeinsam zur Sicherung der Rechte und Freiheiten der EMRK tätig werden[1251]. Ihre Sicherung liegt also in ihrem gemeinsamen Interesse, obwohl wegen der organisatorischen und finanziellen Trennung der Verwaltung von Bund und Ländern grundsätzlich immer Interessenkonflikte möglich sind[1252]. Es findet gewissermaßen eine „Verklammerung von Bund und Ländern[1253]" statt. Dies entspricht auch der völkerrechtlichen Sicht, wonach der Bund und die Länder eine Einheit darstellen[1254].

Da Bund und Länder somit als ein „einheitliches Ganzes" anzusehen sind, kann der Bund nicht Dritter im Sinne von Art. 34 S. 1 GG sein und den Amtshaftungsanspruch fruchtbar machen.

7. Drittschadensliquidation

Schließlich könnte der Bund versuchen, gegen das Land im Wege der Drittschadensliquidation vorzugehen.

Uneinigkeit besteht zwar schon darüber, ob sie im öffentlichen Recht überhaupt anwendbar ist[1255]. Diese Streitfrage braucht hier aber dann nicht entschieden zu werden, wenn ihre Voraussetzungen ohnehin nicht erfüllt sind.

Voraussetzung für eine Drittschadensliquidation ist, dass der Bund einen Schaden, jedoch keinen Anspruch und das Land einen Anspruch, aber keinen Schaden hat[1256]. Außerdem müsste es zu einer zufälligen Schadensverlagerung gekommen sein[1257]. Bejahenden Falles könnte der Bund dann als Inhaber der verletzten Rechtsstellung Leistung an sich verlangen[1258].

Zwar könnte man die Verurteilung der Bundesrepublik zur Zahlung der gerechten Entschädigung beziehungsweise zur Erstattung der Verfahrenskosten noch als Schaden auf Seiten des Bundes begreifen.

[1251] Siehe Kapitel V B III. 1. b) bb) (4).

[1252] So auch *Storr*, in: Föderalismus – Auflösung oder Zukunft der Staatlichkeit?, S. 272.

[1253] So *Dederer*, NVwZ 2001,258(262) zur innerstaatlichen Umsetzung des EG-Gemeinschaftsrechts.

[1254] Vgl. *Kössinger*, Die Durchführung des Europäischen Gemeinschaftsrechts im Bundesstaat, S. 37; *Polakiewicz*, Die Verpflichtungen der Staaten aus den Urteilen des Europäischen Gerichtshofs für Menschenrechte, S. 227.

[1255] Dafür: *BVerwG*, Urt. v. 29.04.2004, 2 C 2.03, www.bundesverwaltungsgericht.de, II 1. c); Beschl. v. 08.12.1994, 2 B 101/94, NJW 1995,978(978); *Achterberg*, DVBl. 1970,125(131); *Dederer*, NVwZ 2001,258(264); *Heinrichs*, in: *Palandt*, Vorb v. § 249 Rn. 113; *Nopper*, Bund-Länder-Haftung beim fehlerhaften Verwaltungsvollzug von Gemeinschaftsrecht durch die deutschen Länder, S. 90;
dagegen: (jedenfalls neben Art. 104a V GG) *BVerwG*, Urt. v. 18.04.1994, 11 A 1.92, E 96,45(50); Urt. v. 02.02.1995, 2 A 5/92, NVwZ 1995,991(992); *Böhm*, JZ 2000,382(385); *Durner*, BayVBl. 2002,745(754); *Ossenbühl*, Staatshaftungsrecht, S. 274, 318; *Prokisch*, in: BK, Art. 104a Rn. 309; *Sieckmann*, in: *Sachs*, Art. 104a Rn. 65.

[1256] Vgl. *Heinrichs*, in: *Palandt*, Vorb. 112 v. § 249 m.w.N.

[1257] Vgl. *Heinrichs*, in: *Palandt*, Vorb. 112 v. § 249 m.w.N.

[1258] Vgl. *Heinrichs*, in: *Palandt*, Vorb. 114 v. § 249 m.w.N.

Es fragt sich aber, ob das Land einen Anspruch ohne Schaden aufweisen könnte. Erstens folgt aus der Voraussetzung, dass der Bund als Inhaber der verletzten Rechtsstellung den Anspruch des Landes geltend macht, dass nicht das Land, sondern allenfalls dessen Amtswalter Adressat des Anspruchs sein könnte[1259]. Damit fiele die Drittschadensliquidation bereits aus dem Kreis der Anspruchsgrundlagen heraus, die das Bund-Länder-Verhältnis unmittelbar betreffen. Zweitens ist fraglich, um welchen Anspruch es sich denn handeln sollte, den das Land gegen diesen Amtswalter haben könnte. In Betracht kommt allenfalls die Inregressnahme eines Landesbeamten durch das Land gemäß Art. 34 S. 2 GG. Ein Dritter müsste wegen einer vorsätzlichen oder grob fahrlässigen EMRK-Verletzung einen Amtshaftungsanspruch geltend machen. Da aber nach jeder EMRK-Verletzung immer die Bundesrepublik als Vertragspartei verurteilt wird, fehlt es immer an der zufälligen Schadensverlagerung. Folglich kommt auch eine Drittschadensliquidation nicht in Betracht.

8. Ergebnis und Zusammenfassung

Die Untersuchung der möglichen Anspruchsgrundlagen hat gezeigt, dass bereits heute Regressmöglichkeiten des Bundes gegen die Länder für den Fall existieren, dass ein Land die Verurteilung der Bundesrepublik durch den EGMR herbeigeführt hat. Zwar verlangt die EMRK diese Regressansprüche nicht unmittelbar. Weil aber die drohende Inregressnahme der Länder durch den Bund zu einer besonders effektiven präventiven Sicherung der EMRK-Freiheiten führt, ist es trotz des möglichen und durch die EMRK konkretisierten Rückgriffs auf Art. 104a V 1 Hs. 2 GG sowie §§ 280 I, 241 II BGB de lege ferenda geboten, den Vorschlag der Föderalismuskommission, Art. 104a GG durch einen Absatz VI zu ergänzen. Die Schaffung eines entsprechenden Haftungstatbestandes führte zu der gebotenen Klarheit und Rechtssicherheit, die die derzeitige Rechtslage vermissen lässt.

C. Verpflichtung der Bundesrepublik zum Schutz vor EMRK-Verletzungen durch Organe internationaler / supranationaler Organisationen

Wegen der zunehmenden Internationalisierung und Verlagerung von Kompetenzen auf internationale Organisationen[1260] soll schließlich noch das Einstehenmüssen der Bundesrepublik für Konventionsverletzungen durch internationale bziehungsweise supranationale Organisationen, deren Mitglied sie ist, untersucht werden.

[1259] Vgl. *Nopper*, Bund-Länder-Haftung beim fehlerhaften Verwaltungsvollzug von Gemeinschaftsrecht durch die deutschen Länder, S. 89 zum fehlerhaften Verwaltungsvollzug von EG-Gemeinschaftsrecht durch die Länder; *Storr*, in: Föderalismus – Auflösung oder Zukunft der Staatlichkeit?, S. 274.

[1260] Vgl. *Klein*, in: *Graf Vitzthum*, Völkerrecht, Rn. 1+115; *Seidl-Hohenveldern/Loibl*, Das Recht der internationalen Organisationen, einschließlich der Supranationalen Gemeinschaften, S. 16 ff.

I. Ausgangslage

Die Frage der Verantwortlichkeit der Bundesrepublik für Konventionsverletzungen durch internationale beziehungsweise supranationale Organisationen stellte sich dann nicht, wenn diese selbst vom EGMR verurteilt werden könnten und dementsprechend gemäß Art. 46 I EMRK zur Befolgung des Urteils verpflichtet wären.

Gemäß Art. 59 I EMRK liegt die EMRK aber nur für die Mitglieder des Europarates zur Ratifikation aus. Und gemäß Art. 4 der Satzung des Europarates können nur Staaten Mitglieder des Europarates werden. Mangels völkervertraglicher Bindung der inter- beziehungsweise supranationalen Organisation fehlt es dem EGMR damit grundsätzlich an der Kompetenz zur Verurteilung dieser Organisationen.

1. Unmittelbare Bindung jedenfalls der EG?

Trotzdem wird jedenfalls für die EG eine unmittelbare Bindung erwogen[1261]: Die EG wird als (partieller) Rechtsnachfolger der EG-Mitgliedstaaten angesehen. Wenn die EG-Mitgliedstaaten vor Übertragung ihrer Hoheitsgewalt auf die EG bereits an die EMRK gebunden waren, könne die EG auf sie übergegangene Hoheitsgewalt auch nur mit diesen bereits vorhandenen Einschränkungen ausüben. Entsprechend dem Grundsatz „nemo plus iuris transferre potest quam ipse habet“ wird diese Theorie als „Hypothekentheorie[1262]“ oder „Sukzessionstheorie[1263]“ bezeichnet. Nur so lasse sich eine Flucht der EMRK-Vertragsstaaten ins Völkerrecht durch Übertragung von Hoheitsrechten auf zwischen- beziehungsweise überstaatliche Einrichtungen verhindern[1264].

2. Überwiegende Ablehnung einer unmittelbaren Bindung der EG

Demgegenüber wird eine unmittelbare Bindung der EG an die EMRK überwiegend verneint[1265].

[1261] *Bleckmann*, Die Bindung der Europäischen Gemeinschaft an die Europäische Menschenrechtskonvention, S. 114; *Hilf*, in: FS Bernhardet, 1193(1197); *Prescatore*, in: Mosler/Bernhardt/Hilf, Grundrechtsschutz in Europa, S. 71; *ders.*, in: Studies in honour of Wiarda, S. 441(450); *Toth*, Legal Protection of Individuals in the European Communities, Vol 1, 109.

[1262] Vgl. *Bleckmann*, Die Bindung der Europäischen Gemeinschaft an die Europäische Menschenrechtskonvention, S. 113; *Tomuschat*, in: BK, Art. 24 Rn. 62; *Weiss*, Die Verteidigungsrechte im EG-Kartellverfahren, S. 79.

[1263] Vgl. *Winkler*, Der Beitritt der Europäischen Gemeinschaften zur Europäischen Menschenrechtskonvention, S. 30.

[1264] *Prescatore*, in: *Mosler/Bernhardt/Hilf*, Grundrechtsschutz in Europa, S. 71.

[1265] *EGMR*, Urt. v. 30.06.2005, 45036/98, Rn. 152, www.echr.coe.int; Urt. v. 18.2.1999, 7/19998/910/1122, NJW 1999,3107(3108); vgl. auch Senator Lines ./. 15 Mitgliedstaaten, 16.10.2003, 56672/00,www.echr.coe.int/Eng/Press/2003/oct/SenatorLinescancelled.htm; *Böhmer*, in: *ders.*, Der Grundrechtsschutz in Europa, S. 91; *Breuer*, EuGRZ 2005,229(232); *Frowein*, in: F/P, Einf Rn. 15; *Giegerich*, ZaöRV 1990,836(848); *Grabenwarter*, § 4 Rn. 5; *ders.*, VVDStRL 60,290(331); *Iglesias*, in: FS Bernhardt,1269(1274); *Jaeger*, EuGRZ 2005,193(198); *Lenz*, EuZW 1999,311(313); *Ress*, in: FS Winkler, S. 920; *Scheer*, ZeuS 2004,663(675); *Uerpmann*, in: *v. Bogdandy*, Europäisches Verfassungsrecht, S. 364; *Walter*, AöR 129 (2004),39(63); *Weiss*, Die Verteidigungsrechte im EG-

Die Annahme der Bindung einer internationalen Organisation an alle völkervertraglichen Bindungen ihrer Gründungsstaaten sei dem allgemeinen Völkerrecht unbekannt[1266]. Durch die Übertragung von Hoheitsgewalt werde durch die Übertragenden zwar auf die Ausübung eigener Hoheitsgewalt verzichtet, eine Einschränkung ihrer völkerrechtlichen Souveränität gehe damit aber nicht einher[1267]. Dies belege Art. 30 WVK, der Lösungen für die Fallkonstellation vorsieht, dass völkerrechtliche Verträge einander widersprechen[1268]. Es sei somit Aufgabe der Vertragsstaaten, selbst darauf zu achten, nicht gegen bereits bestehende völkervertragliche Bindungen zu verstoßen[1269]. Darüber hinaus sei mit der Gründung einer internationalen Organisation ein neues, selbständiges Völkerrechtssubjekt geschaffen worden, das mit eigenen Hoheitsrechten ausgestattet sei[1270]. Insoweit sei es verfehlt, von nur abgeleiteten Hoheitsbefugnissen auszugehen[1271].

Außerdem müsse die Rechtsnachfolgetheorie für die EG bereits daran scheitern, dass zum Zeitpunkt der Gründung der (damals noch) drei Gemeinschaften Frankreich als Mitbegründungsstaat die EMRK noch nicht ratifiziert hatte[1272]. Dies ist erst am 03.05.1974 geschehen[1273]. Dann könne aber eine Rechtsnachfolge nicht funktionieren. Ebenso wenig sei mit Hilfe der Rechtsnachfolge erklärbar, wie die EG an die erst später ratifizierten Zusatzprotokolle gebunden sein könnte[1274]. Außerdem sei wegen der Vorbehaltsmöglichkeit des Art. 57 EMRK keine einheitliche Bindung aller EG-Mitgliedstaaten gewährleistet[1275].

Kartellverfahren, S. 80 ff. *Winkler*, EuGRZ 2001,18(23); *ders.*, Der Beitritt der Europäischen Gemeinschaften zur Europäischen Menschenrechtskonvention, S. 31, 172.

1266 *Uerpmann*, in: *v. Bogdandy*, Europäisches Verfassungsrecht, S. 363; *Winkler*, Der Beitritt der Europäischen Gemeinschaften zur Europäischen Menschenrechtskonvention, S. 31.

1267 *Weiss*, Die Verteidigungsrechte im EG-Kartellverfahren, S. 80.

1268 *Weiss*, Die Verteidigungsrechte im EG-Kartellverfahren, S. 81.

1269 *Stein/v. Buttlar*, Völkerrecht, Rn. 110; Weiss, Die Verteidigungsrechte im EG-Kartellverfahren, S. 80; *Winkler*, Der Beitritt der Europäischen Gemeinschaften zur Europäischen Menschenrechtskonvention, S. 31.

1270 *Tomuschat*, in: BK, Art. 24 Rn. 63+15.

1271 *Weiss*, Die Verteidigungsrechte im EG-Kartellverfahren, S. 81.

1272 *Uerpmann*, in: *v. Bogdandy*, Europäisches Verfasungsrecht, S. 362; *Winkler*, Der Beitritt der Europäischen Gemeinschaften zur Europäischen Menschenrechtskonvention, S. 31.

1273 Vgl. die Ratifikationstabelle in EuGRZ 1994,350.

1274 *Uerpmann*, in: *v. Bogdandy*, Europäisches Verfasungsrecht, S. 362.

1275 *Cohen-Jonathan*, La Convention européenne des droits de l'homme et la Communauté européenne, S. 166.

Die Praxis[1276] und die ihr überwiegend folgende Literatur[1277] nehmen vielmehr eine mittelbare Verantwortlichkeit der EG-Mitgliedstaaten an, weil die EG selbst eben nicht Vertragspartei sei. Zwar wurde vom EGMR zuletzt ausdrücklich offengelassen, ob Rechtsakte der EG unmittelbar mit der Individualbeschwerde vor dem EGMR angefochten werden könnten[1278]. Als Beschwerdegegner kommen aber weiterhin nur die EMRK-Vertragsstaaten – materiell betrachtet als Gesamtschuldner[1279] – in Betracht[1280].

3. Stellungnahme

Eine unmittelbare Verantwortlichkeit der EG im Wege der Rechtsnachfolge herbeizuführen, wird man nicht mit dem Argument ablehnen können, wegen der Vorbehaltsmöglichkeit des Art. 57 EMRK sei eine einheitliche Bindung nicht zu bewerkstelligen. Es könnte auch eine Bindung auf dem Niveau des größten möglichen Nenners[1281], also nur an die von allen vorbehaltlos ratifizierten Verträge und Zusatzprotokolle angenommen werden. Und auch das Argument gegen eine unmittelbare Verantwortlichkeit, mit der EG sei ein selbständiges Völkerrechtssubjekt geschaffen worden, das mit eigenen und nicht nur abgeleiteten Hoheitsrechten ausgestattet sei, ist nicht zwingend. Denn soweit es um die Staatennachfolge geht, wird auch in den Fällen einer Dismembration[1282], einer Fusion[1283] oder einer Zession[1284] eine Bindung des neuen Staates an die Verpflichtungen des Vorgängerstaates angenommen[1285].

Gegen die Konstruktion einer Rechtsnachfolge spricht zunächst aber der insoweit eindeutige Wortlaut von Art. 59 I EMRK und Art. 4 der Satzung des Europarates. Danach sollen und können nur Staaten unmittelbar an die EMRK gebunden sein. Die Annahme einer Rechtsnachfolge könnte somit eine Umgehung des ursprünglich vertraglich Vereinbarten bedeuten.

1276 *EGMR*, Urt. v. 30.06.2005, 45036/98, Rn. 152, www.echr.coe.int; Urt. v. 18.2.1999, 7/19998/910/1122, NJW 1999,3107(3108); vgl. auch Senator Lines ./. 15 Mitgliedstaaten, 16.10.2003, 56672/00,www.echr.coe.int/Eng/Press/2003/oct/SenatorLinescancelled.htm.

1277 *Böhmer*, in: *ders.*, Der Grundrechtsschutz in Europa, S. 91; *Breuer*, EuGRZ 2005,229(232); *Frowein*, in: F/P, Einf Rn. 15; *Giegerich*, ZaöRV 1990,836(848); *Grabenwarter*, § 4 Rn.6; *ders.*, VVDStRL 60,290(331); *Iglesias*, in: FS Bernhardt,1269(1274); *Jaeger*, EuGRZ 2005,193(198); *Lenz*, EuZW 1999,311(313); *Ress*, in: FS Winkler, S. 920; *Scheer*, ZeuS 2004,663(675); *Uerpmann*, in: *v. Bogdandy*, Europäisches Verfassungsrecht, S. 364; *Walter*, AöR 129 (2004),39(63); *Winkler*, EuGRZ 2001,18(23); *ders.*, Der Beitritt der Europäischen Gemeinschaften zur Europäischen Menschenrechtskonvention, S. 172.

1278 *EGMR*, Urt. v. 13.01.2005, 62023/00, EuGRZ 2005,234(238).

1279 *Böhmer*, in: *ders.*, Der Grundrechtsschutz in Europa, S. 92.

1280 Vgl. auch *Walter*, AöR 129 (2004),39(61).

1281 So auch *Weiss*, Die Verteidigungsrechte im EG-Kartellverfahren, S. 82.

1282 Zum Begriff ausführlich: *Zimmermann*, Staatennachfolge in völkerrechtliche Verträge, S. 22.

1283 Zum Begriff ausführlich: *Zimmermann*, Staatennachfolge in völkerrechtliche Verträge, S. 18.

1284 Zum Begriff ausführlich: *Zimmermann*, Staatennachfolge in völkerrechtliche Verträge, S. 21.

1285 Vgl. *Uerpmann*, in: *v. Bogdandy*, Europäisches Verfassungsrecht, S. 362.

Darüber hinaus dürfte die Ansicht mittlerweile praktisch überholt sein. Die neuere Entwicklung zeigt, dass eine unmittelbare Bindung bisher nur rechtspolitisch favorisiert wurde. Der Schritt zum Beitritt der EG steckt derzeit nämlich noch in den Anfängen. So sieht Art. 17 II des 14. Zusatzprotokolls vor, dass der jetzige Art. 59 EMRK dahin geändert werden soll, dass die EU der Konvention beitreten kann. Und nach Art. I-9 II 2 der ebenfalls nicht ratifizierten EU-Verfassung erfolgt der Beitritt. Es werden derzeit erst die rechtlichen Voraussetzungen für einen Beitritt geschaffen. Das weist darauf hin, dass derzeit weder der Europarat noch die EG von einer unmittelbaren Bindung ausgehen. Das entspricht auch der dargestellten Praxis. Zwar könnte dem noch künftigen Beitritt eine lediglich deklaratorische Wirkung zugesprochen werden[1286]. Dagegen spricht aber, dass der bisherige Art. 6 II EUV die EMRK lediglich als Rechtserkenntnisquelle begreift[1287]. Und selbst für den Fall, dass wegen des Wortlauts des Art. 6 II EUV, wonach die Union die EMRK-Grundrechte „achtet", eine materielle Bindung der EG an die EMRK angenommen werden sollte[1288], wäre der EGMR mangels Beitritts der EG zur EMRK nicht kompetent, die EG zu verurteilen. Ein anderes wird sich auch nicht aus Art. 307 EG ergeben können. Danach bleiben die Rechte und Pflichten aus früheren Übereinkünften unberührt. Das ist aber nur ein Hinweis auf die auch nach EG-Beitritt verbleibende völkerrechtliche Bindung der Mitgliedstaaten[1289].

Eine unmittelbare Bindung der EG besteht somit auch im EG-Recht nicht. Wie für die Verletzung durch jede andere internationale Organisation besteht lediglich für die EG-Mitgliedstaaten eine mittelbare Verantwortlichkeit für Konventionsverletzungen durch die Organe der EG. Um mögliche Konflikte zwischen der EG und den Mitgliedstaaten zu vermeiden, ist eine unmittelbare Bindung zwar de lege ferenda geboten[1290]. Derzeit verbleibt es aber bei der – nicht vor dem EGMR durchsetzbaren – Verpflichtung der EG und ihrer Organe, ihre eigenen Bestimmungen EMRK-konform auszulegen, um eine Verurteilung der Mitgliedstaaten zu verhindern und so ihrer Pflicht zur Rücksichtnahme auf die elementaren Interessen der Mitgliedstaaten nachzukommen (vgl. Art. 2, 6 II EUV, Art. 5 II, III, 15, 152 V, 155 II, 157 II, 174 II 1 und III 2. und 4. Spstr. EG)[1291].

[1286] So *Prescatore*, in: Studies in honour of Wiarda, S. 441(453).

[1287] Vgl. *EuG*, Urt. v. 06.10.2005, T-22/02 u. 23/02, Rz. 108, www.curia.eu.int; *EuGH*, Urt. v. 12.06.2003, C-112/01, Rz. 71, www.curia.eu.int; Urt. v. 25.07.2002, C-50/00, NJW 2002,2935(2936); vgl. auch *Ehlers*, in: *ders.*, Europäische Grundrechte und Grundfreiheiten, § 14 Rn. 9 m.w.N.; *Jarass*, EU-Grundrechte, § 2 Rn. 22.

[1288] So *Hilf/Schorkopft*, in: *Grabitz/Hilf*, Art. 6 EUV, Rn. 48.

[1289] Vgl. *Cohan-Jonathan*, La Convention européenne des Droits de l'Homme et la Communauté européenne, S. 165; *Weiss*, Die Verteidigungsrechte im EG-Karellverfahren, S. 88.

[1290] So auch die abweichende Meinung des Richters *Ress* zum Urteil des *EGMR*, v. 30.06.2005, 45036/98, Rn. 1, www.echr.coe.int.

[1291] Vgl. *v. Bogdandy*, in: Grabitz/Hilf, Art. 5 Rn. 83; *Kahl*, in: *Calliess/Ruffert*, EUV/EGV Art. 10 EGV Rn. 50; *Walter*, AöR 2004,40(77). Zur Organisationstreue der WTO vgl. *Marceau*, EJIL 2002,753(778); *Neumann*, Die Koordination des WTO-Rechts mit anderen völkerrechtlichen Ordnungen, S. 289.

Mittelbar könnte die Einhaltung der EMRK-Freiheiten durch die Organe der EG allerdings durch den EuGH gesichert werden. Gemäß Art. 230 II EG können die Mitgliedstaaten die Handlungen der Organe der EG auf einen Verstoß gegen das Gemeinschaftsrecht hin überprüfen lassen. Zwar hat unmittelbar nur eine Verletzung des EG-Vertrages die Nichtigkeit der angefochtenen Handlungen zur Folge (vgl. Art. 231 I EG). Die EMRK-Freiheiten werden aber zu den allgemeinen Grundsätzen im Sinne des Art. 6 II EUV gezählt[1292]. Die Einhaltung dieser Grundsätze hat der EuGH zu sichern[1293]. Daher darf er keine Maßnahme der Gemeinschaft für rechtmäßig erklären, die mit der EMRK unvereinbar ist[1294]. Mittelbar können die Mitgliedstaaten also die Einhaltung der Organisationstreue vor dem EuGH durchsetzen.

II. Mittelbare Verantwortlichkeit – „keine Flucht der Vertragsstaaten ins Völkerrecht“

Dogmatisch wird die mittelbare Verantwortlichkeit der Konventionsstaaten über Art. 1 EMRK hergeleitet: Danach haben sich die Vertragsstaaten verpflichtet, allen ihrer Hoheitsgewalt unterstehenden Personen die EMRK-Rechte und –Freiheiten zu sichern. Für Art. 1 EMRK sei es gleichgültig, wie ein Vertragsstaat die Konvention verletzte, sei es selbst durch die eigenen Organe oder mittelbar durch die Übertragung von Hoheitsgewalt[1295]. Es wäre vielmehr unvereinbar mit der effektiven und wirksamen Garantie der EMRK-Rechte, wenn sich ein Vertragsstaat durch die Übertragung von Hoheitsbefugnissen von der EMRK lossagen könnte[1296].

Dies entspreche auch den Regeln des allgemeinen Völkerrechts, wonach ein Staat eine Völkerrechtsverletzung nicht damit rechtfertigen könne, dass seine Rechtsordnung eine Befolgung nicht zulasse (vgl. Art. 27 WVK)[1297]. Die völkerrechtliche Verpflichtung bleibe immer bestehen[1298].

III. Zwischenergebnis

Die Vertragsstaaten müssen bereits bei Schaffung der beziehungsweise beim Beitritt zur internationalen Organisation gewährleisten (zum Beispiel in den Gründungsverträgen), dass ein hinreichender, mit den Rechten und Freiheiten der EMRK zumindest vergleichbarer Grundrechtsstandard in und von der Organisation gewahrt wird[1299]. Mit Blick auf die oben herausgearbeitete Schutzpflicht der Vertragsstaaten gegenüber

---

[1292] Siehe Kapitel III B I.
[1293] Vgl. *EuGH*, Urt. v. 12.06.2003, C-112/00, Rn. 71, Rs. Schmidberger, www.curia.eu.int.
[1294] Vgl. *EuGH*, Urt. v. 12.06.2003, C-112/00, Rn. 73, Rs. Schmidberger, www.curia.eu.int.
[1295] *EGMR*, Urt. v. 30.06.2005, 45036/98, Rn. 153, www.echr.coe.int; Urt. v. 18.2.1999, 7/1998/910/1122, NJW 1999,3107(3108); Urt. v. 30.01.1998, RJ 1998 – I, 17-18 Nr. 29.
[1296] *EGMR*, Urt. v. 30.06.2005, 45036/98, Rn. 154, www.echr.coe.int; Urt. v. 18.02.1999, 26083/94, NJW 1999,1173(1175).
[1297] *Bernhardt*, in: FS Everling, S. 105.
[1298] *Classen*, VerwA 2005,464(481); *Ohler*, Die Kollisionsordnung des Allgemeinen Verwaltungsrechts, S. 252; *Ress*, in: FS Winkler, S. 923; *Winkler*, EuGRZ 2001,18(22+24).
[1299] So auch *Classen*, VerwA 2005,464(472); *Walter*, AöR 129 (2004),39(57).

EMRK-Verletzungen durch Private vermag dieses Ergebnis nicht zu überraschen. Die Konstruktion ist die gleiche: Aus EMRK-rechtlicher Sicht macht es keinen Unterschied, ob die EMRK-Vertragsstaaten eine „Flucht ins Privatrecht" oder auf anderer Ebene eine „Flucht ins Völkerrecht" begehen.

IV. Beispiele mittelbarer Verantwortlichkeit

1. Verantwortlichkeit für Rechtsakte der EG

Beispiele für die Verantwortlichkeit der EG-Mitgliedstaaten für Rechtsakte der EG liefern die Fälle M & Co. ./. Deutschland[1300] und aus neuerer Zeit Senator Lines ./. 15 Mitgliedstaaten[1301] sowie Bosphorus Yollari Turizm ve Ticaret Anomin Şirketi ./. Irland[1302].

In den ersten beiden Fällen hatte die Europäische Kommission Geldbußen verhängt. Im Fall M & Co. wurde die Beschwerde noch für unzulässig erklärt. Die damals noch bestehende Kommission argumentierte, dass es den Vertragsstaaten unmöglich sei, in jedem Einzelfall bei der Zustellung einer Geldbuße prüfen zu müssen, ob die EMRK dadurch verletzt wurde[1303]. Andererseits dürfe und könne sich der Vertragsstaat durch die Übertragung von Hoheitsgewalt nicht seiner konventionsrechtlichen Verantwortung entziehen[1304]. Daher sei – ähnlich[1305] wie nach der Solange-Rechtsprechung[1306] des BVerfG – zu verfahren: Solange keine Anhaltspunkte für die Unterschreitung des Grundrechtsmindeststandards bei der Schaffung der internationalen Organisation bestünden, finde eine Überprüfung nicht statt.

Im Fall Senator Lines wurde die im Rahmen des Beschwerdeverfahrens anberaumte mündliche Verhandlung aufgehoben[1307], nachdem die Beschwerdeführer im zeitgleich rechtshängigen Verfahren vor dem EuG Erfolg hatten[1308]. Die zunächst erfolgte Zulassung der Beschwerde der Senator Lines macht aber deutlich, dass der EGMR von der damaligen restriktiven Kommissionspraxis mittlerweile abweicht. Bestätigt wird diese Interpretation durch das Urteil Bosphorus Hava Yollari Turizm ve Ticaret Anomin Şirketi ./. Irland[1309]. Hier ging es um ein jugoslawisches Flugzeug, das von einer türkischen Firma geleast und aufgrund einer EG-Verordnung in Irland beschlagnahmt wurde. Nach Auffassung des EGMR sei zwar davon auszugehen, dass in der EG ein mit

---

1300 *EKMR*, Urt. v. 09.02.1980, 13258/87, ZaöRV 1990,856(856).

1301 16.10.2003, 56672/00,www.echr.coe.int/Eng/Press/2003/oct/SenatorLinescancelled.htm.

1302 *EGMR*, Urt. v. 30.06.2005, 45036/98, www.echr.coe.int.

1303 *EKMR*, Urt. v. 09.02.1980, 13258/87, ZaöRV 1990,856(868).

1304 *EKMR*, Urt. v. 09.02.1980, 13258/87, ZaöRV 1990,856(867).

1305 Vgl. *Frowein*, in: F/P, Einführung Rn. 15; *Giegerich*, ZaöRV 1990,837(862); *Ress*, in: FS Winkler, S.920; *Winkler*, Der Beitritt der Europäischen Gemeinschaften zur Europäischen Menschenrechtskonvention, S. 172.

1306 *BVerfG*, Beschl. v. 07.06.2000, 2 BvL 1/97, E 102,147(163); Beschl. v. 22.10.1983, 2 BvR 197/83, E 73,339(378). Vgl. auch Kapitel IV A 7. d).

1307 *EGMR*, 16.10.2003, 56672/00,www.echr.coe.int/Eng/Press/2003/oct/SenatorLinescancelled.htm.

1308 *EuG*, Urt. V. 30.09.2003, T-191/98, T-212/98, T-214/98, www.curia.eu.int.

1309 *EGMR*, Urt. v. 30.06.2005, 45036/98, www.echr.coe.int.

der EMRK vergleichbarer Grundrechtsstandard existiere[1310]. Diese Annahme könne aber jederzeit widerlegt werden: Dazu müsste es im konkreten Fall zu einer erheblichen Unterschreitung des Grundrechtsstandards gekommen sein[1311]. Für eine Verurteilung bedarf es also keiner generellen Mindeststandardsunterschreitung mehr[1312].

Die gleiche Problematik könnte stellen, wenn der EuGH mit einem seiner Urteile gegen die EMRK verstieße.

Fraglich ist dann, welches Verhalten der Bundesrepublik oder eines anderen EG-Mitgliedstaates zum Gegenstand der Beschwerde gemacht werden würde.

Einmal könnte es in einem positiven Tun bestehen. Dem Vertragsstaat könnte vorgeworfen werden, den EG-Vertrag, speziell Art. 249 EG, ratifiziert zu haben und – in Deutschland damals über Art. 24 GG, heute Art. 23 GG – Hoheitsrechte übertragen zu haben, so dass den EMRK-widrigen Rechtsakten Wirkung im innerstaatlichen Recht zukommen musste[1313]. Es könnte den Vertragsstaaten aber auch vorgeworfen werden, es unterlassen zu haben, bei Schaffung der beziehungsweise Beitritt zur EG für einen hinreichenden EMRK-Grundrechtsstandard gesorgt zu haben. Im Ergebnis braucht diese Frage hier aber nicht entschieden zu werden, weil das Unterlassen dem Tun in jeder Hinsicht gleichzustellen ist[1314]. Wegen der oben herausgearbeiteten positiven Schutzpflicht[1315] hat jeder Vertragsstaat eine Garantenstellung inne, für die Gewährleistung der EMRK-Freiheiten zu sorgen[1316]. Daher macht es keinen Unterschied, ob der Vertragsstaat den Durchgriff des EMRK-widrigen Rechtsaktes in die innerstaatliche Rechtsordnung ermöglicht oder es im Vorfeld versäumt hat, für den hinreichenden Grundrechtsmindeststandard im Rahmen der EG zu sorgen.

2. Verantwortlichkeit für Entscheidungen zwischenstaatlicher Einrichtungen / internationaler Organisationen

a) ESA

Ein Beispiel für die Verantwortlichkeit für Konventionsverletzungen durch die ESA liefert der Fall Waite & Kennedy ./. Deutschland[1317]. Die Angestellten Waite und Kennedy suchten Rechtsschutz vor den deutschen Arbeitsgerichten. Sie hatten Klage auf Feststellung erhoben, dass sie aufgrund des AÜG Arbeitnehmer der ESA seien. Ihre Klage wurde unter Hinweis auf die Immunität der ESA als unzulässig abgewiesen. Nach erfolgloser Rechtswegerschöpfung hatte der EGMR darüber zu entscheiden, ob das Recht auf Zugang zu einem Gericht gemäß Art. 6 I EMRK dadurch verletzt wurde, dass sich die ESA erfolgreich vor den deutschen Gerichten auf ihre Immunität berufen

[1310] *EGMR*, Urt. v. 30.06.2005, 45036/98, Rn. 155, www.echr.coe.int.
[1311] *EGMR*, Urt. v. 30.06.2005, 45036/98, Rn. 156, www.echr.coe.int.
[1312] *Szczekalla*, GPR 2005,176(178).
[1313] Vgl. *Schilling*, Internationaler Menschenrechtsschutz, Rn. 446.
[1314] Ähnlich *Scheer*, ZeuS 2004,663(690).
[1315] Kapitel V C II.
[1316] Vgl. *Ohler*, Die Kollisionsordnung des Allgemeinen Verwaltungsrechts, S. 252.
[1317] *EGMR*, Urt. v. 18.02.1999, 26083/94, NJW 1999,1173(1173).

konnte. Er hatte zu überprüfen, ob die deutschen Gerichte ihren Beurteilungsspielraum unterschritten hatten, als sie aufgrund von § 20 II GVG die Befreiung von der deutschen Gerichtsbarkeit angenommen hatten. Im Ergebnis wurde dies zwar wegen der vor der ESA vorhandenen Rechtsschutzmöglichkeiten verneint[1318]. Im Falle eines festgestellten Verstoßes gegen Art. 6 I EMRK wäre die Bundesrepublik aber verurteilt worden, es bei Abschluss des Gründungsvertrages unterlassen zu haben, für einen hinreichenden Grundrechtsschutz zu sorgen[1319].

b) Eurocontrol / Europäisches Patentamt / Europol / Europäische Kernenergieagentur / NATO / UNO / WTO

Auch bei einer Vielzahl anderer internationaler Organisationen besteht eine vergleichbare Konstellation. Zwar hatte der EGMR bisher darüber noch nicht zu entscheiden. In den Fällen Eurocontrol und Europäisches Patentamt hatte aber – in vergleichbarer Weise – das BVerfG zu beurteilen, ob ein hinreichender Grundrechtsstandard in der Organisation gewahrt wurde. So entschied es in der Verfassungsbeschwerde betreffend Eurocontrol, dass bei Schaffung einer zwischenstaatlichen Einrichtung im Sinne von Art. 24 I GG ein hinreichender und wirksamer Rechtsschutz gegen die Entscheidungen der zwischenstaatlichen Einrichtung gewährleistet werden müsse[1320]. Und in der Verfassungsbeschwerde betreffend die Zulassung als Vertreter im Verfahren vor dem Europäischen Patentamt wurde festgehalten, dass bei Schaffung der Einrichtung ein dem GG vergleichbarer Grundrechtsmindeststandard gewahrt werden müsse[1321]. Entsprechend hätte der EGMR entschieden, wenn er zu prüfen hätte, ob gegen die EMRK verstoßen wurde[1322].

Die Beispiele ließen sich für sämtliche weiteren internationalen Organisationen, wie zum Beispiel Europol[1323], die Europäische Kernenergieagentur[1324] und die Moselkommission[1325] fortsetzen. Gleiches gilt für die als zwischenstaatliche Einrichtung einzustufende NATO[1326] oder die Vereinten Nationen[1327] und ihre Unterorganisationen, die über supranationale Befugnisse verfügen[1328]. Ebenso verhält es sich für die

[1318] *EGMR*, Urt. v. 18.02.1999, 26083/94, NJW 1999,1173(1175).
[1319] Vgl. *Walter*, AöR 129 (2004),40(59).
[1320] *BVerfG*, Beschl. v. 10.11.1981, 2 BvR 1058/79, E 59,63(86).
[1321] *BVerfG*, 2 BvR 2368/99, DVBl. 2001, 1130(1131).
[1322] Vgl. zuletzt *EGMR*, Urt. v. 30.06.2005, 45036/98, Rn. 155, www.echr.coe.int.
[1323] *Frowein/Krisch*, JZ 1998,589(594).
[1324] Vgl. *Hofmann*, Grundrechte und grenzüberschreitende Sachverhalten, S. 95; *Rojahn*, in: MüK, Art. 24 Rn. 38.
[1325] Vgl. *Hofmann*, Grundrechte und grenzüberschreitende Sachverhalten, S. 95.
[1326] Vgl. Vgl. *Hofmann*, Grundrechte und grenzüberschreitende Sachverhalten, S. 95; *Rojahn*, in: MüK, Art. 24 Rn. 44 m.w.N.
[1327] Vgl. *Hofmann*, Grundrechte und grenzüberschreitende Sachverhalten, S. 95.
[1328] Vgl. *Rojahn*, in: MüK, Art. 24 Rn. 46 m.w.N.

WTO[1329], deren Rechtsakte von den (u.a. auch an die EMRK gebundenen) Mitgliedern beschlossen werden[1330].

Allerdings wird man eine mittelbare Verantwortlichkeit nur annehmen müssen, soweit es um rechtsverbindliche Entscheidungen der Organisationen geht. Denn fehlt es an der Rechtsverbindlichkeit, besteht keine Notwendigkeit, sie zu befolgen. Dies soll am Beispiel der WTO-Entscheidungen verdeutlicht werden. So sind die recommendations der GATT-Panels (vgl. Art. 19 I DSU[1331]) als Rechtsgutachten nicht verbindlich[1332]. Wurde ein Panel aber erst einmal angenommen, könnte er nach dem Grundsatz „each case on its own merits" für die Streitparteien verbindlich geworden sein[1333]. Für die Annahme einer Verbindlichkeit spricht, dass gemäß Art. 22 I DSU für die Nichtbefolgung „compensation" und „the suspension of concessions or other obligations" als vorübergehende Sanktionen vorgesehen sind.

c) Europäische Schule

Für die europäische Schule könnte grundsätzlich nach oben verwiesen werden, wenn nicht umstritten wäre, ob es sich bei ihr um eine zwischenstaatliche Einrichtung im Sinne von Art. 24 I GG handelt. Zwar beruht ihre Errichtung auf der zwischen der Bundesrepublik und den anderen europäischen Vertragsstaaten abgeschlossenen Satzung der Europäischen Schule vom 14.04.1957[1334], so dass es sich bei ihr um eine durch Verträge zwischen Völkerrechtssubjekten geschaffene Organisation handelt[1335]. Weitere Voraussetzung für eine zwischenstaatliche Einrichtung ist aber, dass sie Hoheitsgewalt so wahrnimmt, dass ein Durchgriff in den innerstaatlichen Bereich stattfindet[1336]. Sollte es demgegenüber gar nicht um die Wahrnehmung übertragener Hoheitsgewalt gehen, fragt sich, ob und wie eine Zurechnung stattfindet.

Für die Annahme einer zwischenstaatlichen Einrichtung im Sinne von Art. 24 I GG wird vorgetragen, dass sie Befugnisse (Erhebung von Schulgeld, Versetzungs- und Prüfungsentscheidungen) entsprechend der Satzung auf dem Hoheitsgebiet der Vertragsstaaten wahrnehme und ihre Angelegenheiten selbst regele[1337]. Weiteres Indiz sei,

---

[1329] Vgl. *Hörmann*, in: *Hilf/Oeter*, § 34 Rn. 10, 11; *Marceau*, EJIL 2002,753(804+813); *Neumann*, Die Koordination des WTO-Rechts mit anderen völkerrechtlichen Ordnungen, S. 289; *Walter*, GYIL 2001,170(197).

[1330] Vgl. *Neumann*, Die Koordination des WTO-Rechts mit anderen völkerrechtlichen Ordnungen, S. 289.

[1331] Zu finden unter www.wto.org/english/tratop_e/dispu_e/dsu_3.htm, Stand 25.06.2005.

[1332] *Göttsche*, in: *Hilf/Oeter*, § 7 Rn. 17.

[1333] *Göttsche*, in: *Hilf/Oeter*, § 7 Rn. 17; *Jackson*, The Jursipurdence of GATT and WTO, S. 126; *Weiß*, EuR 2005,277(284); a.A. *Bello*, AJIL 1996,416(417).

[1334] BGBl. 1965 II S. 1042; ersetzt durch Vereinbarung v. 21.06.1994, BGBl. 1996 II, S. 2559.

[1335] Vgl. *Jarass*, in: J/P, Art. 24 Rn. 7 m.w.N.

[1336] Vgl. *BVerfG*, Beschl. v. 22.10.1986, 2 BvR 197/83, E 73,339(374); *Deiseroth*, in: *Umbach/Clemens*, GG, Art. 24 Rn. 51; *Jarass*, in: J/P, Art. 24 Rn. 8; *Pernice*, in: DR, Art. 24 Rn. 25; *Randelzhofer*, in: MD, Art. 24 Rn. 59.

[1337] *BVerwG*, Urt. v. 29.10.1990, 2 C 2.90, DVBl. 1993,552(552); *BayVGH*, Urt. v. 15.03.1995, 7 B 92.2689, E 49,35(36).

dass sie über einen eigenen Haushalt und eigenes Vermögen verfüge, Steuerprivilegien erhalte und als Rechtspersönlichkeit einer Anstalt zwischenstaatlichen Rechts anerkannt sei[1338].

Dem wird entgegengehalten, dass die Schulorgane nur organisationsintern wirkten[1339]. Mithin komme es nicht zu einem Durchdringen in den Hoheitsbereich der Bundesrepublik[1340]. Dies sei für eine Hoheitsübertragung im Sinne von Art. 24 I GG aber erforderlich[1341]. Außerdem erfolge die Aufnahme in die europäische Schule freiwillig durch Abschluss eines Aufnahmevertrages[1342].

Ob wegen nur organisationsintern wirkender Maßnahmen der Organe der Europäischen Schule der Status als zwischenstaatliche Einrichtung versagt werden kann, erscheint fraglich. Für die Übertragung von Hoheitsgewalt müsste auf die ausschließliche Ausübung hoheitlicher Gewalt durch deutsche Staatsorgane verzichtet und somit die Ausübung fremder Hoheitsgewalt im innerstaatlichen Bereich ermöglicht werden[1343]. Wegen der in der Bundesrepublik bestehenden Schulpflicht (vgl. für NRW Art. 8 II Verf NRW, § 1 SchPflG NRW) nimmt die Europäische Schule Aufgaben wahr, die ansonsten von einer öffentlichen Schule wahrgenommen werden müssten: So umfasst der Unterricht in der Europäischen Schule gemäß Art. 3 I der Vereinbarung über die Satzung der Europäischen Schulen die Schulzeit bis zum Abschluss der Sekundarstufe. Und ihre Befugnisse wie beispielsweise Prüfungs- oder Versetzungsentscheidungen berühren – ebenso wie die Entscheidungen jeder deutschen Schuldbehörde – das sogenannte „Grundverhältnis" der Schüler und ihrer Eltern[1344], sind also im grundrechts- und damit EMRK-relevanten Bereich anzusiedeln. Somit kann nicht mehr behauptet werden, es fehle den von der Europäischen Schule getroffenen Maßnahmen am Durchgriffseffekt.

Und mit Blick auf die freiwillige Unterwerfung durch den privatrechtlich geschlossenen Aufnahmevertrag ist an die aus Art. 1 EMRK in Verbindung mit den Rechten und Freiheiten der EMRK resultierende positive Schutzpflicht der Bundesrepublik zu erinnern. Danach besteht sogar die Verpflichtung, durch die Ausgestaltung der Rechtsordnung Sorge zu tragen, dass keine Konventionsverletzungen durch Private stattfinden[1345]. Mithin kann es erforderlich sein, die EMRK-Rechte beim Erlass von Normen zu beachten, die Privatrechtsverhältnisse regeln[1346]. Dieser Verpflichtung hätte die Bundesrepublik – eine Konventionsverletzung einmal unterstellt – nachkommen müssen, als sie die Satzung der Europäischen Schule mit abgeschlossen hatte.

1338 *BVerwG*, Urt. v. 29.10.1990, 2 C 2.90, DVBl. 1993,552(552).
1339 *Rojan*, in: MüK, Art. 24 Rn. 40.
1340 *Rojan*, in: MüK, Art. 24 Rn. 40.
1341 *Rojan*, in: MüK, Art. 24 Rn. 40.
1342 *Rojan*, in: MüK, Art. 24 Rn. 40.
1343 *BVerfG*, Beschl. v. 22.10.1986, 2 BvR 197/83, E 73,339(374); *Deiseroth*, in: *Umbach/Clemens*, Art. 24 Rn. 50; *Jarass*, in: J/P, Art. 24 Rn. 5; *Pernice*, in: DR, Art. 24 Rn. 25; *Randelzhofer*, in: MD, Art. 24 Rn. 59.
1344 Vgl. *Maurer*, Allgemeines Verwaltungsrecht, § 8 Rn. 29, § 6 Rn. 19 m.w.N.
1345 Siehe Kapitel V A II.
1346 Vgl. EGMR, Urt. v. 26.06.1981, Young, James and Webster ./. UK, Rn. 49, www.echr.coe.int.

Folglich ist die Bundesrepublik auch die Verletzung eines EMRK-Grundrechts durch die Europäische Schule zuzurechnen.

V. Rechtsfolge: Restitutionsverpflichtung

Hat der EGMR eine Konventionsverletzung festgestellt, ist der Vertragsstaat zur Wiedergutmachung verpflichtet (vgl. Art. 41, 46 EMRK).

Wegen der rechtlichen Selbständigkeit der internationalen beziehungsweise supranationalen Organisation ist es der Bundesrepublik aber nicht möglich, einseitig, zum Beispiel durch Erteilung von Weisungen, eine Wiedergutmachung zu bewerkstelligen. Sie könnte aber auf die Organisation einwirken müssen[1347]. Sie könnte entsprechend der ihr eingeräumten Mitwirkungsmöglichkeiten versuchen müssen, die mit der EMRK unvereinbare Rechtslage abzustellen[1348].

Sollte die Wiedergutmachung auf internationaler Ebene scheitern, könnte die Bundesrepublik darüber hinaus auf innerstaatliche Maßnahmen – wie etwa die Nichtigerklärung des Zustimmungsgesetzes durch das BVerfG wegen Unvereinbarkeit mit den Grundrechten (in Verbindung mit den EMRK-Freiheiten) – zurückgreifen und damit einen völkerrechtlichen Vertragsbruch in Kauf nehmen müssen[1349].

1. Einwirkungsverpflichtung

Zunächst soll die Einwirkungsverpflichtung, über die eine EMRK-Verletzung beendet beziehungsweise verhindert werden kann, untersucht werden.

a) Entschließungsermessen oder Ermessensreduzierung?

Die Entscheidung über das „Ob" der Einwirkung könnte im Ermessen der Bundesregierung stehen. Im Falle eines vom EGMR festgestellten Konventionsverstoßes könnte aber eine Ermessensreduzierung stattfinden, so dass sie auf die Organisation einwirken müsste.

Bezüglich der Einwirkung auf internationale Organisationen wird der Bundesregierung grundsätzlich ein weiter Ermessensspielraum eingeräumt. Dies wird regelmäßig damit begründet, dass sie als Mitglied einer internationalen Organisation die dort stattfinden-

---

[1347] Vgl. *Jaeger*, EuGRZ 2005,193(198); *Scholz*, in: *Friauf*, Europarecht und Grundgesetz, S. 92 f.; *Stern* III/1, S. 1237; *Walter*, AöR 2004,40(65); *ders.*, German Yerarbook of International Law 2001,170(200); *BVerfG*, Beschl. v. 21.03.1957, 1 BvR 65/54, E 6,250(295).

[1348] Vgl. *Elbing*, Zur Anwendbarkeit der Grundrechte bei Sachverhalten mit Auslandsbezug, S. 122; *Frowein*, in: Festgabe 25 Jahre BVerfG, S. 205; *Ipsen*, EuR 1975,1(16); *Pestalozza*, DVBl. 1974,716(717); *BVerfG*, Beschl. v. 21.03.1957, 1 BvR 65/54, E 6,250(295).

[1349] Vgl. *BVerfG*, Beschl. v. 14.05.1986, 2 BvL 2/83, E 72,200(271); Beschl. v. 14.10.2004, 2 BvR 1481/04, NJW 2004,3407(3408), *Ehlers*, Die Europäisierung des Verwaltungsprozeßrechts, S. 27; *Scholz*, in: *Friauf*, Europarecht und Grundgesetz, S. 99; *Walter*, AöR 2004,40(64); *ders.*, GYIL 2001,170(197).

den Geschehensabläufe nicht unbedingt beherrschen kann und nur so in die Lage versetzt wird, außenpolitisch relevante Sachverhalte zweckgerecht zu entscheiden[1350].

Im hier interessierenden Fall einer festgestellten Konventionsverletzung könnte das nur zutreffen, wenn die EMRK-rechtliche Einwirkungsverpflichtung im Bereich der Außenpolitik anzusiedeln wäre oder wenn – wie etwa beim diplomatischen Schutz gegenüber anderen Staaten[1351] – die Konventionsverletzung der Bundesrepublik nicht zuzurechnen wäre[1352]. Die Wahrnehmung dieser „verantwortlichen Leitung des Ganzen der inneren und äußeren Politik[1353]" sowie die Abgabe einseitiger völkerrechtlicher Erklärungen[1354] fiele in den nur bedingt justitiablen Bereich der Staatsleitung[1355]. Bei derart (außenpolitischen) Entscheidungen müsste die Bundesregierung bereits bei der Frage, ob sie einschreiten soll, zur Beurteilung der politischen Verhältnisse sämtliche widerstreitenden Interessen sowohl der Individuen als auch die der Allgemeinheit zur Abwägung bringen[1356].

Hierum geht es aber nicht. Wegen der Verpflichtung, die endgültigen Urteile des EGMR gemäß Art. 46 I EMRK zu befolgen, muss der verurteilte Vertragsstaat die Konventionsverletzung abstellen. Wenn auch nicht immer vorhersagbar ist, welchen Erfolg die Einwirkung auf die internationale Organisation verspricht, so hat der Vertragsstaat zunächst alle möglichen Mittel auszuschöpfen[1357]. Ob die Einwirkung, zum Beispiel im Rahmen von Entscheidungsprozessen und Abstimmungen im Rahmen der internationalen Organisation, Erfolg verspricht, ist eine Frage der noch zu untersuchenden rechtlichen Grenzen der Wiedergutmachung. Eine Ermessensentscheidung bezüglich des „Ob" der Einwirkung verbietet sich somit. Insoweit ist von einer Ermessensreduzierung auf Null auszugehen.

b) Auswahlermessen

Ein anderes könnte für die Entscheidung gelten, welche Maßnahmen im Einzelfall zu ergreifen sind[1358]. So bleibt es grundsätzlich jedem Vertragsstaat überlassen, wie er die

---

[1350] Vgl. *BVerfG*, Beschl. v. 16.12.1980, 2 BvR 419/80, E 55,349(365); Urt. v. 10.01.1995, 1 BvF 1/90, 1 BvR 342,348/90, E 92,26(41).
[1351] Vgl. *Walter*, AöR 2004,40(72).
[1352] *BVerfG*, Beschl. v. 26.10.2004, 2 BvR 955/00 und 1038/01, Rn. 99, www.bundesverfassungsgericht.de/entscheidungen; *EGMR*, Urt. v. 02.03.2005, 71916/01, 71917/01, 10260/02, DVBl. 2005,831(837).
[1353] Vgl. *Pieroth*, in: J/P, Art. 65 Rn. 6a.
[1354] Vgl. *Jarass*, in: J/P, Art. 59 Rn. 3,5.
[1355] Vgl. *Degenhart*, Staatsrecht I, Rn. 544.
[1356] Vgl. *Doehring*, Die Pflicht des Staates zur Gewährleistung diplomatischen Schutzes, S. 94.
[1357] Vgl. *EGMR*, Urt. v. 08.04.2004, 71503/01, EuGRZ 2004,268(275) und Urt. v. 18.02.1999, 26083/94, NJW 1999,1173(1175).
[1358] Vgl. *BVerfG*, Beschl. v. 29.10.1987, 2 BvR 624,1080,2029/83, E 77,170(230) zum weiten Gestaltungsspielraum des Gesetzgebers bei der Erfüllung grundrechtlicher Schutzpflichten.

festgestellte Konventionsverletzung abstellt. Nur wenn nur noch eine Maßnahme denkbar ist, spricht der EGMR die zu treffende Maßnahme aus[1359].

Dies muss umso mehr gelten, als es um die Einflussnahme auf Entscheidungsprozesse in internationalen beziehungsweise supranationalen Organisationen und deren Ausübung von Hoheitsgewalt geht. Hier ist eine Vielzahl von sowohl formellen als auch informellen Einwirkungsmöglichkeiten denkbar[1360]. Daher wird nie von nur einer einzigen Einwirkungsmaßnahme ausgegangen werden können.

Bei der Ausübung des Ermessens wird zu berücksichtigen sein, dass die EMRK-Vertragsstaaten zur effektiven und wirksamen Sicherung der Rechte und Freiheiten der EMRK gemäß Art. 1 EMRK verpflichtet sind. Sie müssen also die wirksamsten Maßnahmen ergreifen, solange und soweit ihre Wahrnehmung nicht ihrerseits zu völkerrechtlichen Verstößen führt[1361].

c) Faktische und rechtliche Grenzen

Damit gilt es, die faktischen und rechtlichen Grenzen der Einwirkungsmöglichkeiten auf die internationalen und supranationalen Organisationen abzustecken. Hier sind zwei Fallkonstellationen zu unterscheiden:

aa) Identität zwischen Organisationsmitgliedern und EMRK-Vertragsstaaten

Sollten sämtliche Mitglieder der internationalen beziehungsweise supranationalen Organisation zugleich EMRK-Vertragsstaaten sein, dürften keine unüberwindbaren Hindernisse zur Beseitigung des EMRK-widrigen Zustandes bestehen.

Sollten alle Mitglieder wegen des ihnen zurechenbaren Verstoßes der Organisation gegen die EMRK vom EGMR verurteilt worden sein, müssen sie alle die Urteile nach Maßgabe von Art. 46 EMRK befolgen. Sollten die in Rede stehenden Vorschriften der Organisation nicht EMRK-konform ausgelegt werden können, müssten die Vertragsstaaten durch eine entsprechende Beschlussfassung, zum Beispiel durch Abschluss eines Änderungsvertrages, den EMRK-widrigen Zustand abstellen.

Sollte nur ein EMRK-Vertragsstaat vom EGMR verurteilt worden sein, besteht eine Verbindlichkeit des Urteils aufgrund dessen inter-partes-Wirkung nur ihm gegenüber[1362]. Gleichwohl bleiben die anderen Vertragsstaaten gemäß Art. 1 EMRK zur effektiven, wirksamen und nicht nur illusorischen Sicherung der EMRK-Freiheiten

---

[1359] Vgl. *EGMR*, Urt. v. 08.04.2004, 71503/01, EuGRZ 2004,268(275); Urt. v. 12.05.2005, 46221/99, www.echr.coe.int, Rn. 210.

[1360] Vgl. hierzu die Zusammenstellung möglicher Einwirkungsmaßnahmen von *Elbing*, Zur Anwendbarkeit der Grundrechte bei Sachverhalten mit Auslandsbezug, S. 114 f.

[1361] Vgl. zum Gebot der grundrechtsfreundlichen und grundrechtseffektuierenden Einwirkung *Heintzen*, Auswärtige Beziehungen, S. 156; *Scholz*, in: *Friauf*, Europarecht und Grundgesetz, S. 92; *Stern* III/1, S. 1231.

[1362] Siehe Kapitel IV A I.

verpflichtet[1363]. Dazu gehört auch die Verhinderung künftiger Verstöße[1364]. Um also eine künftige eigene Verurteilung durch den EGMR abzuwenden, müssen sie an der entsprechenden Umgestaltung der Gründungsverträge der Organisation mitwirken.

Sollte die Ausgestaltung der Gründungsverträge so beschaffen sein, dass eine Wiedergutmachung bereits durch eine EMRK-konforme Auslegung der für die Organisation maßgeblichen Vorschriften möglich ist, müssen sie darauf hinwirken, dass die Organisation ihre Verwaltungspraxis ändert. Dazu ist die internationale Organisation im Übrigen kraft der Verpflichtung zur Organisationstreue[1365] – auch wenn diese vor dem EGMR nicht durchsetzbar ist – ohnehin verpflichtet.

bb) Fehlende Identität zwischen Organisationsmitgliedern und EMRK-Vertragsstaaten

Sehr viel schneller dürften die faktischen und rechtlichen Grenzen erreicht sein, wenn nicht alle Mitglieder der Organisation mit den EMRK-Vertragsstaaten identisch sind. Für die Nicht-EMRK-Vertragsstaaten besteht mangels Bindung an die EMRK weder eine Verpflichtung, die Urteile des EGMR zu befolgen, noch sich daran zu orientieren. Daher besteht erst hier eine „Bemühenslast“ der EMRK-Vertragsstaaten ohne „Erfolgshaftung“.

2. Verpflichtung zum Austritt beziehungsweise zur Inkaufnahme eines völkerrechtlichen Verstoßes?

Anstelle den erfolgreichen Beschwerdeführer auf die gerechte Entschädigung zu verweisen, könnte der EMRK-Vertragsstaat zuvor verpflichtet sein, aus der Organisation auszutreten und / oder einen völkerrechtlichen Verstoß in Kauf zu nehmen, um seiner Wiedergutmachungspflicht nachzukommen.

So hat das BVerfG entschieden, dass das Zustimmungsgesetz zu einem völkerrechtlichen Vertrag wegen Verstoßes gegen das GG für nichtig erklärt werden müsse um zu verhindern, dass es zur Anwendung der Vertragsbestimmung innerhalb der nationalen Rechtsordnung kommt[1366]. In neuerer Zeit hat es zum Ausdruck gebracht, dass „es nicht dem Ziel der Völkerrechtsfreundlichkeit (des GG) widerspricht, wenn der Gesetzgeber ausnahmsweise Völkervertragsrecht nicht beachtet, sofern nur so ein Verstoß gegen tragende Grundsätze der Verfassung abzuwenden ist[1367].

Ähnlich vertreten Teile der Literatur für die Fallkonstellation, dass der Grundrechtsmindeststandard des GG im Rahmen einer internationalen Organisation unterschritten

---

[1363] Vgl. *EGMR*, Urt. v. 18.02.1999, 26083/94, NJW 1999,1173(1175).

[1364] Vgl. *EGMR*, Urt. v. 28.10.1998, RD 1998-III, 3124, Rn. 115; Urt. v. 03.04.2001, 27229/95, Rn. 89, www.echr.coe.int – Keenan ./. U.K.

[1365] Vgl. Kapitel V C I. 3.

[1366] *BVerfG*, Beschl. v. 14.05.1986, 2 BvL 2/83, E 72,200(271).

[1367] *BVerfG*, Beschl. v. 14.10.2004, 2 BvR 1481/04, NJW 2004,3407(3408); bestätigt mit Beschl. v. 05.04.2005, 1 BvR 1664/04, DVBl. 2005,761(761) und Beschl. v. 10.06.2005, 1 BvR 2790/04, Rn. 34, EuGRZ 2005,426(429).

wurde, dass die Unanwendbarkeit der grundrechtsrelevanten Maßnahme festgestellt werden müsse[1368].

Demgegenüber wird aber auch – wiederum mit Blick auf das GG – vertreten, dass „die Grundrechte nicht zum Tragen" kämen, wenn das Bemühen der Bundesregierung, auf die internationale Organisation einzuwirken, scheitere[1369]. Die Verwirklichung einer Schutzpflicht komme nur im Rahmen des völkerrechtlich Möglichen in Betracht[1370].

Letzteres wird damit erklärt, dass die Inkaufnahme einer völkerrechtlichen Pflichtverletzung unvereinbar wäre mit dem – ebenso wie die Grundrechtsbindung gemäß Art. 1 III GG – verfassungsrechtlich vorgegebenen Zweck des Art. 24 I GG, eine Öffnung der Bundesrepublik nach außen zu ermöglichen[1371]. Außerdem bedeutete dies einen Verstoß gegen Art. 25 S. 1 GG, wonach die allgemeinen Regeln des Völkerrechts und damit auch der Grundsatz „pacta sunt servanda" Bestandteil des Bundesrechts seien[1372]. Insoweit sei es unzulässig, von der Bundesrepublik zu verlangen, gegen eine allgemeine Regel des Völkerrechts zu verstoßen[1373]. Ein Mehr als nur die Bemühung, einen grundrechtskonformen Zustand wiederherzustellen, liefe zudem auf die Annahme einer Erfolgshaftung des Staates hinaus[1374]. Dies sei aber mit der Funktion der Grundrechte als „Prinzipiennormen" unvereinbar[1375]. Soweit es nicht um die Abwehr eines Eingriffs, sondern die Verwirklichung einer Schutzpflicht gehe, müsse das staatliche Handeln nur eine „Schutzverwirklichungs[1376]"- oder „Optimierungstendenz[1377]" aufweisen.

Die Nichtanwendung der grundrechtswidrigen Maßnahme wird aus dem nationalen Blickwinkel der Grundrechte und der dem GG zu entnehmenden Souveränität der Bundesrepublik erklärt[1378]. Bezüglich der Nichtanwendung von EG-Gemeinschaftsrecht wird folgendermaßen argumentiert[1379]: Das BVerfG habe über die Verfassungsmäßigkeit des Zustimmungsgesetz zu entscheiden. Insoweit sei die Fallkonstellation nicht anders als bei der Frage der Verfassungsmäßigkeit von Parlamentsgesetzen. Sollte das BVerfG dann die Nichtigkeit des Parlaments- beziehungsweise Zustimmungsgesetzes feststellen, müsse es die Rechtsakte der EG für unanwendbar

---

[1368] *Bernhardt*, in: FS Steinberger, 391(397,399); *Ehlers*, Die Europäisierung des Verwaltungsprozeßrechts, S. 27; *Scholz*, in: *Friauf*, Europarecht und Grundgesetz, S. 99; *Walter*, AöR 2004,40(64); *ders.*, GYIL 2001,170(197).

[1369] *Elbing*, Zur Anwendbarkeit der Grundrechte bei Sachverhalten mit Auslandsbezug, S. 123; *Murswiek*, UPR 1986,370(374); *Stern* III1, S.1237.

[1370] *Doehring*, Die Pflicht des Staates zur Gewährleistung diplomatischen Schutzes, S. 17; *Murswiek*, UPR 1986,370(374); *Stern* III/1, S.1237;

[1371] *Stern* III/1, S. 1237.

[1372] *Doehring*, Die Pflicht des Staates zur Gewährleistung diplomatischen Schutzes, S. 15.

[1373] *Doehring*, Die Pflicht des Staates zur Gewährleistung diplomatischen Schutzes, S. 17.

[1374] *Elbing*, Zur Anwendbarkeit der Grundrechte bei Sachverhalten mit Auslandsbezug, S. 123.

[1375] *Elbing*, Zur Anwendbarkeit der Grundrechte bei Sachverhalten mit Auslandsbezug, S. 123.

[1376] So *Heintzen*, Auswärtige Beziehungen privater Verbände, S. 156.

[1377] So *Elbing*, Zur Anwendbarkeit der Grundrechte bei Sachverhalten mit Auslandsbezug, S. 123.

[1378] Vgl. *BVerfG*, Beschl. v. 14.10.2004, 1481/04, NJW 2004,3407(3408).

[1379] Ehlers, Die Europäisierung des Verwaltungsprozeßrechts, S. 23; *Scholz*, in: *Friauf*, Europarecht und Grundgesetz, S.99

erklären. Unmittelbar für nichtig erklären könne es sie nicht, weil es nur die Maßnahmen der Träger deutscher Staatsgewalt überprüfen könne.

Es fragt sich, inwieweit diese Überlegungen auf eine vom EGMR festgestellte Konventionsverletzung übertragbar sind. Zwar werden Inhalt und Schranken der Grundrechte durch die EMRK konkretisiert. Insoweit könnte mittelbar auch im Fall einer EMRK-Verletzung der Rechtsakt der internationalen Organisation für unanwendbar beziehungsweise das Zustimmungsgesetz für nichtig zu erklären sein.

Da sich die Bundesrepublik durch den Beitritt zu der jeweiligen internationalen Organisation auch völkervertraglich gebunden hat und die Nichtigerklärung des Zustimmungsgesetz diese völkerrechtlichen Bindungen nicht zum Erlöschen bringen kann[1380], wird man die Lösung aber nicht allein vom nationalen Blickwinkel aus suchen dürfen.

Völkervertraglich ist die Bundesrepublik verpflichtet, nach Inkrafttreten des Vertrages diesen nach Treu und Glauben zu erfüllen (vgl. Art. 26 WVK). Im Kern geht es also um die Frage, ob die EMRK – als völkerrechtlicher Vertrag – zu einem anderweitigen völkervertraglichen Verstoß verpflichtet. Sollte das nicht der Fall sein, müsste das Zustimmungsgesetz auch nicht vom BVerfG wegen eines Verstoßes gegen die durch EMRK-Freiheiten konkretisierten Grundrechte für nichtig erklärt werden.
Als völkerrechtlicher Vertrag[1381] genießt die EMRK ebenso wie der völkerrechtliche Gründungsvertrag der Organisation mangels einer entsprechenden Normenhierarchie im Völkerrecht[1382] keinen höheren Rang im Verhältnis zu anderen Verträgen (vgl. Art. 30 WVK). Ein anderes könnte nur dann gelten, wenn ihre Bestimmungen dem ius cogens zuzuordnen wären. Das ist jedoch allenfalls für einige Rechte der Fall[1383]. Außerdem müsste dann immer noch zwischen unterschiedlichen Rechtsquellen (ius cogens einerseits, EMRK andererseits) unterschieden werden[1384]. Die hier interessierende Rechtsquelle – die EMRK als völkerrechtlicher Vertrag – würde nach wie vor keinen höheren Rang innerhalb der Normenhierarchie innehaben. Deshalb kann die EMRK auch nicht zwecks ihrer Einhaltung zur Begehung anderer Völkerrechtsverletzungen anhalten.

Dieses Ergebnis könnte auch der Wertung des Art. 41 EMRK entsprechen. Wenn eine gerechte Entschädigung immer dann auszusprechen ist, wenn das *innerstaatliche* Recht nur eine unvollkommene Wiedergutmachung zulässt, ist eine Aussage zum Verhältnis zu anderen völkerrechtlichen Verträgen zwar nicht getroffen. Dem ist aber zu entnehmen, dass eine Wiedergutmachung nicht um jeden Preis geschuldet ist. Überträgt man diese Wertung auf die rechtlichen Grenzen der Einwirkung auf internationale Organisationen, muss man zu folgendem Ergebnis gelangen: Immer dann, wenn die Befolgung der EMRK zu einem völkerrechtlichen Verstoß führt, ist keine Wiedergut-

[1380] Vgl. *Seidl-Hohenveldern/Stein*, Völkerrecht, Rn. 568; *Stein/v. Butlar*, Völkerrecht, Rn. 46, 181; *Vitzthum*, in: *ders.*, Völkerrecht, Rn. 118.
[1381] Siehe Kapitel II A.
[1382] Vgl. *Vitzthum*, in: *ders.*, Völkerrecht, Rn. 154.
[1383] Siehe Kapitel III B V.
[1384] Siehe Kapitel III B V.

machung vorzunehmen, sondern auf die Gewährung einer gerechten Entschädigung zurückzugreifen.

3. Zwischenergebnis

Die EMRK verpflichtet die Vertragsstaaten nicht, zwecks ihrer Befolgung einen anderweitigen völkerrechtlichen Verstoß zu begehen. Deshalb muss das Zustimmungsgesetz zur Schaffung der Organisation nicht wegen eines Verstoßes gegen die durch die EMRK konkretisierten Grundrechte für nichtig und damit der Rechtsakt der internationalen Organisation für unanwendbar erklärt werden.

Die EMRK-Vertragsstaaten müssen aufgrund ihrer Verantwortlichkeit für EMRK-Verletzungen durch die internationale Organisation lediglich im Rahmen der ihnen zur Verfügung stehenden Möglichkeiten auf diese einwirken. Hierbei bleibt ihnen nur bezüglich der Art und Weise der Einwirkung ein Ermessensspielraum. Dabei müssen sie unter den möglichen Einwirkungsinstrumenten immer das effektivste wählen.

4. Lösung über das Prinzip praktischer Konkordanz

Die rechtlichen Grenzen der Einwirkung könnten damit schnell erreicht sein, so dass sich der vor dem EGMR erfolgreiche Beschwerdeführer mit der im Verhältnis zur Wiedergutmachung subsidiären Entschädigung begnügen müsste.

Um der vorrangigen Wiedergutmachungsverpflichtung trotz der bestehenden rechtlichen Grenzen nachzukommen, könnte auf das Prinzip der praktischen Konkordanz zurückgegriffen werden. Immer dann, wenn aufgrund der nur beschränkten Einwirkungsmöglichkeit die EMRK-Freiheiten praktisch leer liefen, könnten die Rechte und Pflichten aus dem entgegenstehenden völkerrechtlichen Vertrag entsprechend einzuschränken sein.

Voraussetzung dafür ist, dass der Grundsatz der praktischen Konkordanz im Völkerrecht zur Anwendung gelangt und es hier um die Lösung einer Kollision von völkerrechtlichen Interessen beziehungsweise Rechtspositionen geht.

Das Verhältnismäßigkeitsprinzip und damit das der praktischen Konkordanz ist jedenfalls im Anwendungsbereich der EMRK bekannt[1385]. Und dass diese Prinzipien darüber hinaus auch im Völkerrecht als allgemeine völkerrechtliche Rechtsgrundsätze anerkannt sind, folgt daraus, dass sie in einer Vielzahl von Konflikt- und Kollisionslagen zum Tragen kommen[1386]. Beispiele sind die Ausübung des Selbstverteidigungsrechts gemäß Art. 51 UNO als ultima ratio, das Recht der Repressalien sowie das humanitäre Völkerrecht (vgl. Art. 56 V des 1. ZP zum Genfer Rotkreuzabkommen)[1387].

[1385] Siehe Kapitel IV B II. 1. b) aa) (4).

[1386] Dazu ausführlich *Real*, Staatenimmunität und Menschenrechte, S. 220; vgl. auch *Hofmann*, GYIL 2004,9(26); *Ohler*, Die Kollisionsordnung des Allgemeinen Verwaltungsrechts, S. 303; *BVerfG*, Beschl. v. 26.10.2004, 2 BvR 955/00 und 1038/01, Rn. 96, www.bundesverfassungsgericht.de/entscheidungen.

[1387] *Real*, Staatenimmunität und Menschenrechte, S. 217-221.

In der hier interessierenden Fallkonstellation könnten folgende Rechtspositionen miteinander kollidieren:

Erstens hat der EMRK-Berechtigte ein rechtliches Interesse an der Wiedergutmachung der festgestellten Konventionsverletzung.

Zweitens haben die internationale beziehungsweise supranationale Organisation sowie ihre Gründungsmitglieder ein rechtliches Interesse an der Ausübung ihrer völkervertraglich eingeräumten Befugnisse.

Drittens hat der vom EGMR verurteilte EMRK-Vertragsstaat ein rechtliches Interesse, einerseits seiner Verpflichtung aus der EMRK, andererseits seinen Verpflichtungen aus den völkerrechtlichen Gründungsverträgen der internationalen beziehungsweise supranationalen Organisation nachzukommen.

Diese widerstreitenden Rechtspositionen müssten zum Ausgleich gebracht werden können. Da unmittelbar eine rechtliche Verbindung zwischen der internationalen Organisation und dem EMRK-Berechtigten mangels unmittelbarer Bindung der Organisation an die EMRK nicht herstellbar ist, könnte der Ausgleich über den EMRK-Vertragsstaat als Bindeglied erfolgen. Dazu müsste es zu einer zweifachen Interessenabwägung kommen:

Einmal müssten die Interessen des Vertragsstaates, seine EMRK-Verpflichtungen zu erfüllen, und die entgegenstehenden Interessen der Organisation beziehungsweise der übrigen Gründungsmitglieder zum Ausgleich gebracht werden. Gleichzeitig müssten die Interessen des Vertragsstaates, seinen anderweitigen völkervertraglichen Verpflichtungen nachzukommen, denen des EMRK-Berechtigten gegenübergestellt werden.

Sollte bei diesen Gegenüberstellungen herauskommen, dass ohne eine Einschränkung der anderweitig völkervertraglich zu beachtenden Rechte die der EMRK praktisch nicht mehr realisierbar sind, könnte nicht mehr von einem optimalen Ausgleich im Sinne praktischer Konkordanz, wonach eben allen kollidierenden Rechtspositionen zu optimaler Wirksamkeit verholfen werden soll[1388], gesprochen werden. Um der EMRK optimale Wirksamkeit zukommen zu lassen, müsste sie dann Vorrang vor den Rechten der Organisation genießen.

Für die vorzunehmenden Abwägungsentscheidungen könnten die auf Seiten der Organisation bestehende Organisationstreuepflicht[1389] und die entsprechende Loyalitätspflicht[1390] der anderen Gründungsmitglieder entscheidend sein: Ohne eine vertrauensvolle Zusammenarbeit wäre jeder Zusammenschluss zu einer internationalen Organisation auf Dauer gefährdet. Mithin stellt die Pflicht eines Mitgliedstaates, auf die rechtlichen Interessen der anderen Staaten Rücksicht zu nehmen, ein „ius necessarium“

[1388] Vgl. *Stern* I 133; *Hesse*, Grundzüge des Verfassungsrechts der Bundesrepublik Deutschland, 72.
[1389] Vgl. Kapitel V C I. 3.
[1390] Vgl. *Dahm/Delbrück/Wolfrum*, Völkerrecht I/1, S. 43; *Ginther*, BDGV 17 (1975),1(18); *Klein*, in: *Graf Vitzthum*, Rn. 74.

dar[1391]. Um den EMRK-Vertragsstaaten die Befolgung des EGMR-Urteils nicht unmöglich zu machen, müsste daher die Abwägungsentscheidung grundsätzlich zugunsten der EMRK-Freiheiten ausfallen. Um andererseits aber die Rechte der Organisation und der anderen Gründerstaaten nicht völlig leer laufen zu lassen, muss zusätzlich die Art und Weise der EMRK-Verletzung sowie die Intensität der Beeinträchtigung berücksichtigt werden[1392]. Zudem sind gemäß Art. 31 Nr. 3 lit. c) WVK die in den Beziehungen zwischen den Vertragsparteien anwendbaren Völkerrechtssätze zu berücksichtigen[1393]. Die Einhaltung anderweitiger Verpflichtungen kann also eine Einschränkung der EMRK-Freiheiten bedingen[1394]. Je geringer demnach die Beeinträchtigung der EMRK-Freiheiten ist, um so eher ist es ausreichend, den Geschädigten auf die gerechte Entschädigung zu verweisen als eine Beschränkung der anderweitigen völkervertraglich eingeräumten Rechte anzunehmen.

Es kommt also auf die Abwägung im Einzelfall an, ob entgegen dem völkerrechtlichen Normalfall die Rechte der EMRK Vorrang vor denen anderweitiger völkerrechtlicher Verträge haben.

Diese völkerrechtliche Lösung müsste aber auch mit dem GG der Bundesrepublik vereinbar sein. Falls nicht, müsste immer dann, wenn der Abwägungsprozess zulasten der EMRK ausgefallen ist, innerstaatlich über die Grundrechte, konkretisiert durch die Rechte und Freiheiten der EMRK, die Unanwendbarkeit des Rechtsaktes der internationalen beziehungsweise supranationalen Organisation festgestellt werden.

Gegen eine solche Lösung spricht aber der Sinn und Zweck des Art. 24 I GG. Er soll die Beteiligung der Bundesrepublik an internationalen Einrichtungen ermöglichen und damit ihre Staatlichkeit öffnen[1395]. Das GG zeigt sich somit integrationsoffen und – freundlich[1396]. Deshalb wird es auch als ausreichend angesehen, dass bei Schaffung der internationalen Organisation ein „vergleichbarer Grundrechtsstandard" eingehalten wird[1397]. Vergleichbar bedeutet aber, dass es im Einzelfall auch einmal zu einer Unterschreitung des Grundrechtsstandards kommen kann[1398]. Durch die Abwägung der widerstreitenden völkerrechtlichen Interessen wird versucht, allen Interessen zu optimaler Wirksamkeit zu verhelfen. Es kann also nicht generell zu einem „Einbruch in das

---

1391 *Dahm/Delbrück/Wolfrum*, Völkerrecht I/1, S. 43.

1392 Vgl. *Real*, Staatenimmunität und Menschenrechte, S. 225.

1393 So *EGMR*, Urt. v. 30.06.2005, 45036/98, Rn. 150, www.echr.coe.int.

1394 So *EGMR*, Urt. v. 30.06.2005, 45036/98, Rn. 150, www.echr.coe.int.

1395 Vgl. *Jarass*, in: J/P, Art. 24 Rn. 9; *Randelzhofer*, in: MD, Art. 24, Rn. 2.

1396 Vgl. BVerfG, Beschl. v. 22.10.1986, 2 BvR 197/83, E 73,339(386); *Randelzhofer*, in: MD, Art. 24 I, Rn. 19; *Stern* I S. 519 f.; *Streinz*, in: *Sachs*, Art. 24 Rn. 6.

1397 *BVerfG*, 2 BvR 2368/99, DVBl. 2001, 1130(1131); Beschl. v. 07.06.2000, 2 BvL 1/97, E 102,147(163); Beschl. v. 22.10.1983, 2 BvR 197/83, E 73,339(378); Beschl. v. 10.11.1981, 2 BvR 1058/79, E 59,63(86).

1398 *Vgl. Breuer*, EuGRZ 2005,229(231); *Benda/Klein*, Verfassungsprozeßrecht, Rz. 85; *Hofmann*, in: *Cremer*, FS Steinberger, 1207(1221); *ders.*, Grundrechte und grenzüberschreitende Sachverhalte, S. 102; *Limbach*, EuGRZ 2000,417(419); *Mayer*, EuZW 2000,685(688); ähnlich *Vogel*, IStR 2005,29(30); kritisch *Nettesheim*, NVwZ 2002,932(933); BVerfG, Beschl. v. 07.06.2000, 2 BvL 1/97, NJW 2000,3124(3125).

Grundgefüge der Bundesrepublik und die sie konstituierenden Strukturen[1399]" beziehungsweise zu einem „Verstoß gegen die tragenden Grundsätze der Verfassung[1400]" kommen. Eine (unzulässige) generelle Grundrechtsreduktion zugunsten der Bereitschaft zur internationalen Zusammenarbeit findet also nicht statt[1401]. Es wäre daher mit dem Sinn und Zweck des Art. 24 I GG unvereinbar, die Nichtigkeit des Zustimmungsgesetzes anzunehmen und damit einen völkerrechtlichen Verstoß herbeizuführen, wenn im Einzelfall die Wiedergutmachung der Einhaltung der anderweitigen völkervertraglichen Verpflichtungen weichen muss.

5. Ergebnis

Die Anwendung des Prinzips der praktischen Konkordanz führt dazu, dass weder von einem generellen Vorrang der EMRK-Grundrechte noch von einem grundsätzlichen Überwiegen der anderen völkervertraglichen Rechte ausgegangen werden kann. Entscheidend ist, welche Rechtsposition im konkreten Konfliktfall überwiegt. Sofern das Interesse an der Wiedergutmachung überwiegt, müssen die Rechte der Organisation so beschränkt werden, dass eine Wiedergutmachung möglich ist. Über den Einzelfall hinaus und damit für vergleichbare Sachverhaltskonstellationen lässt sich diese Einschränkung über eine Änderung des völkerrechtlichen Gründungsvertrages bewerkstelligen. Dies kann – je nach Ausgestaltung des Gründungsvertrages – durch ein Zusammenwirken der Organe der internationalen Organisation mit den Mitgliedstaaten oder durch einen Beschluss der Mitgliedstaaten allein erfolgen[1402]. Daran mitzuwirken sind dann auch die Staaten verpflichtet, die nicht an die EMRK gebunden sind.

6. Durchsetzung der Abwägungsentscheidung

Mit der rechtlich gebotenen Einschränkung der Befugnisse der internationalen Organisation ist aber noch keine Aussage über die Effizienz der Entscheidung getroffen. Sollte eine Einigung nicht möglich sein, bedarf es einer Streitschlichtungsstelle, die für alle Beteiligten verbindliche Entscheidungen trifft. Es bedarf zur effektiven Umsetzung einer internationalen Gerichtsbarkeit.

Als solche könnte der Internationale Gerichtshof (IGH) in Betracht kommen. Gemäß Art. 34 I des IGH-Statuts sind aber nur Staaten und damit nicht die internationalen Organisationen parteifähig.

Soweit versucht werden sollte, unmittelbar, also ohne eine Vertragsänderung die Rechte der internationalen Organisation einzuschränken, könnte auch das Verwaltungsgericht der Vereinten Nationen zuständig sein, das über Streitigkeiten zwischen der Organisation und ihren Mitgliedern entscheidet[1403]. Gemäß Art. 2 I des Statuts über die

---

[1399] *BVerfG*, Beschl. v. 22.10.1986, 2 BvR 197/83, E 73,339(375).
[1400] *BVerfG*, Beschl. v. 14.10.2004, 1481/04, NJW 2004,3407(3408).
[1401] Vgl. *Tomuschat*, in: HdBStR VII, Rn. 54.
[1402] Vgl. *Klein*, in: *Vitzthum*, Völkerrecht, Rn. 43.
[1403] Vgl. *Stein/Buttlar*, Völkerrecht, Rn. 419.

Schaffung eines Verwaltungsgerichts der Vereinten Nationen[1404] ist es aber nur zuständig für Klagen, in denen die Nichtbeachtung von Rechten der Bediensteten des Sekretariats der Vereinten Nationen oder der Einstellungsbedingungen für diese Bediensteten geltend gemacht wird.

Zu prüfen bleibt daher die Zuständigkeit des IGH. Gemäß Art. 93 der Charta der Vereinten Nationen in Verbindung mit Art. 36 I des IGH-Statuts ist dieser zuständig für alle Streitigkeiten, die ihm von den Parteien unterbreitet werden. Außerdem besteht gemäß Art. 36 II des IGH-Statuts die Möglichkeit, seine Zuständigkeit von Rechts wegen anzuerkennen. Gemäß Art. 36 II lit. a) und c) des IGH-Statuts kann der IGH dann generell verbindlich über die Auslegung eines Vertrages und die Verletzung einer internationalen Verpflichtung entscheiden. Eine entsprechende vorbehaltslose Unterwerfung wird jedoch in der Regel nicht existieren[1405]. Im Regelfall müssten sich die Streitparteien also erst darauf einigen, einen Streit vor den IGH zu tragen[1406].
Die Ausführungen zeigen, dass die Umsetzung der zu treffenden Abwägungsentscheidung von mehreren Faktoren abhängig und damit ihre Effizienz nicht garantiert ist[1407]. Erstens kann gegenüber einer internationalen Organisation nicht verbindlich festgestellt werden, dass die ihr eingeräumten Befugnisse zugunsten der EMRK beschränkt werden müssen. Eine verbindliche Entscheidung lässt sich nur bezüglich der Streitigkeit über die Änderung des Gründungvertrages erzielen. Mangels einer obligatorischen Gerichtsbarkeit im Völkerrecht muss jedoch auch dieses Vorhaben scheitern, wenn es nicht zu einem entsprechenden Unterwerfungsakt durch die Streitparteien kommt.

VI. Restitution durch nationale Gerichte und Behörden

Daher erhebt sich die Frage, inwieweit die nationalen Gerichte und Behörden, die die Feststellungsurteile des EGMR zu befolgen haben[1408], Rechtsschutz gegenüber Rechtsakten der internationalen Organisation gewähren können.

1. Verurteilung einer internationalen Organisation durch ein deutsches Gericht

Zwar werden die nationalen Gerichte ebenso wenig wie der EGMR die internationale Organisation wegen eines Verstoßes gegen die EMRK verurteilen können, sind die Organisationen doch nicht an die EMRK gebunden. Als selbst an die EMRK gebundene Hoheitsträger könnten die Gerichte aber Rechtsakte und Maßnahmen der Organisation für unanwendbar oder unwirksam erklären. Denn versagten die Gerichte Rechtsschutz, könnten sie selbst gegen die EMRK verstoßen.

Damit die Klage nicht bereits als unzulässig abgewiesen wird, müssten die internationalen Organisationen der **deutschen Gerichtsbarkeit** unterfallen. Das ist die Befugnis der Gerichte, auf Personen im Hoheitsgebiet der Bundesrepublik durch ihre Entschei-

---

1404 A/Res/351 (IV) v. 24.11.1949, zu finden unter www.un.org, Stand 05.07.2005.
1405 *Stein/Buttlar*, Völkerrecht, § 3 Rn. 961.
1406 *Stein/Buttlar*, Völkerrecht, § 3 Rn. 961.
1407 So auch *Wolfrum*, Handbuch der Vereinten Nationen, S. 324.
1408 Siehe Kapitel IV A II.

dungen einzuwirken[1409]. Da die Rechtsakte der internationalen Organisation, deren Mitglied die Bundesrepublik ist, in ihren Hoheitsbereich hineinwirken (vgl. Art. 24 I GG), fallen sie grundsätzlich alle unter die deutsche Gerichtsbarkeit[1410].

Sie könnten aber kraft **Immunität** von der deutschen Gerichtsbarkeit befreit sein. Für die internationalen Organisationen ergibt sich dies regelmäßig aus ihren völkerrechtlichen Gründungsverträgen[1411]. Sollte dort eine entsprechende Regelung fehlen, ist von der Immunität kraft Völkergewohnheitsrechts auszugehen[1412] (vgl. § 20 II GVG, der allerdings nur die Befreiung in personeller Hinsicht regelt[1413]). Zwar ist letzteres nicht ganz unumstritten[1414]. So wird die Existenz einer entsprechenden allgemeinen Regel des Völkerrechts bezweifelt, weil der Versuch der Schaffung so einer Regel durch die ILC bisher in keine Konvention übernommen worden sei, aus der sich hätte Völkergewohnheitsrecht entwickeln können[1415]. Mit der Übertragung von Hoheitsrechten und damit einem Verzicht auf die Ausübung von Staatsgewalt wäre es aber unvereinbar, wenn sämtliche Maßnahmen der internationalen Organisation von den nationalen Gerichten auf ihre Rechtmäßigkeit hin überprüft werden könnten[1416]. Da hier kein Schwerpunkt auf die Untersuchung der Immunität gelegt werden soll, ist mit § 20 II GVG von der Existenz einer solchen allgemeinen Regel des Völkerrechts auszugehen.

Grundsätzlich müsste es für die deutschen Gerichte damit unmöglich sein, Rechtsschutz gegen eine internationale Organisation wegen Verstoßes gegen die EMRK zu gewähren.

Ein anderes könnte sich dann ergeben, wenn sie ihr Recht, sich auf Immunität zu berufen, **verwirkt** haben sollten.

So wird mit Blick auf die Staatenimmunität eine Verwirkung bei ius cogens-Verletzungen angenommen, wenn diese zur Nichtigkeit entsprechender Verträge führen[1417]. Ob bei einem EMRK-Verstoß die Immunität verwirkt werden kann, ist jedoch fraglich. Erstens führt die Verwirkung nur dazu, dass das Recht, das gegenüber einem anderen verletzt oder missbräuchlich in Anspruch genommen wurde, von dem Delinquenten selbst nicht mehr geltend gemacht werden kann[1418]. Die internationale Organisation müsste also Immunitätsrechte verletzt oder missbräuchlich verwendet haben,

---

[1409] Vgl. *Ehlers*, Die Europäisierung des Verwaltungsprozeßrechts, S. 7; *ders.*, in: *Schoch/Schmidt-Aßmann/Pietzner*, Vor § 40 Rn. 25 ff.; *Kopp/Schenke*, VwGO, § 1 RN. 24; *Real*, Staatenimmunität und Menschenrechte, S. 75.

[1410] So auch *Ehlers*, Die Europäisierung des Verwaltungsprozessrechts, S. 7; a.A. *Erichsen*, Jura 1994,418(419).

[1411] *Classen*, VerwA 2005,464(479); *Ehlers*, Die Europäisierung des Verwaltungsprozeßrechts, S. 26.

[1412] Vgl. *Ehlers*, Die Europäisierung des Verwaltungsprozeßrechts, S. 26.

[1413] *Burbaum*, Rechtsschutz gegen transnationales Verwaltungshandeln, S. 86; *Gummer*, in: *Zöller*, ZPO, § 20 GVG Rn. 5.

[1414] Vgl. *Bender*, IPRax 1998,1(6) m.w.N.

[1415] *Klein*, in: *Vitzthum*, Völkerrecht, Rn. 109.

[1416] So auch *Ehlers*, Die Europäisierung des Verwaltungsprozeßrechts, S. 26.

[1417] *Kokott*, in: FS für Bernhardt, 135(149).

[1418] Vgl. *Doehring*, in: FS Seidl-Hohenveldern, S. 52; *Real*, Staatenimmunität und Menschenrechte, S. 212.

um sich selbst nicht mehr auf die Immunität berufen zu können. Hier geht es aber nicht um die Verletzung der Immunität, sondern um die der EMRK. Und zweitens sind die Rechte und Freiheiten der EMRK nicht mit dem ius cogens identisch[1419]. Eine Verwirkung wegen einer ius cogens-Verletzung ist somit nicht möglich.

Ähnlich wie bei der hier favorisierten Abwägung zwischen den Rechten der Organisation und ihren Gründungsmitgliedern einerseits und den Freiheiten der EMRK andererseits[1420] könnten die Immunitätsrechte aber über die Anwendung des **Verhältnismäßigkeitsprinzips unmittelbar durch die Gerichte eingeschränkt** werden[1421]. Die Gerichte könnten selbst eine entsprechende Abwägungsentscheidungen treffen und entscheiden, ob die Organisation über Immunitätsschutz verfügt oder nicht.

Sofern die Immunität der Organisation im Gründungsvertrag völkervertraglich vereinbart worden ist, liefe dies jedoch darauf hinaus, dass sich die Bundesrepublik, der die Entscheidung der deutschen Gerichte völkerrechtlich zuzurechnen sind[1422], einseitig von ihren völkervertraglichen Verpflichtungen befreien könnte. Auch die Tatsache, dass der Verhältnismäßigkeitsgrundsatz im Völkerrecht anerkannt ist, vermag daran nichts zu ändern. Denn das Völkervertragsrecht stellt im Verhältnis zum Völkergewohnheitsrecht die lex specialis dar[1423]. Außerdem wenden die Gerichte nicht das Völkergewohnheitsrecht als solches an, sondern wegen ihrer Bindung an Recht und Gesetz (Art. 20 III GG) nur das über Art. 25 S. 1 GG transformierte[1424]. Es findet also nur eine mittelbare Durchsetzung des allgemeinen Völkerrechts durch die innerstaatlichen Organe statt[1425]. Und dass eine Befreiung von völkervertraglichen Verpflichtungen unter Berufung auf die nationale Rechtsordnung nicht möglich ist, ist bereits festgestellt worden[1426].

Nicht anders dürfte zu entscheiden sein, wenn die Immunität nur aufgrund von Völkergewohnheitsrecht bestehen sollte. Völkergewohnheitsrecht wird definiert als der Brauch als Ausdruck der Rechtsüberzeugung der Staaten[1427]. Die Einstufung einer Regel als Völkergewohnheitsrecht hängt somit davon ab, ob die Mehrheit der Staaten sie als verbindlich anerkennt[1428]. Um Völkergewohnheitsrecht abzuändern, müsste es in umgekehrter Weise zu einer beharrlich und auf Dauer veränderten Rechtsüberzeugung der Staaten kommen[1429]. Ob von einer entsprechend gewandelten Rechtsüberzeugung

---

[1419] Siehe Kapitel V C V. 2.

[1420] Siehe Kapitel V C V. 4.

[1421] *Burbaum*, Rechtsschutz gegen transnationales Verwaltungshandeln, S. 90; *Real*, Staatenimmunität und Menschenrechte, S. 224 ff.

[1422] Vgl. *Schweitzer*, Staatsrecht III, Rn. 243.

[1423] Vgl. *Vitzthum*, in: *ders.*, Völkerrecht, Rn. 154.

[1424] Vgl. *Hofmann*, GYIL 2004,9(25).

[1425] Vgl. *BVerfG*, Beschl. v. 26.10.2004, 2 BvR 955/00 und 1038/01, Rn. 91, www.bundesverfassungsgericht.de/entscheidungen.

[1426] Siehe Kapitel V C II.

[1427] Vgl. *Dahm/Delbrück/Wolfrum*, Völkerrecht I/1, S. 56.

[1428] Vgl. *Schreiber*, in: *Wieczorek/Schütze*, ZPO, § 20 GVG, Rn. 5.

[1429] Vgl. *Dahm/Delbrück/Wolfrum*, Völkerrecht I/1, S. 59.

gesprochen werden kann, wenn ein nationales Gericht eine Einzelfallentscheidung trifft, erscheint fraglich.

Erstens treffen die nationalen Gerichte ihre Entscheidung wegen ihrer Bindung an Recht und Gesetz (Art. 20 III, 1 III GG) aufgrund der Anwendung des innerstaatlichen Rechts. Auch wenn der Staat völkerrechtlich betrachtet eine Einheit darstellt und ihm die Handlungen sämtlicher Gerichte daher zuzurechnen sind, sie also grundsätzlich zur Bildung von Völkergewohnheitsrecht beitragen könnten[1430], treffen die Gerichte somit innerstaatliche und nicht völkerrechtliche Entscheidungen[1431]. Von einer entsprechenden völkerrechtlichen Rechtsüberzeugung kann also nicht ausgegangen werden.

Zweitens ist die Entscheidung eines Gerichts beziehungsweise Staates für die Änderung von Völkergewohnheitsrecht nicht maßgeblich. Erforderlich ist die gewandelte Rechtsüberzeugung der Mehrheit der Staaten[1432]. Völkergewohnheitsrecht lässt sich nicht einseitig außer Kraft setzen[1433]. Entsprechend folgt aus Art. 100 II GG, dass kein unterinstanzliches Gericht kompetent ist, Gewohnheitsrecht eigenständig auszulegen oder gar nicht erst anzuwenden[1434].

Ein deutsches Gericht kann das Völkergewohnheitsrecht folglich nicht ändern. Mithin bleibt es bei der kraft Völkergewohnheitsrechts bestehenden Immunität der internationalen Organisationen.

2. Ergebnis

In beiden Fällen kann ein Gericht durch eine selbst vorgenommene Abwägungsentscheidung keine Immunitätseinschränkung vornehmen. Diese Entscheidung muss auf der vorgelagerten, völkerrechtlichen Ebene erfolgen.

3. Maßnahmen einer deutschen Behörde

Wenigstens eine deutsche Behörde könnte Maßnahmen gegenüber internationalen Organisationen zur Sicherung der Rechte und Freiheiten der EMRK ergreifen.

Bei der Beantwortung dieser Frage wird man unterscheiden müssen, ob die Maßnahme unmittelbar gegen eine internationale Organisation als Völkerrechtssubjekt gerichtet ist oder als innerstaatliche ergeht beziehungsweise an nachgeordnete ausländische öffentlich-rechtliche Einrichtungen gerichtet ist.

[1430] Vgl. *Rojahn*, in: MüK, Art. 32 Rn. 6; *Schweitzer*, Staatsrecht III, Rn. 257a.

[1431] *Schweitzer*, Staatsrecht III, Rn. 257a.

[1432] Vgl. *Dahm/Delbrück/Wolfrum*, Völkerrecht I/1, S. 59; *Schreiber*, in: *Wieczorek/Schütze*, ZPO, § 20 GVG, Rn. 5.

[1433] *BVerfG*, Beschl. v. 26.10.2004, 2 BvR 955/00 und 1038/01, Rn. 97, www.bundesverfassungsgericht.de.

[1434] *Stein/v.Buttlar*, Völkerrecht, Rn. 206.

a) Maßnahmen gegenüber internationalen Organisationen als Völkerrechtssubjekten

Damit eine innerstaatliche Behörde unmittelbar Maßnahmen gegenüber internationalen Organisationen ergreifen kann, müsste sie über die Kompetenz verfügen, entsprechende Maßnahmen mit Wirkung außerhalb des eigenen Hoheitsbereichs zu erlassen.

Dazu müsste sie Träger der „auswärtigen Gewalt" sein. Das ist die Zuständigkeit der Organe der Bundesrepublik, mit Völkerrechtssubjekten zu verkehren[1435]. Die auswärtige Gewalt wird aber nicht als eine „vierte Gewalt[1436]" oder „selbständige Größe im Rahmen der Gewaltenteilung[1437]" verstanden. Vielmehr ist auf die im GG vorhandenen Kompetenznormen zurückzugreifen[1438].

Hier ist gemäß Art. 32 I GG die „Pflege der Beziehungen zu auswärtigen Staaten Sache des Bundes". Trotz des insoweit engen Wortlauts (auswärtige Staaten) werden davon auch andere Völkerrechtssubjekte wie internationale Organisationen erfasst[1439]. Die Pflege der Beziehungen wird verstanden als die Befugnis zur völkerrechtlichen Vertretung der Bundesrepublik als Völkerrechtssubjekt durch völkerrechtsförmliche Handlungsformen[1440]. Darüber hinaus besteht Uneinigkeit, ob auch rechtlich unverbindliche Handlungen – wie zum Beispiel solche der Außenpolitik – darunter fallen[1441]. Verneinte man diese Frage, bliebe es für alle Fälle unverbindlicher, außenpolitischer Handlungsformen bei der gemäß Art. 30 GG grundsätzlichen Zuständigkeit der Länder[1442].

Für den hier interessierenden Fall braucht letzteres aber nicht entschieden zu werden. Denn die Bezugnahme auf den Bund und die Länder (in Art. 32 III GG) weist lediglich auf die Verbandskompetenz hin[1443]. Ob einzelne Behörden – seien es nun solche des Bundes oder der Länder – kompetent sind, Maßnahmen gegenüber internationalen Or-

---

[1435] Vgl. *Rojahn*, in: MüK, Art. 32 Rn. 2; *Schweitzer*, Staatsrecht III, Rn. 734; *Streinz*, in: *Sachs*, Art. 32 Rn. 3.

[1436] *Geiger*, Grundgesetz und Völkerecht, S. 118; *Grewe*, in: HdBStR III, § 77 Rn. 6; *Schweitzer*, Staatsrecht III, Rn. 733; *Steinberger*, in: Rechtsentwicklung unter dem Bonner Grundgesetz, 104.

[1437] *Dahm/Delbrück/Wolfrum*, Völkerrecht I/1, S. 246.

[1438] *Dahm/Delbrück/Wolfrum*, Völkerrecht I/1, S. 246; *Geiger*, Grundgesetz und Völkerecht, S. 117; *Grewe*, in: HdBStR III, § 77 Rn. 6; *Schweitzer*, Staatsrecht III, Rn. 733.

[1439] *Geiger*, Grundgesetz und Völkerecht, S. 116; *Jarass*, in: J/P, Art. 32 Rn. 4; *Kempen*, in: MKS, Art. 32 Rn. 25; *Zuleeg*, in: AK, Art. 32 Rn. 7.

[1440] Unstreitig. Daher statt aller: *Grewe*, in HdBStR III, § 77 Rn. 2.

[1441] Dafür: *Geck*, ZRP 1987,292(292); *Grewe*, in: HdBStR III, § 77 Rn. 83; *Jarass*, in: J/P, Art. 32 Rn. 10; *Magiera*, in: *Lüder*, Staat und Verwaltung, S. 97(112); *Rojahn*, in: MüK, Art. 32 Rn. 3; *Steinberger*, in: Rechtsentwicklung unter dem Bonner Grundgesetz, 103; *Steinz*, in: Sachs, Art. 32 Rn. 12, 13; *Zuleeg*, in: AK, Art. 32 Rn. 5,6; dagegen: *Fastenrath*, Kompetenzverteilung im Bereich der auswärtigen Gewalt, 98; *Geiger*, Grundgesetz und Völkerrecht, S. 117; *Reichel*, Die Auswärtige Gewalt nach dem Grundgesetz für die Bundesrepublik Deutschland vom 23. Mai 1949, 24; *Harupa*, Das Verhältnis zwischen Bund und Ländern im Bereich der auswärtigen Gewalt, 4.

[1442] Vgl. *Magiera*, in: *Lüder*, Staat und Verwaltung, S. 97(112).

[1443] *Degenhart*, Staatsrecht I, Rn. 227; *Rojahn*, in: MüK, Art. 32 Rn. 1; *Streinz*, in: *Sachs*, Art. 32 Rn. 2.

ganisationen zu erlassen, ist eine Frage der von Art. 32 GG nicht behandelten Organkompetenz.

Die Organkompetenz ist für den Bund in Art. 59 GG geregelt. Für die Länder ergibt sie sich aus den Landesverfassungen[1444], vgl. Art. 57 Verf NRW, wonach die Landesregierung das Land NRW nach außen hin vertritt, aber die Vertretung auch dem Ministerpräsidenten oder einem anderen Mitglied der Landesregierung übertragen werden kann. Und gemäß Art. 59 I 1 GG vertritt der Bundespräsident den Bund völkerrechtlich. Er ist allerdings nur für die Abgabe staatlicher Erklärungen und die Vertretung der Bundesrepublik nach außen berufen. Für die interne Willensbildung und die Außenpolitik ist die – in Art. 59 I GG nicht erwähnte – Bundesregierung zuständig[1445].

Sowohl auf Bundes- als auch auf Landesebene sind also nur die obersten Bundes- beziehungsweise Landesbehörden zuständig. Spezielle Regelungen finden sich in Art. 23, 24, 73 I Nr. 1, 87 I und 115a V GG. Aber auch sie bestätigen nur, dass einfache Behörden nach der Kompetenzordnung des GG nicht zum Erlass von Maßnahmen mit völkerrechtlicher Wirkung befugt sind. Sie werden ausschließlich nach Maßgabe des innerstaatlichen Rechts tätig und nehmen mangels Eigenschaft als Völkerrechtssubjekt nicht am völkerrechtlichen Verkehr teil[1446]. Bestätigt wird dies auch vom allgemeinen Völkerrecht, wonach eben nur der Staat als solcher Völkerrechtssubjekt ist[1447].

Behörden können also nicht unmittelbar Maßnahmen gegenüber internationalen Organisationen als Völkerrechtssubjekte ergreifen.

b) Innerstaatliche Maßnahmen beziehungsweise Maßnahmen gegenüber nachgeordneten ausländischen öffentlichen Einrichtungen

Wenn Behörden innerstaatliche Maßnahmen treffen oder Maßnahmen gegenüber nachgeordneten ausländischen öffentlichen Einrichtungen ergreifen, werden sie nicht als Völkerrechtssubjekte tätig. Insoweit dürfen Sachverhalte mit grenzüberschreitendem Bezug nicht mit der Kompetenz zur Vornahme von Rechtsakten gegenüber Völkerrechtssubjekten verwechselt werden[1448]. Trotz Berührungspunkten mit den internationalen Organisationen sind hierfür dann allein die innerstaatlichen Zuständigkeitsnormen, Art. 30, 70, 83 ff. GG maßgeblich[1449]. Voraussetzung für die Zulässigkeit solcher Maßnahmen ist, dass sich die Behörden im Rahmen ihres Zuständigkeitsbereichs aufhalten[1450]. Die Kompetenzordnung des GG steht also solchen Maßnahmen nicht

---

[1444] Einen Überblick über die verschiedenen landesverfassungsrechtlichen Bestimmungen liefert *Schweitzer*, Staatsrecht III, Rn. 199.

[1445] Vgl. *Degenhart*, Staatsrecht I, Rn. 567; *Jarass*, in: J/P, Art. 59 Rn. 6, *Schweitzer*, Staatsrecht III, Rn. 755; *Stern* II, S. 221,

[1446] Vgl. *BVerfG*, Urt. v. 30.06.1957, 2 BvE 1/52, E 2,347(374).

[1447] Vgl. *Streinz*, in: *Sachs*, Art. 32 Rn. 6.

[1448] Vgl. *Geiger*, Grundgesetz und Völkerrecht, S. 118; *Grewe*, in: HdBStR III, § 77 Rn. 4; *Schweitzer*, Staatsrecht III, Rn. 734.

[1449] Vgl. *BVerfG*, Urt. v. 30.06.1957, 2 BvE 1/52, E 2,347(374).

[1450] Vgl. *Grewe*, in: HdBStR III, § 77 Rn. 83 zur "kommunalen Außenpolitik".

entgegen, die innerstaatlich und an nachgeordnete ausländische öffentliche Einrichtungen ergehen[1451].

Beispiele sind in Städtepartnerschaften[1452], Universitätspartnerschaften[1453], dem Betrieb von Auslandsrundfunk[1454] oder ausländischen Schulen[1455] sowie der grenzüberschreitenden Zusammenarbeit von Gemeinden[1456] zu finden.
Als Hoheitsträger bleiben sie an Recht und Gesetz (Art. 20 III GG) und damit auch an die EMRK und damit an Art. 1 und 46 EMRK gebunden. Eine „Flucht in das Recht der ausländischen Beziehungen“ findet nicht statt. Deshalb besteht für die Behörden genau so wie für die Bundesrepublik als Mitglied internationaler Organisationen im Rahmen der ihnen zur Verfügung stehenden Mitwirkungsmöglichkeiten eine Einwirkungsverpflichtung im Falle eines EMRK-Verstoßes.

4. Ergebnis

Festzuhalten ist aber, dass eine Behörde nicht kompetent ist, unmittelbar Maßnahmen gegenüber internationalen Organisationen als Völkerrechtssubjekte zu ergreifen.

1451 Vgl. *Jarass*, in: J/P, Art. 32 Rn. 16.
1452 Vgl. *Geiger*, Grundgesetz und Völkerrecht, S. 117; *Jarass*, in: J/P, Art. 32 Rn. 16.
1453 Vgl. *Fastenrath*, Kompetenzverteilung im Bereich der auswärtigen Gewalt, S. 99; *Geiger*, Grundgesetz und Völkerrecht, S. 117; *Pernice*, in: DR, Art. 32 Rn. 30; *Rojahn*, in: MüK, Art. 32 Rn. 61
1454 Vgl. *Pernice*, in: DR, Art. 32 Rn. 30.
1455 Vgl. *Fastenrath*, Kompetenzverteilung im Bereich der auswärtigen Gewalt, S. 99.
1456 Vgl. *Grewe*, in: HdBStR III, § 77 Rn. 83; *Jarass*, in: J/P, Art. 32 Rn. 16; *Rojahn*, in: MüK, Art. 32 Rn. 65; *BVerwG*, Urt. v. 14.12.1990, C 58.89, E 87,237(240).

Kapitel VI – Gerechte Entschädigung

Die Gewährung der gerechten Entschädigung sieht Art. 41 EMRK vor. Dort heißt es:

„Stellt der Gerichtshof fest, dass die Konvention oder die Protokolle dazu verletzt worden sind, und gestattet das innerstaatliche Recht der Hohen Vertragspartei eine nur unvollkommene Wiedergutmachung für die Folgen dieser Verletzung, so spricht der Gerichtshof der verletzten Partei eine gerechte Entschädigung zu, wenn dies notwendig ist".

Da hier keine Kommentierung des Art. 41 EMRK erfolgen soll[1457], sollen die Voraussetzungen und Rechtsfolgen nur überblicksartig dargestellt werden. Ausführlicher hingegen ist der streitigen, aber noch nicht intensiv diskutierten Frage nachzugehen, ob die gerechte Entschädigung auch sogenannte punitive damages erfasst.

A. Vorrang der restitutio in integrum

Eine gerechte Entschädigung wird dem Wortlaut der Vorschrift nach nur dann gewährt, wenn das innerstaatliche Recht eine **nur unvollkommene Wiedergutmachung** gestattet. Grundsätzlich ist die gerechte Entschädigung damit subsidiär gegenüber der Wiedergutmachung[1458]. Vorrangig ist eine Situation zu schaffen, die der vor der Verletzung der Rechte und Freiheiten der EMRK entspricht[1459].

Entgegen dem Wortlaut, der ausdrücklich nur auf die Restitutionsmöglichkeiten nach dem innerstaatlichen Recht abstellt, wird aber auch in darüber hinaus reichenden Fällen eine gerechte Entschädigung gewährt.

Erstens wird sie immer auch dann zugesprochen, wenn aufgrund der Art und Weise der Verletzung eine Restitution praktisch unmöglich ist[1460], es mithin gar nicht auf die in der jeweiligen Rechtsordnung rechtliche Möglichkeit ankommt[1461].

Zweitens wird die Formulierung „nur eine unvollkommene Wiedergutmachung" nicht so ausgelegt, dass eine mögliche Wiedergutmachung die Gewährung zusätzlichen Schadensersatzes ausschließt[1462]. So kommt es zur Entschädigung, wenn die Wiedergutmachung bis zum Zeitpunkt der EGMR-Entscheidung noch nicht erfolgt ist oder wenn sie nur teilweise – eben unvollkommen – möglich ist[1463]. Die Entschädigung

---

[1457] Insoweit ist zu verweisen auf: *Meyer-Ladewig*, Art. 41 Rn. 1 ff.; *Peukert*, in: F/P, Art. 50 Rn. 1 ff.; *Villiger*, Rn. 237 ff.

[1458] Ausdrücklich hervorgehoben von *EGMR*, Urt. v. 08.04.2004, 71503/01, EuGRZ 2004,268(275), Urt. v. 26.04.2004, 74969/01, EuGRZ 2004,700(706).

[1459] Vgl. *Frowein*, in: F/P, Art. 50 Rn. 3; *Villiger*, Rn. 238.

[1460] Vgl. *EGMR*, Urt. v. 24.05.2005, 36088/97 und 38417/97, Rn. 120, www.echr.coe.int; Urt. v. 28.05.2002, 33202/96, NJW 2003,658(659).

[1461] Vgl. *Frowein*, in: F/P, Art. 50 Rn. 3.

[1462] Vgl. *Frowein*, in: F/P, Art. 50 Rn. 3.

[1463] Vgl. *EGMR*, Urt. v. 28.11.2002, 25701/95, NJW 2003,1721(1721).

wird zudem hilfsweise auch für den Fall ausgesprochen, dass eine Wiedergutmachung nicht erfolgt[1464].

Drittens kommt es zu einer gerechten Entschädigung auch dann, wenn der Beschwerdeführer zugleich nach innerstaatlichem Recht einen vor den nationalen Gerichten durchsetzbaren Schadensersatzanspruch geltend machen kann[1465]. Zu denken wäre an einen Anspruch nach Art. 5 V EMRK, soweit dieser ins nationale Recht inkorporiert wurde. Danach hat jede Person, die unter Verletzung des Art. 5 EMRK von Festnahme oder Freiheitsentziehung betroffen ist, einen Anspruch auf Schadensersatz. Da wegen der Ausgleichsfunktion des Schadensersatzes[1466] grundsätzlich ein Schaden nur einmal behoben werden kann, mag dies auf den ersten Blick befremdlich erscheinen.

Begründet wird diese mit dem Wortlaut des Art. 41 EMRK unvereinbare Entschädigungspraxis damit, dass es dem Beschwerdeführer nicht zumutbar wäre, nur eine EMRK-Verletzung festzustellen. Dann könnte er nach einem langwierigen Verfahren gezwungen sein, erneut den innerstaatlichen Rechtsweg zur Geltendmachung eines ihm zustehenden Entschädigungsanspruches durchlaufen zu müssen[1467]. Diese Verfahrensverlängerung wäre unvereinbar mit dem Zweck eines effektiven Menschenrechtsschutzes[1468].

B. Schaden

Weitere Voraussetzung ist das Vorliegen eines ersatzfähigen Schadens.

I. Materiell / immateriell / Auslagen und Kosten

Als ersatzfähig werden der materielle Schaden (pecuniary damage[1469]) und der immaterielle Schaden (non-pecuniary damage[1470]) angesehen, vorausgesetzt sie sind kausal zur festgestellten Konventionsverletzung und dem Vertragsstaat zurechenbar[1471].

Zum materiellen Schaden sind die tatsächlich durch die Konventionsverletzung entstandenen Vermögensschäden sowie der entgangene Gewinn zu zählen[1472]. Mit dem immateriellen Schaden wird die psychologische Wirkung einer Konventionsverletzung

---

[1464] Vgl. *EGMR*, Urt. v. 30.10.1995, 14556/89, Rn. 39, www.echr.coe.int; *Meyer-Ladewig*, Art. 41 Rn. 4.
[1465] Vgl. *EGMR*, Urt. v. 20.05.1999, Rn. 98, www.echr.coe.int.
[1466] Vgl. *Heinrichs*, in: *Palandt*, Vorb. v. § 249 Rn. 4.
[1467] Vgl. *EGMR*, Urt. v. 22.11.1994, 23/1993/418/497, EuGRZ 1996,593(600); Urt. v. 31.10.1995, 14556/89, Rn. 40, www.echr.coe.int.
[1468] *EGMR*, Urt. v. 31.10.1995, 14556/89, Rn. 40; Urt. v. 20.05.1999, 21594/93, Rn. 98, www.echr.coe.int; *Meyer-Ladewig*, Art. 41 Rn. 4.
[1469] Vgl. nur *EGMR*, Urt. v. 24.05.2005, 35088/97 und 38417/97, Rn. 108, www.echr.coe.int.
[1470] Vgl. nur *EGMR*, Urt. v. 24.05.2005, 35088/97 und 38417/97, Rn. 124, www.echr.coe.int.
[1471] Vgl. ausführlich *Dannemann*, Schadensersatz bei Verletzung der EMRK, S. 133 ff.; Meyer-*Ladewig*, EMRK, Art. 41 Rn. 10; *Peukert*, in: F/P, Art. 50 Rn. 11; *Villiger*, Rn. 241.
[1472] Vgl. *Meyer-Ladewig*, EMRK, Art. 41 Rn. 7; *Peukert*, in: F/P, Art. 50 Rn. 8 f.; *Peters*, Einführung in die Europäische Menschenrechtskonvention, S. 255; *Villiger*, Rn. 240.

ausgeglichen[1473]. Was dessen Höhe anbelangt, so entscheidet der EGMR auf einer „equitable basis[1474]" und damit nach billigem Ermessen[1475]. Insbesondere werden berücksichtigt die Schwere der Verletzung[1476] und die Intensität des aufgekommenen mentalen Stresses[1477].

Außerdem werden die dem Beschwerdeführer durch das Verfahren entstanden Kosten und Auslagen ersetzt[1478]. Sowohl die durch das innerstaatliche als auch das konventionsrechtliche Verfahren entstandenen Kosten müssen der Höhe nach angemessen[1479] und notwendig gewesen sein, um die festgestellte Konventionsverletzung zu verhindern beziehungsweise ihr abzuhelfen[1480].

II. Punitive damages?

Darüber hinaus könnte auch einem Antrag auf „punitive damages" oder Zivilstrafe beziehungsweise Schadensersatz mit Strafcharakter vom EGMR entsprochen werden.

„Punitive damages" wird definiert als „damages which punish the defendant for the loss or harm caused to the plaintiff or heavy damages awarded to show that the court feels the defendant has behaved badly towards the plaintiff[1481]". Es handelt sich also um verschärften Schadensersatz, der den Verurteilten, hier den EMRK-Vertragsstaat, für die EMRK-Verletzung sanktionieren soll.

Der EGMR hat es bisher – wenn auch ohne Begründung – abgelehnt, einem Antrag auf verschärften Schadensersatz zu entsprechen[1482]. In neuerer Zeit könnte er allerdings dazu übergegangen sein, entsprechende Anträge zu erfüllen: So wurde bei der Bemessung eines von der verurteilten Regierung als exzessiv[1483] befundenen Nichtvermögensschadens in Höhe von insgesamt 185.000 € berücksichtigt, dass der Vertragsstaat nur eine ineffektive Sicherung der Rechte und Freiheiten der EMRK gewährt hatte[1484]. Dass die Höhe des Schadens mit der nur unzulänglichen Freiheitssicherung begründet wurde, könnte ein Hinweis auf eine sanktionierende Intention des EGMR sein. Dagegen spricht aber, dass er an gleicher Stelle auf seine Ermessenspraxis in vergleichbaren Fällen verweist[1485]. Und in den Fällen, in denen er den verschärf-

---

[1473] Vgl. *Meyer-Ladewig*, EMRK, Art. 41 Rn. 8,9; *Peukert*, in: F/P, Art. 50 Rn. 10.
[1474] Vgl. nur *EGMR*, Urt. v. 24.05.2005, 35088/97 und 38417/97, Rn. 126, www.echr.coe.int.
[1475] Einen Überblick über die unterschiedlichen Beträge liefert *Meyer-Ladewig*, EMRK, Art. 41 Rn. 12 f. Vgl. auch *Grabenwarter*, EMRK, § 15 Rn. 8.
[1476] Vgl. *Tomuschat*, in: FS Ryssdal,1409(1425).
[1477] Vgl. *Tomuschat*, in: FS Ryssdal,1409(1426).
[1478] Vgl. nur *EGMR*, Urt. v. 24.05.2005, 35088/97 und 38417/97, Rn. 127, www.echr.coe.int.
[1479] Vgl. *Meyer-Ladewig*, EMRK, Art. 41 Rn. 18; *Villiger*, Rn. 242.
[1480] Vgl. *Grabenwarter*, EMRK, § 15 Rn 12; *Meyer-Ladewig*, EMRK, Art. 41 Rn. 5, 18 ff. ; *Peukert*, in: F/P, Art. 50 Rn. 59 ff.; *Villiger*, Rn. 242.
[1481] *Collin/Janssen/Kornmüller/Livesey*, Fachwörterbuch Recht, S. 288.
[1482] *EGMR*, Urt. v. 18.12.1999, 27267/95, NVwZ 2001,304(307); Urt. v. 24.04.1998, 12/1997/796/998-999, Selçuk and Asker ./. Turkey, Rn. 119, www.echr.coe.int.
[1483] *EGMR*, Urt. v. 24.05.2005, 36088/97 and 38417/97, Rn. 125, www.echr.coe.int.
[1484] *EGMR*, Urt. v. 24.05.2005, 36088/97 and 38417/97, Rn. 126, www.echr.coe.int.
[1485] *EGMR*, Urt. v. 24.05.2005, 36088/97 and 38417/97, Rn. 126, www.echr.coe.int.

ten Schadenersatz explizit abgelehnt hatte, wurde ausdrücklich zwischen Nichtvermögensschaden und Zivilstrafe unterschieden[1486]. Somit ist davon auszugehen, dass der EGMR es weiterhin ablehnt, einem Antrag auf punitive damages zu entsprechen. Damit befindet sich der EGMR in Übereinstimmung mit den allgemeinen völkerrechtlichen Grundsätzen, wonach es – anders als im Anglo-Amerikanischen Rechtssystem – nicht üblich ist, dass Gerichtsentscheidungen eine abschreckende Wirkung zukommt[1487].

Mit Blick auf die gegenüber den allgemeinen Regeln des Völkerrechts speziellere EMRK[1488] ließe sich demgegenüber argumentieren, dass die Formulierung „*gerechte* Entschädigung" dem EGMR zur Effektuierung des Menschenrechtsschutzes abschreckende Entschädigungsentscheidungen ermögliche[1489]. Außerdem könnte es unmöglich sein, bei der Bemessung des immateriellen Schadens kompensatorische und pönalisierende Zwecke auseinander zu halten[1490]: Zum einen sei die Schwere der Verletzung und des staatlichen Verschuldens zu berücksichtigen[1491]. Zum anderen gewinne die präventive Wirkung der Entschädigungsleistung an Bedeutung, je weniger das Gericht dem Opfer Abhilfe verschaffen könne[1492].

Wer punitive damages allein unter Hinweis auf dessen präventive und damit effektive Wirkung gewährt[1493], läuft Gefahr, zwar rechtspolitisch unter Umständen wünschenswerte, aber rechtlich unzulässige Entscheidungen zu treffen. Wer ihn gewähren möchte, ohne ihn als solchen zu bezeichnen[1494], könnte die rechtlichen Vorgaben der EMRK umgehen. Entscheidend dürfte sein, ob der unbestimmte Rechtsbegriff der „gerechten Entschädigung" entsprechend weit ausgelegt werden kann. Erst dann kann unter Hinweis auf die effektuierende Wirkung auch eine Entschädigung mit sanktionierendem Strafcharakter gewährt werden.

So könnte bereits der **Wortlaut** sanktionierende Wirkungen ausschließen. Bezüglich der Auslegung des Art. 63 I AMRK, der mit der „angemessenen Entschädigung" beziehungsweise „fair compensation" ähnlich formuliert ist wie Art. 41 EMRK („gerechte Entschädigung" beziehungsweise „just satisfaction") hat der IAGMR vertreten, dass die angemessene Entschädigung nur kompensatorische und nicht auch sanktionierende

---

[1486] *EGMR*, Urt. v. 18.12.1999, 27267/95, NVwZ 2001,304(307).
[1487] So *IAGMR*, Urt. v. 21.07.1989, EuGRZ 1991,346(347).
[1488] Vgl. *Vitzthum*, in: *ders.*, Völkerrecht, Rn. 154.
[1489] So *Frowein*, in: F/P, Art. 50 Rn. 6.
[1490] So *Dannemann*, Schadensersatz bei Verletzung der Europäischen Menschenrechtskonvention, S. 408.
[1491] So *Dannemann*, Schadensersatz bei Verletzung der Europäischen Menschenrechtskonvention, S. 408.
[1492] So *Dannemann*, Schadensersatz bei Verletzung der Europäischen Menschenrechtskonvention, S. 409.
[1493] Vgl. *Frowein*, in: F/P, Art. 50 Rn. 6.
[1494] Vgl. *Dannemann*, Schadensersatz bei Verletzung der Europäischen Menschenrechtskonvention, S. 409.

Entscheidungen zulasse[1495]. „Just" steht synonym für „fair"[1496]. Daher könnte die Wortlautinterpretation des IAGMR auf Art. 41 EMRK übertragen werden.

Zwingend muss diese Argumentation aber nicht sein. „Just" ist das Adjektiv zu „Justice". Und „Justice" wird übersetzt mit „Gerechtigkeit"[1497]. Gerechtigkeit wiederum ist ein Begriff, er ein universales Prinzip humanitärer Sittlichkeit darstellt, auf einem Grundbedürfnis aller Menschen beruht und damit dem positiven Recht vor- und übergeordnet ist[1498]. Sollte eine sanktionierende Wirkung also noch als gerecht anzusehen sein, würde der Wortlaut des Art. 41 EMRK jedenfalls punitive damages nicht verbieten.

Wie Gerechtigkeit zu definieren ist, darüber herrscht Uneinigkeit[1499]. Im Wesentlichen wird konstruktiv aber zwischen ausgleichender und austeilender Gerechtigkeit unterschieden[1500]. Die ausgleichende Gerechtigkeit betrifft das Verhältnis der Einzelnen zueinander und verlangt nach mengenmäßiger Gleichheit[1501]. Hier geht es indes um das Verhältnis des EMRK-Berechtigten gegenüber dem EMRK-Vertragsstaat und nicht das der Individuen zueinander. Daher könnte die austeilende Gerechtigkeit weiterhelfen. Sie beschreibt das Verhältnis des Einzelnen zum Ganzen[1502]. Es geht nicht um eine Form von Austauschgerechtigkeit, sondern um die Einbeziehung sämtlicher relevanter Belange[1503]. Ein damit einhergehender fairer Austausch widerstreitender Interessen bedeutet aber, nicht nur das Interesse des Einzelnen am effektiven EMRK-Schutz zu berücksichtigen, sondern auch das Interesse des Staates an der Geringhaltung des Schadens. Wenn nun aber der Schaden des Einzelnen bereits mit Hilfe des Vermögens- beziehungsweise Nichtvermögensschadens ausgeglichen wurde, sind seine Belange hinreichend geschützt. Der Strafcharakter hätte nur noch die Funktion, den Staat zu motivieren, in Zukunft die Rechte und Freiheiten der EMRK effektiver als bisher zu schützen. Hierzu hat er sich bereits mit Art. 1, 46 EMRK verpflichtet. Denn nach einer festgestellten Konventionsverletzung muss er auch generelle Maßnahmen ergreifen, um künftige, gleich gelagerte Verletzungen zu vermeiden[1504]. Die Wortwahl „gerechte Entschädigung" beziehungsweise „just satisfaction" spricht somit gegen die Zulässigkeit von Schadensersatz mit Strafcharakter.

Das Wortlautargument könnte aber mit Hilfe der historischen, systematischen und teleologischen Interpretation widerlegt werden.

[1495] *IAGMR*, Urt. v. 21.07.1989, EuGRZ 1991,346(347).
[1496] Vgl. *Collin/Janssen/Kornmüller/Livesey*, Fachwörterbuch Recht, S. 191.
[1497] Vgl. *Collin/Janssen/Kornmüller/Livesey*, Fachwörterbuch Recht, S. 191.
[1498] Vgl. *Tilch*, Münchener Rechtslexikon, S. 110.
[1499] Vgl. *Lübbersmann*, Alpmann Brockhaus Fachlexikon Recht, S. 563; *Larenz*, Methodenlehre der Rechtswissenschaft, S. 166 ff.
[1500] *Creifels*, Rechtswörterbuch, S. 533.
[1501] *Creifels*, Rechtswörterbuch, S. 533.
[1502] *Creifels*, Rechtswörterbuch, S. 533.
[1503] *Lübbersmann*, Alpmann Brockhaus Fachlexikon Recht, S. 563.
[1504] *EGMR*, Urt. v. 08.04.2004, 71503/01, EuGRZ 2004,268(275).

Die **historische** Auslegung ergibt lediglich, dass Art. 50 EMRK a.F. inhaltlich den Regeln des allgemeinen Völkerrechts entsprechen sollte[1505]. Damit sollte in erster Linie nur klargestellt werden, dass den Urteilen des EGMR keine kassatorische Wirkung zukomme[1506]. Fraglich ist deshalb, ob überhaupt über die Frage nach punitive damages nachgedacht wurde. Unterstellt man dies, wäre die Frage zu verneinen, fehlt es doch im allgemeinen Völkerrecht an einem allgemeinen Grundsatz, wonach Entscheidungen internationaler Spruchkörper abschreckende Wirkung entfalten könnten[1507]. In der Regel wird jedoch davon auszugehen sein, dass erst später auftretende Streit- oder Zweifelsfragen nicht bedacht wurden, wenn dazu in den historischen Materialien nicht ausdrücklich Stellung genommen wurde[1508]. Mithin bliebe die Frage der Klärung durch den Gerichtshof selbst überlassen[1509]. Eindeutige Aussagen lassen sich der historischen Interpretation damit nicht entnehmen[1510].

Bei **systematischer** Betrachtung von Art. 41 und Art. 46 EMRK ist die gerechte Entschädigung gegenüber der restitutio in integrum subsidiär[1511]. Die in Art. 46 I EMRK geschuldete restitutio in integrum verlangt von dem verurteilten Staat die Herstellung eines Zustandes, der dem vor der Konventionsverletzung entspricht[1512]. Eine Besserstellung des EMRK-Berechtigten ist damit nicht geschuldet. Gleiches muss dann auch für die subsidiäre Entschädigung gelten[1513]. Und da eine Kompensation bereits über den Ersatz des materiellen beziehungsweise immateriellen Schadens sowie die zu ersetzenden Ausgaben und Kosten bewirkt wird[1514], stellt ein darüber hinaus gehender Schadensersatz mit Strafcharakter eine nicht geschuldete Besserstellung dar. Untermauert werden könnte dies durch die ebenfalls im Abschnitt II sich befindlichen Art. 38, 39 EMRK. Nach Art. 38 I lit. b) EMRK hält sich der EGMR zur Verfügung der Parteien, um eine gütliche Einigung auf der Grundlage der Achtung der Menschenrechte zu erreichen. Im Rahmen einer so erzielten Streitschlichtung gibt es aber weder „Gewinner“ noch „Verlierer“[1515]. Der Strafcharakter der punitve damages stünde zu diesem Bild im Widerspruch.

Sollte Art. 38 EMRK im Schwerpunkt demgegenüber der Entlastung des Gerichts dienen[1516], könnte der Schadensersatz mit Strafcharakter zur Erreichung dieses Zieles nützlich sein. Für die Annahme der Entlastungsfunktion spricht, dass die gütliche Ei-

---

1505 Rapport du Comité d'Experts des Droits de l'Homme, RTP II, S. 508.
1506 *Polakiewicz*, Die Verpflichtungen der Staaten aus den Urteilen des Europäischen Gerichtshofs für Menschenrechte, S. 13.
1507 Vgl. IAGMR, Urt. v. 21.07.1989, EuGRZ 1991,346(347).
1508 *Herzberg*, JuS 2005,1(4).
1509 So *Tomuschat*, in: FS Ryssdal, 1409(1410).
1510 So auch *Tomuschat*, in: FS Ryssdal, 1409(1410).
1511 Siehe Kapitel VI A.
1512 Vgl. *EGMR*, Urt. v. 25.07.2000, NJW 2001,809(810).
1513 Vgl. *Polakiewicz*, Die Verpflichtungen der Staaten aus den Urteilen des Europäischen Gerichtshofs für Menschenrechte, S. 61.
1514 Vgl. dazu Kapitel VI A II.
1515 Vgl. *Grabenwarter*, EMRK, § 13 Rn. 60.
1516 Vgl. BT-Drucks. 13/858 S. 41, wonach die gütliche Einigung als „sehr nützlich“ bezeichnet wird.

nigung dem Prozessvergleich nach nationalem Recht entspricht[1517]. Zwar stellt der Prozessvergleich eine Erscheinungsform der Dispositionsmaxime der Parteien dar[1518]. Sein Sinn und Zweck ist aber die Beendigung des Rechtstreits und damit die Entlastung der Gerichte[1519]. Dieses Ziel könnte durch eine drohende Sanktion, der der Staat zu entgehen versuchen wird, gefördert werden. In gleicher Weise könnte das Ziel einer gütlichen Einigung aber auch vereitelt werden. Denn der Beschwerdeführer dürfte wegen der Aussicht auf einen verschärften Schadensersatz wenig Anlass haben, an einer gütlichen Einigung mitzuwirken. Somit spricht auch die Systematik gegen die Zulässigkeit von punitive damages.

Sinn und **Zweck** der EMRK ist gemäß Art. 1 EMRK die effektive und nicht nur illusorische Sicherung der Rechte und Freiheiten der EMRK[1520]. Dies könnte für den Schadensersatz mit Strafcharakter sprechen. Denn durch empfindlich hohe Schadensersatzsummen könnte der Vertragsstaat stärker dazu angehalten werden, in Zukunft für eine effektivere Sicherung der EMRK-Freiheiten Sorge zu tragen[1521]. Andererseits besagt die Präambel, dass es das Ziel des Europarates ist, eine engere Verbindung zwischen seinen Mitgliedern herzustellen. Eines der Mittel zur Erreichung dieses Zieles ist die Wahrung und Fortentwicklung der Menschenrechte und Grundfreiheiten. Letzteres wird vom EGMR betrieben (vgl. Art. 32 EMRK). Erforderlich ist daher, dass dessen Urteile von den Vertragsstaaten anerkannt und tatsächlich befolgt werden. Dies gilt um so mehr, als dass es auf völkerrechtlicher Ebene keine Vollstreckungsorgane gibt[1522]. Die Einhaltung der Urteile wird lediglich vom Ministerkomitee nach Maßgabe des Art. 46 II EMRK überwacht. Sollten sich also die Vertragsstaaten dazu entschließen, den Urteilen nicht mehr Folge zu leisten, liefe das Ziel der Sicherung der Rechte und Freiheiten der EMRK leer. Diese Gefahr dürfte umso größer sein, sollte der EGMR vermehrt Anträgen auf Schadensersatz mit Strafcharakter entsprechen. Folglich spricht auch die teleologische Interpretation nicht für die Zulässigkeit von punitive damages.

III. Zwischenergebnis

Nach der hier vertretenen Auffassung ist der EGMR somit nicht befugt, einem Antrag auf Schadensersatz mit Strafcharakter stattzugeben.

C. Übrige Voraussetzungen

Die restlichen Anforderungen lassen sich kurz darstellen. So hat die erforderliche **Feststellung** der Konventionsverletzung und eines grundsätzlich ersatzfähigen Schadens nicht immer zur Folge, dass der EMRK-Vertragsstaat auch zur Zahlung einer ge-

---

1517 *Frowein*, in: F/P, Art. 28 Rn. 5.
1518 Vgl. *Musielak*, Grundkurs ZPO, Rn. 102.
1519 Vgl. *Stein*, ZPO, § 794, Rn. 4; *Westermeier*, Die Erledigung der Hauptsache im Deutschen Verfahrensrecht, S. 284; *Zöller*, ZPO, Einl. 43.
1520 Vgl. *EGMR*, Urt. v. 18.02.1999, 26083/94, NJW 1999,1173(1175).
1521 So *Frowein*, in: F/P, Art. 50 Rn. 6.
1522 Vgl. *Bernhardt*, in: Richterliche Rechtsfortbildung, S. 527(529).

rechten Entschädigung verurteilt wird. **Negative Voraussetzung** ist gemäß Art. 41 EMRK nämlich, dass die **Gewährung** einer gerechten Entschädigung **notwendig** ist. Die Entscheidung darüber steht im billigen Ermessen des Gerichtshofs[1523]. Sie fällt in der Regel negativ aus, wenn der Schaden bereits durch innerstaatliche Maßnahmen ausgeglichen wurde[1524] und der EGMR daher zu der Überzeugung gelangt, dass bereits die Feststellung der Konventionsverletzung eine ausreichende Entschädigung darstellt[1525], wenn der Schaden als unerheblich eingestuft wird[1526] oder wenn dem Beschwerdeführer ein überwiegendes Mitverschulden zur Last zu legen ist[1527].

Außerdem muss der Beschwerdeführer stets einen **Antrag** stellen (vgl. Art. 60 I VerfO EGMR).

1523 Vgl. *Meyer-Ladewig*, EMRK, Art. 41 Rn. 16.
1524 Vgl. *Meyer-Ladewig*, EMRK, Art. 41 Rn. 16; *Peukert*, in: F/P, Art. 50 Rn. 4.
1525 *EGMR*, Urt. v. 21.06.1983, Eckle, EuGRZ 1986,553(555).
1526 Vgl. *Peukert*, in: F/P, Art. 50 Rn. 29.
1527 *EGMR*, Urt. v. 27.09.1995, 18984/91, Rn. 219, www.echr.coe.int.

Kapitel VII – Zusammenfassung und Bewertung

Bei der Beantwortung der Frage nach der Effektivität der EMRK und der wirksamen Befolgung der Entscheidungen des EGMR innerhalb der deutschen Rechtsordnung lassen sich folgende Ergebnisse festhalten:

1. Die EMRK lässt ihren Vertragsstaaten die Wahl, wie sie ihrer völkerrechtlichen Verpflichtung zur wirksamen Sicherung der EMRK-Freiheiten nachkommen[1528]. In der Bundesrepublik Deutschland genießt die EMRK formal den Rang eines einfachen Bundesgesetzes[1529]. Mittelbar erlangt sie aber über die Auslegung des Grundgesetzes Verfassungsrang[1530]. Im Verhältnis zu anderen Bundesgesetzen stellt sie keine lex specialis dar[1531]. Es wird jedoch vermutet, dass der Gesetzgeber bei der Verabschiedung neuer Gesetze nicht gegen die EMRK verstoßen will[1532]. Deshalb sind die Bundesgesetze so weit wie möglich EMRK-konform auszulegen.

2. Entscheidungen des EGMR haben keine kontradiktorische, sondern lediglich eine feststellende Wirkung[1533]. Völkerrechtlich wirken sie nur inter partes und nicht auch erga omnes[1534]. Innerstaatlich kommt ihnen unmittelbare Wirkung zu[1535]. Gerichte und Behörden haben sie sowohl im konkreten Fall als auch in gleich gelagerten Fällen zu befolgen, soweit dies im Rahmen der Auslegung der Gesetze und der Verfassung möglich ist[1536].

Auch im sogenannten Fall mehrpoliger Grundrechtsverhältnisse kommt eine Durchbrechung der formellen Befolgungspflicht der Urteile des EGMR nicht in Betracht. Denn Art. 36 II EMRK und Art. 61 III VerfO EGMR gewährleisten, dass auch die Grundrechtspositionen Dritter, die nicht als Beschwerdeführer vor dem EGMR auftreten, hinreichend berücksichtigt werden[1537].

Sollte sich im Spannungsverhältnis zwischen EGMR einerseits und BVerfG andererseits ein unlösbarer Konflikt auftun, müssen die Fachgerichte und die Behörden wegen § 31 BVerfGG dem BVerfG folgen. Dies gilt auch dann, wenn sie dadurch fortlaufend gegen die EMRK verstoßen[1538]. Solange der Gesetzgeber noch nicht mit der Lockerung der Bindungswirkung des § 31 BVerfGG reagiert hat, lässt sich der Konflikt durch Annahme eines Kooperationsverhältnisses zwischen BVerfG und EGMR lösen[1539]. Danach darf sich das BVerfG nur dann auf sein Letztentscheidungsrecht beru-

[1528] Kapitel II B.
[1529] Kapitel III A.
[1530] Kapitel III B. III., V.
[1531] Kapitel III C. II.
[1532] Kapitel III C. I.
[1533] Kapitel IV A.
[1534] Kapitel IV A. 3.
[1535] Kapitel IV A. II. 5.
[1536] Kapitel IV A. II. 5.
[1537] Kapitel IV A. 6. e).
[1538] Kapitel IV A. 7. c).
[1539] Kapitel IV A. 7. d).

fen, wenn seiner Auffassung nach der EGMR einen – grundsätzlich als gewährleistet anzusehenden – Grundrechtsmindeststandard unterschritten hat.

3. Hat der EGMR eine Konventionsverletzung festgestellt, bestehen konkrete Restitutionspflichten.

a) Ein konventionswidriges Bundesgesetz bleibt gültig. Gerichte müssen eine konkrete Normenkontrolle nach Art. 100 I GG mittelbar über die Grundrechte anstrengen[1540]. Behörden müssen demgegenüber die Norm auch weiterhin anwenden. Sie haben keine Aussetzungsbefugnis[1541].

Sind eine Landesverfassung oder ein Landesgesetz unvereinbar mit der EMRK, so sind sie gemäß Art. 31 GG nichtig. Die Feststellung der Nichtigkeit obliegt aber dem BVerfG nach Art. 100 I 2 GG, es sei denn, es handelt sich bei der Landesverfassung oder dem Landesgesetz im Verhältnis zur EMRK um früheres Recht[1542].

Konventionswidrige Satzungen und Rechtsverordnungen sind nichtig. Sowohl Gerichte als auch Behörden sind verpflichtet, sie nicht mehr anzuwenden[1543].

Ist ein Gesetz für konventionswidrig befunden worden und ist eine konventionskonforme Auslegung nicht möglich, muss der Gesetzgeber das Gesetz ändern[1544]. Demgegenüber ist eine Verpflichtung zur Verfassungsänderung nicht anzunehmen[1545].

b) Nicht nur im Strafprozess gemäß § 359 Nr. 6 StPO, sondern auch im Zivil-, Verwaltungs-, Arbeitsgerichts-, Finanz-, Sozialgerichts- und Verfassungsprozess muss ein Verfahren wiederaufgenommen werden, wenn ein Beschwerdeführer im konkreten Fall vor dem EGMR obsiegt hat, die jeweilige gerichtliche Entscheidung vom EGMR also für konventionswidrig befunden wurde. Hier überwiegt die materielle Gerechtigkeit. In lediglich gleich gelagerten Fällen überwiegt demgegenüber die Rechtssicherheit. Hier findet eine Wiederaufnahme nicht statt[1546].

Bei konventionskonformer Auslegung des § 580 Nr. 6 ZPO ist bereits heute eine Wiederaufnahme möglich[1547].

c) Derjenige, der sich erfolgreich mit der Individualbeschwerde gegen einen konventionswidrig erlassen Verwaltungsakt gewandt hat, hat einen Anspruch auf ein Wiederaufgreifen des Verwaltungsverfahrens im weiteren Sinne gemäß § 51 V VwVfG. Bei bestandkräftig gewordenen Veraltungsakten mit Dauerwirkung besteht ein Wiederaufgreifensanspruch auch in gleich gelagerten Fällen mit Wirkung für die Zukunft. Im Übrigen steht es im Ermessen der Behörde, ob sie das Verfahren wieder aufgreift. Im Rahmen der Ermessensentscheidung hat sie die materielle Individualgerechtigkeit ge-

---

[1540] Kapitel IV B. I. 1. a) cc) (1).
[1541] Kapitel IV B. I. 1. a) cc) (2).
[1542] Kapitel IV B. I. 1. b).
[1543] Kapitel IV B. I. 1. c).
[1544] Kapitel IV B. I. 2.
[1545] Kapitel IV B. I. 3.
[1546] Kapitel IV B. II. 1. b) aa) (5).
[1547] Kapitel IV B. II. 1. b) bb), 2.

genüber der Rechtssicherheit und der Funktionsfähigkeit der Verwaltung abzuwägen[1548].

Gleiches gilt für die Entscheidung über die Aufhebung eines konventionswidrigen Verwaltungsaktes nach Maßgabe der §§ 48, 49 VwVfG[1549]. Die Jahresfrist des § 48 IV VwVfG vermag jedoch die effektive Befolgung der Entscheidungen des EGMR zu vereiteln[1550].

d) Verwaltungsverträge, die gegen die EMRK verstoßen, sind nur dann nichtig, wenn es sich um erhebliche Verstöße handelt[1551]. Im Übrigen hat eine Vertragsanpassung beziehungsweise Kündigung zu erfolgen[1552].

e) Leistungen, die aufgrund eines konventionswidrigen Verwaltungsaktes oder eines konventionswidrigen und nichtigen Verwaltungsvertrages gewährt wurden, sind nach § 49 a VwVfG beziehungsweise über den öffentlich-rechtlichen Erstattungsanspruch rückabzuwickeln[1553].

4. Die Bundesrepublik ist in weitem Umfang zum Schutze vor EMRK-Verletzungen verpflichtet.

a) Sie hat ihre Rechtsordnung so auszugestalten, dass die Rechte und Freiheiten der EMRK auch durch Eingriffe privater Dritter nicht verletzt werden[1554]. Bei der Ausgestaltung der Rechtsordnung kommt ihr indes ein weiter Umsetzungsspielraum zu[1555].

b) Der Bund ist verpflichtet, auf ein Bundesland, das in Ausübung seiner Kompetenzen gegen die EMRK verstoßen hat, einzuwirken. Dies hat im Rahmen der Bundesaufsicht und mit Hilfe des Bundeszwanges zu geschehen. Auch hier kommt dem Bund nur bei der Auswahl der Einwirkungsmittel ein weiter Entscheidungsspielraum zu[1556]. Darüber hinaus kann der Bund ein Land in Regress nehmen, wenn die Bundesrepublik vom EGMR zur Zahlung einer gerechten Entschädigung verurteilt wurde oder die Kosten des Verfahrens zu tragen hatte. Die Föderalismus- beziehungsweise Bundesstaatsreform hat hierzu Art. 104 a VI GG eingeführt. Dieser dient aber nur der Klarstellung. Denn bereits nach geltendem Recht kann der Bund ein Land in Regress nehmen[1557]. Für den Fall der Wahrnehmung von Verwaltungskompetenzen durch ein Land folgt das unmittelbar aus Art. 104 a V 1 Hs. 2 GG[1558]. Für konventionswidrige Gesetzgebung, Rechtsprechung oder Regierungstätigkeit hat der Bund einen Anspruch wegen Verletzung eines verwaltungsrechtlichen Schuldverhältnisses[1559].

[1548] Kapitel IV B. III. 1. b) aa) (3).
[1549] Kapitel IV B. III. 2.
[1550] Kapitel IV B. III. 2. b) bb) (2).
[1551] Kapitel IV B. IV. 3. b) bb).
[1552] Kapitel IV B. IV. 4.
[1553] Kapitel IV B. V.
[1554] Kapitel V A. II. 4.
[1555] Kapitel V A. III.
[1556] Kapitel V B. II.
[1557] Kapitel V B. III. 8.
[1558] Kapitel V B. III. 1. a) cc).
[1559] Kapitel V B. III. 3.

c) Bei Schaffung einer und bei Beitritt zu einer internationalen beziehungsweise supranationalen Organisation muss die Bundesrepublik gewährleisten, dass ein den EMRK-Rechten und –Freiheiten entsprechender Grundrechtsstandard eingehalten wird[1560]. Verstoßen Organe einer internationalen Organisation, deren Mitglied die Bundesrepublik ist, gegen die EMRK, muss die Bundesrepublik auf diese einwirken[1561]. Grenzen der Einwirkungspflicht ergeben sich aus anderweitigen völkerrechtlichen Verpflichtungen[1562]. Die EMRK verpflichtet aber nicht, zwecks ihrer Einhaltung gegen diese zu verstoßen[1563]. Ein Konflikt zwischen der EMRK-rechtlichen Verpflichtung einerseits und der anderweitigen völkerrechtlichen Bindung andererseits lässt sich nach dem Prinzip der praktischen Konkordanz auflösen[1564]. Eine gerichtliche Instanz, die darüber eine verbindliche Entscheidung treffen könnte, existiert jedoch nicht[1565].

Nationalen Gerichten und Behörden ist es mit Blick auf die Immunität der internationalen Organisation verwehrt, auf diese einzuwirken[1566].

5. Sollte eine Wiedergutmachung der Konventionsverletzung nach innerstaatlichem Recht nicht möglich sein, spricht der Gerichtshof der verletzten Partei eine gerechte Entschädigung zu[1567]. Er ist allerdings nicht befugt, auch sogenannte „punitive damages" oder Schadensersatz mit Strafcharakter zuzusprechen[1568].

Insgesamt lässt sich damit die am Anfang aufgeworfene Frage nach der Effizienz beantworten.

Trotz der Annahme des BVerfG, dass es nicht dem Ziel der Völkerrechtsfreundlichkeit des Grundgesetzes widerspreche, wenn der Gesetzgeber ausnahmsweise Völkervertragsrecht nicht beachte, sofern nur auf diese Weise ein Verstoß gegen die tragenden Grundsätze der Verfassung abzuwenden sei[1569], stellt die deutsche Rechtsordnung überwiegend keine Behinderung des EMRK-rechtlichen Menschenrechtsschutzes dar, sofern denn eine EMRK-konforme Auslegung vorgenommen wird. Dies folgt aus den weitgehenden Befolgungs- und Schutzpflichten, die die Bundesrepublik und ihre Organe treffen. Dass die Entscheidungen des EGMR nicht immer grenzenlos befolgt werden können, wird grundsätzlich auch von der EMRK akzeptiert. In einem unlösbaren Konflikt zwischen der EMRK und dem GG genießt letzteres Vorrang. Aber auch dies ist letztlich auch aus EMRK-rechtlicher Sicht hinzunehmen, weil sie gerade keine bestimmten Inkorporationsvorgaben macht[1570].

[1560] Kapitel V C. III.
[1561] Kapitel V C. V. 1.
[1562] Kapitel V C. V. 1. c).
[1563] Kapitel V C. V. 2.
[1564] Kapitel V C. V. 4.
[1565] Kapitel V C. V. 6.
[1566] Kapitel V C. VI. 4.
[1567] Kapitel VI.
[1568] Kapitel VI B. II., III.
[1569] *BVerfG*, Beschl. v. 14.10.2004, 2 BvR 1481/04, NJW 2004,3407(3408); bestätigt mit Beschl. v. 05.04.2005, 1 BvR 1664/04, DVBl. 2005,761(761) und Beschl. v. 10.06.2005, 1 BvR 2790/04, Rn. 34, EuGRZ 2005,426(429).
[1570] Vgl. Kapitel IV B I. 3.

In einigen Punkten ist jedoch der Gesetzgeber gefordert, weil die deutsche Rechtsordnung hier Defizite aufweist: Damit rechtskräftig gewordene, konventionswidrige gerichtliche Entscheidungen nicht nur im Strafprozess korrigiert werden können, muss der Gesetzgeber in allen anderen Verfahrensordnungen einen Wiederaufnahmetatbestand einführen[1571]. Außerdem muss die Bindungswirkung des § 31 BVerfGG gelockert werden[1572]. Und die Ausschlussfrist des § 48 IV VwVfG muss so gestaltet werden, dass sie eine Wiedergutmachung im Sinne von Art. 46 I EMRK nicht mehr vereiteln kann[1573].

Auch wenn bereits heute eine nachträgliche Inregressnahme der Länder durch den Bund wegen eines durch sie herbeigeführten EMRK-Verstoßes möglich ist, ist es aus Gründen der Rechtssicherheit und –klarheit zu begrüßen, dass der Vorschlag der Föderalismus- beziehungsweise Bundesstaatskommission, einen entsprechenden Regresstatbestand im Grundgesetz zu schaffen, nunmehr umgesetzt wird[1574].

Die die Bundesrepublik treffende Schutzpflicht vor EMRK-Verletzungen durch Organe internationaler Organisationen, deren Mitglied die Bundesrepublik ist, führt zwar im Ergebnis zu einem Export des EMRK-rechtlichen Standards[1575]. Verstärkt wird dieser Export durch die Anwendung des Grundsatzes der praktischen Konkordanz in den Fällen, in denen völkerrechtlich die Einwirkungsmöglichkeiten der Bundesrepublik beschränkt sind[1576]. Allerdings gibt es keine obligatorische internationale gerichtliche Instanz, die hier eine für alle Beteiligten verbindliche Entscheidung treffen kann[1577]. Rechtspolitisch wünschenswert wäre es daher, dass auch internationale Organisationen Mitglieder des Europarates werden könnten. Dann müsste zur Durchsetzung der EMRK-Rechte und –Freiheiten nicht mehr der Umweg über die Konventionsstaaten gegangen werden. Die internationalen beziehungsweise supranationalen Organisationen könnten und müssten unmittelbar die Entscheidungen des EGMR befolgen. Die Effizienz ließe sich so noch erheblich steigern.

Insgesamt ist aber bereits heute gewährleistet, dass die EMRK-Rechte und –Freiheiten effektiv geschützt werden. Der Vorwurf, die EMRK teile das Schicksal anderer multilateraler und regional angelegter Individualschutzverträge und sei damit ineffizient[1578], lässt sich nicht mehr aufrechterhalten.

[1571] Kapitel IV B II. 2.
[1572] Kapitel IV A II. 7. c).
[1573] Kapitel IV B III. 2. b) bb) (1).
[1574] Kapitel V B III. 8.
[1575] Kapitel V C.
[1576] Kapitel V C V 5.
[1577] Kapitel V C V 6.
[1578] Kapitel I.